高等学校"十二五"应用型经管规划教材

财经应用文写作

（第2版）

吕秋薇 主 编
陈 静 吴 洲 副主编

Finance and Economics Application Writing

電子工業出版社
Publishing House of Electronics Industry
北京 · BEIJING

图书在版编目（CIP）数据

财经应用文写作 / 吕秋薇主编. —2 版. —北京：电子工业出版社，2015.10
（高等学校“十二五”应用型经管规划教材）
ISBN 978-7-121-27227-1

Ⅰ. ①财… Ⅱ. ①吕… Ⅲ. ①经济－应用文－写作－高等学校－教材 Ⅳ. ①H152.3

中国版本图书馆 CIP 数据核字(2015)第 226069 号

责任编辑：袁桂春
印　　刷：三河市鑫金马印装有限公司
装　　订：三河市鑫金马印装有限公司
出版发行：电子工业出版社
北京市海淀区万寿路 173 信箱　邮编 100036
开　　本：787×1092　1/16　印张：20.75　字数：492 千字
版　　次：2012 年 8 月第 1 版
2015 年 10 月第 2 版
印　　次：2016 年 12 月第 4 次印刷
定　　价：45.00 元

凡所购买电子工业出版社图书有缺损问题，请向购买书店调换。若书店售缺，请与本社发行部联系，联系及邮购电话：（010）88254888，88258888。
质量投诉请发邮件至 zlts@phei.com.cn，盗版侵权举报请发邮件至 dbqq@phei.com.cn。
本书咨询联系方式：（010）88254199，sjb@phei.com.cn。

第 2 版前言

财经应用文写作是普通高等院校一门重要的基础课程，是培养与提高学生综合文化素质和职业素质的重要途径之一。财经应用文是交流财经管理信息的最基本方式，是财经类专业学生应该掌握的基本技能。

为适应时代发展的需要，本教材参编者在广泛征集教材各使用院校意见的基础上，对教材进行了全面修订。相比初版，本次修订的主要内容包括：

（1）因国务院办公厅印发了《党政机关公文处理工作条例》，因此行政公文部分的格式、写作要求有了很大的变动，本次重点修订了行政公文文种构成、格式、写作规则，同时更新了部分更有说服力、更具代表性的例文。

（2）对日常学习和工作较常用的事务文书、财经专用文书、科技文书的写作要求和例文进行了调整，立足常用性，内容深浅适度，能满足高等学校不同专业、不同层次学生学习的需要。

（3）在编写体例的设计上，每章由概述和具体文种介绍两部分组成，每个文种都由“基本知识”、“例文析评”、“复习与训练”三部分构成。其中，“基本知识”简洁介绍文种的含义和特点等基础性理论知识，尽可能细化介绍文种的写作技法，力求具备规范性和可操作性；“例文析评”选择较为规范的例文以期提供更丰富的感性借鉴与参考，突出示范性，并就例文进行评析，剖析例文的写作思路，有利于学生学习与借鉴；“复习与训练”是为了将写作知识转化为写作能力而专门设置的，这也是本教材的亮点所在。

本书在修订过程中，参阅了大量有关教材和专著，并吸收相关成果，摘引有关例文，在此特作说明，并向有关作者表示衷心的感谢！由于编写时间仓促，书中难免有不当之处，恳请同仁赐教。

编　者

目录

第 1 章　绪论

应用文是人类在长期社会实践活动中形成的一种文体，具有独特的惯用格式，是人们传递信息、处理事务、交流感情的工具。通过长期实践，应用文已经成为相对于记叙文、议论文、说明文的又一类特殊文体类型，应用文的使用范围几乎涉及社会生活的各个方面。随着社会的发展和科学技术的进步，应用文也将发挥越来越重要的作用，成为管理国家、处理政务、传递信息、发展科学，以及人们在社会交往、思想交流中使用的重要工具。

一、应用文的性质

应用文是国家机关、社会团体、企事业单位及人民群众在日常工作、生产和学习中为处理公私事务、沟通信息而使用的具有相对固定格式的一种文书。

应用文写作是一门古老而又年轻的学科，自从有了文字记载，就有了应用文写作。应用文的使用范围极其广泛，使用频率很高，它涉及众多的人文科学，同时又有着自己特殊的研究对象、特殊的地位和作用、特殊的性质和规律，以及特殊的学习方法。

二、应用文的特点

应用文与其他文体相比，除具有一定的共性外，还有其独特的个性。

（一）实用性

实用性是应用文的本质属性，也是应用文与其他文体的主要区别之一。应用文所体现的实用性是指一种更为直接的实用，就是要在现实的政治、经济、文化、军事等实际工作中起指导和联系的作用。应用文的实用性还体现在内容务实、对象具体、要求明确，叙述情况有一说一，阐述观点要言不烦，提出措施切实具体，联系实际，有的放矢。

（二）真实性

“真实”是应用文的生命，应用文的真实性是指方针、政策上的真实和事实上的真实。应用文写作必须客观、实事求是地反映问题，文中情况要真实可靠，材料要准确无误，判断要符合实际，要求要具体明确，做到“文实相符”。不允许像文学创作那样虚构或进行艺术再加工，也不能发挥主观想象、夸大其词。

（三）针对性

写作应用文，总是为了反映、说明或解决现实生活中存在的问题，或者对特定的问题表明态度，提出解决问题的原则、措施、建议、办法。同时，应用文的写作有明确、直接的对象，不同的领域、不同的具体业务、不同的行文目的，应用文的文种也不同。

（四）时效性

应用文在传递信息、解决实际问题方面若要取得好的效果，必须注意效率，讲究时效性。应用文是为了处理事务、交流信息、解决问题而写的，而事物又是在不断变化的，要充分发挥应用文的功能和作用，就必须在一定的时间内解决问题。应用文的时效性主要表现在三方面：快写、快发、快办。有些应用文用发文日期来表示它的生效期限或正式执行的日期，有些应用文还明确规定了有效期限。

（五）程式性

应用文在长期的使用过程中，经过人们的不断改进与完善，逐步形成了较为固定的、被人们所认可和接受的结构格式和语言特色。这些相对固定的格式或样式是人们在长期实际工作、生活中约定俗成的，目的是更好地发挥其实际效用，便于掌握、使用和交流，撰写者在拟文时必须遵守格式体例的要求。

三、应用文的作用

应用文的出现是社会生活的需要，是社会管理活动的需要，是任何社会都不可缺少的。在不同的历史时期，应用文对社会的发展进步都起着极其重要的作用，应用写作能力也成为现代人素质的重要组成部分。教育家叶圣陶说过："大学毕业生不一定会写小说、诗歌，但一定要会写工作和生活中实用的文章，而且非写得既通顺又扎实不可。"美国未来学家约翰·奈斯比特在《大趋势——改变我们生活的十个新方向》一书中指出："在这个文字密集的社会里，我们比以往任何时候都更需要具备最基本的读写技能。这里所说的读写技能，首先就是足以应付日常工作和生活所需的写作能力，也就是应用写作能力。"应用文的作用主要表现为以下几个方面。

（一）宣传教育作用

党和政府通过应用文下达各种文件，制定和颁布各种法规、制度，向广大干部群众宣传党和国家的方针政策，各地区、各部门、各企业也通过应用文推广先进经验，表扬先进人物，批评、揭露不良现象，以此来端正和提高人们的思想认识，规范人们的行为，保障社会的安定，推动社会的健康发展和长足进步。

（二）联系交流作用

应用文在沟通上下左右关系、交流信息、联系情感、协商事宜、协调行动、相互支持等方面有重要的作用，从而推动各项工作有序顺利地进行，以达到互相了解、理解、信任，实现相互合作、共同发展的目的。

（三）依据凭证作用

在社会生活中，应用文也是开展工作，解决、处理问题的依据和凭证。上级下达的文件，党和政府颁布的法规、有关规章制度等，都可作为开展工作和检查工作的依据。另外，一些重要的应用文也是历史档案资料，要了解某个时期的政治、经济情况，或者某方面的生产经营情况，只要查阅当时存档的应用文就可以知道。

（四）管理指导作用

应用文是管理国家事务的一种重要工具。特别是应用文中的行政公文，在贯彻党的方针、政策，进行有效管理时，公文、规章制度等应用文是惯用的主要方式。

四、应用文的分类

（一）按处理事情的性质划分为公务类应用文和私务类应用文

（1）公务类应用文是指为处理国家和集体的事务而写作和使用的应用文，即通常所说的公文。

（2）私务类应用文是指为处理个人的事务而写作和使用的应用文，即通常所说的个人日常应用文。

（二）按使用领域划分为公务性应用文、专业应用文和日常生活应用文

（1）公务性应用文。公务性应用文是指机关团体、企事业单位在处理日常事务（公务）活动中，按照特定的体式，经过一定的处理程序形成和使用的内容系统、种类较多的书面文字材料。

国家行政机关公文指国务院办公厅印发的《党政机关公文处理工作条例》中所规定的15 种公文：决议、决定、命令（令）、公报、公告、通告、意见、通知、通报、报告、请示、批复、议案、函、纪要。国家行政机关公文制作比较严格，具有一定的法律效力。

（2）专业应用文。专业应用文是指在一定专业机关或专门的业务活动领域内，因特殊需要而专门形成和使用的应用文。专业应用文除了要遵守应用文的一般规则外，还有很强的专业特点。比如，财经部门常用的审计报告、市场调查报告、市场预测报告、项目可行性研究报告、外贸函电、经济合同等；司法文书中的诉状、辩护书等；文教部门的教学大纲、教案等；科技领域的科技报告等。专业应用文涉及的面最广，发展最快，为适应社会经济的发展和科学技术的进步而产生的新的应用写作形式也将不断增多。

（3）日常生活应用文。日常生活应用文主要是指个人处理学习、工作和生活中的日常事务的应用文，包括书信、条据、一般告启（如启事、声明）等。日常生活应用文虽然也有一定的格式，但不十分严格，写作较为灵活自由。日常生活应用文与个人的日常生活、人际交往活动关系密切，使用范围很广。

上述分类可以说是各有千秋，划分出的不同类别是因为观察角度不同，不同的分类有助于我们从不同角度更全面地认识应用文。本书从实用出发，根据应用范围和教学需要，将应用文体分为九大类：行政公文、事务文书、财经专用文书、演说类文书、日常应用文、社交礼仪文书、法律文书、新闻文体和科技文书。

五、应用文的结构

应用文的结构与其他文种相比，具有自己独特的特点，认识应用文的结构有利于提高阅读和写作能力。

（一）应用文结构的要求

1．要反映客观事物的本质联系和规律

文章表现的对象是客观事物，其结构形式应取决于内容，体现客观事物本身的内在本质联系，应用文书写作也是如此。应用文作者要依据事件发展的过程、事物的特征来安排正文结构，以反映对象的内在本质及规律。

2．要服从表现主旨的需要

文章的结构安排就是要把内容材料组合成一个统一的有机整体以表现主旨。应用文表现为一文一事，突出重点，不同的事情一般不得同为一文。全文要有一个基本观点，各层次段落的分观点紧扣基本观点，为基本观点服务。

3．要做到层次清楚、思路清晰

应用文的结构要与思维的规律性一致，有理有序地安排材料。句子之间、层次之间、条款之间要井然有序，清晰、透彻地表明写作目的。

4．要适应不同文种的体式特点

不同文种都有相对稳定的结构体式，应用文一般都具有严格的体式规范。应用文的结构安排需适应体式的规范要求，这就要注意研究、把握公文和其他应用文的体式规范。

（二）应用文结构的基本要素

应用文的结构是指应用文内部的组织构造，也就是安排材料、谋篇布局的方式。应用文的结构与一般文章一样，包括标题、开头、主体、结尾、过渡和照应等。

1．标题

（1）公文式标题。公文式标题程式性强，表达平直，主要用于正式公文。一般情况下，它由发文机关、事由和文种三项组成，人们把此三项称为公文标题“三要素”。

（2）新闻式标题。新闻式标题即通常说的文章式标题，它又可分单标题和双标题。

单标题即单行标题，通常有三种标题方式：① 主旨式，标题提出应用文书的主旨，如“关于邯郸钢铁总厂管理经验的调查报告”、“药品销售中回扣现象再也不能继续下去了”；② 事实式，标题陈述基本事实、情况，如“人情消费，让人如何承受”；③ 问题式，标题提出问题，规范内容走向，如“儿童究竟需要什么读物”、“莘莘打工者，维权何其难”。

双标题即具有正题和副题双行标题，其中正题一般采用常规文章标题写法，更多地突出应用文书的主旨；副题则采用公式化写法，对正题起补充说明的作用，通常说明应用文书写作的内容范围和文种，如“明晰产权起风波——对太原市一集体企业被强行接管的调查”。这种标题信息量丰富、表现灵活，简报、总结、调查报告等常用这种标题。

2．开头

开头是指文章从什么问题写起，从哪里下笔。应用文的性质和特点决定了应用文的开头必须直截了当、开门见山，并领起下文。常用的开头方式有以下几种。

（1）概述情况。这种方式要求开头简明扼要、直入主题。报告、会议纪要等文种常用此开头方式。

（2）说明根据。这种方式开头即引用上级指示精神或有关法律、法规，常以“根据”、“遵照”、“按照”等词语领起下文，鲜明标示出行文依据，表明应用文内容的权威性。通知、批复、规章等常用这种方式开头。

（3）直陈目的。这种方式开头即以简明的语言直接说明写作的目的和意义，常用“为了”、“为”等介词构成的主旨句领起下文。法规、规章、决定、通知等应用文常用此方式开头。

（4）交代原因。这种方式开头常用“由于”、“因为”、“鉴于”等词领起下文，也可直接陈述发文原因，再引出写作目的。其目的是烘托主题，揭示事物本质，使读者能更好地理解全文内容。

（5）阐明观点。这种方式开头先提出观点，或者点明主旨，以引起读者的重视。

（6）表明态度。这种方式开头，直截了当地对批转、转发或发布的文件，或者有关的事项、会议表明态度、做出评价、提出看法。批转、转发性通知多用此种方式开头。

（7）引述来文。这种方式开头引述对方来文、来电的标题、文号，然后引出下文。复函、批复普遍使用此方式开头。

（8）提出问题。在开头提出问题，促使读者思考。这样的开头可以采用提问的方式引出问题，也可以直接将问题摆出来。各类调查报告常用这种方式开头。

3. 主体

主体是应用文的主干所在。在考虑这部分内容结构安排时，要根据行文的目的，紧扣主旨，条理清晰地逐层展开述说，把有关事项的内容、情况、过程、要求、措施、办法、结果、成效、问题、经验、教训等叙述清楚。

应用文主体部分的写作没有固定的模式，可以灵活多变，量体裁衣，但也不是无规律可循，常见的结构方式有以下几种。

（1）时序式。时序式是指按照事物发生、发展、结局的先后顺序，把材料组织起来，一层一层地把事情的来龙去脉报告清楚，使人既了解全貌，又得到方向性、指导性经验教训。这种结构方式多用于内容单一的调查报告、简报、诉状等应用文。

（2）递进式。递进式是指内容之间的意思层层推进，其顺序不可颠倒。经济活动分析报告、意见、议案等常用这种方式。

（3）总分式。总分式是总述与分述的层次关系。具体运用此方式时，可以采用先总提、后分述的“首括式”安排，也可以采用先从几个方面分述，最后总括的方式。简报、调查报告、总结、述职报告等常用这种方式。

（4）并列式。并列式是文章各层意思无主从关系，并列而有联系，共同表达主旨或论点。在主题形成之后，把说明主题的材料组织到几个观点中来，然后按照这几个观点同主题之间的关系，以及观点与观点之间的关系，依照一定的内在联系的次序排列起来。这种形式适用于内容丰富、背景广阔、综合性比较强的应用文，如复杂的调查报告、年终总结、工作报告等。

4. 结尾

应用文常见的结尾方式有以下几种。

（1）强调式。对全文内容或精神做进一步的概况、总结和归纳，对文中提出的问题做强调说明，以引起重视。

（2）结论式。对文中的主要观点或问题加以归纳总结或略做重申，以加深印象。

（3）说明式。对与主体内容有关但性质不同的问题或事项进行补充交代、说明，以保证内容的完整性，如公文结尾交代施行日期、执行范围、传达对象、与该文规定不符的原有规定如何处置等，论文结尾处说明尚未解决而应另行讨论的问题。

（4）号召式。提出希望，发出号召，展望未来，通报、市场预测、计划等常用这种结尾形式。

（5）建议式。在揭示有关问题之后，对解决问题提供一些可行的建议和意见。

除了上述几种，应用文的结尾方式还有请求式、责令式、表态式等，在此不再一一列举。有的应用文则没有结尾，自然收尾。

5．过渡

过渡是指上下文之间的衔接转换。它的作用是承上启下，使文章内容转换更自然，联系更紧密，语句更通畅。应用文正文写作中过渡的方式有四种：一是以词语过渡，如"为此"、"对此"、"总之"、"由此可见"、"综上所述"、"但是"、"相反"等；二是用总结上文、提示下文、设问句等承上启下的句子过渡，这些句子可以放在前段的段尾，也可放在后段的段首；三是用一个相对独立的自然段来承转过渡；四是不用任何明显过渡标志，而是靠文中内容内在联系过渡。

6．照应

照应是指出现在文章首尾、前后不同地方有关内容之间的配合与呼应。照应安排得好，能使文章首尾呼应，前后连贯，结构更加严谨。照应在文章中的运用很广泛，有时文章为强调某个问题、突出某个主题，需要在行文中反复照应；有时前有悬念或伏笔，后有揭示性回应；有时文章前面有寓意，后面便会利用照应来借题发挥。

照应的方法分首尾照应、题文照应、前后文照应三种。前后文照应往往表现为前有伏笔，后有揭示性回应。

六、应用文的表达方式

文章的表达方式通常有五种，即叙述、议论、说明、描写和抒情。由于受应用文文体特点和写作目的的制约，应用文写作最常用的表达方式主要有说明、议论和叙述，描写和抒情只在通讯或调查报告等极少数几个文种中偶尔用到。

（一）说明

说明就是以简洁的语言对事物的形态、性质、特征、构造、成因、关系、功能，或者对事理的概念、特点、来源、演变、异同等进行解说，目的是使人们了解事物的情况、性质、特征及内在的规律。应用文的说明以概括说明为主，客观地说明原因、目的、方法，明确地指出应该怎样做，不应该怎么做，什么时候做，以及做事的步骤和方法。应用文常用的说明方法有以下几种。

1．定义和解释

定义是指用简练概括的语言说明事物的本质特征，并通过揭示概念内涵来说明事物的一种说明方法。定义说明既能使人们对被说明的事物有一个明确、本质的了解，又能使人们把该事物与其他事物区别开来。

解释是指对概念进行详细解说，是对定义的补充说明，通常是位于定义之后。各类科研文书和专用文书常用定义和解释说明。

2．分类和举例

分类是指将被说明的对象，根据它们的性质、形状、成因、关系、功用等，按照一定的标准分成不同的类别，然后逐类说明。分类说明时要注意一次分类只能使用一个标准，不同类别不能混同在一起来说明，以免说不清楚。

举例是指举出典型事例来说明事物的方法。它是通过个别认识一般的一种方法，给人以实感。举例说明要精心选择例子，做到事例典型、有代表性，有启发性。应用文中的论文、总结、调查报告、通报等常用举例说明。

3．比较和引用

比较是指把两种或更多的事物加以比较来说明需要说明的事物的方法。比较包括类比和对比。比较时突出事物之间相似的地方就是类比；突出事物差异的地方是对比。

引用是指说明事物或事理时，引用一些有关的权威性资料来加以说明。引用可以为证明服务，也可以为说明服务。但需要注意的是，引文必须贴切、有针对性，引用资料要认真核实并注明出处。

4．数字与图表

数字说明是指用数据来说明事物和事理，包括用约数、倍数、百分比等。运用数字说明必须认真核实，做到数据来源可靠和准确无误。即使估计数字也要有根据，力求贴切。

图表说明是指借助插图、表格、照片来说明事物的本质和特征。图表说明能使说明对象由抽象变具体，便于读者理解和掌握，但用图表说明时，要注意配上适当的文字加以说明。

（二）议论

议论就是议事论理，是作者对所述情况或问题进行分析阐述，或者加以评论，以阐明自己的观点，表明态度，或者证明自己的观点和主张是正确的，或者驳斥别人的观点和主张，指出其是错误的。应用文的议论一般只在叙述、说明的基础上进行。一般无须长篇大论，不需要复杂的逻辑推理，也不一定要具备论点、论据、论证这样一个完整的议论过程，只求对事物直接加以论断，直截了当地提出论点，简要分析议论，点到即止，不展开，不进行深入论证。

应用文中适当运用议论，可以深化主旨，点明事情的实质。有时运用议论，还可以超越所要议论的事物本身，让读者发挥联想。常用的论证方法有举例论证、对比论证和类比论证。

（1）举例论证。举例论证是用典型的具体事实作为论据来证明论点，也就是“摆事实”的方法。举例论证最重要的是注意论据和论点关系的一致性和统一性。

（2）对比论证。对比论证是将论据中截然相反的两种情况进行比较，形成鲜明的对照，互为衬托。对比论证的方法有两种：一种是“横比”，即把同一时期的两种性质截然不同的事物进行比较；另一种是“纵比”，即把同一事物在不同时间的不同情况进行比较。

（3）类比论证。类比论证是从已知的特殊事物推论到相类似的特殊事物的论证方法。它的逻辑推理形式是由特殊（个别）到特殊（个别）。在应用文写作中，把一些规模、条件彼此相似的单位、企业进行比较的方法运用得比较普遍。

以上是三种最基本的论证方法，此外还有事理引申法、反证法、分析法等，在此就不一一介绍了。应用文中的议论要以事实为依据，以法律为准绳，就事论理，简明扼要。除了学术论文以议论为主外，一般应用文的议论都不是长篇大论的，不需要旁征博引反复论证。

（三）叙述

叙述又称记叙，就是把人物的活动、经历，事情的发生、发展及变化过程表达出来。应用文的叙述一般以简单概括为主，目的是介绍、交代、说明事件发生、发展、变化的原因与特点，以讲事实、列材料为主题服务。应用文中常用的叙述方法有顺叙、插叙和倒叙。

（1）顺叙。顺叙是按照客观事情发展的先后顺序进行的叙述，这是最常用的一种叙述方式。顺叙方法可以把事情发展的过程叙述得头尾清楚、层次分明，如情况通报、工作总结等，基本都是这种写法。

（2）插叙。插叙是在叙述主要事件的过程中，有时需暂时把叙述的线索中断一下，插进有关的另一件事的叙述，插叙部分完结后，再接上原来的线索继续进行的叙述。插叙对文章内容的补充、情节的发展和人物的刻画，都具有重要的作用。但要注意，插叙的内容要和文章的主旨有关，不能随意中断线索，也不宜插叙过长，以免冲淡气氛，给人以喧宾夺主的感觉。

（3）倒叙。倒叙是先写事情结局或事件的某个重要情节，然后再按事件的发生、发展过程进行叙述，如总结、调查报告等，常常是先叙述成绩、结果，然后回头再叙述工作进展、过程及经验。倒叙方法可以强调结局、突出重点，同时可以使文章波涛起伏，制造悬念，引起读者的阅读兴趣。

七、应用文的语言

（一）平实

应用文的文风要朴实自然，强调直接叙述，所讲事情要符合实际情况，数字要确切无误，办法要切实可行。

（二）准确

准确与平实是相统一的，应用文要实事求是，正确地记载与传递信息。应用文的语言表述必须符合客观实际，符合逻辑，即概念明确，判断和推理正确而恰当，同时还要符合语法修辞的规范。

（三）模式化

在应用写作中，沿用一些固定的模式化语句和语词的现象比较常见。模式化语言对文学作品来说可能是失败的语言，而对于应用文来说却是必需的、正常的，如“特此函复”、“来函收悉”、“敬请批复”等惯用语，在批复、请示中经常使用。公文的体式是模式化的，一些专用语更是模式化的。

（四）简洁

语言简洁是应用文写作的基本要求。应用文的写作目的是以传递信息为主，因此应用文行文务必简洁，篇幅短小精悍，删去可有可无的词语或段落。要避免说不中用的话，“言之无文，行而不远”。

（五）得体

得体即根据行文目的、内容、对象，恰当地使用语言，做到文实相符，内容和形式相统一，这是由应用文特有的语体风格所决定的。应用文的语言应根据不同的受文对象，注意其接受心理，考虑不同的分寸。

八、应用文的写作要求

（一）明确

所谓明确，是说应用文的主旨要明确。行文要实现主旨明确，要求作者对发文的目的、意图有清醒的认识，对行文的中心、内容的基本方面、问题的主次轻重做到心中有数。在确定主旨、中心以后，应紧紧围绕中心、主旨来选择有关的材料，组织有关的内容，要让读者能迅速而准确地明了行文的意图、观点、要求，了解该文涉及的事务与关系。

（二）完备

看一篇应用文的内容要素是否齐全、完备，关键就看其能否满足处理事务、沟通关系的实际需要。不同的应用文有其不同的内容要素，写作应用文时，一定要从实际出发，考虑该篇应用文有何必不可少的内容，努力做到内容要素齐全、完备。

（三）合式

程式性是应用文的一大特点，它主要表现为具有一定的惯用格式。大多数应用文已经形成了固定的通用格式和体例，这体现了其规范性和严肃性，撰写者在拟文时必须遵守格式体例的要求。应用文作为信息的载体，掌握利用好程式性，有利于迅速、准确地传递、接收与处理信息，有利于稳妥、及时地处理事务、沟通关系。

（四）得体

得体对于应用文来说显得十分重要，因为其往往直接影响应用文处理事务、沟通关系的现实效益。不同的应用文有不同的功用，反映了不同的行文目的和要求，有的还反映了收发双方不同的身份关系，这就有一个使用文体是否得当的问题。同时，要根据文体的特点来正确运用表达方式，应用文语言要符合作者在社会关系中的地位，要注意特定的场合与氛围。

复习与训练

一、填空题

1. 应用文的特点表现在________、________、________、________、________五个方面。

2. 应用文按其处理事情的性质划分为________和________。

3. 应用文的作用表现在________、________、________、________四个方面。

4. 应用文的主要表达方式为________、________和________。

5. 应用文常用的论证方法有________、________、________、________、________和________六种。

二、选择题

1. 中年知识分子一般是社会和家庭的中坚力量，担负着较重的工作任务。他们平均每天花费在工作和上下班路途上的时间为9小时20分钟，比同时调查的625名其他职工多4.8%。其中，大中小学教师工作时间比工人多11.1%，女教师达10小时30分钟。根据宁波市的调查，教师工作时间比工人多15.4%。他们在校加班加点；校外要辅导、访问学生；

回家要备课、批改作业。

这段文字采用的说明方式是（　　）。

A. 引用说明　　B. 数字说明　　C. 举例说明　　D. 比较说明

2. 连锁经营主要是指在零售业、饮食服务业中若干同行店铺，以共同进货、分散销售、统一管理等方式连接起来，共享规模效益的一种流通组织形式和经营方式。

这段文字采用的说明方式是（　　）。

A. 举例说明　　B. 分类说明　　C. 诠释说明　　D. 定义说明

3. 在党的纲领中明确提出社会主义初级阶段的科学概念，这在马克思主义历史上是第一次。邓小平在谈到建设初级阶段的社会主义时特别强调："我们现在所干的事业，是一项新事业。马克思没有讲过，我们的前人没有做过，其他社会主义国家也没有干过，所以，没有现成的经验可学。我们只能在干中学，在实践中摸索。"这就是说，在中国，真要建设社会主义，那就只能一切从社会主义初级阶段的实际出发，而不能从主观愿望出发，不能从这样或那样的外国模式出发，不能从对马克思主义著作中个别论断的教条式理解和附加到马克思主义名下的某些错误论点出发。

这段文字采用的论证方法是（　　）。

A. 引证法　　B. 例证法　　C. 因果法　　D. 对比法

4. 使用有机肥料，是我国农业生产的优良传统。但近几年来，在农村出现了重化肥轻有机肥、重用地轻养地、重产出轻投入的倾向，不少地区农家肥的使用量减少，绿肥作物种植面积下降，大中城市的粪肥、垃圾也很少利用。出现这种情况的主要原因：一是普遍放松了对多用有机肥料的工作的领导，没有把它摆到应有的位置；二是积造有机肥料工作的劳动强度大，手段落后，加上农民对土地使用存在短期行为，不愿多投入有机肥；三是没有制定相应的政策，缺乏必要的经济扶持政策。实践证明，长期单一使用化肥，不能满足农作物对多种养分的需要。各地应十分重视有机肥资源的开发和利用，鼓励农民多施有机肥料，增加对土地的投入。

这段文字采用的论证方法是（　　）。

A. 例证法　　B. 对比法　　C. 引证法　　D. 因果法

三、指出下列开头所使用的方式

1. 20世纪90年代后，我国计算机市场随着信息化建设的启动和发展，进入前所未有的高速发展阶段，1991—1997年的平均增长速度高达56.9%。1998年由于受到亚洲金融危机和我国经济出现通货紧缩等国内外宏观经济环境的影响，增长速度下降。此后，经过调整和转型，我国计算机产业和市场在发展速度、结构升级、市场拓展、出口贸易、企业转制等多方面均出现了飞跃性的进步。

2. 教育在社会发展中处于什么地位？它与科技、经济的关系如何？不久前，河南教委组织17个地区、34个县教育部门的同志对100多个村进行调查。

3. 根据《国务院关于建立职工医疗保险制度的决定》、《××省推进城镇职工基本医疗保险制度改革的意见》和《国务院办公厅转发劳动保障部财政部关于实行国家公务员医疗补助意见的通知》精神，结合我省公务员医疗保障的实际，制定本实施意见。

四、阅读下列文字，评析其在表达方式上是否符合应用文的表达要求

有一篇表彰通报是这样叙述事实的：×××在科学研究上走的是一条不平凡的道路，他全心扑在科研上，而忘记了个人的事。有一次孩子病了，他妻子在家里忙着护理，打电话到×××的工作单位，叫他赶回家把孩子送医院治疗。×××接了电话后，电话筒一放他又埋头于实验。他妻子在家中左等右等等不到他回家，急得像热锅上的蚂蚁，又往×××的工作单位打电话，这时×××正在潜心做实验，电话铃声都没有听见。他妻子又急又气，只好拨打120急救中心的电话，才把孩子送往医院治疗。他的小孩高烧退后，还在问他妈妈："爸爸又出差了还是没有下班……"

五、指出下面语句中语言表达的错误

1. ×××收受包工头的贿赂几十万元，造成国家直接或间接经济损失2 000多万元。

2. ×××自1998年以来用五年的时间，先后完成了省部级的科研成果十多项，多次获得国家省部级的奖励。

3. 国际化的经济浪潮汹涌澎湃，怀有强国之梦的国家就是以能加入WTO为最高梦境的。随着入世的脚步一天天逼迫，我市的乡镇企业局深入学习"三个代表"重要思想，真抓实干，使我市乡镇企业的局面生机盎然，发展蒸蒸日上，千帆竞发，波澜壮阔，入世前的我市乡镇企业的形势十分喜人……

六、恰当使用行政公文专用词语和古语词改写下面几段文字，使之符合应用文语体要求

1. 水稻收割季节眼看就要到来了，我们县还缺少镰刀5 000把、箩筐2 000担，盼望着你们能快速地拨付给我们，满足我们县的紧急需要，可以不可以，请你们快点儿写封回信告诉我们。

2. 我们局的这项工作得到了你们公司的大力支持，在这里，我们特向你们表示深深的感谢！

3. 通过8月8日的来信，我们已经知道考察团将要到我们市访问的消息，你们要求的各项工作已经全部准备好了，殷切希望你们告诉我们考察团到达的具体时间。

4. 刚才接到你公司发来的传真，要求我们工厂把本月生产的全部产品火速发运到广州。对于这个要求，我们厂有以下一些困难，实在难以按照你们的要求办理。

5. 我们以上报告的事情和处理意见，如果没有什么不妥当的地方，就请领导批示后，转发给各个市、县人民政府，各地区行政公署及同该事件有关的各个部门，按照报告中提出的处理意见执行。

第2章　行政公文

第一节　概　述

一、行政公文的性质和特点

行政公文是党政机关实施领导、履行职能、处理公务的具有特定效力和规范体式的文书，是传达贯彻党和国家的方针政策，公布法规和规章，指导、布置和商洽工作，请示和答复问题，报告、通报和交流情况等的重要工具。

按照国务院2012年4月12日发布的《党政机关公文处理工作条例》，行政公文种类主要有15种：决议、决定、命令（令）、公报、公告、通告、意见、通知、通报、报告、请示、批复、议案、函、纪要。行政公文是在机关公务活动中形成的，是各级机关与组织行使法定职权、实施有效管理的重要工具，具有很强的现实效用。行政公文写作除具有应用文写作的一般特点外，还具有自身的特点。具体来说，行政公文写作主要三个特点，即法定性、权威性和规范性。

（一）法定性

行政公文是由法定的作者拟制和发布的，代表着制发机关的法定权威。国家对行政公文从文种名称到行文关系、从制发程序到文体格式都做了严格规定，任何机关都必须严格遵守国家的统一规定，不得有任何随心所欲的不规范行为。因此，行政公文比起其他文体来，无论制作还是处理，都更严格、更规范。行政公文的这个特点是保证行政公文正常运转，保证国家机关之间按照一定组织关系有秩序进行活动的需要。

（二）权威性

行政公文是处理公务的工具，是国家政权赋予发文机关或单位法定的地位和职权，国家从法律和行政措施上对行政公文的权威性给予可靠的保证，要求受文者的思想、行为受到文件的约束、规范，做到令行禁止。同时，行政公文的内容必须完全符合党和国家的各项方针、政策，并借助公文这一工具，把党和国家的方针、政策切实地贯彻到具体的工作中。

（三）规范性

规范性是就行政公文的文体格式而言的。行政公文的种类、格式、行文规则等都是由国家统一规定的，不可以任意撰写。公文的体式必须符合《党政机关公文处理工作条例》规定的体式。公文不规范将影响其正常运转和公文效用的发挥。

二、行政公文的作用

行政公文以其独特的形式记录和传达国家各级机关在工作活动中所掌握的情况和形成的意见，是党和国家具体领导和管理政务、国家各级机关之间相互进行联系和机关内部处理工作事务的一种工具。具体地说，行政公文的作用主要表现在以下几个方面。

（1）领导和指导作用。上级机关可以经常通过制发文件来传达自己的意见和决策，部署各项工作，阐明重大方针政策、战略措施和工作步骤，用以领导和指导各条战线、各个地区的工作。上级机关传达领导意图与下级机关贯彻执行相结合，使文件成为纽带，充分发挥其领导与指导的作用。

（2）规范和准绳作用。党和国家的各种法规和规章都是以文件的形式制定和发布的。这些法规性文件一经发布，便成为全党、全社会的行为规范和准绳，必须坚持依照执行，不得违反。它对于维护正常的社会秩序、安定社会生活、保障人民的合法权益有着极其重要的作用。

（3）宣传和教育作用。一般来说，有些政策规定本身就是最好的宣传，而传达贯彻党和国家的方针、政策又是公文所负的重要任务。一般情况下，公文在传达某一方针政策、规定人们应该怎么做的同时，还要说明为什么要这样做，这就增强了它的宣传和教育作用。

（4）联系和知照作用。各机关单位在处理日常事务工作时，经常要与上下左右有关的机关单位进行联系。公文在同一系统的上下级机关之间、平级机关之间及不相隶属机关之间，都能起到沟通情况、商洽工作、协调关系、处理问题的公务联系作用。因此，公文在保证各机关正常而有序地开展工作上起着极大的作用。

（5）依据和凭证作用。各种公文都反映了制发机关的意图，是机关公务活动的文字记录，具有法定的效力，绝大多数公文在传达意图、联系公务的同时，也具有一定意义上的凭据作用。对受文机关来说，可将公文作为安排工作、处理问题的依据。同时，对于过去的事情，它又成为各级党政机关公务活动的历史记录。在公文完成它的现实使命以后，都要立卷归档保存，作为历史事件的记载与查找的依据，其凭据作用是不可忽视的。

三、行政公文的分类

由于行政公文所反映的社会现象是极其纷繁复杂的，为了保证机关文书工作有秩序、高效率地进行，就必须从分析和研究机关公文的性质、特点和作用入手，对行政公文进行科学的分类。常见的行政公文的分类：依据公文所体现的行文关系，行政公文可分为上行文、平行文和下行文三类；依据公文的秘密程度，行政公文可分为密件、非密件和公布性文件。

（一）上行文、平行文和下行文

1．上行文

上行文即下级机关向上级机关呈递的公文，一般可分为逐级行文、多级行文和越级行文三种。由于下级机关要对自己的直接上级机关负责，因此逐级行文最为普遍，只有在特殊情况下才可采用多级行文和越级行文的方式。上行文包括报告和请示。

2．平行文

平行文即互相没有隶属关系和业务指导关系、同级或不属同一系统的机关部门之间的行文。平行文多采用函来行文。

3．下行文

下行文即上级机关对所属下级机关制发的文件，一般可分为逐级行文、多级行文和基层行文三种。下行文的文种较多，决议、决定、命令（令）、公报、通告、意见、通知、通报、批复、纪要等。

有的公文在行文方向上有一定的灵活性，如通知是下行文，但有时也用于平行；函是平行文，但也可用于上行和下行，这种灵活性不影响该公文的基本属性。行文方向较特殊的是公告和议案。公告是向国内外宣布重要事项或法定事项，带有全方位性质；议案是各级政府向同级人大提请审议事项，因机关性质不同，不存在隶属关系，因而行文方向另当别论。

（二）密件、非密件和公布性文件

1．密件

密件是指内容涉及党和国家的秘密，需要控制知密范围和知密对象的文件。根据文件的秘密程度，密件又可以确定为秘密、机密、绝密三种，通称“三密”文件。密级越高，传送、阅读和保管的要求也就越严。

2．非密件

非密件也称平件、普通文件，是相对密件而言的。这种普通文件也并非无密可保，可以供任何人阅看。如对工作人员的处理决定、通报等，这类普通文件阅读的范围比较宽，但一般只限于本机关、组织内，不在社会上公布，不向国外传播。

3．公布性文件

公布性文件就是向人民群众和国内外公开发布的文件。比如，一些公告、通告、中央领导同志的某些重要讲话、报告等，通常都可以采用广播、电视播放、报刊登载、公开张贴或口头传达等方式进行公布。

四、行政公文的基本格式

行政公文的基本格式是指公文的数据项目在公文文面上所处的位置和书写的形式。组成公文的各要素划分为眉首、主体和版记三部分，其中有些是必备项目，有些是选择项目，可视需要而定。

（一）眉首部分

置于公文首页红色反线以上的各要素统称公文眉首，因是用红色套印，故又被称为“红头文件”。眉首部分主要包括份号、密级和保密期限、紧急程度、发文机关标志、发文字号、签发人，位于公文首页上端，一般约占 A4 公文纸的 1/3 或 2/5 面积。

1．份号

份号又称份数序号，公文印制份数的顺序号，即将同一文稿印刷若干份时每份公文的顺序编号。涉密应当标注份号，按份号登记分发给收件人。如需标识公文份数序号，用六位三号阿拉伯数字顶格标识在版心左上角第一行。如"000030"表示此份文件是该文件总印数的第 30 份。

2．密级和保密期限

密级是指公文内容涉及秘密程度的等级，密级分为绝密、机密、秘密三个等级。保密期限是对公文秘密等级时效规定的说明。一般用三号黑体字，顶格编排在版心左上角第二行；保密期限中的数字用阿拉伯数字标注。如需同时标识密级和保密期限，密级与保密期限之间用"★"隔开（如机密★5 年）。

3．紧急程度

紧急程度是对公文送达和办理时间的时限要求。根据紧急程度，紧急公文应当分别标注"特急"、"加急"，电报应当分别标注"特提"、"特急"、"加急"、"平急"。如需标注紧急程度，一般用三号黑体字，顶格编排在版心左上角；如需同时标注份号、密级和保密期限、紧急程度，按照份号、密级和保密期限、紧急程度的顺序自上而下分行排列。

4．发文机关标志

发文机关标志由发文机关全称或规范化简称后加"文件"组成。如"××省人民政府文件"、"××大学文件"等；对一些特定的公文可只标识发文机关全称或规范化简称。发文机关标志推荐使用小标宋体字，用红色标识。联合行文时，发文机关标志可以并用联合发文机关名称，也可以单独用主办机关名称。应使主办机关名称在前，"文件"二字置于发文机关名称右侧，上下居中排布；如联合行文机关过多，必须保证公文首页显示正文。

5．发文字号

发文字号又称文号、文件字号，是指某一公文在发文机关一个年度内发文总号中的实际顺序号。发文字号由发文机关代字、年份和序号组成。

发文字号位于发文机关标志的下方，下空二行处、反线上面居中排布；用三号仿宋体字，年份、序号用阿拉伯数码标识；年份应标全称，用六角括号"〔 〕"括入；序号不编虚位（1 不编为 001），不加"第"字。如国务院文件"国发〔2015〕3 号"中，"国发"是发文机关代字，"2015"是发文年份，"3 号"为文件序号，表明这份文件是国务院在 2015 年度制发的第 3 号文件。

如果一个机关的文件数量较多，还可以在发文字号中加上一个类别标志，反映文件的业务内容或归属。几个机关联合行文，只需要注明主办机关的发文字号即可。发文字号之下 4mm 处印一条与版心等宽的红色反线。党内文件的间隔线正中印一颗红色五角星，行政机关公文不印红星。

上行文的发文字号居左空一字编排，与最后一个签发人姓名处在同一行。

6．签发人

签发人是在上报的公文中批准签发的领导人姓名，只用于上行文。上报的公文如需标识签发人姓名，平行排列于发文字号右侧。签发人居右空一字，编排在发文机关标志下空二行位置。"签发人"三字用三号仿宋体字，签发人姓名用三号楷体字。

如有多个签发人，主办单位签发人姓名置于第一行，其他签发人姓名从第二行起在主办单位签发人姓名之下按发文机关顺序依次顺排，下移红色反线，应使发文字号与最后一个签发人姓名处在同一行并使红色间隔线与之的距离为 4mm。

（二）主体部分

主体部分是指公文的行文部分，是公文最主要的部分。它由标题、主送机关、正文、附件说明、发文机关署名和印章、成文时间、附注等内容组成。

1．标题

标题是公文内容和作用的高度概括，通常由发文机关名称、事由和文种三部分构成，有时也可以省略其中的一个或两个部分。在撰写公文标题时，发文机关名称要写全称或规范化简称，如果文件首页有发文机关标志，其标题可省略发文机关名称。事由是标题的主题部分，应准确、简练地概括公文的主要内容。文种是公文的种类名称，用以概括揭示公文的性质与制发的目的。

标题一般位于红色间隔线下空二行处，用二号小标宋体字，可分一行或多行居中排布；回行时，要做到词意完整，排列对称，间距恰当，保持标题的适中、对称和醒目。公文标题除法规、规章名称等可加书名号外，一般不用标点符号。

2．主送机关

主送机关指要求公文予以办理或答复的主要受理机关，应当使用机关全称、规范化简称或者同类型机关统称。标识在标题下空一行处，左侧顶格三号仿宋体字标识，回行时仍顶格，最后一个主送机关名称后标全角冒号。如主送机关名称过多导致公文首页不能显示正文时，应当将主送机关名称移至版记。

上行文一般只写一个主送机关，如需要同时报送另一上级机关，可用抄送形式。下行文可以有若干机关，普发性下行文，主送机关多，一般使用泛称，如“公司直属各部门”。面向机关全体人员或社会群体的周知性公文，如命令、公告、通告可以省略主送机关。

3．正文

公文首页必须显示正文。正文是公文的核心部分，用来表达公文的具体内容，体现发文机关的意图。公文的正文在主送机关名称下一行，每自然段左空二字，回行顶格，数字、年份不能回行。正文以三号仿宋体字标识，文中如有小标题可用三号小标宋体字或黑体字。

正文的结构一般由开头、主体和结尾三部分组成。开头部分用简洁的语言写明发文的依据、目的或原因等。主体部分是正文的核心，主要写明公文的内容或事项，做到重点突出，意见具体、明确，叙述有条理。结尾部分根据文种和行文关系的不同有不同的写法。这一部分后面将结合具体文例加以介绍。

正文内容较多时可以分段写，也可以加分层序码表示各层之间的关系，分层序码的规范顺序依次是：“一”、“(一)”、“1”、“(1)”、“①”。一般第一层用黑体字、第二层用楷体字、第三层和第四层用仿宋体字标注。

4．附件说明

附件说明是公文正文附属材料的顺序和名称的标注，是和公文正文相关的附属材料，包括随文发送的文件、报表、材料等，对正文起说明、注释、补充和参考作用。有的公文附件是文件的主体内容，正文仅起批准、发布和按语的作用，许多法规性文件就是如此。不是所有公文都需要附件，视需要而定。

公文如有附件，在正文下空一行、左空二字、用三号仿宋体字标识“附件”，后标全角冒号和名称。附件若不止一件，则应标序号，序号使用阿拉伯数码（如“附件：1. ××××”）；附件名称后不加标点符号。附件名称较长需回行时，应当与上一行附件名称的首字对齐。附件应与公文一起装订，并在附件左上角第一行顶格标识“附件”，有序号时标识序号；附件的序号和名称前后标识应一致。如附件与公文正文不能一起装订，应在附件左上角第一行顶格标识公文的发文字号并在其后标识附件（或带序号）。

5. 发文机关署名和印章

发文机关是公文的作者或发出单位。发文机关要写全称或规范化简称。

（1）加盖印章的公文。成文时间一般右空四字编排，印章用红色，不得出现空白印章。

单一机关行文时，一般在成文时间之上、以成文时间为准居中编排发文机关署名，印章端正、居中下压发文机关署名和成文时间，使发文机关署名和成文时间居印章中心偏下位置，印章顶端应当上距正文（或附件说明）一行之内。

联合行文时，一般将各发文机关署名按照发文机关顺序整齐排列在相应位置，并将印章一一对应、端正、居中下压发文机关署名，最后一个印章端正、居中下压发文机关署名和成文时间，印章之间排列整齐、互不相交或相切，每排印章两端不得超出版心，首排印章顶端应当上距正文（或附件说明）一行之内。

（2）不加盖印章的公文。单一机关行文时，在正文（或附件说明）下空一行右空二字编排发文机关署名，在发文机关署名下一行编排成文时间，首字比发文机关署名首字右移二字，如成文时间长于发文机关署名，应当使成文时间右空二字编排，并相应增加发文机关署名右空字数。

联合行文时，应当先编排主办机关署名，其余发文机关署名依次向下编排。

（3）加盖签发人签名章的公文。单一机关制发的公文加盖签发人签名章时，在正文（或附件说明）下空二行右空四字加盖签发人签名章，签名章左空二字标注签发人职务，以签名章为准上下居中排布。在签发人签名章下空一行右空四字编排成文时间。

联合行文时，应当先编排主办机关签发人职务、签名章，其余机关签发人职务、签名章依次向下编排，与主办机关签发人职务、签名章上下对齐；每行只编排一个机关的签发人职务、签名章；签发人职务应当标注全称。

6. 成文时间

成文时间指公文经签发后发出生效的时间，成文时间右空四字。

公文成文时间一般以机关负责人签发的日期为准；法规、规章类公文以依法批准的时间为准；联合行文，以最后签发机关负责人的签发日期为准；会议通过的公文以通过日期为准。用阿拉伯数字将年、月、日标全，年份应标全称，月、日不编虚位（1 不编为 01）。

7. 附注

附注用于说明其他项目不便说明的事项，如需解释的名词术语，或者公文发送范围和阅读传达对象、引文出处等。“请示”应在附注处注明联系人的姓名和电话。公文如有附注，用三号仿宋体字加括号标注，位于成文时间下方，居左空二字。

（三）版记部分

版记部分通常由间隔线、抄送机关、印发机关和印发时间、页码等要素组成。

1．间隔线

版记中的分隔线与版心等宽，首条分隔线和末条分隔线用粗线（推荐高度为0.35 mm），中间的分隔线用细线（推荐高度为0.25 mm）。首条分隔线位于版记中第一个要素之上，末条分隔线与公文最后一面的版心下边缘重合。

2．抄送机关

公文的抄送机关是指除主送机关外需要执行或知晓公文内容的其他机关。标注抄送机关，应当使用该机关全称或规范简称、统称。一份公文要不要抄送，抄送给什么样的机关都要从实际需要出发，既不要滥抄滥送，也不应漏抄漏送，以免产生不利的影响。另外，公文不能抄送给个人。公文如有抄送，在主题词下一行；左空一字用三号仿宋体字标识“抄送”，后标全角冒号；抄送机关间用顿号隔开，回行时与冒号后的抄送机关对齐；在最后一个抄送机关标句号。

如需把主送机关移至版记，除将“抄送”二字改为“主送”外，编排方法同抄送机关。既有主送机关又有抄送机关时，应当将主送机关置于抄送机关之上一行，之间不加分隔线。

3．印发机关和印发时间

公文的印制工作由发文的具体办公部门承担，一般是直属上级领导的办公部门或文秘部门。印发机关和印发时间位于末页页码上端，在同一行。印发机关位于抄送机关之下（无抄送机关在主题词之下），占一行位置，用三号仿宋体字，左空一字。印发时间右空一字，以公文付印的日期为准，用阿拉伯数码标识。

版记中如有其他要素，应当将其与印发机关和印发时间用一条细分隔线隔开。

4．页码

页码，即公文的页码顺序，在每页公文的最下端。

五、行政公文的行文制度

行文制度是指行政公文在运行传递中应遵循的有关制度，主要包括行文方向、行文关系、行文方式和行文规则等。

（一）行文方向

行文方向是指以发文机关为立足点，根据工作需要和行文关系，行政公文向不同层次的机关单位运行的去向。公文的行文方向有四种：① 上行文，即公文向发文机关的上级机关运行；② 平行文，即公文向发文机关的同级或不相隶属的机关单位运行；③ 下行文，即公文向发文机关的下级机关运行；④ 泛行文，即公文既向发文机关的上级单位、下级单位、平行单位运行，也向不相隶属的单位运行，其针对性广泛，方向不定。

（二）行文关系

行文关系是机关单位之间的组织关系在公文运行中的的体现，这就必须首先弄清我国社会组织的管理机关。我国社会组织的管理机关可以分为三大类型：政权机关、团体机关和实体机关。

1．政权机关

（1）立法机关体系。立法机关包括全国人民代表大会及其常设机构、省市人民代表大会及其常设机构（省级以上立法机关或经全国人民代表大会授权的市级立法机关才有立法权）和乡镇人民代表大会。

（2）行政机关体系。行政机关依次是中央人民政府即国务院；省、市（四大直辖市）、区（各自治区和香港、澳门特别行政区）政府；市、地区、州（自治州）政府；市（县级市）、区（市辖各区）、县政府；乡、镇政府。

（3）司法机关体系。司法机关包括上至最高人民法院，下至乡镇司法机关。

其他政权机关还有军事机关体系、政协机关体系等。

2．团体机关

团体机关包括中国共产党机关体系；中国共产主义青年团机关体系；全国工会机关体系；全国妇女联合会机关体系；其他群众性团体，如文联、社会科学联合会等。

3．实体机关

实体机关包括事业单位（均由国家提供一定的经费，如学校和研究机构等）和企业单位。一般实体机关纵向级别较少，各级机关都有自己所辖的若干部门。

在公文写作中，一定要注意机关和部门的区别。每个社会组织都有管理机构即机关，在机关中又有不同的职能部门，如市政府，应理解为市政府机关，而商业局则应理解为市政府机关所辖的部门之一。同时，相对而言，机关首脑一般称机关领导人，部门首脑一般称部门负责人。还要注意，在机关之下有各级单位，这些基层单位又会有自己的机关。如市政府机关下设区县及乡镇政府机关；总公司机关下设分公司机关等。

我国社会组织机关及其部门、单位之间的组织关系和行文关系有以下四种。

（1）上下级关系，即领导和被领导关系。这是直接垂直的关系，一般在上下一级之间，如国务院和省政府。机关或部门的上行文如报告和请示都是面向上一级机关或部门，而下行文如决定、通知、批复等都是面向下一级机关或部门。

（2）隶属关系，指不论大小和级别，都在同一系列内。如某乡政府就可以说隶属国务院或所在省的省政府，而和另外的省政府就不是隶属关系。在这一关系之下，上级常用普发性下行公文如命令、通知、意见、会议纪要等，下级也可越级使用上行文（在特殊情况下行文必须抄送上一级即直接上级机关部门）。

（3）平级关系，指在一个系列中的同等级别的机关或部门、单位之间的关系。如省政府和省政府之间，市政府和市政府之间，县政府和县政府之间，省政府下属的各个厅之间，厅所属的各处之间，处所属的各个科之间。其代表性文种是平行文函，有的通知也可以发挥平行文作用。

（4）非隶属关系，指不是同一垂直系列，不发生直接职能往来的机关及其部门、单位之间的关系，如省政府下属的各个厅所隶属的处、科之间，同一级别的各高等学校下属的各处、系之间，都属于非隶属关系。不论是相同级别还是不同级别，都要通过知照性行文如函进行协调，或者联合行文共同办理。

（三）行文方式

公文的行文方式是指由工作需要和机关单位的组织关系所决定的行文方法和形式。其种类比较复杂，可从受文机关或行文对象的范围、发文机关数量及行文对象的主次三个方面进行分类。

1．按受文机关或行文对象的范围划分

按受文机关或行文对象的范围划分，行文方式可分为逐级行文、越级行文、多级行文、普发行文和通行行文五种。

（1）逐级行文：发文机关向直接上级上行公文或向直接下级下行公文。

（2）越级行文：发文机关越过直接上级或直接下级，向非直接上级或非直接下级行文。

（3）多级行文：发文机关向直接上级并向非直接上级，或者向直接下级并向非直接下级的一次性行文。

（4）普发行文：发文机关向所属各机关、部门、单位的一次性行文。

（5）通行行文：发文机关向隶属机关和非隶属机关、群众一次性泛向行文。

2．按发文机关的数量划分

按发文机关的数量划分，行文方式可分为单独行文和联合行文。

（1）单独行文：只有一个机关署名发出的公文。

（2）联合行文：由两个或两个以上平级机关联合署名发出的公文。

3．按行文对象的主次划分

按行文对象的主次划分，行文方式可分为主送和抄送。

（1）主送：发文机关直接对与行文内容关系最密切、需主要负责受理或贯彻公文的机关单位行文。

（2）抄送：发文机关在主送的同时，向需执行或知晓行文内容的其他机关单位行文。

（四）行文规则

行文规则指行文中应遵循的规矩、要求和原则。它实际上是机关单位的组织关系原则在公文运行过程中的体现。

1．行文根据规则

各级行政机关的行文关系应当根据各自的隶属关系和职权范围确定。在本部门职权范围内，可以相互行文，可以向下一级政府的有关业务部门行文，也可以根据本级政府授权和职权规定，向下一级政府行文。上级政府的职能部门同下一级政府是平级关系，并且只负责管理某个方面的职能业务工作，所以即使得到政府机关的授权，也只能在自己分工管理的业务范围内对下级政府行文，行文时还必须在正文的开头说明授权的机关或领导人。

同属于国家政权机关的行政机关不能给军事机关发指挥性公文；同样，军事机关也不能给行政机关发指挥性公文，因为它们隶属关系不同。党政要分开行文。党政机关一般不互相行文。

2．主送规则

主送是指将公文送达主要执行机关的公文行为。一般上行公文和平行公文的主送机关只有一个，下行公文的主送机关可以有多个，但必须是直属的下级机关。一般情况下，主送机关应该是某一机关，而不应该是机关负责人，除非上级机关负责人直接交办。

3．抄送规则

抄送是指将公文抄送给与公文执行相关机关的公文行为。

（1）一般不得越级行文，特殊情况需要越级行文的，应同时抄送被越过的机关。

（2）向下级机关的重要行文，应同时抄送直接的上级机关。

（3）受双重领导的机关上报公文，应根据内容写明主送机关和抄送机关。

（4）上级机关向受双重领导的下级机关行文，必要时应当抄送其另一上级机关。

4. 协商一致规则

部门之间对有关问题未协商一致，不得各自向下行文。如擅自行文，上级机关有权责令纠正或撤销。

5. 联合行文规则

（1）同级政府、同级政府各部门、上级政府部门与下一级政府可以联合行文。

（2）政府部门与相应的党组织和军事机关可以联合行文。

（3）政府部门与同级人民团体和具有行政职能的事业单位可以联合行文。

联合行文应当明确主办部门，而且联合行文的机关、单位不仅要经过协商以取得对有关事项的一致意见，而且必须是平级的。平级是联合行文的必要条件，不同级别的机关单位不能联合行文。属于党委、政府各自职权范围内的工作，不得联合行文。

6. 向上级机关行文规则

（1）原则上主送一个上级机关，根据需要同时抄送相关上级机关和同级机关，不抄送下级机关。

（2）党委、政府的部门向上级主管部门请示、报告重大事项，应当经本级党委、政府同意或者授权；属于部门职权范围内的事项应当直接报送上级主管部门。

（3）下级机关的请示事项，如需以本机关名义向上级机关请示，应当提出倾向性意见后上报，不得原文转报上级机关。

（4）请示应当一文一事。不得在报告等非请示性公文中夹带请示事项。

（5）除上级机关负责人直接交办事项外，不得以本机关名义向上级机关负责人报送公文，不得以本机关负责人名义向上级机关报送公文。

（6）受双重领导的机关向一个上级机关行文，必要时抄送另一个上级机关。

（7）一般不得越级请示。因特殊情况必须越级请示时，应抄送被越过的上级机关。所谓特殊情况，一般指重大紧急事项，不越级请示要误时误事；被直接上级机关长期搁置而又急需解决的问题；与直接上级机关意见分歧一时难以协调统一，而又急于处理的事项。遇到这些情况，在越级请示的同时，须将请示抄送被越过的上级机关。

7. 向下级机关行文规则

（1）主送受理机关，根据需要抄送相关机关。重要行文应当同时抄送发文机关的直接上级机关。

（2）党委、政府的办公厅（室）根据本级党委、政府授权，可以向下级党委、政府行文，其他部门和单位不得向下级党委、政府发布指令性公文或者在公文中向下级党委、政府提出指令性要求。需经政府审批的具体事项，经政府同意后可以由政府职能部门行文，文中须注明已经政府同意。

（3）党委、政府的部门在各自职权范围内可以向下级党委、政府的相关部门行文。

（4）涉及多个部门职权范围内的事务，部门之间未协商一致的，不得向下行文；擅自行文的，上级机关应当责令其纠正或者撤销。

（5）上级机关向受双重领导的下级机关行文，必要时抄送该下级机关的另一个上级机关。

8. 在报刊上发布的行政法规、规章等应视为正式公文

经批准在报刊上全文发布的行政法规和规章，一般都属于要求周知的不涉密的普发性下行公文，应当视为正式公文依照执行。这类公文由报刊发布，当然就能以最快的速度与受文对象见面，并得到贯彻执行，从而收到精简文件、省时省力的效果。

六、行政公文的处理

《党政机关公文处理工作条例》规定："公文处理工作是指公文拟制、办理、管理等一系列相互关联、衔接有序的工作。"公文处理工作应当坚持实事求是、准确规范、精简高效、安全保密的原则。

（一）拟制程序

公文拟制包括公文的起草、审核、签发等程序。

1. 起草

（1）符合国家法律法规和党的路线方针政策，完整准确体现发文机关意图，并同现行有关公文相衔接。

（2）一切从实际出发，分析问题实事求是，所提政策措施和办法切实可行。

（3）内容简洁，主题突出，观点鲜明，结构严谨，表述准确，文字精练。

（4）文种正确，格式规范。

（5）深入调查研究，充分进行论证，广泛听取意见。

（6）公文涉及其他地区或者部门职权范围内的事项，起草单位必须征求相关地区或者部门意见，力求达成一致。

（7）机关负责人应当主持、指导重要公文起草工作。

2. 审核

公文文稿签发前，应当由发文机关办公厅（室）进行审核。需要发文机关审议的重要公文文稿，审议前由发文机关办公厅（室）进行初核。经审核不宜发文的公文文稿，应当退回起草单位并说明理由；符合发文条件但内容需作进一步研究和修改的，由起草单位修改后重新报送。审核的重点是：

（1）行文理由是否充分，行文依据是否准确。

（2）内容是否符合国家法律法规和党的路线方针政策；是否完整准确体现发文机关意图；是否同现行有关公文相衔接；所提政策措施和办法是否切实可行。

（3）涉及有关地区或者部门职权范围内的事项是否经过充分协商并达成一致意见。

（4）文种是否正确，格式是否规范；人名、地名、时间、数字、段落顺序、引文等是否准确；文字、数字、计量单位和标点符号等用法是否规范。

（5）其他内容是否符合公文起草的有关要求。

3. 签发

公文应当经本机关负责人审批签发。重要公文和上行文由机关主要负责人签发。党委、政府的办公厅（室）根据党委、政府授权制发的公文，由受权机关主要负责人签发或者按照有关规定签发。签发人签发公文，应当签署意见、姓名和完整日期；圈阅或者签名的，视为同意。联合发文由所有联署机关的负责人会签。

（二）办理程序

一般而言，公文办理是指各级行政机关和公务人员在收到公文后对它进行的办复。包括收文办理、发文办理和整理归档。

1．收文办理

（1）签收。对收到的公文应当逐件清点，核对无误后签字或者盖章，并注明签收时间。

（2）登记。对公文的主要信息和办理情况应当详细记载。各种公文一般可按上级文件、下级文件、需承办文件、一般性文件四个类型分类登记。登记内容包括收文序号、收文日期、来文单位、来文标题、密级、领导批示与承办情况、归卷号及备注等。收文登记时字迹要清晰工整，平件、密件要明确区分，急缓程度要严格分清。登记的基本要求是准确、翔实。

（3）初审。对收到的公文应当进行初审。初审的重点：是否应当由本机关办理，是否符合行文规则，文种、格式是否符合要求，涉及其他地区或者部门职权范围内的事项是否已经协商、会签，是否符合公文起草的其他要求。经初审不符合规定的公文，应当及时退回来文单位并说明理由。

（4）承办。阅知性公文应当根据公文内容、要求和工作需要确定范围后分送。批办性公文应当提出拟办意见报本机关负责人批示或者转有关部门办理；需要两个以上部门办理的，应当明确主办部门。紧急公文应当明确办理时限。承办部门对交办的公文应当及时办理，有明确办理时限要求的应当在规定时限内办理完毕。

（5）传阅。根据领导批示和工作需要将公文及时送传阅对象阅知或者批示。办理公文传阅应当随时掌握公文去向，不得漏传、误传、延误。

（6）催办。及时了解掌握公文的办理进展情况，督促承办部门按期办结。紧急公文或者重要公文应当由专人负责催办。催办即对公文办理的督促与检查，主要是指在收到公文后，对本机关各承办部门的公文处理工作进行监督与检查。各级行政机关应建立健全机关公文催办系统和催办的登记、分层逐级汇报制度，以落实催办工作。

（7）答复。公文的办理结果应当及时答复来文单位，并根据需要告知相关单位。

2．发文办理

（1）复核。已经发文机关负责人签批的公文，印发前应当对公文的审批手续、内容、文种、格式等进行复核；需作实质性修改的，应当报原签批人复审。

（2）登记。对复核后的公文，应当确定发文字号、分送范围和印制份数并详细记载。

（3）印制。公文印制必须确保质量和时效。涉密公文应当在符合保密要求的场所印制。

（4）核发。公文印制完毕，应当对公文的文字、格式和印刷质量进行检查后分发。

（三）管理程序

（1）各级党政机关应当建立健全本机关公文管理制度，确保管理严格规范，充分发挥公文效用。

（2）党政机关公文由文秘部门或者专人统一管理。设立党委（党组）的县级以上单位应当建立机要保密室和机要阅文室，并按照有关保密规定配备工作人员和必要的安全保密设施设备。

（3）公文确定密级前，应当按照拟定的密级先行采取保密措施。确定密级后，应当按照所定密级严格管理。绝密级公文应当由专人管理。公文的密级需要变更或者解除的，由原确定密级的机关或者其上级机关决定。

（4）公文的印发传达范围应当按照发文机关的要求执行；需要变更的，应当经发文机关批准。涉密公文公开发布前应当履行解密程序。公开发布的时间、形式和渠道，由发文机关确定。经批准公开发布的公文，同发文机关正式印发的公文具有同等效力。

（5）复制、汇编机密级、秘密级公文，应当符合有关规定并经本机关负责人批准。绝密级公文一般不得复制、汇编，确有工作需要的，应当经发文机关或者其上级机关批准。复制、汇编的公文视同原件管理。复制件应当加盖复制机关戳记。翻印件应当注明翻印的机关名称、日期。汇编本的密级按照编入公文的最高密级标注。

（6）公文的撤销和废止，由发文机关、上级机关或者权力机关根据职权范围和有关法律法规决定。公文被撤销的，视为自始无效；公文被废止的，视为自废止之日起失效。

（7）涉密公文应当按照发文机关的要求和有关规定进行清退或者销毁。

（8）不具备归档和保存价值的公文，经批准后可以销毁。销毁涉密公文必须严格按照有关规定履行审批登记手续，确保不丢失、不漏销。个人不得私自销毁、留存涉密公文。

（9）机关合并时，全部公文应当随之合并管理；机关撤销时，需要归档的公文经整理后按照有关规定移交档案管理部门。

工作人员离岗离职时，所在机关应当督促其将暂存、借用的公文按照有关规定移交、清退。

（10）新设立的机关应当向本级党委、政府的办公厅（室）提出发文立户申请。经审查符合条件的，列为发文单位，机关合并或者撤销时，相应进行调整。

七、行政公文的印装规格

《党政机关公文处理工作条例》不仅对公文的构成要素及格式做出了明确规定，而且对公文的印装规格也有详细说明。

（一）公文用纸的规格

公文用纸要采用国际标准A4纸，其成品幅面尺寸为297mm×210mm（长×宽）。

公文用纸的页边（留空处）与版心的具体尺寸为：公文用纸天头（上白边）37mm±1mm；公文用纸订口（左白边）28mm±1mm；版心尺寸156mm×225mm（不含页码）。

（二）公文排版的规格和要求

正文用三号仿宋字，一般每面排22行（以三号字高度加三号字高度7/8的距离为一基准行），每行排28个字。

要做到版面干净无底灰，字迹清楚无断划，尺寸合乎标准，版心不斜，误差不超过1mm。

（三）印刷要求

公文应双面印刷，页码要套正，两面误差不得超过2mm。黑色油墨应达到色谱所标BL100%，红色油墨应达到色谱所标Y80%、M80%。印品着墨实、均匀；字面不花、不白，无断划。

公文中未作特殊说明的图文项目，颜色均为黑色。

（四）装订要求

公文应左侧装订，不掉页。包本公文的封面与书芯不脱落，后背平整、不空。两页页码之间误差不超过 4mm。骑马订或平订的订位为两钉钉锯，外订眼距书芯上下各 1/4 处，允许误差±4mm。平订钉锯与书脊的距离为 3～5mm；无坏钉、漏钉、重钉，钉脚平伏牢固；后背不可散页明订。裁切成品尺寸误差±1mm，四角成 90 度，无毛茬或缺损。

复习与训练

一、填空题

1. 行政公文是国家行政机关在行政管理过程中形成的具有________和________的文书。

2. 联合行文的机关，不仅要经过协商取得一致意见，而且必须是________机关。

3. 现行的《党政机关公文处理工作条例》从________（时间）起施行。

4. 一份完整的公文格式是由________、________、________三部分组成的。

5. 眉首部分是由份号、密级和保密期限、________、________、________和签发人等项目组成的。

6. 发文字号由________、________、________三部分组成。

7. 签发人指____________。

8. 完整的公文标题是由________、________和________三要素组成的。

9. 除了主送机关外，需要执行或知晓公文内容的其他机关叫__________。

10. 行文关系有上下级关系、平级关系、________、________等几种。

11. 行政公文有________种。

12. 向下级机关的________应当同时抄送直接上级机关。

13. 报告中不得夹带________事项。

14. 联合行文的必要条件是机关单位必须是________。

二、选择题

1. 市政府把省政府文件以通知的形式发至县政府，这种形式叫（　　）。

A. 印发　　B. 批转　　C. 翻印　　D. 转发

2. 下面不属于行政公文的是（　　）。

A. 函　　B. 报告　　C. 调查报告　　D. 议案

3. 目前国家行政机关公文共有（　　）。

A. 13 种　　B. 11 种　　C. 15 种　　D. 14 种

4. 只能有一个主送机关的行文是（　　）。

A. 上行文　　B. 平行文　　C. 下行文　　D. 泛行文

5. 不符合用印要求的是（　　）。

A. 位置在发文时间上方　　B. 上不压正文

C. 上可压正文　　D. 下要压年月日

6. 不属公文文头部分的是（　　）。

A. 文件名称　　B. 标题　　C. 发文字号　　D. 签发人

7. 两个或两个以上机关联合行文时必须做好（　）工作。

A. 审核　　B. 签发　　C. 会商　　D. 会签

8. 公文应在（　）装订。

A. 左侧　　B. 右侧　　C. 上面白边区　　D. 下面白边区

9. 联合行文标注发文机关时，标在前面的机关是（　　）。

A. 上级的　　B. 组织序列表中靠前的

C. 主办的　　D. 其他系统的

三、判断题

1. 越级请示时，不必将文件抄送被越过的上级机关。（　　）
2. 若是联合发文，主办机关应排列在前。（　　）
3. 报告在一文一事的前提下，有时也可以一文数事。（　　）
4. 经批准在报刊上发布的行政法规和规章，应视为正式的公文执行。（　　）
5. 报告和请示一样，都要求上级机关答复。（　　）
6. 公告和通告行文时，都要写上主送机关。（　　）
7. 所有公文都应在眉首部分标明签发人的姓名。（　　）
8. 为减少发文，在向上级机关呈送的报告中，可附带请示问题。（　　）
9. 上行文是上级机关发来的文件，下行文是下级机关发出的文件。（　　）
10. 公文的附件是附属的参考资料，不属于公文的组成部分。（　　）

四、简答题

1. 简述行政公文的特点。
2. 简述行政公文的基本组成部分。
3. 简述收文处理的一般程序。

第二节　通　告

一、通告概述

通告适用于公布社会各有关方面应当遵守或周知的事项。通告的使用者可以是各级各类机关，通告的内容往往涉及社会的方方面面，因此，无论其使用主体还是内容都具有相当的广泛性。

（一）通告的特点

1．规范性

通告常用来颁布地方性的法规，这些法规一经颁布，特定范围内的部门、单位和民众都必须遵守、执行，具有行政约束力甚至法律效力。

2．业务性

通告常用于水电、交通、金融、公安、税务、海关等主管业务部门工作的办理、要求或事务性事宜，内容带有专业性、事务性。

3．广泛性

通告适用范围很广泛，不仅在机关单位内部公布，而且向社会公布。其内容涉及社会生活各方面，因而各级机关、企事业单位、社会团体都可以使用。此外，通告的发布方式多样，可通过报刊、广播、电视公布，也可以张贴和发文，使公告内容广为人知。

（二）通告的分类

1．周知性通告

周知性通告用于传达告知业务性、事务性事项，一般没有执行要求，仅供人们知晓。

2．规定性通告

规定性通告用于公布国家有关政策、法规或要求遵守的约束事项，告知对象必须严格遵照执行；用于公布带有强制性的行政措施。为确保某一事项的执行与处理，规定性通告将提出具体规定，以要求相关单位与个人遵守。

二、通告的基本格式

通告由标题、正文、署名和日期三部分组成。

（一）标题

标题的写法有四种：一是由发文机关、主要内容、文种三者共同构成，如《××省地方税务局关于认真落实企业所得税征收管理办法的通告》；二是省略主要内容的写法，由发文机关、文种组成，如《中华人民共和国公安部通告》；三是省略发文机关，由事由、文种组成，如《关于税收财务大检查实行持证检查的通告》；四是标题只有文种“通告”两字。

（二）正文

通告的正文一般由通告的缘由、事项、结尾三部分构成，但也有只写通告事项的。

作为开头部分，通告缘由主要用来表达发布通告的背景、根据、目的、意义，引出通告的具体内容。

通告的事项是通告的关键部分，包括周知事项和执行要求。撰写这部分内容，首先要做到条理分明，层次清晰。如果内容较多，可采用分条列项的方法；如果内容比较单一，也可采用贯通式方法。其次要做到明确具体，需清楚说明受文对象应执行的事项，以便于理解和执行。

通告的结尾部分写法比较简单，多采用“本通告自发布之日起实施”或“特此通告”的模式化结语，以示强调，提出注意。有些通告干脆不用结语，干净利落。

（三）署名和日期

通告的标题如已有发文机关，并在标题下署上了日期，则可不用落款。如果标题没有发文机关，也没有日期，则落款处必须署发文机关名称和日期。

三、通告的写作要求

（一）发文目的要明确

发布通告的目的或原因一般要在缘由部分简明扼要地交代清楚，让人们一看就知道为什么要发此通告。

（二）通告事项要符合政策规定

通告的事项应该符合法律、法令和有关政策规定，不能违反法令政策。

（三）通告语言要通俗简洁

通告是一种周知性公文，多以张贴和登报的方式发布。因此，写通告要注重语言的通俗简洁，篇幅不宜过长，以利于张贴和阅读。

四、例文

例 2-1　规定性通告

文化部办公厅关于清理违规网络音乐产品的通告

为进一步规范网络音乐市场秩序，严厉打击非法网络音乐产品及其违法经营活动，按照全国打击侵犯知识产权和制售假冒伪劣商品专项行动和文化市场知识产权保护专项执法行动的部署，根据《互联网文化管理暂行规定》等有关规定，文化部决定在整治违规网络音乐网站的基础上，进一步清理违规网络音乐产品，现就有关事项通告如下：

一、经初步核查，本通告附件所列 100 首网络音乐产品，均未按照《互联网文化管理暂行规定》等有关规定，报文化部进行内容审查或备案。部分网络音乐网站擅自提供附件所列网络音乐产品的播放、试听、使用和下载等服务，扰乱网络音乐市场经营管理秩序，危害国家文化安全，必须依法予以清理整治。

二、2011 年 2 月 28 日前，请各搜索引擎、门户网站、行业网站、娱乐网站以及企业或个人网站，迅速开展自查自纠，一经发现本网站提供有附件所列未经内容审查或备案的网络音乐产品，应当立即删除。对逾期未按要求进行清理的网站，将依法予以查处。

三、任何单位从事提供网络音乐产品及服务等互联网文化活动，应当严格按照《互联网文化管理暂行规定》等有关规定，依法取得相应主体资质；进口网络音乐产品应当经文化部内容审查通过，国产网络音乐产品应当报文化部备案，否则将依法予以查处。

四、文化部将持续清理未经内容审查或备案等违规网络音乐产品，进一步整顿和规范网络音乐市场秩序。如发现各网站提供违规网络音乐产品，请拨打文化部举报电话 010-59881010。

特此通告。

附件：第一批未经内容审查或备案的网络音乐产品名单（略）

2011 年 1 月 7 日（印章）

【析评】

这是一则规定性通告，开头交代了清理违规网络音乐产品的缘由，主体部分对清理工作提出具体要求。行文言简意赅，思路清晰。

复习与训练

一、填空题

1. 通告的特点包括________、________和________。

2. 通告的类型包括________和________。

3. 通告是________行文。

4. 公布社会各有关方面应当遵守或周知的事项，用________行文。

5. 通告面对的是公众，一般不必写________。

二、选择题

1. ××林场为了禁止农民进山滥砍滥伐，拟发布一个文件，应该使用的文种是（ ）。

A. 通知　B. 通告　C. 通报　D. 公告

2. 某税务局公布征收年度税款事项，用（ ）行文。

A. 通告　B. 公告　C. 通知　D. 通报

3. 广州市公安局向群众公布关于洛溪大桥的交通管理事项，应用（ ）行文。

A. 公告　B. 通告　C. 通知　D. 通报

三、判断题

1. 通告行文时，要写上主送机关。（ ）

2. 学校处分违纪学生可用通告。（ ）

3. 商店告知顾客可发通告。（ ）

4. 深圳市税务局可发通告。（ ）

5. 通告没有行政强制力。（ ）

四、病文分析

试指出下文的主要毛病。

关于加强交通管理的通告

为整顿治安秩序，加强交通管理，经市政府批准，对市区车辆行驶实行统一管理，特通告如下：

1. 除公交车及小轿车外，其他机动车辆白天一律不得驶入市区。
2. 轻骑、摩托车行使一律要有安全措施，严禁自行车带人。
3. 非残疾人不得骑乘残疾车。
4. 凡在市区行驶的车辆一定按交通部门规定的时速行驶；严禁酒后驾车或无证驾驶。
5. 严禁在道路两侧摆摊设点，不得在道路上晒谷扬场，不准设置路障。
6. 车辆停放一定要在指定地点，途中临时停车不得超过5分钟。
7. 服从交通值勤人员管理。

以上通告望遵照执行，对违反上述通告者由公安、交通部门依照有关规定进行处理。

××市公安局（印章）

××交通局（印章）

××××年××月××日

五、写作训练

请根据下面的内容，拟写一份通告。要求：格式规范，要素齐全，内容明确。

×××市因扩建市区道路，需要对路段实行封闭管理，从本月15日始，时间3个月，城建局告知×××市民封路管理执行办法及有关事项。

第三节 通 报

一、通报概述

通报是上级把有关的人和事告知下级的公文。通报的运用范围很广，各级党政机关和单位都可以使用。它的作用是表扬好人好事，批评错误和歪风邪气，通报应引以为戒的恶性事故，传达重要情况及需要各单位周知的事项。其目的是交流经验，吸取教训，教育干部、职工群众，推动工作的进一步开展。

（一）通报的特点

（1）告知性。通报的内容常常是把现实生活当中一些正面和反面的典型或某些带倾向性的重要问题告诉人们，让人们知晓、了解。

（2）教育性。通报的主要任务是让人们知晓内容之后，从中接受先进思想的教育，或者警戒错误，引起注意，接受教训。这一目的不是靠指示和命令方式来达到的，而是靠正面和反面典型的带动，使人真正从思想上确立正确的认识，知道应该这样做，而不应该那样做。

（3）政策性。政策性并不是通报独具的特点，其他公文也同样具有这一特点。但作为通报，尤其是对表扬性通报和批评性通报来说，在这方面显得特别一些。因为通报中的决定（处理意见），直接涉及具体单位、个人或事情的处理，同时，此后也会牵涉其他单位、部门效仿执行的问题。因此，必须讲究政策依据，体现党的政策。

（二）通报的类型

（1）表彰性通报。表彰性通报就是表彰先进个人或先进单位的通报。这类通报着重介绍人物或单位的先进事迹，点明实质，提出希望、要求，然后发出学习的号召。

（2）批评性通报。批评性通报就是批评典型人物或单位的错误行为、不良倾向、丑恶现象和违章事故等。这类通报通过摆情况、找根源，阐明处理决定，使人从中吸取教训，以免重蹈覆辙。这类通报应用面广、数量大、惩戒性突出。

（3）情况通报。情况通报就是上级机关把现实社会生活中出现的重要情况告知所属单位和群众，让其了解全局，与上级协调一致，统一认识，统一步调，克服存在的问题，开创新的局面。这类通报具有沟通和知照的双重作用。

二、通报的基本格式

通报一般由标题、正文和尾部三部分组成。

（一）标题

通报的标题通常由发文机关名称、事由和文种组成，如《国务院办公厅关于对少数地方和单位违反国家规定集资问题的通报》；有时可省略发文机关，由事由和文种构成，如《关于给不顾个人安危勇于救人的王×同志记功表彰的通报》。此外，有少数通报的标题是在文种前冠以机关单位名称，如《中共×市纪律检查委员会通报》；也有的通报标题省略发文机关和事由，只有文种名称，但比较重要的通报则不能省略。

（二）正文

通报正文的结构通常由开头、主体和结尾三部分组成。开头说明通报缘由，主体说明通报决定，结尾提出通报的希望和要求。不同类别的通报，其内容和写法有所不同，现分述如下。

（1）表彰性通报。一般在开头部分概述事件情况，说明通报缘由。由于它是做出通报的依据，因此要求把表扬对象的先进事迹交代清楚。如果属于对一贯表现好的单位或个人进行表彰，事实叙述不但要清楚明白，而且要注意详略得当、重点突出。主体部分通过对先进事迹的客观分析，指出其典型意义或概括其主要经验。在阐明所述事件的性质和意义的基础上，写明通报决定。结尾部分明确提出希望和要求，号召大家向先进学习。

（2）批评性通报。批评性通报在机关工作中使用的比较多，对一些倾向性问题具有引导、纠正的作用。批评性通报又分两种情况：一种是对个人的通报批评，其写法和表彰性通报基本一样，要求先写出事实，然后在分析评论的基础上叙写通报决定，最后提出希望和要求，让大家吸取教训，引以为戒。另一种是对国家机关或集体的批评通报。这种通报旨在通过恶性事故的性质、后果，特别是酿成事故的原因的分析，总结教训，从而达到指导工作的目的，所以写法和表彰性通报略有不同。其正文主要包括叙写事实、分析原因、提出要求和改进措施等项内容。

也有的批评性通报是针对部分地区或单位存在着同一类问题而提出批评的。这类通报虽然涉及的面比较广，但因其错误性质基本相同，所以写法上以概括为主，大体和情况通报相近。

（3）情况通报。情况通报主要起着沟通情况的作用。旨在使下级单位和群众了解情况，以便统一认识，统一步调，推动全局工作的开展。正文主要包括两项内容：通报有关情况，分析并得出结论。具体写法有的是先摆情况，然后进行分析得出结论；有的是先通过简要分析得出结论，再列举情况，来说明结论的正确性和针对性。总之，情况通报的写法多样，如何表述可因事制宜，无须强求一律。

（三）尾部

通报尾部包括发文机关署名和成文时间两项内容。有的在通报标题中已标明发文机关名称，这里就不必再写。

三、通报的写作要求

（一）通报的内容必须真实

通报的事实、所引材料，都必须真实无误。动笔前要调查研究，对有关情况和事例要认真进行核对，客观、准确地进行分析、评论。

（二）通报决定要恰如其分

无论哪种通报，都要做到态度鲜明，分析中肯，评价实事求是，结论公正准确，用语把握分寸。否则，通报不但会缺乏说服力，而且有可能产生副作用。

（三）通报的语言要简洁、庄重

表彰性和批评性的通报应注意用语分寸，不讲空话、套话，不讲过头的话。

四、例文

例 2-2　表彰性通报

国务院关于对“十一五”节能减排工作成绩突出的省级人民政府给予表扬的通报

国发〔2011〕31号

各省、自治区、直辖市人民政府，国务院各部委、各直属机构：

节约资源和保护环境是我们的基本国策。“十一五”时期，各地区、各部门认真贯彻落实党中央、国务院的决策部署，把节能减排工作作为调整经济结构、转变经济发展方式、推动科学发展的重要抓手和突破口，积极采取有效措施，节能减排工作取得了显著成效。经过各方面的共同努力，全国单位国内生产总值能耗下降 19.1%，二氧化硫、化学需氧量排放总量分别下降 14.29%和 12.45%，基本实现了“十一五”规划纲要确定的节能减排目标，为保持经济平稳较快发展提供了有力支撑，为实现“十二五”节能减排目标奠定了坚实基础，为应对全球气候变化做出了重要贡献。

省级人民政府是本地区开展节能减排工作的责任主体。为表扬先进，进一步推进节能减排工作，国务院决定，对“十一五”期间在节能工作中成绩突出的北京、天津、山西、内蒙古、吉林、江苏、山东、湖北 8 省（区、市）人民政府，在减排工作中成绩突出的山东、江苏、广东、河南、浙江、辽宁、上海、陕西 8 省（市）人民政府，予以通报表扬。希望受到表扬的地区以此为起点，珍惜荣誉，再接再厉，做出新的更大贡献。

各地区、各部门要按照国务院关于“十二五”节能减排工作的总体部署，深入贯彻落实科学发展观，不断增强全局意识、危机意识和责任意识，树立绿色、低碳发展理念，把建设资源节约型、环境友好型社会作为加快转变经济发展方式的重要着力点，进一步加大工作力度，确保实现“十二五”节能减排目标。

国务院

2011 年 9 月 26 日（印章）

【析评】

这是一份表彰性通报。正文叙述了“十一五”节能减排工作取得的成效，并对成绩突出的省级人民政府予以通报表扬，最后提出发文单位对“十二五”节能减排工作的希望。全文结构合理，格式规范，语言通俗流畅。

例 2-3 批评性通报

国务院关于陕西省三起特大安全事故调查处理情况的通报

国发〔20××〕17号

各省、自治区、直辖市人民政府，国务院各部委、各直属机构：

今年4月，陕西省连续发生了三起特大安全事故。4月6日，铜川矿务局陈家山煤矿发生瓦斯爆炸事故，造成38人死亡，7人受伤；4月8日，在渭南市华阴市（县级）玉泉院（道观）通往华山西山门的人行涵洞内，发生游人拥挤踩踏伤亡事故，造成17人死亡，5人受伤；4月21日，韩城矿务局下峪口煤矿多种经营公司一处个体承包井发生瓦斯爆炸事故，造成48人死亡。党中央、国务院领导同志对这三起特大安全事故高度重视，迅即对人员的抢救和善后工作作出明确指示，并派出调查组赶赴现场深入调查，协助地方做好有关工作，伤亡人员都及时得到妥善处理，保持了社会的稳定。

经调查认定，这三起特大安全事故均为责任事故。陕西省在全国社会治安工作会议、全国整顿和规范市场经济秩序工作会议后不到20天的时间里接连发生三起特大安全事故，给人民群众的生命和国家财产造成重大损失，性质非常严重，影响特别恶劣，教训极其深刻。这充分暴露出陕西省有关部门和领导安全意识不强、责任制不落实、安全防范措施不力，同时也反映出一些单位的负责人官僚主义、形式主义严重，对人民群众的生命安全麻木不仁。为此，经国务院党组会议研究并报请中央政治局常委会议讨论同意，给予陕西省省长程安东行政记过处分，同时责成陕西省政府认真总结教训，向党中央、国务院作出深刻检查。现将经国务院党组会议讨论通过并向中央政治局常委会议汇报的《关于陕西省"4·6"、"4·8"和"4·21"特大安全事故调查处理意见报告》一并印发，各地区、各部门要引以为戒，举一反三，切实做好安全生产的各项工作。

国务院

20××年5月15日

【析评】

这是一篇批评性通报。正文第一自然段写错误事实和经过，具体交代了时间和地点。第二自然段对当事人的错误进行了分析评价，同时做出了处理。并对各地区、各部门提出了希望要求。全文层次分明，语言明晰，分析评价到位，行文思路清晰。

复习与训练

一、填空题

1. 表彰先进，批评错误，传达重要精神或者情况，用__________行文。
2. 通报的类型包括__________、__________和__________。
3. 通报的特点包括__________、__________和__________。

二、选择题

1. 国务院办公厅发文表彰奖励中国女排队，用（ ）。

A. 批复　B. 意见　C. 通报　D. 通告

2. 表彰先进，批评错误，传达重要情况用（　　）。

A. 会议纪要　　B. 通知　　C. 通报　　D. 报告

三、试判断下列哪些事项可以用通报行文

1. ××县工会拟表彰奋不顾身抢救落水儿童的青年工人。（　　）

2. ××厂拟向市工业局汇报该厂遭受火灾的情况。（　　）

3. ××市安全办公室拟向各有关单位知照全市安全大检查的情况。（　　）

4. ××县政府拟公布加强机关廉政建设的几条规定。（　　）

5. ××县纪委拟批评××局×××等干部挥霍国家钱财游山玩水的错误。（　　）

四、简答题

1. 写作通报有何注意事项？

2. 表彰性通报正文一般写什么内容？

3. 批评性通报正文一般写什么内容？

4. 情况通报正文一般写什么内容？

五、写作训练

将下面通讯改写为通报。

李坚　舍己救人　英勇献身　共青团全国铁道委员会和团省委决定授予“优秀少先队员”光荣称号并追认为共青团员

本报讯：5月28日下午，共青团成都铁路局委员会在局工会俱乐部召开大会，宣读共青团全国铁路委员会和共青团四川省委的决定，授予为抢救落水同学而英勇献身的李坚同学“优秀少先队员”的光荣称号，并根据他生前要求，追认他为共青团员。

李坚同学生前是西昌铁路中学学生，刚满14周岁，1998年5月2日，李坚和另外四名小朋友在河边玩耍，忽然，张昆同学不慎落入水中，李坚当即跳下水去营救，张昆被救了，而他却献出了年轻的生命。

团委副书记等领导在讲话中分别号召全国铁路系统和省内各地的小朋友向李坚同学学习，做一个有理想、有道德、无私无畏的好孩子。

第四节　通　知

一、通知概述

通知适用于批转下级机关的公文，转发上级机关和不相隶属机关的公文；发布文件；传达要求下级机关办理和需要有关单位周知或者执行的事项；任免人员。

通知是各级党政机关、人民团体、企事业单位在公务活动中最常用的一种公文，使用范围相当广泛。

（一）通知的特点

（1）使用范围具有广泛性。通知不受发文机关级别高低的限制；对通知的行文路线限制不严，主要作为上级机关对下级机关、组织对所属成员的下行文，但平行机关之间、不相隶属的机关之间，有时也可使用通知知照有关事项；通知写作灵活自由，使用比较方便。

（2）文种功用多具有指导性。上级机关和组织向下级机关、组织用通知行文，都明显体现出指导性。特别是部署和布置工作、批转和转发文件等，都需明确阐述处理某些问题的原则和方法，说明需要做什么、怎样做、达到什么要求等。一部分通知对下级或有关人员有约束力，起指挥、指导作用；一部分通知则主要起知照作用。

（3）有明显的时效性。通知事项一般是要求立即办理、执行或知晓的，不容拖延。有的通知如会议通知，只在指定的一段时间内有效。

（二）通知的主要类型

（1）指示性通知。有关行政法规和规章、办法、措施，不宜用命令（令）发布的，可使用通知行文。指示性通知往往带有强制性、指挥性和决策性的特点。

（2）批转、转发性通知。用于发布某些行政法规，转发上级、同级或不相隶属机关的公文及批转下级机关的公文。这类通知包括批转性通知和转发性通知两种。批转性通知适用于上级机关对下级部门的文件加批语下发，需在标题中加“批转”两字；转发性通知是“转发”有关文件的通知，同样需在标题中注明“转发”字样。

（3）事项性通知。要求下级机关办理某些事项，除交代任务外，通常还提出工作原则和要求，让受文单位贯彻执行，具有强制性和行政约束力，这种通知便属事项性通知。有些工作任务不宜采用命令和意见行文的，可使用这种通知行文。

（4）知照性通知。知照性通知即用于告知某一事项或某些信息的通知，诸如庆祝节日，成立、调整、合并、撤销机构，人事任免，启用新印章，更改电话，更正文件差错等，都可用这种通知行文。

（5）会议通知。会议通知即告诉有关单位或个人参加会议的通知。

（6）任免通知。任免通知即告知有关单位或个人人事任免的通知。

二、通知的基本格式

（一）标题

通知的标题有完全式和省略式两种。完全式标题是发文机关、事由、文种齐全的标题；省略式标题则根据需要省去其中的一项或两项。省略式标题有如下三种情况。

（1）省略发文机关。如果标题太长，可省略发文机关。如《关于县级市经济管理权限的通知》，这个标题便省略了发文机关。省略发文机关的标题很常见。如果是两个单位以上联合发文，不能省略发文机关。

（2）省略多余的“关于”和“通知”字样。发布性和批转性通知的标题由“发文机关+发布（批转、转发）+被发布文件标题+通知”构成。被发布、批转、转发公文为法规、规章时，一般应加上书名号，有时由于被批转、转发公文标题中已有“关于”和“通知”字样，或者被批转、转发的公文标题比较长，这时，通知的标题一般可保留末次发布（批转、转发）文件机关和始发文件机关，省略多余的“关于”和“通知”字样。否则，就会出现一个标题中有多个“关于”和“通知”的现象，显得很长，读起来也拗口。如“××县人民政府关于转发《××市人民政府关于转发〈××省人民政府关于转发人事部关于×××同志恢复名誉后享受××级待遇的通知〉的通知》”。这个标题有四个层次，用了三个“关于转发”，两个“的通知”，很不顺口。可把这个标题简化为《××县人民政府转发人事部关于×××同志恢复名誉后享受××级待遇的通知》，至于被省、地区等转发过的内容，可在转发意见中交代清楚。

（3）省略发文机关和事由。如果通知发文范围很小，内容简单，甚至张贴都可以，这样的通知标题可以省略发文机关和事由，只写文种“通知”二字。

（二）正文

通知的正文主要包括缘由、事项、要求三部分，主体在事项部分。下面分别介绍几种通知正文的写法。

1．指示性通知的写法

指示性通知的正文一般先写发文的缘由、背景、依据；在事项部分，或者写发布行政法规、规章制度、办法、措施等，或者写带有强制性、指挥性、决策性的原则（或指示性意见）、具体工作要求等。

指示性通知的事项一般具有影响面较大、比较紧急和有一定的政策性的特点。

2．批转、转发性通知的写法

批转与转发性通知正文写法大体相同，可以把这两种通知称为“批语”，把被批转、转发的文件看作通知的主体内容。批语的内容主要有如下三个方面。

（1）说明批转的目的或陈述转发的理由。

（2）对受文单位提出贯彻执行的具体要求。

（3）根据具体情况做出补充性的规定。

用通知批转或转发下级机关、不相隶属机关和上级机关的公文时，对被批转和转发的文件已起到了一种公布、认可或推荐的作用。从构成上看，这种通知由批语部分和批转或转发文件组成，批语和被批转或转发文件都不能单独作为一份文件。如果批语脱离被批转或转发文件，没有实际依托内容，不能单独行文；如被批转或转发文件离开批语则不能纳入通知的内容，不能体现发文单位的意图，没有批语予以的权威性和合法地位。

3．事项性通知的写法

事项性通知正文的写作，要使受文单位了解通知的内容（事项），以及做什么，怎样做，有什么要求。正文一般分三部分。

第一部分是开头，一般是说明为什么要发此通知，目的是什么。

第二部分是主体，即事项部分，将通知的具体内容一项一项列出，把布置的工作或需周知的事项阐述清楚，并讲清要求、措施、办法等。这类通知多数用于布置工作，因此也有人称之为“工作通知”。

第三部分是结尾，多提出贯彻执行要求，如“请遵照执行”、“请认真贯彻执行”、“请研究贯彻”等习惯用语，也有的通知结尾不写习惯用语。

写事项性通知要开门见山，忌转弯抹角。在叙述事项时，要突出重点，把主要的、重要的写在前面。根据需要，主要的内容可详写，讲清道理，讲明措施；次要的内容则尽量简略，扼要交代即可。在语言表达方面，通知主要以叙述为主，对下级单位提出要求。有时可以适当做一些分析、说理。但通知中的说理不像议论文的说理那样要有严密的逻辑性，只要抓住关键问题，用简洁的语言把道理阐述清楚即可。

4. 知照性通知的写法

知照性通知的正文只要写清楚行文的依据、目的和事项即可。要求文字简练、明白。

5. 会议通知的写法

会议通知依据其不同类型，有不同的写法。通过文件传递渠道发出的会议通知，一般应写明召开会议的原因、目的、会议名称、主要议题、到会人员、会议及报到时间、地点、需要的材料等，通常采用条文式写法，要求内容周密、语言清楚、表述准确，不致产生歧义。

供机关、单位内部张贴或广播的周知性会议通知，正文开头可不写受文对象，应在通知事项中说明会议时间、地点、内容、准备材料及出席人员等。语言力求简短、明白。

6. 任免通知的写法

任免通知的写法比会议通知更为简单，一般的固定格式是按任免依据写上任免人员即可。

三、通知的写作要求

（1）要注意公文通知与日常通知两者的区别。公文通知是正式文件，内容多为重大事项，必须严格按照公文处理；日常通知是日常使用的应用文，多由事项主管部门书写张贴。

（2）通知的事项不仅要具体明确，还必须符合客观实际，便于受文者贯彻执行。

（3）通知的语言要准确简洁，行文要条理清楚，以利于受文者正确理解通知的精神。

四、例文

例 2-4　指示性通知

国务院办公厅关于严厉打击食品非法添加行为 切实加强食品添加剂监管的通知

国办发〔2011〕20号

各省、自治区、直辖市人民政府，国务院各部委、各直属机构：

当前，在食品生产经营中违法添加非食用物质和滥用食品添加剂已成为影响食品安全的突出问题。为严厉打击食品非法添加行为，进一步加强食品添加剂监管，切实维护人民群众身体健康和生命安全，经国务院同意，现就有关事项通知如下：

一、严厉打击食品非法添加行为

（一）严禁在食品中添加非食用物质。（略）

（二）加强非法添加行为监督查验。（略）

（三）依法从重惩处非法添加行为。（略）

（四）完善非法添加行为案件查办机制。（略）

（五）加强非法添加行为源头治理。（略）

二、规范食品添加剂生产使用

（一）严格监管食品添加剂生产销售。（略）

（二）加强食品添加剂使用监管。（略）

（三）完善食品添加剂标准。（略）

三、加强长效机制建设

（一）强化监测预警。（略）

（二）强化协调联动。（略）

（三）强化诚信自律。（略）

（四）强化社会监督。（略）

（五）强化科普宣教。（略）

四、严格落实各方责任

（一）企业要切实承担食品安全主体责任。（略）

（二）强化地方政府责任。（略）

（三）严格落实部门责任。（略）

（四）加大责任追究力度。（略）

国务院办公厅

2011 年 4 月 20 日（印章）

【析评】

这是一篇指示性通知。通知正文第 1 段写通知缘由，其后写明通知事项，写得具体明确，语气肯定，条理清晰。

例 2-5　批转、转发性通知

国务院办公厅关于印发打击侵犯知识产权和制售假冒伪劣商品专项行动方案的通知

国办发〔2010〕50号

各省、自治区、直辖市人民政府，国务院各部委、各直属机构：

《打击侵犯知识产权和制售假冒伪劣商品专项行动方案》已经国务院同意，现印发给你们，请认真贯彻执行。

国务院办公厅

2010 年 10 月 27 日（印章）

【析评】

这是一篇批转下级机关文件的通知。仅一句话，由批转的文件和批示语组成，批转的文件即需执行的内容，批示语简洁明确，但具有行政约束力。

例 2-6　事项性通知

国务院办公厅关于发布河北青崖寨等28处新建国家级自然保护区名单的通知

国办发〔2012〕7号

各省、自治区、直辖市人民政府，国务院各部委、各直属机构：

河北青崖寨等 28 处新建国家级自然保护区已经国务院审定，现将名单予以发布。新建国家级自然保护区的面积、范围和功能分区等由环境保护部另行公布。

自然保护区是保护生物多样性、建设生态文明的重要载体。建立自然保护区是保护生态环境、自然资源的有效措施，是加快转变经济发展方式、实现可持续发展的积极手段。河北青崖寨等28处国家级自然保护区主要保护对象的典型性、稀有性、濒危性、代表性较强，在保护生物多样性和生物资源、维持生态系统良性循环等方面具有重要作用。有关地区和部门要严格执行自然保护区条例等有关规定，认真贯彻《国务院办公厅关于做好自然保护区管理有关工作的通知》（国办发〔2010〕63号）要求，切实加强对自然保护区工作的领导、协调和监督，妥善处理好自然保护区管理与当地经济建设及居民生产生活的关系，确保各项管理措施得到落实，不断提高国家级自然保护区建设和管理水平。

有关地区要按照批准的面积和范围组织勘界，落实自然保护区土地和海域权属，并在规定的时限内标明区界，予以公告。

国务院办公厅

二〇一二年一月二十一日（印章）

【析评】

这是一篇事项性通知，第一自然段指出行文的缘由，主体部分对河北青崖寨自然保护区的管理工作提出相关要求。全文条理清楚，规定具体，是一篇规范的公文。

例2-7　会议通知

国家安全监管总局关于召开全国安全生产工作会议的通知

安监总办〔2012〕3号

各有关单位：

国家安全监管总局定于2012年1月14日至15日，在北京召开全国安全生产工作会议。现将有关事项通知如下：

一、会议主要内容

认真贯彻落实党的十七届六中全会、中央经济工作会议和国务院安委会全体会议、全国安全生产电视电话会议精神，深入贯彻落实《国务院关于进一步加强企业安全生产工作的通知》（国发〔2010〕23号）和《国务院关于坚持科学发展安全发展促进安全生产形势持续稳定好转的意见》（国发〔2011〕40号），总结2011年安全生产工作，分析安全生产形势，部署2012年全国安全生产工作，并对春节前后、全国“两会”期间的安全生产工作提出要求。

二、参加会议人员

各省、自治区、直辖市、新疆生产建设兵团及副省级城市安全生产监督管理局局长，各省级煤矿安全监察局党政主要负责人以及新疆生产建设兵团煤矿安全监察局局长（与安全生产监督管理局合署办公的以及安全生产监督管理局主要负责人和煤矿安全监察局主要负责人由1人担任的单位，只参加1人），各产煤省、自治区、直辖市及新疆生产建设兵团煤矿安全监管部门、煤炭行业管理部门主要负责人（相关部门合署办公的只参加1人）；部分中央企业分管安全生产工作的负责人，部分煤矿安全监察分局代表。

国家安全监管总局党组成员和国家煤矿安监局领导班子成员；国家安全监管总局和国家煤矿安监局机关各司局主要负责人，国家安全生产监察专员和国家煤矿安全监察专员，应急指挥中心负责人及其各部和矿山救援指挥中心主要负责人；国家安全监管总局各直属事业单位党政主要负责人，各社团组织秘书长。

邀请国务院办公厅、中组部、人力资源社会保障部派员出席会议。

邀请国务院安委会联络员出席会议。

邀请新华社、人民日报社、中央电视台、中央人民广播电台、中国国际广播电台、光明日报社、经济日报社、工人日报社、法制日报社、瞭望周刊、中国安全生产报社（中国煤炭报社）、国家安全监管总局政府网站等新闻单位记者到会采访。

与会单位及代表名额分配详见附件。

三、会议报到时间

请与会代表于 1 月 12 日（星期四）至 13 日上午 11 时前报到。

国务院拟于 1 月 13 日下午召开全国安全生产电视电话会议（以国务院办公厅印发的会议通知为准），届时出席全国安全生产工作会议的全体代表在京参加全国安全生产电视电话会议。

四、会议地点

北京西郊宾馆（地址：海淀区王庄路 18 号　总机：010-62322288）。

五、其他事项

1. 请有关省、自治区、直辖市及新疆生产建设兵团安全生产监督管理局负责将本通知转送给本地区参加会议的省级煤矿安全监管部门、煤炭行业管理部门及副省级城市安全生产监督管理局，并做好与会代表统一报名工作。

2. 请各单位将出席会议代表名单（包括单位名称、姓名、性别、民族、职务及联系方式）于 1 月 9 日（星期一）上午 10 时前传真至国家安全监管总局总值班室。

联系电话：010-4463200、64214613

传真：010-64237417、64463220

保密机：010-3566（传真）、2933

附件：会议代表名额分配（略）

国家安全监管总局

2012 年 1 月 6 日（印章）

【析评】

这是一篇会议通知。文种承启语后，写了会议的主要内容、时间、地点、与会人员及有关注意事项。文章层次分明，语言简洁、清晰。

复习与训练

一、填空题

1. 通知的常见类型有__________、__________、__________、__________、

和_________。

2. 通知的特点有__________、__________和__________。

3. 下级转发上级来文为“__________”，上级转发下级来文为“__________”。

二、选择题

1. 某机关发文迁移办公地点，用（ ）。

A. 通告　　B. 公告　　C. 通知　　D. 报告

2. 任免和聘用干部，用（ ）。

A. 命令　　B. 报告　　C. 通知　　D. 意见

3. 某市政府把省政府文件用通知发至各县政府和市直属单位，这种形式叫（ ）。

A. 批转　　B. 转发　　C. 印发　　D. 翻印

三、试判断下列哪些事项可以用通知行文

1. ××省人大常委会拟颁布一项地方经济法规。（ ）

2. ××市水电局将召开经济建设工作会议，需告知各县、区水电部门事先做好准备。（ ）

3. ××县纪委拟批评××局×××干部玩忽职守、造成国家经济损失的错误。（ ）

4. ××市政府拟批转市卫生局《关于做好灾后防疫病工作的意见》。（ ）

5. ××公司拟向员工布置学习总经理讲话的有关事宜。（ ）

四、病文分析

下面是一篇存在毛病的会议通知，试指出其存在的毛病。

关于石化总公司召开开展增产节约、劳动竞赛会议的通知

各分公司、分厂、各车间党支部、总公司各直属部门：

为贯彻上级精神，提高总公司的工作效率和经济效益，培养广大职工的主人翁精神，经总公司董事会研究决定，在全公司范围内广泛开展增产节约、劳动竞赛活动。现将会议有关问题通知如下：

一、会议时间：10 月 4 日至 8 日。

二、会议地点：总公司招待所。

三、与会人员：各分公司、分厂、总公司各直属部门主管生产的负责同志、工会主席等。

四、请各单位准备好本单位开展劳动竞赛活动的经验材料，限 5 000 字，报到时交给会务组，并请与会人员于 10 月 4 日前来报到。

××××石化总公司

××××年六月八日

五、写作训练

根据下面内容，请代拟一份通知。要求：格式正确，要素齐全，内容完备。

某省教育厅为深化教育改革，全面实施素质教育工程，拟于近期召开一次全省各市、县教育行政主管部门负责人，部分高等院校，中、小学校负责同志参加的全省素质教育工作研讨会。

第五节 报 告

一、报告概述

报告是向上级机关汇报工作，反映情况，提出意见或建议，答复上级机关询问所用的文种。报告属上行文，一般产生于事后和事情过程中。

（一）报告的特点

（1）汇报性。凡报告都是下级机关向上级机关或业务主管部门汇报工作，一般都是将做过的事情报告给上级，让上级掌握基本情况，以利于上级心中有数或对工作进行指导。所以，汇报性是报告的一大特点，这是报告同请示的根本区别。这一特征决定了报告一般事后行文。

（2）陈述性。因为报告具有汇报性，是向上级讲述做了什么工作，这项工作是怎样做的，有些什么情况、经验体会、存在问题和今后打算等，所以在行文上一般都用叙述的笔法，即向上级机关或业务主管部门陈述其事，而不是像请示那样祈使、请求。陈述性是报告区别于请示的又一大特点。

（3）灵活性。报告选材的自由度很大，写什么、不写什么，选择权掌握在发文单位手里。发文单位可以根据实际挑选最有特色、最有价值、最有新意的题材和材料来写。

（二）报告的分类

（1）工作报告。工作报告是向上级机关或重要会议汇报工作情况的报告。它主要用以总结工作，反映某个阶段、某个方面贯彻落实政策、法令、批示的情况。

（2）情况报告。情况报告是指用于向上级反映工作中的重大情况、特殊情况和新动态等的报告。这种报告便于上级和机关根据下级情况，及时采取措施，指导工作。

（3）建议报告。建议报告是指根据工作中的情况、动向和存在问题向上级机关提出具体建议、办法、方案的报告。

（4）答复报告。答复报告是针对上级机关向下级机关提出询问或要求，经过调查研究后所做的陈述情况或回答问题的报告。

（5）报送报告。报送报告是以报告的形式，向上级呈报其他文件、物件的说明性公文。

二、报告的格式

报告一般由首部、正文和尾部组成。

（一）首部

报告首部主要包括标题和主送机关两项内容。

1．标题

常见的报告标题形式有两种：一种是由发文机关、事由和文种构成，如《××部关于××抗灾救灾工作情况的报告》；另一种是由事由和文种构成，如《政府工作报告》等。

2．主送机关

行政机关的报告，主送机关尽量要少，一般只送一个上级机关即可，但行政机关受双重领导的情况比较多见，只报送其中一个上级机关显然不妥，因此，有时主送机关可以不止一个。报告应报送自己的直接上级机关，一般情况下不要越级行文。

（二）正文

报告正文的结构一般由开头、主体和结语等部分组成。

1．开头

开头主要交代报告的缘由，概括说明报告的目的、意义或根据，然后用“现将××情况报告如下”一语转入下文。

2．主体

这是报告的核心部分，用来说明报告事项。它一般包括两方面内容：一是工作情况及问题；二是进一步开展工作的意见。不同类型的报告，正文中报告事项的内容可以有所侧重。

（1）工作报告。在总结情况的基础上，重点提出下一步工作安排意见，大多都采用序号、小标题区分层次。写基本情况可简要交代时间、背景和工作条件；写主要成绩应把工作的过程、措施、结构和成绩叙述清楚；写经验体会主要是指对工作实践的理性认识，要从实际工作中概括出规律性的东西来，以便指导今后的工作；写存在的问题要写出工作中的缺点和不足；写基本教训应指出工作失误的原因和值得吸取的教训；写今后意见要指出改进工作的意见，或者提出今后开展工作的建议。

（2）情况报告。情况报告常用于向上级汇报下列事项：严重的灾害、事故、案情、敌情；重要的社情、民情，如社会生活中的新动态和上级某个有关国计民生的新政策、新规定的贯彻执行情况及群众的反映等；督促办理或检查某项工作的情况，如财务、税收、物价、质量、安全、卫生等项工作的检查结果；举办重大活动、召开重要会议的基本情况，各级各类代表会议的选举结果等；对某项工作造成失误和问题的检讨与反思；其他重要的、特殊的、突出的新情况。

情况报告的主体部分要把情况和问题讲清楚，把事情的经过、原委、结果、性质写明白，具体、明确地提出处理意见和建议，内容集中、单一，突出重点，抓住事物本质，实事求是地反映情况。

（3）建议报告。建议报告的内容一般比较集中，主体部分可分为情况分析和意见措施两个部分。情况分析部分或者介绍情况，分析问题；或者肯定成绩，指出不足，总结经验教训；或者说明提出意见、建议的目的、原因和依据。意见措施部分是在前一部分的基础上切合实际地提出做好某项工作的意见、措施、建议，这是这类报告的重点部分，也是建议报告在写法上有别于其他类型报告的地方。建议报告的重点应放在建议的内容上，也可以采用标序列述的方法。

（4）答复报告。根据真实、全面的情况，按照上级机关的询问和要求回答问题。答复报告的正文包括答复依据和答复事项两部分内容。答复依据指上级要求回答的问题，要写得十分简要；答复事项指针对所提问题答复的意见或处理的结果，要写得周全，有针对性。

（5）报送报告。报送只需要写清楚报送的材料（文件、物件）的名称、数量即可。

3．结语

根据报告种类的不同，结语部分一般都有不同的程式化用语，应另起段来写。工作报告和情况报告的结束语常用“特此报告”；建议报告常用“以上报告，如无不妥，请批转各地执行”；答复报告多用“专此报告”；递送报告则用“请审阅”、“请收阅”等。

（三）尾部

报告尾部一般包括署名和成文时间两项内容。

关于署名，如果标题中有发文机关名称，这里不再署名。而一般情况下，要求在右下方署上机关单位或主要负责人姓名。之后，于其下写明年、月、日，并加盖单位公章或主要负责人印章。

三、报告的写作要求

（1）要遵循实事求是的原则。向上级机关汇报工作应该本着实事求是的态度，如实汇报。无论是成绩还是失误，都应该全面、真实地反映，不能只报喜不报忧，也不能夸大和虚构。上报的公文应该在调查研究、全面掌握本单位情况的基础上撰写。

（2）要注意突出中心，抓住重点。报告的内容一般涉及的面宽而且复杂，很容易写得篇幅较长而又重点不够突出，形成泛泛而谈。这就要求在撰写时，力求观点鲜明，条理清楚、简洁、深刻。

（3）报告中不能夹带请示事项。如有请示事项，应另以请示行文。

四、例文

例2-8　工作报告

全国科技特派员试点工作会议的工作报告

今天科技部和人事部在福建省××市召开全国科技特派员试点工作会议，这次会议的任务是总结科技在社会主义新农村建设中发挥作用的经验，对下一步科技特派员试点工作进行部署。

一、试点工作回顾

科技特派员制度是福建省××市在探索依靠科技解决“三农”问题过程中的制度创新。××××年，××市委、市政府在充分调查研究的基础上，针对农业和农村经济发展急需有力科技支撑的状况，采取积极措施，将大批高素质的科技人才下派到农村生产实践第一线，在闽北山区掀起了新一轮科技与农村经济发展紧密结合的热潮。科技部、人事部等有关部门对××经验给予了高度关注，认为科技特派员制度是在新的形势下，把科技、资本、管理等现代生产要素植入农村，提高农业组织化程度，密切党和政府与群众联系的有效措施，是解决“三农”问题的一项有意义的探索。

××××年5月我们在福建××组织召开了西北五省有关部门参加的科技特派员现场会，研究学习××经验。与会代表调研之后感慨地表示，××的做法是“一石激起千层浪，也是心有灵犀一点通”，大家有眼睛一亮的感觉，特别是体制机制创新的经验值得学习和借鉴。会后，西北五省提出借鉴××经验，结合各自的实际，进行试点，从而开始了科技特派员制度的推广进程。福建省，特别是××市在科技特派员试点工作方面所做的成功探索和实践，为推进科技特派员制度试点工作做出了特殊的贡献。随后几年，科技部、人事部相继召开了××市实施科技特派员制度专题调研会、西南地区科技特派员试点工作座谈会、科技特派员试点工作现场交流会、科技特派员制度和农村信用社服务创新座谈会、全国科技特派员试点工作经验交流会、全国科技特派员制度试点工作（宁夏）现场会等一系列活动，进一步探索、完善和推广科技特派员制度。每次经验交流活动，每次信息沟通，都引起了方方面面的反响，特别是××××年年底，科技部与人事部联合下发了《关于开展科技特派员基层创业行动试点工作的若干意见》，为试点工作的开展提供了政策保障，科技特派员制度在全国许多地方以更快的速度推广开来。

在有关部门协调配合和各地党委政府大力支持下，科技特派员试点地区由西北迅速扩展到西南、中部、东部，呈现出良好发展态势。（略）

科技特派员制度在实践过程中得到了试点地区党委、政府的高度认同，受到了科技人员、农民群众的热烈欢迎，引起了学术界、新闻媒体及各方面的广泛关注，产生了良好的社会反响。特别是××××年，×××国务委员对科技特派员工作两次做出重要批示，要求深入调研，总结、推广这种好做法，使大家深受鼓舞，试点工作又取得了新进展。

回顾几年来的实践，大家有几个想不到：想不到这一制度推广速度这么快，想不到引起这么强烈的社会反响，想不到受到农民群众如此的欢迎，想不到对基层科技工作的影响这么深刻，想不到各地方有那么多的创造和创新。

二、试点工作取得的基本经验

在社会主义市场经济体制下，科技特派员制度作为科技体制改革的探索、深化和延伸，坚持充分调动各方面的积极性，把现代生产要素，特别是科技要素植入农村，提高了科技服务“三农”的支撑作用，密切了基层党和政府与群众的联系。科技特派员试点工作获得成功的基本经验在于：

1. 坚持一把手抓第一生产力。（略）
2. 积极营造良好的政策环境。（略）
3. 将使命感、责任感和体现人才价值有机融合。（略）
4. 紧扣生产实践的脉搏。（略）
5. 用市场效果检验科技。（略）

总之，科技特派员制度是新时期解决“三农”问题的一项探索与创新。科技特派员为农村带来了科技致富的火种，也带来了农民奔小康新的希望。在科技方面，科技特派员成为把科技的“星星之火”撒向广大农村的有效形式；在经济方面，科技特派员有力地促进了科技成果转化为直接生产力，促进了农业经济结构调整和地方特色经济发展；在政治方面，科技特派员通过发展经济，塑造了和谐良好的党群、干群关系，有利于巩固党在农村的执政基础。

三、关于下一步工作

党的十六届五中全会提出建设社会主义新农村的重大历史任务，指明了当前和今后一个时期“三农”工作的方向。全国科技大会的召开和《国家中长期科学技术发展规划纲要》的颁布实施，对科技工作进行了系统部署，必将对我国经济社会发展产生积极而深远的影响。党中央、国务院做出的一系列重大战略决策和部署，对农村科技工作提出了新要求，也为农村科技事业发展提供了空前的机遇。科技特派员制度试点工作要适应新形势，把握新机遇，努力开创新局面，为社会主义新农村建设做出更大贡献。下一步科技特派员试点工作的基本思路是：

1. 坚持机制创新和体制创新。（略）
2. 坚持实事求是，因地制宜。（略）
3. 坚持以人为本，服务“三农”。（略）
4. 坚持市场机制与行政推动相结合。（略）

围绕上述思路，今后一个时期科技特派员试点工作要着力做好以下工作：

1. 把科技特派员试点工作作为新农村建设科技工作的重要抓手常抓不懈。（略）
2. 把科技特派员试点工作作为基层科技工作的重要内容。（略）
3. 完善科技特派员试点工作政策措施。（略）
4. 加强科技特派员队伍建设。（略）
5. 优化资源配置，为试点工作提供有力支撑。（略）
6. 做好科技特派员试点宣传工作。（略）

科技特派员制度是新时期依靠科技进步促进新农村建设的有效途径和成功经验之一。党中央提出了建设社会主义新农村的历史任务，这是时代赋予我们的光荣使命，也对科技特派员试点工作提出了新的更高的要求。让我们以科学发展观为指导，充分依靠广大科技人员和农民群众，坚定信心，扎实工作，努力开创科技特派员试点工作新局面！

××××

××××年×月×日（印章）

【析评】

这是一篇工作报告。正文围绕主旨，首先介绍了工作背景和对工作的总体肯定性评价。文种承启语后引出报告的事项，即“主要工作情况”、“主要成绩与效果评价”和“今后的打算”，文章展开内容采用分条列项法，内容排列具有逻辑关系，语言流畅、明晰。

例 2-9　情况报告

铁道部193次旅客快车发生重大颠覆事故的报告

×××：

5月28日16时05分，由济南开往佳木斯的193次旅客快车，行驶至沈山线锦州铁路局管内的兴隆车站（距沈阳43公里）时，发生重大颠覆事故，造成3名旅客死亡，143名旅客和4名列车乘务人员受伤，报废机车1台、客车4台、货车1辆，损坏机车1台、客车5辆、货车1辆和部分线路、道岔等设备，沈山下行正线中断运输近20小时，直接经济损失达170余万元。

事故发生后，东北铁路办事处和锦州、沈阳铁路局负责同志立即随救援列车赶赴事故现场，组织抢救、抢修工作。当地驻军、地方党政领导同志和部分社员、学生也投入抢救工作。辽宁、沈阳市领导同志及沈阳军区、辽宁省军区有关负责同志先后赶到现场，组织抢救伤员，疏运旅客。我部李克非副部长率安监室和运输、机务、车辆、工务、电务、公安各局负责同志也于当日连夜赶赴现场，指挥抢修工作，调查分析事故原因，慰问伤员，并对省市党政领导和部队表示感谢。在省市领导和驻军的大力支持下，伤员的抢救和治疗工作安排得比较周密，受伤的旅客和列车乘务人员，除少数送入就近的新民县医院抢救外，其余的均由沈阳市和军队、铁路医疗部门派车接到沈阳，及时得到了抢救和治疗。

经调查分析，造成这次事故的直接原因，是锦州铁路局大虎山工务段兴隆店养路工区工人在该处做无缝线路补修作业时，违反劳动纪律和操作规程，将起道机立放在钢轨内侧，擅离岗位，到附近的道口看守房去吃冰棍，第 193 次快车通过时，撞上起道机，引起列车脱轨颠覆事故。

这次事故是发生在旅客列车上的一次严重事故，又恰是发生在全国开展的“安全月”活动中，使国家和人民生命财产蒙受了巨大的损失，在政治上造成了极坏的影响，性质是非常严重的，我们心情十分沉痛。这次事故的发生和最近一个时期安全不稳定的状况，从根本原因上看，是我们铁路基础工作薄弱，管理不善，思想政治工作不落实，反映了我们作风不扎实，对安全工作抓得不力，在安全生产中管理不严，职工纪律松懈的问题长期没有得到解决。

为了使全路职工从这起严重事故中吸取教训，我们于 5 月 31 日召开了各铁路局、铁路分局、铁路各工务段负责同志参加的紧急电话会议，通报了这次事故，提出了搞好安全生产的紧急措施。要求铁路各部门、各单位必须把安全工作放在第一位，各级领导干部要树立安全第一的思想，并向全体职工进行安全教育，使每个职工都牢固地树立起对国家、对人民极端负责的概念，认真落实岗位责任制，严格遵守劳动纪律，一丝不苟地执行规章制度和操作规程。要求各单位要针对近年来新工人比例不断增加的情况，加强对新工人的教育和考核工作，各行车和涉及安全生产的主要工种不经考试合格不得单独作业，对各种行车设备要进行一次认真检查，发现问题立即解决。同时，各单位要切实解决职工生活中，应该而且可以解决的具体问题，解除职工的“后顾之忧”；动员广大职工干部迅速行动起来，以这次事故为教训，采取措施，堵塞漏洞，保证行车安全。

我们在 6 月开展的“人民铁路为人民”活动中，要求把搞好安全生产作为重点，并在今后当做长期的根本任务来抓。要求党、政、工、团各部门要从不同角度抓好安全工作，迅速改变目前安全生产不好的被动局面。

锦州铁路局对这次事故的主要责任者，已按照法律程序提出起诉，追究刑事责任；对与事故有关的分局、工务段领导也做了严肃的、正确的处理。铁道部决定对锦州铁路局局长董庭恒同志和党委书记李克基同志给予行政记过处分。这次事故虽然发生在下边，但我们负有重要的领导责任，为接受教训，教育全铁路职工，恳请国务院给我们以处分。

××××年六月十日（印章）

【析评】

这是一篇以反映重大事故为主要内容的情况报告。全文概括介绍了事故发生的基本情况，以及事故发生后各级组织的抢救活动；说明事故发生的原因、处理意见及事故发生后所采取的保证安全生产的多种措施；同时也说明了对事故责任者的处分情况。格式规范，布局合理，主旨鲜明、突出。

复习与训练

一、填空题

1. 报告的主要类型有________、________、________、________和________。

2. 报告的特点有________、________和________。

3. 答复上级机关的询问，用________行文。

4. 下级机关向上级机关汇报某一阶段的工作情况，使用的公文是________。

5. 某地发生一起突发性重要事故，要将此事故发生的原因、过程、结果、性质和处理意见反映给上级，用________行文。

6. 下级机关向上级领导机关或主管机关提出工作建议，可用________行文。

二、多项选择题

1. 适用于报告写作的事项有（　　）。

A. 向上级汇报工作，反映情况　　B. 向下级或有关方面介绍工作情况

C. 向上级提出工作建议　　D. 答复群众的查询、提问

E. 答复上级机关的查询、提问

2. 工作报告的内容包括（　　）。

A. 经常性的工作情况　　B. 偶发性的特殊情况

C. 向上级汇报今后工作的打算　　D. 对上级机关的查问做出答复

E. 向上级汇报的工作经验

3. 适合作报告结尾的习惯用语有（　　）。

A. “特此报告”　　B. “以上报告，请批复”

C. “以上报告，请审示”　　D. “请批准”

E. “如无不妥，请批准”

三、判断题

1. “报告”中不得夹带请示事项。（　　）

2. 对下级机关的报告，上级机关必须批复。（　　）

3. 某地发生一突发性重大事故，向上级反映此事故及其有关情况，用报告行文。（　　）

4. 报告可以同时上报几个上级机关。（　　）

5. 关于申请修建教学大楼的报告。（　　）

6. 关于发生重大火灾事故的报告。（　　）

7. 关于扩建油库的请示报告。（　　）

8. 报告标题可只用“报告”两字。（　　）

四、病文分析与修改

指出并修改下列报告的不当之处。

关于××乡柳编厂火灾事故的检查处理报告

20××年×月×日，我县××乡柳编厂发生了一起重大火灾事故。由于该厂领导抓安全防火措施不力，造成损失很大，烧毁部分设备和成品柳筐万余个，经济损失达×万元。事

故发生后，我们立即进行了检查处理。

从调查情况看，这次火灾是一起严重的责任事故，其直接原因是该厂工人××违反用电规定，引燃附近备用柳条垛。我们虽然调集六台消防车参加灭火，保住了厂房和部分原材料，但因该厂消防组织不健全，缺乏得力配合，致使火灾蔓延，造成严重损失。经上下通力合作，该厂于8月1日正式恢复生产。

我们对这次火灾造成的损失极为痛心，一定要吸取教训。我们采取了以下措施。

一、……

二、……

三、……

我们一定要吸取教训，严格防范，防止类似事故的发生。

五、写作训练

根据下面提供的材料，请以××市商业局的名义向××省商业厅起草一份报告。

（1）××××年2月20日上午9点20分，××市××百货大楼发生重大火灾事故。

（2）事故后果：未造成人员伤亡，但烧毁三层楼房一幢及大部分商品，直接经济损失792万元。

（3）施救情况：事故发生后，市消防队出动15辆消防车，经4小时扑救，火灾才被扑灭。

（4）事故原因：直接原因是电焊工××违章作业，在一楼铁窗架电焊火花溅到易燃货品上引起火灾，但也与××百货大楼及员工安全思想模糊，公司安全制度不落实，许多安全隐患长期得不到解决有关。

（5）善后处理：市商业局副局长带领有关人员赶到现场调查处理；市人民政府召开紧急防火电话会议；市委、市政府对有关人员视情节轻重，做了相应处理。

第六节 请 示

一、请示概述

请示是下级机关请求上级机关对某项工作给予指示或批准时所使用的公文。

（一）请示的特点

（1）针对性。请示的行文必须针对本机关没有对策、没有把握或没有能力解决的重要事件和问题，才能运用请示。请示上级机关给予指示、决断或答复、批准。

（2）期复性。请示的行文目的是请求上级批准，解决某个具体问题，要求做出明确答复。不管上级是不是同意下级的请示事项，都必须给请示单位一个回复。

（3）超前性。请示行文时机具有超前性，必须在事前行文，等上级机关做出答复之后才能付诸实施。

（4）单一性。请示事项具有单一性，强调遵循“一事一报”的原则。在一份请示中，只能就一项工作或一种情况、一个问题做出请示，不得在一份公文中就若干事项请求指示和批准。

（二）请示的分类

根据内容、性质的不同，请示分为三种：请求指示的请示、请求批准的请示和请求批转的请示。

1．请求指示的请示

需要上级机关对原有政策规定做出明确解释，对变通处理的问题做出审查认定的，对如何处理新情况做出明确的指示等请示，即属此类。这类请示多涉及政策上、认识上的问题。

2．请求批准的请示

这是请求上级解决某些实际困难和问题，或者要求对本单位处理某个问题的意见做出批示的请示。这类请示多涉及请示单位对管辖区域的变更、机构设置、人员定编、人事安排、资产购置、财款动用等问题向上级机关请示办理的一种上行公文。

3．请求批转的请示

这类请示是指请示单位将请示的事项报请上级机关批准执行的一种上行公文。

（三）请示的适用范围

（1）属于上级主管单位明确规定必须请示批准才能办理的事项。

（2）对现行方针、政策、法令、规章、制度等不甚了解，有待上级单位明确答复才能办理的事项。

（3）工作中发生了新情况而无章可循，有待上级明确指示才能办理的事项。

（4）因情况特殊难以执行现行规定，有待上级重新指示才能办理的事项。

（5）因意见分歧、无法统一、难以工作，有待上级裁决才能办理的事项。

（6）有章可循，有法可依，可以开展工作，但因事由重大，为防止工作中失误，须请示上级审核的事项。

二、请示的基本格式

请示由首部、正文和落款三部分组成。

（一）首部

首部主要包括标题和主送机关两个项目内容。

1．标题

请示标题一般要写明“发文机关+事由+文种”，发文机关有时可以省略，如《××省人民政府关于增拨防汛抢险救灾用油的请示》、《关于丹霞山风景名胜区列为国家重点风景名胜区的请示》。

2．主送机关

请示的主送机关是指负责受理和答复该文件的机关。每件请示只能写一个主送机关，不能多头请示。如需同时送其他机关，应当用抄送形式。受双重领导的机关向上级机关请示，应当写明主送机关和抄送机关，由主送机关负责答复。

（二）正文

正文结构一般由开头、主体和结语等部分组成。

1．开头

开头主要交代请示的缘由。请示的缘由是请示事项和要求的理由及依据，是请示事项能否成立的前提条件，也是上级机关批复的根据。原因要客观、具体，理由要合理、充分，上级机关才好及时决断，予以有针对性的批复，即请求上级机关指示的原因和理由。写作应该详细陈述，摆清问题，以期得到上级机关的帮助和支持。缘由结尾习惯用“特请示如下”、“现将……问题请示如下”过渡。

2．主体

主体主要说明请示事项，这是请示的重点，要将请求上级机关给予批示、批准或批转的具体问题和事情全盘托出，请求上级机关做出答复。要直截了当，表明自己的倾向性意见，供上级机关参考。这部分内容要单一，只宜请求一件事，所提的要求要符合国家法律、法规，符合实际，并具有可行性和可操作性。另外请示事项要写的具体、明确、条项清楚，以便上级机关给予明确批复。

3．结语

结语应另起段，习惯用语一般有“当否，请批示”，“妥否，请批复”，“以上请示，请予审批”等。结语是请示必不可少的一项内容，不能遗漏，更不能含糊其辞。

（三）落款

落款一般包括署名和成文时间两个项目内容。标题写明发文机关的，这里可不再署名，但需加盖单位公章；成文时间写明年、月、日。

三、请示的写作要求

（1）请示应当一文一事。

（2）一般只写一个主送单位，如需同时送其他机关，应当用抄送形式。

（3）一般不得越级请示，特殊情况需越级请示时，须将请示抄送被越过的上级机关。

（4）受双重领导的机关向上级机关请示，应写明主送机关和抄送机关。

（5）请示与报告不能混用，不能将请示写成报告，即不写“请示报告”。

（6）语言要得体，语气要谦虚、委婉。

四、请示与报告的区别

请示和报告最大的相同之处是均属上行公文，不同之处有以下几点。

（1）行文时间不同。请示须在事前行文；而报告在事前、事后及事中皆可行文。

（2）行文的目的、作用不同。请示旨在请求上级批准、指示、支持和帮助，需要上级批复，重在呈请；报告旨在向上级汇报工作、反映情况、提出建议、答复上级询问，不需要上级答复，重在呈报。

（3）主送机关数量可以不同。请示只写一个主送机关；在遇到灾情、疫情等紧急情况需要多级领导机关尽快知道时，报告可写多个主送机关。

（4）写法不同。请示内容单一，一文一事，侧重于讲明原因，陈述理由，表述事项，要求体现请求性，篇幅较小；报告则内容较杂，容量可大可小，侧重于概括陈述情况，总结经验教训，形式多样，表述灵活，体现报告性。

（5）结尾用语不同。请示不能省略结束惯用语，一定要写“以上请示，请批复”一类惯用语；而报告的结束语一般写“特此报告”，“以上报告，请审阅”，或者省略结束惯用语。

（6）受文机关处理方式不同。请示属办件，收文机关必须及时批复；报告多数是阅件，除需批转建议报告外，上级机关对其余各类报告不必行文。

五、例文

例 2-10　请求指示的请示

关于交通肇事是否给予被害者家属抚恤问题的请示

最高人民法院：

据我省××县人民法院报告，他们对交通肇事致被害人死亡，是否给予被害者家属抚恤的问题，有不同意见。一种意见认为，被害者若是有劳动能力的人，并遗有家属要抚养的，给予抚恤。另一种意见认为，只要不是由被害者自己的过失所引起的死亡事故，不管被害者有无劳动能力，都应酌情给予抚恤，我们同意后一种意见。几年来的实践经验证明，这样做有利于安抚死者家属。

是否妥当，请批复。

××××

××××年×月×日（印章）

【析评】

这是一篇请求指示的请示。正文内容简洁明了，请示事项单一明确。以“据……报告”做行文依据、背景，然后对交通肇事致被害人死亡是否给予其家属抚恤的问题提出两种不同意见，同时表明行文单位的倾向意见，最后，请求上级单位给予指示。

例 2-11　请求批准的请示

××市人民政府关于建立××市体育学校的请示

××省人民政府：

我市体育事业在省委、省政府的关怀下，有了一定发展，在开展群众性体育活动，提高运动技术水平方面取得了一些成绩。但是，近年来我市运动技术水平与兄弟地、市相比有下降趋势。其原因之一是我市体育师资严重缺乏。全市有中小学 5 636 所，有体育教师 1 600 人，其中学过体育专业的只有 286 人，这种状况已影响到基础训练。此外，我市重点业余体校毕业生的出路问题不能解决，不仅造成了体育人才的大量外流，而且严重影响了这所体校的招生，使重点业余体校日渐失去生机与活力。这些问题的存在，对全面提高我市的教育质量，为国家培养和输送优秀人才，产生了十分不利的影响。

鉴于上述情况，我们认为，我市急需建立一所以培养体育师资和优秀运动员为目标的体育学校，因此，拟将市重点业余体校改办成中等专业性质的体育学校。具体办学意见如下：

一、学校名称：（略）
二、学制及课程设置：（略）
三、招生对象及规模：（略）
四、场地设施：（略）
五、师资：（略）
六、经费：（略）
以上意见妥否，请批示。

××市人民政府
20××年 6 月 14 日（印章）

【析评】

这是一份请求批准的请示。本文主旨鲜明，思路清晰。正文第一段以建立××市体育学校的紧迫性作为申请事项的依据、缘由，目的句之后提出申请的事项，结语以请示习惯用语提出请求。结构合理，语言明晰、简洁。

复习与训练

一、填空题

1. 请示的特点有__________、__________、__________和__________。
2. 请示的主要类型有__________、__________和__________。

二、多项选择题

1. 适合请示的事项有（　　）。
A. 向上级汇报工作情况，请求上级指导
B. 下级无权解决的问题，请求上级机关做出指示
C. 下级无力解决的问题，请求上级机关帮助解决
D. 按规定不能自行处理，应经上级批准的事项
E. 工作中出现的一些涉及面广而下级无法独立解决必须请求上级机关协调和帮助的问题

2. 下列事项中，应该用请示行文的有（　　）。
A. ××县教育局拟行文请求上级拨款修复台风刮毁的学校
B. ××县政府拟行文向上级汇报本县灾情
C. ××集团公司拟行文请求上级批准引进肉食品加工自动化生产线
D. ××海关拟行文请求上级明确车辆养路费缴纳标准
E. ××市政府拟行文向上级反映农民负担增加的情况

3. “请示”应当（　　）。
A. 一文一事　　B. 抄送下级机关
C. 一般只写一个主送机关　　D. 不考虑上级机关的审批权限和承受能力
E. 一文多事

4. 下列标题中正确的有（　　）。

A. ××分公司关于请求批准开发新产品的报告

B. ××县人民政府关于解决我县高寒山区贫困户移民搬迁经费的请示

C. ××县人民政府关于请求将××风景区列为省级自然保护区的请示

D. ××公司关于解决生产用地的请示

E. ××省移民办公室关于对移民区域做适当调整的请示

5. 请示的下列结语中，正确的有（　　）。

A. 特此请求，请批复　　B. 当否？请批准

C. 可否，请批复　　D. 请审批

E. 如不妥，请转发

三、判断题

1. 越级请示时，不必将文件抄送被越过的上级机关。（　　）

2. 请示的发文单位一定是请示事项的主要执行者。（　　）

3. 为了取得多方领导的支持和重视，请示的主送机关应该多写几个。（　　）

4. 任何行文都要标注签发人。（　　）

5. 抄送机关是指负有公文处理责任的机关。（　　）

6. 写请示可以在上报领导机关以后下发。（　　）

7. 按照公文行文规则，在一般情况下可以越级请示。（　　）

8. 机关之间请求帮助或配合工作，以及向有关主管部门请求批准，可以使用请示。（　　）

9. 某市教育局向市财政局申请普及九年义务教育经费，用报告行文。（　　）

10. 请示可以一文一事，也可以一文多事。（　　）

四、简答题

1. 简述请示的正文的组成部分。

2. 试述请示和报告的区别。

五、病文分析与修改

下则公文中存在关键性的错误，请指出并修改。

关于申报教学设备购置经费的报告

×市教育局：

为了迎接省教育厅今年下半年对职业技术学院实验室进行的专项评估，加强电化教学，我校计划今年建立直播教室及多媒体教室。为此，特申请教学设备购置经费一百万元。

二〇××年三月十二日（印章）

六、写作训练

根据以下事由和行文关系，写一份请示。

××市燃料公司所属储运科计量室，因业务需要，请外贸进出口公司进口日制测爆仪和超声波测厚仪各一台，共需 2 885 美元，资金来源建议在公司外汇留成中扣除，请上级机关批准。

第七节　批　复

一、批复概述

批复是上级机关答复下级机关请示事项的答复性公文。

批复从性质上说是一种指示性公文，是针对下级提出的具体请示问题给以具体答复的被动性指示。

（一）批复的特点

（1）权威性。批复发自上级机关，代表着上级机关的权力和意志，对请示事项的单位有约束力，特别是那些关于重要事项或问题的批复，常常具有明显的法规作用。

（2）针对性。批复的针对性极强，下级机关请示什么事项或问题，上级机关的批复就指向这一事项或问题，绝不能答非所问，也无须旁牵他涉。

（3）指示性。批复的目的是指导下级机关的工作，因此批复在表明态度以后，还应当概括地说明方针、政策及执行中的注意事项。

（4）被动性。批复依赖下级机关的请示而被动行文。先有请示后有批复，任何一份批复都是针对请示而做出的。

（二）批复的分类

根据内容、性质的不同，批复可分为两类：一类是审批性批复；一类是指示性批复。审批性批复主要是针对下级机关请示的公务事宜，经审核后所做的指示性答复，比如关于机构设置、人事安排、项目设立、资金划拨等事项的审批。指示性批复主要是针对方针、政策性问题进行答复。这类批复不只是对请示机关提出请示事项的答复，而且批复的指示性内容在其管辖范围内，具有普遍的指导和规范作用。另外，授权政府职能部门发布或修改行政法规和规章的批复，也属于指示性批复。

二、批复的基本格式

批复由首部、正文和尾部三部分组成。

（一）首部

首部包括标题和主送机关两个项目内容。

1. 标题

批复的标题有多种构成形式：第一种是由发文机关名称、批复事项、行文对象和文种构成；第二种是由发文机关名称、事由和文种构成；第三种是由上级机关态度、事由和文种构成，如《国务院关于同意陕西省撤销榆林地区设立地级榆林市的批复》，其中“同意”两字就是用来表明态度和意见的；第四种是由发文机关名称、请示标题和文种构成。

2. 主送机关

批复的主送机关是指与批复相对应的请示发文机关。授权政府职能部门发布或修改行政法规和规章的批复。主送机关应当是被授权发布施行行政法规和规章的下级机关。

（二）正文

正文是批复的主体，其内容比较具体、单一，层次构成相对固定。批复的正文由四部分组成，分别是批复依据、批复事项、执行要求和结语。

1．批复依据

批复的开头通常要引述来文作为批复的依据，引述的方法有四种：第一种是结合请示的日期引述，如"××××年××月××日来文收悉"；第二种是结合来文的日期和文号引述，如"××××年××月××日×号文收悉"；第三种是引来文日期和来文名称，如"××××年××月××日《关于……的请示》收悉"；第四种是引述来文日期和请示事项，如"××××年××月××日关于……问题的请示收悉"。

上级有关的文件和规定是答复请示的政策和理论依据，可表述为："根据××关于××的规定，现做如下答复。"必要时，可标引文件名、文件编号和条款序号。

2．批复事项

应当根据国家的方针、政策、法令、法规和实际情况，针对"请示"的内容给予明确肯定（或否定）的答复或具体的指示，以及补充有关内容。如果内容复杂，可分条表述，但必须坚持一文一批的原则，不得将若干请示合在一起用列条的方式分别给以答复。

3．执行要求

对下级执行批复的要求可写在结尾处，文字要简约，如《国务院关于同意陕西省撤销榆林地区设立地级榆林市的批复》的结尾："榆林市的各级机构均应按照'精简、效能'的原则设置，所需人员编制和经费由你省自行解决。"如果只是批准事项，无须提出要求，此段可免。

4．结语

一般用"此复"、"特此批复"等习惯用语。

（三）尾部

尾部一般包括署名和成文时间两个项目内容。署名写上批复机关单位名称，并加盖公章。成文时间写明年、月、日。

三、批复的写作要求

（1）注意行文的针对性。下级机关请示什么事项，上级机关就批复什么事项。

（2）批复的观点要明确。无论审批性批复还是指示性批复，上级机关的态度要明朗，不能模棱两可，以免使下级机关无所遵循。

（3）批复要及时。批复是因下级机关的请示而行文，凡下级机关能够向上级机关行文请示的，说明事关重要，时间紧迫，急需得到上级机关的指示和帮助，所以上级机关应当及时批复，否则就会贻误工作，甚至会造成重大损失。

（4）批复的行文要言简意赅。批复要做到意尽言止，庄重周严，以充分体现批复的权威性。

四、例文

例 2-12　审批性批复

国务院关于同意将新疆维吾尔自治区库车县列为国家历史文化名城的批复

国函〔2012〕22号

新疆维吾尔自治区人民政府：

你区关于将库车县列为国家历史文化名城的请示收悉。现批复如下：

一、同意将新疆维吾尔自治区库车县列为国家历史文化名城。库车县历史悠久，文化底蕴丰厚，历史遗存丰富，城市传统格局保存完整，民族文化特色突出。

二、你区及库车县人民政府要根据本批复精神，按照《历史文化名城名镇名村保护条例》的要求，正确处理城市建设与保护历史文化遗产的关系，深入研究发掘历史文化遗产的内涵与价值，明确保护的原则和重点。编制好历史文化名城保护规划，并纳入城市总体规划，划定历史文化街区、文物保护单位、历史建筑的保护范围及建设控制地带，制定严格的保护措施。在历史文化名城保护规划的指导下，编制好重要保护地段的详细规划。在规划和建设中，要注重体现民族文化特色和地方传统风貌，不得进行任何与历史文化名城环境和风貌不相协调的建设活动。

三、你区和住房城乡建设部、国家文物局要加强对库车县国家历史文化名城规划、保护工作的指导、监督和检查。

国务院

2012 年 3 月 15 日（印章）

【析评】

本批复正文先引叙来文标题，然后用“现批复如下”引出批复事项，同意将新疆维吾尔自治区库车县列为国家历史文化名城，并对历史文化名城保护、规划等问题提出了要求。全文针对性强，态度明确，要求具体。

例 2-13　指示性批复

国务院关于香港和澳门服务提供者在广东省提供在线数据处理与交易处理业务有关问题的批复

国函〔2014〕134号

工业和信息化部：

《工业和信息化部关于香港服务提供者和澳门服务提供者在广东省提供在线数据处理与交易处理业务持股比例扩大到 55%的请示》（工信部通〔2014〕339 号）收悉。现批复如下：

一、同意香港服务提供者和澳门服务提供者在广东省设立合资企业提供在线数据处理与交易处理业务（仅限于经营性电子商务网站）的持股比例上限扩大到 55%。此项政策自本批复印发之日起实施。

二、本批复所指香港服务提供者和澳门服务提供者，应分别符合《内地与香港关于建立更紧密经贸关系的安排》和《内地与澳门关于建立更紧密经贸关系的安排》及其补充协议中的有关规定。

三、你部要会同有关方面做好组织实施工作，加强监督指导，完善相关政策和标准规范，确保网络信息安全和市场公平竞争。

四、其他事项按照《外商投资电信企业管理规定》执行。

国务院

2014 年 10 月 2 日（印章）

【析评】

这是一则指示性批复。正文首先引叙请示标题及文号，以“现批复如下”引出批复事项，具有很强的工作导向性。

复习与训练

一、填空题

1. 批复的特点有__________、__________、__________和__________。

2. 批复的类型有__________和__________。

二、选择题

1. 对下级机关的请示，一般可以用（　　）来答复。

A. 答复性函　　B. 批复　　C. 意见　　D. 通知

2. 下列公文中属下行文的是（　　）。

A. 请示　　B. 批复　　C. 函　　D. 会议纪要

三、判断题

1. 批复时不同意下级请示的，要说明原因。（　　）

2. 批复和请示一样，也应一文一事。（　　）

3. 批复内容若涉及其他部门，起草批复时应同有关部门协商，取得一致意见后，方可行文。（　　）

4. 有一份批复的开头写道：“贵局×劳发〔2008〕32 号请示收悉。”（　　）

四、病文分析

阅读下文，试分析其存在的问题。

关于修建新办公大楼请示的批复

××厂：

有关请示已悉。关于修建新办公楼一事，经研究，还是以不建为宜。此复。

二〇××年×月×日（印章）

第八节　函

一、函概述

函是不相隶属机关之间相互商洽工作，询问和答复问题，或者向有关主管部门请求批准事项时所使用的公文。

函作为公文中唯一的一种平行文种，其适用的范围相当广泛。在行文方向上，函不仅可以在平行机关之间行文，而且可以在不相隶属的机关之间行文，其中包括上级机关或下级机关行文。在适用的内容方面，函除了主要用于不相隶属机关相互商洽工作，询问和答复问题外，也可以向有关主管部门请求批准事项，向上级机关询问具体事项，还可以用于上级机关答复下级机关的询问或请求批准事项，以及上级机关催办下级机关有关事宜，如要求下级机关函报报表、材料、统计数字等。此外，函有时还可用于上级机关对某件原发文件进行较小的补充或更正，不过这种情况并不多见。

（一）函的特点

（1）沟通性。函适用于不相隶属机关之间相互商洽工作，询问和答复问题，起着沟通作用，充分显示平行文种的功能，这是其他公文所不具备的特点。

（2）灵活性。函受公文格式的限制较少，行文也比较自由，遇有一般性的问题，特别是涉及平行机关或不相隶属机关的问题，都可随时用函的形式联系解决。

（3）单一性。函的主体内容应该具备单一性的特点，一份函只宜写一件事。

（二）函的分类

函可以从不同角度进行分类。

（1）按性质分，可以分为公函和便函两种。公函用于机关单位正式的公务活动往来；便函则用于日常事务性工作的处理。便函不属于正式公文，没有公文格式要求，甚至可以不要标题，不用发文字号，只需要在尾部署上机关单位名称、成文时间并加盖公章即可。

（2）按发文目的分。函可以分为发函和复函两种。发函即主动提出了公务事项所发出的函。复函则是为回复对方所发出的函。

（3）按内容和用途分，还可以分为商洽函、询问函、请批函、催办函、告知函、邀请函、批复函等。

商洽函：主要用于平行或不相隶属机关之间请求协助、支持、商洽解决办理某一问题。写作时应着重就所要商洽的事项进行协商，措辞与口气应尽可能谦逊、真诚。

询问函：主要用于询问某一事项、征求意见、催交货物等。

请批函：主要是指向有关机关、部门请求批准时使用。如果是下级机关向上级机关请求批准，只能用请示，而不能用函。

催办函：它是去函的一种。主要用于上级机关向下级机关催促办理某一具体事宜。催办函写法较为简单，只需在函中将所要催办的事项和要求办妥的时限交代清楚。

告知函：平级或不相隶属单位之间相互通知事情时使用的函，即把某一事项、活动函告对方，或请对方参加会议或集体活动，其内容均属周知事宜，不得带有指挥的性质。

邀请函：邀请函类似请柬式的“通知”，主要用于告知被邀请单位（受文单位）或个人参与某项事务，开展某项活动。

批复函：主要答复不相隶属机关询问相关方针、政策等问题而不能用批复时使用。

二、公函的基本格式

由于函的类别较多，从制作格式到内容表述均有一定灵活机动性。本书主要介绍规范性公函的结构、内容和写法。公函由首部、正文和尾部三部分组成。

（一）首部

首部主要包括标题、主送机关两个项目内容。

1．标题

标题有三种写法：一是完整式标题，由发函机关、事由和文种组成，如《××部关于选派出国人员的函》；二是由发函机关、事由、受理机关和文种组成，如《国务院办公厅关于悬挂国旗等问题给湖北省人民政府办公厅的复函》；三是由事由和文种组成，如《关于订购〈基础写作学〉的函》。

2．主送机关

主送机关即受文并办理来函事项的机关单位，要写全称。于文首顶格写明全称或规范化简称，其后用冒号。

（二）正文

正文结构一般由开头、主体、结尾等部分组成。

1．开头

开头主要说明发函的缘由。一般要求概括交代发函的目的、根据、原因等内容，如果是去函，需说明去函的原因。如果是复函，即说明是答复对方某一函件。复函的缘由部分一般首先引叙来文的标题、发文字号，然后再交代根据，以说明发文的缘由，然后用“现将有关问题说明如下”或“现将有关事项函复如下”等过渡语转入下文。

2．主体

这是函的核心内容部分，主要说明致函事项。函的事项部分内容单一，一函一事，行文要直陈其事。无论是商洽工作、询问和答复问题，还是向有关主管部门请求批准事项等，都要用简洁得体的语言把需要告诉对方的问题、意见叙写清楚。如果属于复函，还要注意答复事项的针对性和明确性。

根据去函、复函的不同，其写法也有区别。

（1）去函。去函主要用于与有关单位商洽工作，询问有关问题或向有关部门请求批准等，其行文是主动的。主体部分一般须把所商洽的工作、询问的问题或请求批准的事项具体写清楚。如果内容较多，要采用分条的写法，使之条理分明。

（2）复函。复函主要用于答复商洽、询问的问题或批准有关单位的请求事项。这种函的行文一般是被动的，具有很强的针对性。主体部分要针对来函做出具体的答复。答复时一定要注意分寸，不得违背政策界限。

3．结尾

结尾一般用礼貌性语言向对方提出希望，或者请对方协助解决某一问题，或者请对方及时复函，或者请对方提出意见或请主管部门批准等。应根据函询、函告、函商或函复的事项，选择运用不同的结束语。如“特此函询（商）”、“请即复函”、“特此函告”、“特此函复”等。有的函也可以不用结束语，如属便函，可以像普通信件一样，使用“此致”、“敬礼”。

（三）尾部

尾部一般包括署名和成文时间两项内容。署名机关单位名称，写明成文年、月、日，并加盖公章。

三、函的写作要求

（1）行文的针对性。函的行文要紧紧围绕函中所提出的问题和公务事项来写，函中所提出的问题和公务事项应该是函往来机关有可能解决的。

（2）用语把握分寸。无论平行机关还是不相隶属机关的行文，都要注意语气平和有礼，不要倚势压人或强人所难，也不必逢迎恭维、曲意客套。

（3）开门见山。函是一种比较简便的行政公文，讲究快捷，所以，无论来函还是复函，在写作中都应该开门见山，尽快接触主题，力戒漫无边际，故意绕弯子，忌讳那些不必要的客套，尽量少讲空泛抽象的大道理。

四、例文

例 2-14　去函

卫生部办公厅关于商请做好蜂胶产品监督管理工作的函

卫办监督函〔2009〕709号

工商总局、质检总局办公厅，食品药品监管局办公室：

卫生部于 2 月 24 日以《卫生部办公厅关于转请调查处理部分涉嫌存在违法问题蜂胶产品的函》（卫办监督函〔2009〕154 号）致函你单位，通报中国蜂产品协会反映的蜂胶市场存在的假冒伪劣和监管问题。近期，中国蜂产品协会再次向有关部门反映蜂胶产品进口和市场方面的问题。

蜂胶作为《可用于保健食品的物品名单》（卫法监发〔2002〕51 号）的物品，不得作为普通食品原料生产经营。2007 年，我部下发《关于“黄芪”等物 56 品不得作为普通食品原料使用的批复》（卫监督函〔2007〕274 号），再次重申蜂胶产品纳入保健食品管理，不得作为普通食品原料生产经营。

现请你单位依据职责分工，依法做好蜂胶产品生产经营和进出口的监督管理工作。

卫生部办公厅

2009 年 8 月 11 日（印章）

【析评】

这是一则商洽函。正文的缘由部分提出商请做好蜂胶产品监督管理工作的背景、依据，继而提出要求。文末一句，语言得体，又暗含催促对方办理的意思。

例2-15 复函

卫生部办公厅关于粉条生产加工中不能使用明矾的复函

卫办监督函〔2009〕185号

质检总局办公厅：

你局《关于请予明确粉条生产加工中能否使用明矾的函》（质检办食监函〔2008〕689号）收悉。经研究，现函复如下：

我国《食品添加剂使用卫生标准》（GB 2760）规定了食品添加剂品种、使用范围和使用量，食品添加剂的使用应按照《食品添加剂使用卫生标准》执行。硫酸铝钾（钾明矾）或硫酸铝铵（铵明矾）的使用范围不包括粉条，因此不能用于粉条生产加工。

专此函复。

卫生部办公厅

2009年3月13日（印章）

【析评】

这是一则复函。正文的事由部分简明扼要地交代了回复的依据，主体部分明确具体事项，写得有礼有节，表意明确、周密。

复习与训练

一、填空题

1. 相互商洽工作、询问和答复问题，向有关主管部门请求批准的公文，用________。

2. 函的主要特点有________、________和________。

二、选择题

1. 向级别与本机关相同的有关主管部门请求批准某事项应使用（ ）。

A. 请示　　B. 报告　　C. 通报　　D. 函

2. 不相隶属机关之间行文，用（ ）行文。

A. 通知　　B. 函　　C. 命令　　D. 通报

3. “函”的结束用语一般用（ ）。

A. 请审批　　B. 请批复　　C. 请批示　　D. 请函复

4. ××市外经委为落实省山区利用外资洽谈会项目向省外经委行文，应用（ ）行文。

A. 报告　　B. 请示　　C. 函　　D. 意见

三、判断题

1. 答复不相隶属机关请求批准的事项，应该用批复。（ ）

2. 一份函一般只能写一件事。（ ）

3. 某市某局关于批复某问题的函。(　　)

4. 请批函与请示的共同点是“请求批准”。(　　)

5. 县教育局向县财政局要求拨建校款项用请示行文。(　　)

6. 便函不是函。(　　)

7. 函追求短小精悍，因而复函不必引用对方来函的标题及发文字号。(　　)

四、病文分析与修改

下面是一则病文，试指出其毛病，并写出修改稿。

××市第七变压器厂抓紧归还劳动服务公司借款的函

市第七变压器厂：

你厂于二〇〇五年一月，从我厂借去资金三万元，作为你厂劳动服务公司开办费，当时双方讲好年内一定偿还。目前已经是二〇〇六年一月了，我厂正在编制去年的财务决算，为使我们能及时搞好各类款项的清理结算，要求你厂务必将所借之款于二十日前归还我厂，切不要一拖再拖，给我厂财务工作的顺利进行带来不应有的困难。

此致

敬礼

二〇〇六年一月十日（印章）

五、写作训练

请根据下面内容，拟一份商洽工作的函和一份答复事项的函。要求：格式规范，要素齐全，内容明确。

为了做好春运工作，及时运送在广东省工作的四川省民工回家过年，广东省交通运输公司与四川省交通运输公司商洽共同派出客车若干辆，联合组成运送民工的车队，确保春节前运送民工回家过年，解决运力不足，车辆不够的困难，保证安全做好春运工作。

第九节　纪　要

一、纪要概述

纪要是一种记载和传达会议基本情况或主要精神、议定事项等内容的规定性公文。纪要是在会议记录的基础上，对会议的主要内容及议定的事项，经过摘要整理的、需要贯彻执行或公布于报刊的具有纪实性和指导性的文件。

纪要用于党政机关、社会团体、企事业单位召开的工作会议、座谈会、研讨会等重要会议。纪要通过记载会议基本情况、会议成果、会议议定事项，综合概括地反映会议精神，以便与会者统一认识，作为会后全面如实地传达会议精神并组织开展工作的依据。同时纪要可以多向行文，具有上报、下达及与同级机关进行交流的作用。向上级机关呈报，用以汇报会议情况，以便得到上级机关对工作的指导；向同级机关发送，用以通报会议情况，以便得到同级机关的支持和配合；向下级机关发送，用以传达会议精神，以便下级机关贯彻执行。

（一）纪要的特点

（1）纪实性。纪要是根据会议的宗旨、议程、会议记录、会议活动情况等有关材料综合整理出来的公文。纪要如实地反映会议内容，不能擅自增加或删减会议的内容，不能随便更改与会者议定的事项，不能对会议达成的共识进行修改，也不需要对会议或会议的某项内容进行分析、评论，对会议存在的分歧意见和问题等，也要真实、概括地予以反映，否则，就会失去其内容的客观真实性，违反纪实的要求。

（2）概括性。纪要是根据会议的中心议题、指导思想和议定事项，在会议记录所提供材料的基础上，经过概括、整理、提炼，依据会议情况综合而成的。撰写纪要应围绕会议主旨及主要成果来整理、提炼和概括。重点应放在介绍会议成果上，而不是叙述会议的过程，切忌记流水账。纪要要能够集中地反映会议的精神实质，具有高度的概括性。

（3）称谓的特殊性。纪要一般采用第三人称写法。由于纪要反映的是与会人员的集体意志和意向，常以“会议”作为表述主体，“会议认为”、“会议指出”、“会议决定”、“会议要求”、“会议号召”等就是称谓特殊性的表现。

（4）约束性。纪要一经下发，便要求与会单位和有关人员遵守、执行。

（二）纪要的分类

1．根据会议性质的不同，纪要可以分为办公会议纪要和专项会议纪要

（1）办公会议纪要。办公会议纪要用以传达由机关、单位召开的办公会议所研究的工作、议定的事项和布置的任务，要求与会单位和有关方面、有关人员共同遵守、执行。

（2）专项会议纪要。专项会议纪要主要用于各类交流会、研讨会、座谈会等会议纪要，目的是传递信息、研讨问题、启发工作等。

2．根据内容的不同，纪要分为专题式会议纪要和综合式会议纪要

（1）专题式会议纪要。专题式会议纪要主要反映与会者就会议主要议题，在统一认识的基础上所形成的决定、决议。这种纪要多用于党委会议和机关的行政会议、座谈会、研讨会等。

（2）综合式会议纪要。综合式会议纪要则侧重于全面概述会议基本情况，包括会议的议题、讨论情况、讨论结果等。这种会议纪要多用于领导集体办公会议等。

二、纪要的基本格式

纪要一般由首部、正文和尾部三部分组成。

（一）首部

这部分的主要项目是标题。有的纪要的首部还有成文时间等项目内容。

标题有三种方式：一是由会议名称和文种构成，如《全国城市爱国卫生现场经验交流会纪要》；二是由召开会议的单位名称、会议内容和文种构成，如《省经贸委关于企业扭亏会议纪要》、《××组织部部长办公会纪要》；三是正、副标题相结合，正标题反映会议的主要精神和内容，副标题写会议名称和文种，如《维护财政制度加强经济管理——在××部门××座谈会上的发言纪要》。

纪要应在标题的下方标注成文时间，位置居中，并用括号括起。

（二）正文

纪要正文的结构由前言、主体和结尾三部分组成。

1．前言

前言部分首先概括交代会议的名称、时间、地点、主持人、议题、主要议程、参加人员、会议形式及会议主要的成果，然后用“现将这次会议研究的几个问题纪要如下”或“现将会议主要精神纪要如下”等语句转入下文。这项内容主要用以简述会议基本情况，所以文字必须十分简练，让人们读后对会议有个总体的了解。

2．主体

这是纪要的核心内容，要根据会议的中心议题，按主次、有重点地写出会议的情况和成果，包括对工作的评价、对问题的分析、会议议定的事项、提出的要求等。对于会议上有争议的问题和不同意见，也必须如实予以反映。

在具体写法上，不同类型的纪要，写法也不同。根据会议性质、规模、议题等不同，大致可以有以下几种写法。

（1）综述式会议纪要。这种写法是把会议的基本情况，讨论研究的主要问题，与会人员的认识，议定的有关事项（包括解决问题的措施、办法和要求等）进行综合概括。这种写法有利于突出主要内容，分清主次，一般把主要的、重要的放在前面，而且尽量写得详细、具体一些，次要的和一般性的内容放在后面，可简略一些。

（2）分项式会议纪要。召开大中型会议或议题较多的会议，一般要采取分项叙述的办法，即把会议的主要内容或议定事项，分条列项地写出，使其条理化。这种写法侧重于横向分析阐述，内容相对全面，问题也说得比较细，常常包括对目的、意义、现状的分析，以及目标、任务、政策措施等的阐述。

（3）提要式会议纪要。这种写法是把会上具有典型性、代表性的发言加以整理，提炼出内容要点和精神实质，然后按照发言顺序或不同内容，分别加以阐述说明。这种写法能客观地反映与会者的观点和主张，还能较大限度地保留谈话风格，避免千篇一律。

3．结尾

结尾主要是对会议的总结、发言的评价、主持人的要求、发出的号召、提出的要求等。也有的纪要不需要写结束语，主体部分写完就结束。

（三）尾部

尾部包括署名和成文时间两项内容。

署名只用于办公会议纪要，写明召开会议的机关单位名称。一般纪要不需要署名，不加盖公章。至于成文时间，如果在首部已注明，尾部就不再写。

三、纪要的写作要求

（1）要正确地反映会议精神。纪要必须以会议的宗旨和目的为依据，凡符合会议宗旨的各种意见，都应如实地反映到纪要里。

（2）抓住要点突出会议主题。纪要虽然是会议情况和结果的反映，但不能面面俱到，而应该围绕会议主题，突出重点，把会议的主要情况简明扼要地反映出来，条理清晰，文字简练。

（3）注意与会议记录的区别。纪要和会议记录有密切联系。纪要以会议记录为基础和依据，表现会议的主要内容。

四、例文

例 2-16　专题式会议纪要

全国文物拍卖管理工作座谈会会议纪要

2011 年 1 月 11 日，国家文物局召开全国文物拍卖管理工作座谈会。来自全国 24 个省、自治区、直辖市文物行政部门的负责同志，以及商务部、海关总署、国家工商行政管理总局、北京市工商局有关同志参加了会议。国家文物局副局长宋新潮出席会议并做了重要讲话。

会议认为，在党中央、国务院加快振兴文化产业和推动文化大发展大繁荣的大背景下，近年来文物艺术品拍卖市场取得长足发展，市场规模不断扩大，拍卖经营活动日趋规范与活跃。同时，我国的文物艺术品拍卖市场在发展规模、发展方式、自身定位及社会责任、法律意识等方面也存在诸多不足和亟待完善的方面，这其中有企业自身的问题，有社会经济整体环境的问题，也有相关法律法规不健全、政府主管部门管理服务不到位的问题，需要各有关部门认真面对和加以解决。

与会代表充分肯定了文物艺术品拍卖市场在吸引海外中国文物回流、满足人民群众多层次的文化需求、推动文化产业的发展振兴、提升我国的文化软实力、促进文化大发展大繁荣等方面发挥的积极作用，对当前文物拍卖管理工作中存在的文物拍卖标的备案复核程序、文物拍卖标的审核范围和重点、文物拍卖专业人员资格认定等问题进行了深入的分析，提出了明确的解决思路和措施。

经过会议认真讨论，会议确定了以下事项：

一、认真执行《关于加强文物拍卖标的审核工作的通知》及《关于加强文物拍卖标的审核备案工作的通知》规定的文物拍卖标的审核和备案制度。各省级文物行政部门必须在拍卖公告发布 15 日之前向国家文物局报送拍卖会拍卖标的资料及省级文物部门审核意见；拍卖会结束 30 个工作日内向国家文物局报送拍卖会成交记录。

二、严格确定文物拍卖标的审核重点。会议重申以下文物不得作为拍卖标的或应严格审核：① 出土（水）文物；② 以出土（水）文物名义宣传的复仿制品；③ 国有不可移动文物的附属构件；④ 国有文物购销经营单位收藏的珍贵文物；⑤ 损害国家利益或有可能产生不良社会影响的物品；⑥ 被盗窃、盗掘、走私的文物或明确属于历史上被非法掠夺的中国流失文物；⑦ 涉嫌危害国家安全和损害民族利益的物品；⑧ 涉嫌丑化国家形象及政治人物的非主流艺术品；⑨ 带有黄色暴力等内容的物品等。

三、认真研究治理文物拍卖企业“知假拍假”问题。会议认为，文物部门要认真反思以往拍卖标的审核“管真不管假”的不正确认识和做法，要进一步认识拍卖标的审核工作对文物艺术品拍卖市场健康有序发展的积极作用。通过拍卖标的审核工作从制度上完善文物艺术品拍卖市场的各项规范。同时，应对拍卖企业宣传及拍卖图录印刷加强管理，制定相关规范标准。

四、加强对文物网络交易活动监管，对现有涉及文物经营的网站进行评估，制定相关规范政策，逐步建立网络文物经营准入和网络交易文物审核的制度。

五、加强文物拍卖管理队伍建设和文物拍卖专业人员培养。针对省级文物行政部门管理机构薄弱和人员缺乏的现状，各地文物部门要高度重视，切实加强机构和人员建设；进一步加强文物拍卖专业人员培养工作，扩大培训考核的范围，增加考核科目；不断完善文物拍卖专业人员资格管理制度，稳步扩大文物拍卖专业人员聘用试点范围。

【析评】

这是一份专题式会议纪要。导言概述会议基本情况，说明加强文物拍卖管理工作的重要性，其后，用文种承启语“经过会议认真讨论，会议确定了以下事项”引出由“严格确定文物拍卖标的审核重点”等五方面构成的主体。文章注重使用“会议认为”、“会议重申”一类传达会议共识的句式，概括准确，行文有序，结构清晰，有条不紊。

复习与训练

一、填空题

1. 纪要是__________情况和__________所使用的公文。
2. 按照会议的性质，可将其分为__________会议纪要和__________会议纪要。
3. 纪要的主要特点有__________、__________、__________和__________。

二、选择题

1. 用于记载和传达会议情况的公文是（　　）。

A. 通知　　B. 通告

C. 通报　　D. 会议纪要

2. 关于纪要的特点，下列概括不正确的是（　　）。

A. 具有较强的提要性　　B. 具有宣传教育的意义

C. 具有决议的性质　　D. 具有存案备查的作用

3. 根据会议的内容和形式，纪要可以有不同的写法，以下正确的是（　　）。

A. 重点是反映会议概况，包括背景、议题、议程、结果和评价等

B. 概括提炼会议上具有代表性的发言，按某种顺序排列

C. 遵循真实的原则，把会议发言和议定事项逐一转述

D. 根据会议宗旨，把会议内容分门别类加以整理

三、简答题

1. 纪要主体部分有哪几种写法？
2. 纪要有什么特点？说说你对这些特点的理解。

四、病文分析与修改

请阅读下文，分析其毛病，并写出修改稿。

××××学会会议纪要

时间：××××年×月××日

参加人员：常务副会长×××，副会长×××、×××、×××，办公室主任×××、副主任×××，活动中心主任××。

会议内容：

一、确定了学会的办公地点。根据××××年××月××日会议决定，×××、×××同志对学会办公地点进行了考察，经过比较，认为××大学办公条件优越，适合作为学会的办公地点。会议决定，从即日起××××学会迁到××大学，挂牌办公。通信地址：××市××区×××路××号。联系电话：×××××××××。

二、学会与××大学商定，由××大学给学会提供办公室、办公桌椅、电话和必要的办公费用。利用××大学的教学条件，双方共同组织举办秘书培训班等。

三、增补了学会副会长。为便于开展工作，建议增补××为学会副会长，负责学会的后勤保障和日常管理，先开展工作，以后提请×月份常务理事会确认。

四、制定了今年的活动计划。（略）

第 3 章　事务文书

第一节　概　述

一、事务文书的性质和特点

事务文书是党政机关、社会团体、企事业单位处理日常事务，用来沟通信息、总结经验、指导工作、规范行为的实用性文书。

事务文书产生于机关的具体事务中，与机关日常工作和中心工作联系十分紧密，写作目的非常明确，针对性很强，有特定的传播范围，一般在本单位内部传阅，或者报送有关上级机关。与行政公文相比，事务文书既没有严格的办文程序，也不能单独成为正式的文件，因而不具有法定的权威性和行政法规性，也没有执行的强制性。只有当它被正式文件批准颁布和批转、转发时，才具有行政约束力。这类文书的作者也没有严格的限定，集体、组织和个人都可以成为作者。

事务文书具有很强的实用性、事务性和惯用格式。从广义上说，事务文书也是一种公务文书，目的是处理公务和传递信息，使用“事务文书”这一名称，是相对于正式公文而言的。

事务文书的特点有四个：对象的明确性，内容的实效性，一定的程式性和较强的时限性。

（一）对象的明确性

事务文书的写作有明确的对象、特定的读者，对于对象有明显的约束力。如给所属上级单位的计划、总结、简报、调查报告等，所属上级单位或领导必须审阅。再如条例、办法、规定、章程等，凡涉及的人都一定要了解。

（二）内容的实效性

事务文书是直接用来处理事务工作的，要注意实用，讲求效率。为此，事务文书从主旨的确立到材料的使用都必须切合实际，讲求效率；写作形式的运用也要讲求实际和效率，便于文书内容的落实和处理。

（三）一定的程式性

事务文书一般都有一定的程式性，有约定俗成的惯用格式。虽然它不像法定公文那样有着非常严格的格式要求，但在长期的应用中，事务文书的实用性和真实性决定了它逐渐形成了较为稳定的结构层次、习惯用语、处理程序等组成要素。虽然格式上有一定的灵活性，但总体上是相对稳定的。

（四）较强的时限性

事务文书总是针对工作、生活中的具体事务而撰写的。而一项工作任务的完成，一个问题的解决，大都有一定的时间要求，虽然它没有法定公文那样紧迫，但同样也要在限定的时间内及时完成，否则很难发挥事务文书的作用。

二、事务文书的作用

（一）宣传教育作用

事务文书通过分析形势、申明政策，或者介绍经验、表彰先进及揭露时弊、抨击丑恶，可以起到宣传教育群众，使人们统一认识，并提高政策水平和工作热情的作用。

（二）沟通和指导工作作用

事务文书是沟通机关、企事业单位的桥梁和纽带。各部门之间既有横向的联系，也有纵向的联系。从纵向的联系来讲，在管理者与被管理者之间、上下级之间，存在指导与被指导的关系。

（三）积累和提供资料作用

有些工作的进行需要人们积累有关资料，如计划、总结、调查报告、简报等文种，可以集中、详尽地反映情况，说明问题，起到为人们提供所需资料的作用。

三、事务文书的写作要求

（一）以方针政策为指导，以法律规定为依据

事务文书的政策性很强，它是党和国家的方针政策在有关实际工作中具体的体现。拟稿者须认真领会有关的政策，并运用政策原则去指导工作。同时，事务文书还必须以法律规定为依据，不能与现行政策和法规相抵触。

（二）深入调查研究，获取真实材料

撰写事务文书要了解实际情况，进行深入、细致的调查研究，尽可能多地收集、积累材料，只有这样才能明情况、知变化、定决策，才能发挥事务文书的指导性功能与务实的作用。

（三）实事求是，切实可行

事务文书（或拟订计划，或制定规范文书，或调研总结，或拟定会议材料）是为了解决工作中的实际问题，因此必须实事求是，具有可行性。

（四）格式约定俗成，语言准确简练

事务文书的格式虽然不像行政公文那样程式化，但许多文种的格式也有约定俗成的共同特点。在结构方面，事务文书要求开门见山、突出重点、层次分明；在语言方面要求用语准确，尤其是规章类文书，更讲究炼词炼句，不能出现歧义，表述不能模糊。

复习与训练

一、填空题

1. 事务文书的特点表现为__________、__________、__________和__________。

2. 事务文书的作用表现为__________、__________和__________。

二、判断题

1. 事务文书的写作不需要有明确的对象、特定的读者，对于对象没有明显的约束力。(　　)
2. 事务文书是为了解决工作中的实际问题，因此必须实事求是，具有可行性。(　　)
3. 事务文书一般都有一定的程式性，有约定俗成的惯用格式。(　　)

三、简答题

1. 简述事务文书的含义。
2. 事务文书的写作要求有哪些?

第二节　计　划

一、计划概述

计划是党政机关、社会团体和企事业单位为了实现某个管理目标，完成某项任务或开展某项工作而预先做出安排与部署的一种事务性文书。

制定计划是工作、学习、生产中不可或缺的重要环节，也是一种科学的工作方法。计划的作用主要在于发挥人的主观能动性，它能使我们在工作中明确方向，避免盲目性，少犯错误；能够调动群众积极性，提高工作效率与效益；便于我们随时进行自我检查和领导随时进行指导。有了计划，工作就有了可遵循的标准和依据，避免陷入盲目性，工作就有了明确的目标，有利于制定者安排、落实任务，增强工作的自觉性和主动性。

（一）计划的特点

（1）目的性。写计划前要对全局性的各项工作做全面、合理的安排考虑，保证统筹兼顾，防止顾此失彼，因此计划必须要有明确的目标性。目标是计划的核心，计划的全部内容紧紧围绕着目标展开，为这个既定的目标谋划最优的策略和步骤、落实具体的措施或方案等。

（2）预见性。计划是事先对活动所做的安排与打算，而任何事物在其发展过程中会出现这样或那样的变化，为实现预定目标，必然要对活动过程中可能出现的情况进行分析与估计，并要对可能出现的困难、问题等提出切实有效的措施和方案。这样才能确保计划顺利进行，并达到预定目标。

（3）可行性。一份完善的计划，必须有为实现具体的目标而制定的可行措施、办法和要求，各项措施、办法和要求必须具体明确，切实可行，符合实际。如果目标定得过高，计划就无法实现和完成；定得过低，计划又无法起指导、激励的作用。计划的步骤、措施、要求、时限不仅要写得具体、细致，还要便于检查督促，对照落实。如果某个环节出现特殊情况，则采取相应的措施处理，或者做出相应的调整，以保证计划按时完成。

（4）约束性。约束性是指计划必须严格执行。计划体现着上级的要求、意图，尤其是指令性计划，必须严格遵守，保证完成。上级主管部门在监督计划执行时，可以按计划对工作逐项检查。当然，计划执行单位可以根据实际情况的变化，对计划做合理的调整、变动，但必须报上级主管部门批准备案。

（二）计划的种类

（1）按计划内容分，有学习计划、工作计划、教学计划、营销计划。

（2）按计划性质分，有指导性计划、指令性计划。指导性计划是国家根据国民经济发展的需要下达给企业的参考性计划指标，是非强制性的。国家主要运用经济杠杆（价格、信贷、税收）、经济合同和奖励等手段，使国家计划和企业计划相协调。指令性计划是国家下达的具有行政约束力的计划，其计划任务按部门、企业逐级分解下达。指令性计划主要用于有关国计民生的重要商品和关系经济全局的骨干企业。

（3）按计划范围分，有国家计划、地区计划、公司计划、部门计划等。

（4）按计划时间分，有远景规划、五年计划，以及年度、季度、月份计划等。

（5）按计划写法分，有条文式计划、图表式计划和条文图表结合式计划。

计划是个统称，像规划、纲要、设想、打算、要点、方案、意见、安排等都是根据计划目标远近、时间长短、内容详略等差异而确定的名称。

规划：是一种时间跨度长（三年以上）、范围广、内容较为概括的计划，如《××市城市建设总体规划》。

纲要：和规划相同，是各级领导机关根据战略方针，为实现总体目标，对某个地区或某个事项做出长远部署。不同的是，纲要比规划更为原则和概括，一般只对工作方向、目标提出纲领式要求和指导性措施，如《××市 20××年经济发展纲要》。

设想：是一种粗线条的、初步的、预备性的非正式计划。相对来讲，其适用时限较长，如《××市拓展就业安置门路的设想》。

打算：也是一种粗线条的、想法不太成熟的非正式计划。相对设想，它的内容范围不大且考虑近期要做的事，如《××学校争创文明校园的打算》。

要点：是将计划的主要内容择要摘编，使之简明突出，适用于时间相对较短的计划，如《××局 20××年工作要点》。

方案：从目的、要求、方式、方法、进度等部署具体、周密且有很强可操作性的计划。方案一般适合专项性工作，其实施往往须经上级批准，如《××市住房分配制度改革实施方案》。

意见：属粗线条计划，适用于上级向下级布置工作任务并提供基本的思路、方法，交代政策，提出要求等，如《××公司关于下属企业 20××年扭亏增盈全面提高经济效益的意见》。

安排：是短期内要做的，且范围不大、内容单一、布置具体的一类计划，如《××系第×周工作安排》。

二、计划的基本格式

计划一般由标题、正文、结语、落款四部分组成。

（一）标题

计划的标题一般有三种写法。一是由计划单位名称、计划时限、计划内容、计划名称四要素组成的完整式标题，如《北京市国家税务局 2015 年税收工作计划》。二是省略式，即视实际需要省略某些标题要素，有的省略时限，如《××公司营销方案》；有的省略单位，如《2015 年度科研工作计划》；有的省略单位和时限，如《毕业生就业工作计划》。凡省略单位的标题必须在正文后署名。三是公文式，即由发文机关名称、事由、文种组成，如《××总公司关于××××年机构改革工作的部署》。

如果制定的计划还不够成熟，需试行一段时间，待征求意见后再进行修改定稿，或者还未经过法定的会议讨论通过，可在标题后或下加上“初稿”、“草案”等字样，并加上括号。

（二）正文

正文是计划的主要部分，这部分通常包括前言和主体两部分。

1. 前言

前言一般概述制定计划的依据、目的、缘由，以及计划的总任务和要求等，即回答“为什么”、“凭什么”、“是什么”等问题。要求简明扼要，概括力强，发挥指导全文的作用。

2. 主体

如果说前言回答了“为什么”的问题，那么主体要回答“做什么”、“怎么做”、“何时做”等问题。

（1）目标与任务。这是计划最基本的组成部分。在这部分中，要阐明“做什么”和“做到什么程度”的问题。它既是计划的出发点，又是执行计划的目标。计划要明确写明一定期限内，必须完成哪些任务，实现什么目标，做哪些事，数量和质量上有什么要求等，使计划执行者一看便知道准备做什么，做多少，什么时间完成，由什么部门负责执行等。目标设定要分清轻重主次、详略，特别是综合计划，更要突出特点、重点和难点。

（2）办法与措施。这部分是完成计划的手段和保证，即阐明“怎么做”的问题。以什么方法，用什么措施确保完成任务、实现目标，这是有关计划可操作性的关键一环。要全面规划，提出科学合理的具体措施，如怎样安排人力、物力和财力，怎样分工管理，怎样考核奖惩，怎样利用主客观条件，采取哪些方法，克服哪些困难等。制定的措施、办法要具体、切实可行。

（3）时限与步骤。工作有先后、主次、缓急之分，进程又有一定的阶段性，为此在计划中针对具体情况应事先规划好操作的步骤、各项工作的完成时限及责任人。这样才能职责明确、操作有序、执行无误。

（三）结语

这部分是总结全文，在正文的末尾提出希望和号召。也有的计划不写结语，计划事项写完后自然结束。是否写结语，要根据计划的具体情况而定。

（四）落款

计划的结尾要写上制定单位的名称与制定日期两项内容。如果标题中已标明单位名称，结尾可省去单位署名，写明制定日期即可。

三、计划的写作要求

（1）要实事求是。制定计划时应根据党和国家的方针政策及上级有关指示规定，结合本地区、本单位的实际情况，提出明确的任务指标，制定相应的措施方案。任务和指标应是经过各方面的努力可以达到的理想指标，既不要过高，也不能过低。计划切忌假、大、空，写得不实用。

（2）要突出重点，以点带面。写作计划必须突出重点，同时也要兼顾一般。突出重点就是要抓住主要矛盾。任何单位或个人要取得工作上的进展，都不可能于一个时期内在各个方面都齐头并进。因此在计划要求的时间内，只能有一项或几项工作取得突出进展，这就是计划的重点。在计划中，从领会上级思想、分析当前形势，到制定具体指标任务，以及最后措施、步骤的落实等，都要把这个重点凸显出来。突出重点的同时也不能忽略一般，只有以重点带一般，又以一般促重点，计划才能全面。

（3）要明确责任。计划的制定要便于执行，因此写得越具体明确，操作性就越强。无论任务指标，还是措施步骤，都应当写得清清楚楚，实实在在。计划切忌语言含糊，职责不清，使之无法落实和检查。

（4）要有针对性和灵活性。计划的内容既要全面，又要有针对性，重点要突出。一个单位、一个部门，在一定的时期内，有许多工作需要做，如果全部并列起来，平均使用力量，就会影响重要工作的完成。因此，我们在制定计划时，要针对本单位、本部门的工作重点，保证计划中能够反映当前要解决的主要问题。计划是根据客观情况制定的，客观情况在不断地变化，所以计划还要有灵活性，应留有一定的余地，当某种未预见的情况发生时，计划能及时调整、完善和补充。

四、例文

例 3-1　条文式计划

国家预防腐败局2012年工作要点

国家预防腐败局 2012 年工作的总体要求是：全面贯彻党的十七大和十七届四中、五中、六中全会精神，以邓小平理论和“三个代表”重要思想为指导，深入贯彻落实科学发展观，以落实惩治和预防腐败体系为重点，按照十七届中央纪委第七次全会的部署和要求，规范权力运行，推进政务公开，防范廉政风险，加强制度建设，扎实开展预防腐败工作，积极应对《联合国反腐败公约》履约审议，以预防腐败工作新成效迎接党的十八大胜利召开。

一、推动权力规范透明运行

（一）加快推进廉政风险防控机制建设。加强对《关于加强廉政风险防控的指导意见》（中纪发〔2011〕42 号）落实情况的监督检查，督促各地区各部门建立覆盖重点领域、重点对象和权力运行关键部位的廉政风险防控机制，着力防范工程建设、土地出让、产权交易、政府采购、金融运行等方面的廉政风险，加大决策、执行环节防控力度。逐步推进廉政风险防控机制建设向国有企业、事业单位等领域延伸。探索建立廉政风险预警处置机制和防控工作检查评估办法。

（二）进一步深化政务公开。认真落实《关于深化政务公开加强政务服务的意见》（中办发〔2011〕22 号）。切实做好中央重大决策部署落实情况的公开。督促执行《政府信息公开条例》，深化中央部门财政预算决算公开，推动地方政府公开“三公”经费。加大行政决策、行政审批、行政执法等公开力度。抓好《关于开展依托电子政务平台加强县级政府政务公开和政务服务试点工作的意见》(国办函〔2011〕99号)的落实，加强试点工作分类指导和总结评估。研究制定政务公开检查评估、举报受理和责任追究等制度。

(三)加强政务服务体系建设。规范省、市、县三级政务服务中心建设，充分发挥政务服务中心作用，凡与企业和人民群众密切相关的行政审批和公共服务事项都纳入服务中心办理。会同有关部门强化乡镇(街道)社会管理服务职责，推进基层便民服务体系建设，推行便民服务免费代办制度，为群众提供优质、便捷、高效服务。

(四)统筹推进各项公开工作。加强统筹协调，深化司法公开、厂务公开、村(居)务公开和公共企事业单位办事公开，全面推进权力公开透明运行。总结推广政务公开、厂务公开、村务公开的成熟经验。

二、深入推进预防腐败制度建设

(五)深化防止利益冲突试点工作。推动重点行业领域和试点单位制定完善防止利益冲突的制度规定，研究建立监督和惩戒机制。

(六)全面推行制度廉洁性评估。在总结试点经验的基础上，会同有关部门制定出台规范性文件，全面开展制度廉洁性评估工作。

(七)加强预防腐败基础制度建设。推进社会信用体系建设，继续推动以二代身份证号码为基础的公民个人信用代码建设，配合有关部门研究编制组织机构信用代码，推动建立社会诚信信息共享平台，完善失信惩戒机制。继续开展预防腐败信息系统试点工作，探索运用预防腐败信息系统开展腐败预警。深化廉政评估指标体系试点，进一步完善指标体系设计方案，探索建立我国防治腐败评价体系。

(八)深入推进相关领域改革和制度创新。加强公共资源交易统一集中管理，因地制宜设立公共资源交易平台，拓展公共资源市场化配置的范围。配合财政部等部门全面推行公务卡制度改革，督促中央部门严格执行中央预算单位公务卡强制结算目录，年底前将公务卡改革覆盖到各级政府及所属预算单位。进一步完善政府采购制度，推动出台《政府采购法实施条例》，加强政府采购信息公开，着力解决政府采购中存在的质次价高等突出问题。评估和巩固规范商业预付卡管理的工作成果，配合人民银行等部门进一步规范和完善相关制度，加大检查和处罚力度。

(九)建立健全制止公款出国(境)旅游长效机制。巩固专项治理成果，推进出台因公出国(境)团组信息公开和核查评估办法、国家工作人员因私出国(境)审批管理规定。加强因公出国(境)经费预算、任务审批和证件的管理。严肃查处公款出国(境)旅游典型案件。

三、加强社会领域防治腐败工作

(十)抓紧制定社会领域防治腐败工作指导意见。继续深入调研论证，就非公有制经济组织、社会组织、市场中介组织等重点领域分类提出防治腐败指导意见。会同行业主管部门研究制定相关配套法规文件。

(十一)整治社会领域违法违规突出问题。会同有关部门加强对公益类社会组织的管理，规范捐赠款物使用和经营行为。继续整治行业协会、市场中介组织弄虚作假、非法牟利等问题，推进行业协会、市场中介组织与政府分开。

（十二）开展非公有制企业防治腐败试点工作。选择部分省（区、市），从加强企业自身建设和改善外部环境等方面进行非公有制企业防治腐败试点。

（十三）引导社会力量有序参与预防腐败工作。大力加强廉洁文化建设，开展企业、学校、社区预防腐败宣传教育，推动廉洁教育融入国民教育体系。举办廉政公益广告展播活动，倡导守法、诚信、廉洁的社会风尚。做好预防腐败网络舆情收集、研判和处置工作，运用国家预防腐败局网站开展网上调查，加强舆论引导。进一步创造条件、拓宽渠道方便群众监督，发挥舆论监督的积极作用。

四、做好《联合国反腐败公约》履约审议各项工作

（十四）做好应对履约审议相关准备。发挥《联合国反腐败公约》履约审议事务办公室的组织协调作用，开展审议机制规则、运作程序等方面的培训，组织填写自我评估清单。适时召开研究实施《公约》工作协调小组会议，部署 2013—2014 年接受审议工作。配合有关部门推动《公约》与国内法律法规衔接第二阶段工作任务落实，研究利用《公约》机制为境外追逃追赃工作服务。

（十五）加强预防腐败国际交流合作与对外宣传。继续举办发展中国家预防腐败研讨班。深化与国（境）外预防腐败机构的交流合作。组织赴国（境）外专题培训班，学习借鉴其他国家和地区预防腐败经验和有效做法。积极向国际社会介绍我国反腐败的决心、做法和成效，通过《公约》秘书处等渠道，重点宣传我国履约进展情况，促进世界各国正确评价我国反腐倡廉工作。

五、加强预防腐败机构自身建设

（十六）加强省级预防腐败机构建设。研究制定加强对省级预防腐败机构联系指导的意见，更好发挥其在预防腐败组织协调、综合规划、政策制定、检查指导等方面的职能作用。

（十七）加强预防腐败理论和对策研究。总结近年来预防腐败的理论成果和实践经验，分析新形势下预防腐败的特点、规律和发展趋势，研究提出今后五年预防腐败工作思路和总体规划。做好新闻宣传和信息简报工作，及时推广各地区各部门的创新举措和成熟做法。

（十八）加强干部队伍自身建设。增强干部的政治意识、大局意识、责任意识、服务意识，进一步提高调查研究、组织协调、制度创新等能力，充分发挥现代科技手段的作用，提升预防腐败专业化水平。继续发扬奋发有为精神和真抓实干作风，把各项工作任务落到实处。

国家预防腐败局

二○一二年二月二十三日

【析评】

本文采用总分总的结构形式，主体部分采用条文式结构。总说部分简要概述行文背景、指导思想；主体部分从 5 个方面，借助 18 个小标题，分别阐述反腐败的具体措施和要求，条理清晰，逻辑性强。

复习与训练

一、填空题

1. 计划是一个统称，不同的计划有不同的名称，如__________、规划、方案、安排、__________、意见、设想等。

2. 计划的主要作用是它具有预见性、__________、__________和__________。

3. 从标题《广东省全民健身计划纲要》看，这是一个__________（文种）。

4. 按性质分，计划可分为__________和__________两种类型。

二、选择题

1. 对预计在一定时期内所要做的工作或所要完成的其他任务加以书面化、条理化的一种事务文书叫（　　）。

A. 计划　　B. 请示　　C. 预测　　D. 可行性研究

2. 计划的指导思想和基本情况是指（　　）。

A. “做什么”　　B. “怎么做”　　C. “何时完成”　　D. “为什么要做”

3. 计划是对未来的规定，难免有预测不到的地方，因此，计划在写作时要求（　　）。

A. 留有余地　　B. 实事求是　　C. 模糊不清　　D. 论证充分

4. 计划的措施包括在计划的（　　）中。

A. 标题　　B. 前言　　C. 主体　　D. 结尾

5. 计划的前言部分包括（　　）。

A. 措施　　B. 步骤　　C. 分工　　D. 依据

三、判断题

1. 计划可供对照执行，具有督促检查和约束执行的功能。（　　）

2. 为体现计划的严密性，计划内容一是一，二是二，不可留有余地。（　　）

3. 计划的正文内容要写明“做什么”、“怎么做”和“何时完成”。（　　）

4. 计划的标题通常由单位名称、适用期限和文件名称组成。（　　）

5. 计划虽不是正式公文，但一经机关会议通过和批准，就具有正式文件的效能，在它所管辖的范围内，就有了权威性和约束力。（　　）

四、简答题

1. 计划的前言部分通常可写哪些内容？

2. 计划的主体必须写清哪些内容？

3. 制定计划有哪些注意事项？

五、病文分析与修改

1. 下列这些计划标题拟得是否恰当？为什么？如不恰当的，请修改。

（1）××公司10年治理环境污染安排

（2）华厦公司一季度生产规划

（3）华丰电子厂直销活动的意见

（4）××银行××分行今年工作回顾及明年工作计划

（5）××市场未来发展方向的安排

（6）××市两个文明建设工作的目标

2. 下面是一篇病文，试指出其存在的毛病。

××县经委今后八个月工作计划

为了完成县委、县政府下达的3.1亿元工业总产值（力争3.5亿元）的任务及各项经济指标，我们计划在今后八个月主要抓好以下几方面的工作。

（一）进一步深化企业改革。我们在全面推行厂长（经理）任期目标责任制的基础上，从实际出发，有针对性地分别实行租赁、承包、百元工资税利制和工资总额与企业经济效益包干等经营方式，把权、责、利全面落实到企业及其经营者身上，使企业真正成为相对独立的经济实体，成为自主经营、自负盈亏的社会主义商品生产者和经营者，较好地调动企业职工的积极性，增强企业活力，促进生产发展，并使这一改革能够健康发展，深入持久地坚持下去，采取有效措施加以保证。

（二）加快新项目和技术改造项目的建设速度，确保这些项目预期投产，发挥效益。主要抓好苎麻纺织、印染工程等项目，并实行目标责任制管理，使这些项目预期投产，早日发挥效益。

（三）进一步加强企业管理，提高企业经济效益。我们坚持以改革为动力，促进企业的发展，加强管理，提高企业经济效益，把增产节约、增收节支的工作作为提高企业经济效益的重要工作来抓，要求企业产品总成本、企管费及车间经费都要下降。具体措施：① 调整企业产品结构，大力增产适销对路产品，实现多产快销；② 加强企业管理，挖掘企业潜力，调整定额，向管理要效益。

（四）加强企业职工思想教育、技术培训，努力提高企业职工队伍思想、技术素质，为企业上等级和企业现代化管理打基础。具体措施：① 全面进行思想、纪律、法律教育和坚持四项基本原则，反对资产阶级自由化的教育，全面提高工人思想觉悟；② 搞好技术培训和职工文化、技术学习，努力提高职工队伍技术素质。

六、写作训练

拟一份计划（学校学习、业余读书、旅游、生活安排等均可），要求格式正确，要素齐全，内容全面。

第三节 总　结

一、总结概述

总结是对前一阶段工作或学习进行回顾、检查和分析研究，从中找出经验和教训，获得规律性的认识，以便指导今后实践的一种事务文书。

总结是从以往的事实中获取宝贵的经验教训，以供今后改进工作。因而，通过总结可以为今后工作提供借鉴，可以推广先进，预防错误。总结还能够沟通上下级的联系，交流信息，使人们避免在无知和盲目中走弯路，使人们尽快步入捷径，使经验得到有效的传播。通过总结，可以使人们形成理论联系实际的工作作风，避免决策的空洞与苍白。

（一）总结的特点

（1）实践性。总结以回顾实践或工作的全过程为前提。自身实践的事实，尤其是工作中的典型事例和确凿数据是一篇总结得出正确结论的基础。总结的实践性还表现在其既来自实践，又指导人们今后的实践活动。由此可见，实践性是总结的最基本的特点。

（2）客观性。总结是对前段工作进行全面回顾、检查的文种，这决定了总结有很强的客观性特征。不论反映全面工作，还是反映局部工作，总结都要以实际工作活动为依据进行客观分析，不允许主观臆断或虚构。

（3）经验性。总结还必须从理论的高度概括经验教训，必须按照实践是检验真理的唯一标准的原则，正确地反映客观事物的本来面目，找出正反两方面的经验，得出规律性认识。

（4）典型性。总结的目的不是机械地回首往事，也不是单纯地罗列得失，而是从以往的工作中探求成败的规律，而规律性的东西总是寓于最典型、最有说服力的事例中。所以，写总结不能事无巨细、主次不分、有闻必录，而应当择其主要工作、主要成绩、主要问题来写。可以说，事例越典型、越突出，总结出来的经验教训就越深刻。

（二）总结的分类

根据内容的不同，可以把总结分为工作总结、生产总结、学习总结、教学总结、会议总结等。

根据范围的不同，可以把总结分为全国性总结、地区性总结、部门性总结、本单位总结、班组总结等。

根据时间的不同，可以把总结分为月总结、季总结、年度总结、阶段性总结等。

根据内容和性质的不同，可以把总结分为全面总结和专题总结两类。

二、总结的基本格式

总结一般由标题、正文和落款三部分组成，正文主要包括基本情况、成绩和经验、问题和教训等。

（一）标题

1．公文式标题

公文式标题一般由单位名称、时限、内容、文种名称构成，如《广州市税务局 2015 年税收工作总结》。

2．文章式标题

文章式标题主要以单行标题概括主要内容或基本观点，不出现总结字样，但对总结内容有提示作用。例如，某企业的专题总结《技术改造是振兴企业之路》、《积极推行股份制，搞活国有大企业》。

3．双行式标题

双行式标题即分别以文章式标题和公文式标题为正副标题，正标题揭示观点或概括内容，副标题点明单位、时限、性质和总结种类。例如，《强化安全意识是提高生产效益的基础——市第一印刷厂安全生产工作总结》。

（二）正文

1．基本情况

一般简明扼要地概述基本情况，交代所涉及的时间、背景、根据等，给人一个总体印象。作为开头部分，要注意简明扼要，文字不可过多。

2．成绩和经验

此部分是总结的精华和重点部分。要用准确无误的事实材料和必要的统计数据加以说明，同时还要分析取得成绩的主客观原因，从中总结经验。介绍经验时，一要突出个性特点；二要注意经验的可操作性，即要把采取的措施方法、步骤，应当解决的重点难点问题，应该注意的关键环节介绍清楚。要用翔实的材料将工作介绍清楚，最好用鲜活的实例和有说服力的数字，做到材料翔实、条理清晰、脉络分明，给读者留下深刻的印象，使读者受到启迪。

3．问题和教训

此部分要求实事求是地将工作中的失误和不足写出来，并深刻分析产生问题的原因，指出应从中吸取的教训。问题是指在工作实践中切实感到应该解决而暂时没有解决或没有条件解决、没有办法解决的问题。教训是指由于指导思想不明、方法不当，或者其他原因犯了错误，造成了损失而得出的反面经验。总结存在的问题和教训是为了进一步做好工作。

4．结尾

结尾是正文的收束，即针对前面指出的问题与教训，提出切实可行的改进措施，并根据实际情况和上级的要求，提出今后的工作设想和新的奋斗目标。这段内容要与开头相照应，篇幅不应过长。有些总结在主体部分已将这些内容表达过了，就不必再写结尾。

（三）落款

总结的落款包括署名和日期。标题中已标明或标题下已署名，结尾则可不写。个人总结署名一般写在正文的右下方。

三、总结的写作要求

（一）要坚持实事求是的原则

总结无论写成绩还是问题，都必须准确把握分寸，实事求是地叙述事物发展的全过程，用“一分为二”的观点，研究事物的内部联系，寻找其中的规律性。要如实地评价自己的工作，对成绩，不要夸大；对问题，不要轻描淡写。

（二）要充分占有材料

写总结的第一步是广泛地收集事实，充分占有材料。写作者应该积极参与相关工作，了解该项工作的全过程，在实际工作中掌握第一手材料。如无条件参与，就必须深入调查研究，或个别座谈，或集体探讨，或查阅资料。如此，方可获得一些体会与实感，把总结内容写得扎实丰富。

（三）要注意共性，把握个性

总结要注意共性，写出个性，一定要抓住本单位或个人最突出的、最能反映客观事务本质特点，最具鲜明个性和特色的东西，如新的情况、新的问题和新的经验教训等。

（四）要层次清晰，突出重点

总结的选材不能求全贪多、主次不分，要根据实际情况和总结的目的，把那些既能显示本单位、本地区特点，又有一定普遍性的材料作为重点选用，写得详细、具体，而一般性的材料则要略写或舍弃。

四、例文

例 3-2 工作总结

企业围绕市场转 产品随着效益变
——××钢厂开展“转，抓、练、增”活动的经验总结

××钢厂是国有独立型特钢企业，全国 500 家最佳经济效益企业。长期以来，××钢厂始终坚持“质量为命、效益第一”的指导方针，立足高原，艰苦创业，以深化改革为主线，以市场经济为导向，加速企业机制转换，在调整产品结构、提高产品质量的同时，增产降耗，加强经营管理，克服了重重困难，使企业取得长足发展，经营生产年年持续跨上新台阶，为振兴西北地方经济、发展我国钢铁工业做出了应有的贡献。总结××钢厂在转机制、抓管理、练内功、挖潜力、增效益方面的做法，主要有以下几个方面。

一、深化企业内部配套改革，加快转换企业经营机制

（一）解放思想，转变观念，走转机制、抓管理的新路子

近年来，钢厂多次派人外出考察、学习，开阔了眼界，拓宽了思路。××××年以来，根据国内外市场需求情况和自己的实际条件，制定了企业战略目标，确立了“企业围绕市场转、产品随着效益变”的经营方针，树立了大市场、大企业、大流通的观念，加强了市场预测、经营决策和营销服务工作。树立了创建全国第一流特钢的观念，积极进取，大胆实践，在建立社会主义市场经济体制中，走出了企业转机制、抓管理的新路子。

（二）坚持实行“两保一挂”承包方式，进一步完善内部经济承包责任制

（1）以全厂利益为重，始终坚持国家、企业、职工三者利益兼顾，责权利相结合，职工报酬与企业效益、个人劳动成果相联系的原则；坚持以市场为导向，突出经济效益的原则；坚持突出成本、质量的考核，增大对成本、质量、安全指标否决力度的原则，从而使企业内部经济承包责任制逐年走上程序化、标准化、规范化的轨道。

（2）不断完善企业内部经济承包责任制的“指标、考核、保证”体系。把企业对国家的承包指标逐级分解，层层落实，实行全员承包，设计并完善多种承包形式。

（三）深化以“三项制度改革”为重点的企业内部配套改革，不断完善分配机制和竞争机制（略）

二、强化管理，深挖内潜，努力增加效益

（一）加强以标准化为重点，以班组建设为落脚点的基础管理

在标准化工作中，在积极采用国际标准和认真执行国家标准、部颁标准的同时，重新补充、修订企业技术标准。在信息管理中，建立了厂信息中心和 17 个分中心，扩大信息网络，聘用外部信息员，扩大信息来源。在班组建设中，始终坚持以班组建设为落脚点的基础管理，贯彻落实。

（二）不断提高专业管理水平，向管理要效益，加强以质量为中心的生产管理

××钢厂始终坚持“生产经营以质量为中心，企业管理以全面质量管理为中心”的经营思想。多年来，在全厂范围内先后开展了“西钢质量巡查”、“质量万里行”等活动，进一步增强了全体职工的质量意识，促进了产品质量的提高。加强新形势下的营销管理，建立健全营销组织机构，成立了经销处和进出口公司、青海西钢物资实业总公司。把开拓两个市场、抓好物资供应和产品销售这“两头”作为营销工作的重点，始终坚持“以销定产、以销保供”的原则，积极开展营销业务。加强以成本为中心的财务管理；××钢厂一贯重视成本管理，加强成本核算。针对上游产品不断涨价的严峻形势，紧紧抓住降低产品成本这个关键环节不放。

（三）大力推广和应用现代化管理方法，积极推进企业管理现代化

××钢厂先后推广和应用了方针目标管理、网络技术、价值工程、正交试验法等 15 种现代化管理方法和手段，计算机已广泛应用于财务、人力资源、生产、质量、统计等专业管理，都收到了较好的效果。

三、坚持科技兴厂方针，加快技术改造步伐

（一）加快技术改造步伐，提高装备水平，增强企业发展后劲

××钢厂始终坚持“小步快跑、滚动发展、保证重点”的技改方针，在各项技术改造过程中，把科学管理和现代化管理方法及手段运用于实践，取得了投资省、质量好、达产快的效果。去年，钢厂完成了炼钢电炉、650 连轧等 8 项主要工程和公辅设施的配套改造，在资金紧张的情况下，坚持自我积累、自我发展和“自行设计、自行施工、自行制造、自行安装、尽快见效”的方针，重点对炼钢设备进行改造，进一步改善了企业的装备水平。

（二）依靠科技进步，积极开发“三新”

××钢厂坚持市场急需、适销对路的产品研制开发方向，充分发挥新产品研制开发体系和研制开发管理网络的骨干带头作用。根据有关文件规定，每年按销售收入的 1.5%提取技术开发费，确保技术开发，工作得以顺利开展。同时，对技术难度高、对全厂经济指标影响大的攻关项目和“三新”开发项目等实行了技术承包，进一步调动了科技人员的积极性。

目前，××钢厂围绕建立现代化企业制度进行公司制改造，本着“管好主体、放活辅助、加强基层、服务现场”的指导思想，重点抓好经营机制的转换，逐步实现主辅分离，为建立现代化企业制度、进行公司化改制打好基础。

【析评】

这是一份专题性生产经验总结。正标题概括总结的主题，副标题写单位名称和概括总结的具体内容。正文的前言概述企业的基本情况和取得的主要成绩，接着用“主要有以下几个方面”过渡到主体部分。主体从三个方面具体介绍了××钢厂在转机制、抓管理、练内功、挖潜力、增效益方面的成功做法。写法上采用列小标题的方式，每条经验概括为一个小标题。具体介绍各条经验时，又以观点做段旨，并编上序号。文章以该厂目前的工作和今后努力的方向做结语。

复习与训练

一、填空题

1. 总结的主要特点有__________、__________、__________和__________。

2. 总结的标题有__________、__________和__________三种常见形式。

二、选择题

1. 总结通常采用（ ）来写。

A. 第一人称　B. 第二人称　C. 第三人称　D. 任何人称

2. 无论综合性总结还是专题总结，如果面面俱到地罗列现象，就不能说明问题，更不能提供规律性的借鉴，因此，总结在写作时要求（ ）。

A. 分析正确　B. 议论充分　C. 突出重点　D. 具有说服力

3. 单位或个人对以往一段时间的工作活动进行全面回顾、分析，评价得失，探求规律性认识，这种文体是（ ）。

A. 计划　B. 总结　C. 市场调查报告　D. 市场活动分析报告

三、判断题

1. 计划是前瞻性的，而总结是回顾性的。（ ）

2. 总结不能采用新闻式标题。（ ）

3. 总结通常是用第一人称来写的，所以在语言运用方面应当表现出作者自己的风格特点。（ ）

4. 能否找出带有规律性的认识，用以指导今后的工作，是衡量一篇总结质量好坏的标准。（ ）

5. 总结要既报喜，又报忧。（ ）

6. 总结要把感性认识上升到理性认识的高度。（ ）

7. 写总结一般用第三人称。（ ）

8. 写总结一定要按照完成工作的时间先后顺序来写。（ ）

四、简答题

1. 简述总结的正文内容。

2. 试简述总结的各部分内容如何写。

五、病文分析与修改

试读下面这篇病文，分析其在占有材料、分析材料、找出规律性的东西方面做得怎样。

××公司上半年工作总结

半年来本公司在精神文明和物质文明方面做了许多工作，取得了很大成绩。半年来，主要做了以下工作：动员组织公司干部和广大职工学习中央文件；安排、落实全年生产计划；推行、落实工作责任制；修建子弟小学校舍；建立方便面生产车间；推销果脯、食品、编织产品；解决原材料不足问题；美化环境，栽花种草；办了一期计算机技术培训班；调整了工作人员，开始试行干部招聘制。

半年来，在工作繁杂、头绪多而干部少的情况下，能做这么多工作，主要有以下几个原因：

一、上下团结。公司领导和一般干部都能同甘共苦，劲儿往一处使。工作中有不同看法，当面讲、共同协商；互相间有意见能开展批评与自我批评，不犯自由主义。例如，有些干部对经理擅自更改果脯销售奖励办法，影响产量一事有意见，并当面向经理提出，经理做了自我批评，并研究了新的奖励办法，提高了生产效率。

二、不怕困难。本企业刚刚起步，困难很多（技术力量薄弱，原材料不足，产品销路没有打开等）。为此，领导、干部共同想办法，他们放弃自己的休息时间，忍饥挨饿，四处联系，终于解决了今年所需的原料，推销了一些产品。

三、领导带头。公司的几位主要领导带头苦干、实干。他们白天到基层了解情况、解决问题，晚上开会研究问题，寻找解决的办法。领导、干部夜以继日地工作，使公司工作上了新台阶。

××公司

××××年×月×日

六、写作训练

试写一篇入学以来你所在班的工作总结。

第四节　简　报

一、简报概述

简报是党政机关、团体、企事业单位内部用于汇报工作、反映问题、沟通情况、交流经验的一种简短的、有一定新闻性质的文书材料。

简报可以使上级及时了解下级工作的情况，并根据简报所反映的情况做出及时、正确的决定，指导下级的工作；简报可以在平级机关之间互通情报，交流工作经验，相互了解，相互促进。简报作为一种报道工具，是内部信息交流的一种渠道，是指导和决策的重要参考。

（一）简报的特点

1．简短明快

简报的内容要主题集中，篇幅短小，文字简要。每份简报的内容要做到单一、集中，一事一报，不要在一份简报中写许多项内容。如果为了集中反映某种情况、某个问题，也可以把几个内容相关或有共同性的短文编在一期内。简报文字要精练、简洁，无假、大、空话。

2．内容真实

简报的内容必须绝对真实。简报一个重要的目的是向领导机关反映情况，而领导机关有时可能根据简报所反映的情况做出决策。正是这个特点，决定了简报所写的事例，包括时间、地点、人物（或单位）、事情的前因后果、来龙去脉，引用的数据、人物语言等，都必须准确无误。对上级既报喜也报忧，既不以偏赅全，也不以面盖点，力求准确全面，真实地反映实际情况。

3．讲究时效

简报是单位领导对一些问题做出决策的参考依据之一，也是单位推动工作的一个重要手段。简报的功能决定了简报的编者必须讲求时效。这就要求简报的作者思想敏锐、行动敏捷，必须及时地把工作中出现的新情况、新问题、新典型、新动向，报告给有关上级机关和业务部门。

4．限于内部交流

简报一般在编报机关管辖范围内各单位之间交流，不宜甚至不能公开传播。有的简报往往是专给某级领导人看的，有一定的保密要求，不能任意扩大阅读范围。

（二）简报的分类

（1）会议简报。会议简报用于报道会议概况，反映会议交流经验和探讨的问题，传达和贯彻会议精神和决议。会议简报用于大中型会议，视会期长短及规模，在会议期间可编发一期或多期。

（2）情况简报。情况简报反映人们关注的问题，供机关领导参考。

（3）工作简报。工作简报主要是为配合、推动当前某项中心工作，掌握思想动态、交流推广经验而编发的。

（4）动态简报。动态简报包括情况动态和思想动态。这类简报的时效性、机密性较强，要求迅速编发，发送范围有一定限制，在某个时期、某个阶段要保密。

二、简报的基本格式

简报一般由报头、报核、报尾三部分组成。

（一）报头

报头一般占简报首页上端 1/3 的版面，由分割线将报头与文稿部分分开，包括简报名称、期数、编发单位、编印日期及密级。

（1）简报名称。常见的简报名称有“简报”、“工作简报”、“工作动态”、“内部参考”等。名称确定后，一般不要经常更换。印在简报第一页上方的正中处，一般用大字套红、居中，字体稍大印刷，醒目大方。

（2）期数。期数印于简报名称正下方，一般按年度依次排列期号，有的还可以标出累计的总期号。属于“增刊”的期号，要单独编排，不能与“正刊”期号混编。有的简报连续出，还要注明总期数，总期数用括号括入，如“第××期（总第××期）”。

（3）编发单位。编发单位位于期号之下，间隔横线之上的左侧，顶格写编发单位的名称。一般为制发简报单位的办公部门或中心工作领导小组及会议的秘书处（组），要求用全称或规范化简称，印于分割线左上方，如“××学校党委办公室编”。

（4）编印日期。编印日期以领导签发日期为准，应标明具体的年、月、日，位置在期号的右下方。

（5）密级。视简报内容，保密要求，还可以增加简报密级，如“机密”、“绝密”、“内部刊物”等排在简报左侧上方位置。

（二）报核

1．按语

按语的位置在报头下、标题前，视需要而使用，并非每篇必有。对于内容重要的简报，有时要在正文之前加写一段文字，以表示发文单位的意见，这段文字就是简报的按语。按语常常是代简报编制机关立言，是对文稿及使用做出说明、评价，如说明材料来源、转引目的、转发范围，表明对简报内容的倾向性意见及表示对所提问题引起讨论研究的希望等，以引起读者注意。

2．标题

简报的标题和新闻的标题相似，有单行标题、双行标题、多行标题。简报无论采用哪种标题形式，都应该简短明快地交代事实、揭示中心，让人见题知意。

（1）单行标题。单行标题用一句话概括正文的主要内容。

（2）双行标题。正标题揭示正文的内容或意义，副标题起补充说明作用，强化正标题的含义。

（3）多行标题。引题交代背景或揭示意义，正题概括正文的内容，副题补充或说明正题。

3．正文

简报正文的内容最关键的是要抓准主要问题，简报的正文一般分为三部分。

（1）前言。一般用简洁、明确的一段话（有的仅一句话）总括全文的主要事实，先给人一个总的印象，接着交代时间、地点、事件、原因、经过、结果。简报的开头类似新闻开头中导语的写法。

（2）主体部分。主体部分是简报的主要部分，是对开头部分概括内容的进一步具体化。这部分要选择富有说服力的典型材料，加以合理地安排，中心内容要突出、具体，条理要清楚，语言要简洁。一个自然段最好写一层意思，不要把各个方面的内容都汇集在一个自然段里。段与段之间应按照事物的内在逻辑联系层层深入，环环紧扣，使之无懈可击。

（3）结尾部分。用一句话或一段话概括正文的主要内容，或者指明事件发展的趋势，或者发出号召，或者提出今后的打算。事情单一、篇幅短小的，可不写结尾部分。

（三）报尾

报尾在简报末页下方，用两条平行线框住，报尾部分应包括简报的报、送、发单位。报，指简报呈报的上级单位。送，指简报送往的同级单位或不相隶属的单位。发，指简报发放的下级单位。如果简报的报、送、发单位是固定的，而又要临时增加发放单位，一般还应注明“本期增发×××（单位）”。

报尾还应包括本期简报的印刷份数，以便于管理、查对。

简报的基本格式如图 3-1 所示。

简报

（第××期）

×××办公室　　　　　　　　　　　　年　月　日

按语

标题

正文

报：

送：

发：

（共印××份）

图 3-1　简报的基本格式

三、简报的写作要求

1．材料真实，有新意

材料的真实是简报写作的"生命"。简报是向领导和有关部门传递信息、报告情况的文书材料，上级部门将依据这些信息、情况做出相应的决策。因此，应该特别注意材料的真实可靠。简报不但要注意材料的真实，还要注意所用的材料一定要有新意。那些缺乏新意，尽人皆知的事情或过时的信息只会使读者失望。简报所反映的问题、经验、观点和信息都必须有新意。只有有新意的东西，才能给人以启发、借鉴。

2．以叙述为主，议论为辅

简报写作的特点在于让事实说话。简报有观点、倾向，但不像总结和调查报告那样由作者直接说出来，而是通过事实的叙述显示出来。因此，简报在表达方法上应以叙述为主，为读者提供反映客观情况的真实材料，把事情的来龙去脉交代清楚，不过多议论，读者自会对事实、情况加以理解分析，做出判断。

四、例文

例 3-3　工作简报

2010年社区创先争优活动工作简报

为深入开展创先争优活动，××区对社区党建创新、亮点、特色工作进行再提炼、深加工、精包装，开展争创"金牌社区"的评比活动，着力打造一批牌子响、口碑好的"金牌社区"，努力提升城市基层党建工作整体水平。

一、树立标杆，扩大"金牌社区"影响力

着眼规范社区党组织工作、提升社区党组织服务水平，制定了《社区党建工作"金牌社区"评选及考核细则》，将社区党组织工作分为基础工作、重点工作和创新工作三大类，细化为 44 个具体指标。在分值设定上，突出服务导向，对社区服务大厅、党组织联系服务群众工作机制及群众满意度等项目加大了考核权重。同时创新工作方法，在社区开展了"红色港湾”创建活动，进一步拓宽了党组织服务党员的内容和方法。

二、聚焦民生，增强“金牌社区”先进性

“金牌社区”定位为“组织健全、制度和机制完善、党建活动扎实有效、党组织的领导核心作用充分发挥、社区基础建设较好、能够满足社区管理和服务需要、具有典型示范作用”，确保社区党组织能够“服务群众、凝聚人心、推动发展、促进和谐”，把党员服务民生作为“金牌社区”创建的一项重要内容。社区通过开展“民意直通车”、“党群同心结”、“党群议事听证会”、“退休党员议事厅”等各具特色的活动，广泛收集民情民意，根据民生需求，组织党员开展公益活动，取得良好成效。结合庆祝建党89周年，开展“迎‘七一’、庆‘端午’社区邻里节”活动，通过“党员奉献月”等鲜活的党建载体活动，进一步丰富“金牌社区”创建内涵，搭建党员服务群众的平台，让群众切身感受党员“服务民生、爱居为民”的模范作用。

三、“一居一特”，提升“金牌社区”代表性

在“金牌社区”创建活动中，通过深化机关与社区党组织“结对共建”活动内容，变资金支持为项目共建，较好地调动了机关与社区党组织的积极性，逐步推出了一批社区特色品牌。××苑社区在计生委的支持下创建了“计生服务品牌社区”，××社区在民政局的支持下创建了“特困群众关爱社区”，铁路社区在人力资源与社会保障局的支持下创建了“创业与充分就业社区”。部分社区推出了“安康慈善超市”、“纺织老年巡逻队”、“陈刚服务”、“杏林老姨妈”、“东山书画院”、“黎苑腰鼓队”等一批社区党员服务和文化品牌，逐步形成了“一居一特”的创建工作格局。

四、动态管理，提高“金牌社区”示范性

在评选上引入了竞争机制，主要有申报、初评、实施、命名和管理五个步骤，确保“金牌社区”经得起推敲，过得硬、树得住。由组织部会同有关部门组织考核评审组，对申报的社区逐一考核评审，重点对“金牌社区”的主题、内涵、理念和服务效果是否达到创建要求等内容进行审查，确定重点建设社区。街道党工委每月对重点建设社区工作情况进行一次检查，督促和调度工作进展。年末，由组织部会同有关部门组织检查和评审，对综合得分90分以上的社区，统一命名为党建工作“金牌社区”，并予以授牌和表彰。对“金牌社区”实行动态管理，每年组织一次考核评审和命名授牌活动。已命名授牌的社区，来年将和新申报的社区一并接受考核，对不达标的社区，予以摘牌。同时，充分利用各种媒体，大力宣传“金牌社区”经验，扩大品牌知名度，树立可信、可敬、可学的良好形象，力争达到以品牌促党建、以党建促发展的目的。

【析评】

这是一篇工作简报，反映的是2010年社区创先争优活动的工作成绩。正文的主体部分采用并列式展开，分别对社区的工作情况加以介绍，语言简洁明了。

复习与训练

一、填空题

1. ________是国家机关、社会团体及企事业单位内部用来通报情况、交流信息的一种简短的文字材料。

2. 简报的主要特点有________、________、________和________。

3. 简报可分为________、________、________和________四种类型。

二、选择题

1. 下列说法表述正确的一项是（　　）。

A. 简报是机关、团体、企事业单位内部用的事务性文书

B. 简报是内部传阅的文字材料，一般也可以公开发表

C. 简报反映工作或现实生活中的新情况、新经验、新问题，写法和调查报告是一样的

D. 简报的主要作用在于反映情况、交流经验、表彰先进、指导和推动工作

2. 下列表述符合简报特点的一项是（　　）。

A. 简报的内容简练，篇幅较短，一般在200字左右

B. 简报的特点可概括为“简”、“准”、“快”、“新”、“活”五个字

C. 简报内容涉及国家机密，所以它有保密性

D. 简报采写快、编印快、发送快，因为它是内部参考

3. 下列表述不符合的“报头”一项是（　　）。

A. 报头在首页上方，约占整页1/3的位置

B. 报头的要素有简报名称、期数、编发单位、印发日期、秘密等级、编号

C. 简报名称用得最多的是情况反映和信息交流

D. 编发单位在间隔线的左上侧顶格写，名称要具体

三、判断题

1. 简报是机关向上反映情况的一种定期报告。（　　）

2. 简报还有简讯、内部参考、情况反映、情况交流等其他一些名称。（　　）

3. 简报的密级可按需要而定，印在报名的左上方。（　　）

4. 每期的简报都一定要加上编者按语或内容提要。（　　）

5. 简报所反映的情况可作为领导决策的依据，不得虚假。（　　）

6. 简报既可以内部传阅，又可以公开发行。（　　）

四、简答题

1. 简报报头部分包括哪些内容？

2. 按语主要写哪些内容？

3. 简报写作有哪些注意事项？

五、病文分析与修改

试指出下面这篇简报在结构上和语言上存在的毛病。

陕西一些旅游景点附近的农民向外国旅游者强行兜售商品造成不良影响

4月20日上午，美国413旅游团外宾去陕西乾陵参观游览。客人一下车，一群手拿各种工艺品的农民就蜂拥而上，大叫大喊争抢着要外宾买他们的东西。其中一些人手持唐代铜镜、铜钟及汉唐古钱等文物出售。外宾急于参观，打手势表示没有心思买东西。然而，这些农民仍围着不散。导游走过去，说好话，这些人就是不想走，有些人走开了一会儿又

回来了，继续大声兜售商品，并且大声辱骂导游，有些话还十分难听，无法写出。当这个外国旅游团要离开陕西乾陵时，一群小孩还围住一位 70 多岁的穿中国红衣服的老太太外宾，非要她买不可。这老太太外宾无路可走，山穷水尽，只好一步步向路边退下去，结果被挤得跌进了一条大路边的不到 2 米宽的小水沟，造成右脚关节骨裂，呻吟不止，当即由导游叫来救护车，送进了医院。

最近，在陕西乾陵旅游点附近，围堵外宾，强迫向客人兜售旅游商品的现象时有发生。

六、写作训练

试以所在班级的集体活动或班会内容为材料，编写一份简报。

第五节 会议记录

一、会议记录概述

会议记录是在开会的过程中由专门的记录人员把会议的基本情况、研究和讨论的问题、报告和发言的内容、形成的决议和各方面的意见如实记录下来的书面材料。

会议记录在实际工作中是起草会议正式文件、传达和汇报会议精神、检查督促会议决议执行情况的重要依据，同时又是学习、讨论、研究问题和存查备考的重要资料。

（一）会议记录的特点

（1）综合性。会议记录是在对会议中各种材料、与会人员的发言及会议简报等进行综合分析和概括提炼的基础上形成的，它具有整理和提要的基本特点。

（2）指导性。这一特性包含两层含义：一是会议本身的权威性；二是会议记录集中反映了会议的主要精神和决定事项。会议记录一经形成，起着类似于指示、决定或决议等指挥性公文的作用。会议记录还可以作为与会同志向单位领导汇报、向群众传达的文字依据。

（3）备考性。一些会议记录主要不是为了贯彻执行，而是向上汇报或向下通报情况的依据，必要时可备考查阅。

（二）会议记录的分类

（1）摘要记录。一般会议只要求有重点、扼要地记录与会者的讲话、发言及决议，不必“有闻必录”。所谓重点、要点，是指发言人的基本观点和主要事实、结论。对一般性的例行会议，只要概括地记录讨论内容和决议的要点，不必记录详细过程。

（2）详细记录。对特别重要的会议或特别重要的发言，要详细记录。详细记录要求尽可能记下每个人发言的原话，不管重要与否，最好还能记下发言时的语气、动作表情及与会者的反应。如果发言者是照稿子念的，可以把稿子收作附件，并记下稿子之外的插话、补充解释的部分。

选择哪种方法记录，应根据实际情况与需要确定。会议议题较少，讨论的问题较简单，与会人员意见较一致的，可采用摘要记录法；而对其中重大议题、决定、决议等可辅以详细记录。议题较多，讨论的问题较复杂，与会人员意见有分歧、争论的，要进行详细记录。

（三）会议记录与会议纪要的区别

（1）性质不同。会议记录是讨论发言的实录，属事务文书；而会议纪要只记要点，是行政公文。

（2）功能不同。会议记录一般不公开，无须传达或传阅，只作为资料存档；而会议纪要通常要在一定范围内传达或传阅，要求贯彻执行。

（3）称谓用语不同。会议记录中，发言者怎么说就怎么记，会议怎么定就怎么写，贵在“原汤原汁”，不走样；而会议纪要通常采用第三人称的写法，以介绍和叙述情况为主。

二、会议记录的基本格式

会议记录一般由标题、会议组织情况、会议内容、会议结尾四部分组成。

（一）标题

标题即会议记录名称，由会议名称加文种组成，如《××学校第三次教代会会议记录》。如果使用的是专用的会议记录本，连“记录”二字也可省略，只写会议名称即可。

（二）会议组织情况

要求写明会议时间、会议地点、主持人、出席人、列席人、缺席人、记录人等。

（1）会议时间。会议时间可以详写，如×年×月×日×时×分至×时×分，也可简写上午或下午。

（2）会议地点。会议地点如“××会议室”、“××礼堂”、“××现场”等。

（3）主持人（会议主席）。要写清楚姓名、职务。

（4）出席人。根据会议的性质、规模和重要程度的不同，出席人一项的详略也会有所不同。有时可以只显示身份和人数，如“各院系党总支书记和直属党支部书记 31 人”、“各部门经理”、“全体与会代表”等；如果出席人身份复杂，如既有上级领导，又有本单位各部门的主要领导，还有各种有关人员，最好将主要人员的职务、姓名一一列出，其他有关人员则分类列出。重要的会议可另设签到簿，请出席人签署姓名、单位及职务。

（5）列席人。主要写明列席人的身份、姓名，可参照出席人的记录方法。

（6）缺席人。要写清楚缺席会议人员的姓名、职务、事由。

（7）记录人。应写清会议记录人的姓名和部门，如××（××办公室秘书）。

（三）会议内容

会议内容是会议记录的核心部分，要求写明发言、决议、问题。

（1）会议议题：如如何创新学校的德育教育局面。

（2）领导报告：有领导的报告则记录，没有则不写。

（3）发言、讨论情况：按发言顺序记录，或者按讨论事项的顺序记录。

（4）决议事项：要逐条写清楚，有几项写几项。

（5）遗留问题：有什么遗留问题就写什么遗留问题，没有则不写。

（6）其他：如主持人的总结、工作布置等。

（四）会议结尾

转行空两格写“散会”字样。会议结束后，会议记录要给会议主席或主持人审阅签名，记录人也要签字，以示负责。如果会议内容须保密，还要在会议记录纸首页左上角注明密级。

为了方便记录，可事先印制会议记录表格，如表 3-1 所示。

表 3-1　会议记录表格

密级：

会议名称和届次：
会议时间：　　年　　月　　日　　时　　分至　　时　　分
会议地点：
会议主持人：
出席人：
列席人：
缺席人及缺席原因：
会议议程：
中心议题：
记录员：
会议主持人审阅签字：
发言记录

三、会议记录的写作要求

（一）速度要求

做会议记录，速度要快，要认真听取别人的发言，同时根据会议的主旨选择内容，快速记好要点。

（二）真实性要求

要如实地记录别人的发言，无论详细记录还是概要记录，都必须真实地记录会议情况，决议的赞成、反对、弃权票数等，做到秉笔直书，不得随意增删改动；要客观、准确地记录发言原话，并尽可能保持发言者的语言特色，加强真实感；记录的内容要完整，不能改变或遗漏会议内容。

（三）突出重点

会议的重点要根据情况决定。一般而言，决议、建议、问题和发言人的观点、论据材料等是记录的重点，要记得具体、详细。一般情况的说明可抓住要点，略记大概意思。

（四）会议记录要及时整理

一般会议记录只需整理决议部分；某些会议记录根据需要可调整发言顺序，综合整理，突出中心；重要记录会议则要对每个人的发言依次分别整理，并在不影响原话表达的基础上进行一些文字处理工作，删去重复多余的话，改正病句和错别字，补上漏字，调整句子结构，使之表述得更清楚、更完善。

四、例文

例3-4 摘要式会议记录

××区干部培训中心第×次办公室会议记录

时间：2015年3月4日14：30—17：00

地点：培训大楼第×会议室

出席人：刘××（主任）、杨××（教务长）、张××（办公主任）、吴××（办公室秘书）及各培训部主要负责人。

缺席人：王××、张××（外出开会）。

主持人：刘××（主任）

记录人：吴××（办公室秘书）。

一、报告

（一）杨××报告中心基本建设进展情况。（略）

（二）主持人传达区人民政府《关于压缩行政经费的通知》（以下简称《通知》）。（略）

二、讨论

我中心如何按照区人民政府《通知》的精神抓好行政经费的合理开支，切实做到既勤俭节约，又不影响正常的培训教学、科研等活动的开展。

三、决议

（一）利用两个半天时间（具体时间由各培训部自己安排，但必须安排在本周内）组织有关人员集中传达学习《通知》精神，提高认识，统一思想。

（二）各培训部负责人在认真学习的基础上，利用下周政治学习时间向群众传达、宣讲。

（三）各培训部责成有关人员根据《通知》的压缩指标，重新审查和修改本年度行政经费开支预算，并于两周内报主任办公室。

（四）各培训部必须严格控制派出参加外地会议及外出学习人员的人数，财务科更要严格把关。

（五）利用学习和贯彻《通知》精神的机会，对全中心员工普遍开展一次勤俭节约、艰苦朴素的传统教育。

散会。

主持人（签名）

记录人（签名）

【析评】

这是一份摘要式会议记录。格式符合会议记录的要求。正文分两部分：第一部分记述会议的组织情况；第二部分摘要记录了会议的过程情况。对会议做出的决议记录具体、清楚。

复习与训练

一、填空题

1. 会议记录的主要特点有＿＿＿＿＿＿、＿＿＿＿＿＿和＿＿＿＿＿＿。

2. 会议记录可分为＿＿＿＿＿＿和＿＿＿＿＿＿。

二、选择题

1. 下列说法表述错误的一项是（　　）。

A. 会议记录是由记录人员把会议情况和会议内容如实记录下来成为书面材料的文书

B. 会议记录必须以忠实于原话为原则，它有资料依据和存档备查的价值

C. 会议记录与会议纪要不同，前者是会后整理的文书；后者是会议的实录

D. 详细的会议记录甚至要将发言人的语态声调等做详细的实录

2. 会议记录和会议纪要的关系，可以表述为（　　）。

A. 会议记录和会议纪要没有什么区别

B. 在时间顺序上，总是先有会议纪要，然后才有会议记录

C. 会议纪要是在对会议记录进行整理概括的基础上形成的

D. 会议记录是对会议纪要的整理概括

3. 下列不属于会议记录的特点的是（　　）。

A. 综合性　　B. 指导性　　C. 备考性　　D. 想象性

三、病文分析与修改

下面是一份病文，试指出其存在的毛病。

××公司党支部会议记录

时间：2012年3月8日

地点：会议室

出席人：赵××　白××　于××　刘××　郑××　刘××

记录人：刘××

主持人：赵××

首先由赵××发言；接着进行了两项内容：第一项是对入党积极分子的培养情况进行了总结，对各人的缺点和进步进行了分析，提出了改进之处，支部成员一致同意将蔡××、尚××列为党建对象。

第二项是召开了党内民主生活会，全体党员进行了自我检查，并开展了相互批评。张××认为支部成员的工作还不够细致，工作方法还应改进。支部书记赵××对此进行了解释，并表示将尽力改善。

散会。

第六节 调查报告

一、调查报告概述

调查报告是调查者对客观事物或社会问题进行深入细致的调查后，将调查中收集到的材料加以系统整理、分析研究而写成的能反映客观事物情况的书面材料。

调查报告在实际工作中使用较多。它既可为各级领导制定方针政策、正确处理问题提供重要依据，也是单位之间交流经验、吸取教训、推动工作的重要手段，还是系统地向人们介绍事物发生、发展、变化的全过程，揭露社会问题和事实真相的重要形式。凡是带有普遍意义的社会问题，都可以用调查报告的形式反映出来。

（一）调查报告的特点

（1）写实性。调查报告是在占有大量现实和历史资料的基础上，用叙述性的语言实事求是地反映某个客观事物。因此，写调查报告必须是自己亲自调查了解到的情况，绝不能道听途说、东拼西凑一些虚伪的材料。在调查报告中，不仅主要人物和事实要真实，就是事件的时间、地点、过程及各种细节，也要绝对真实，不能有半点浮夸和歪曲。

（2）针对性。调查报告一般有比较明确的意向，相关的调查取证都是针对、围绕某个综合性或专题性问题展开的。撰写调查报告要从实际出发，有针对性地调查研究，总结经验，回答人们最关心的问题，提出现实生活中迫切需要解决的问题。调查报告的针对性越强，社会作用越大。

（3）逻辑性。调查报告离不开确凿的事实，但又不是材料的机械堆砌，调查报告中核实无误的数据和事实要有严密的逻辑性。

（二）调查报告的分类

（1）情况调查报告。情况调查报告是比较系统地反映本地区、本单位基本情况的一种调查报告。这类调查报告因调查目的、范围和用途的差异分为两种情况：一种是反映具体情况的个案性调查报告，其调研目的是把 个具体问题界定清楚，调研范围单 、具体，报告的内容一般用来作为处理某个具体问题的依据或重要参考；另一种是反映基本情况的综合性调查报告，调研的目的是掌握某个领域或某个方面的概貌，调研范围相对宽泛，涉及的对象较多，报告的内容主要用作宏观决策参考，或者用于说明某种客观现象或某个观点。

（2）典型经验调查报告。典型经验调查报告是通过分析典型事例，总结工作中出现的新经验，把一个地区、一个部门、一个单位、一个方面的成功经验全面地总结、介绍出来，找出其中带有规律性的东西，从而指导和推动某方面工作的一种调查报告。

（3）问题调查报告。问题调查报告是针对某个方面的问题进行专项调查，澄清事实真相，判明问题的原因和性质，确定造成的危害，并提出解决问题的途径和建议，为问题的最后处理提供依据，也为其他有关方面提供参考和借鉴的一种调查报告。

（三）调查报告的写作过程

1．确定主题

主题是调查报告的灵魂，对调查报告写作的成败具有决定性的意义。因此，确定主题要注意：报告的主题应与调查主题一致；要根据调查和分析的结果重新确定主题；主题宜小且宜集中；要尽量与标题协调一致，避免文题不符。

2．取舍材料

首先，要选取与主题有关的材料，舍弃与主题无关的材料，使主题集中、鲜明、突出。其次，要经过鉴别，精选材料，不仅使每项材料都能有用，而且能以一当十。

3．拟定提纲

这是调查报告构思中的一个关键环节。调查报告的提纲有两种：一种是观点式提纲，即将调查者在调查研究中形成的观点按逻辑关系一一列出来；另一种是条目式提纲，即按层次意义表达上的章、节、目，逐一地写成提纲。

4．起草报告

这是调查报告写作的行文阶段。要根据已经确定的主题、选好的材料和写作提纲，有条不紊地行文。在写作的过程中，要从实际需要出发选用语言、标点符号和表达方法，还要注意灵活地划分段落。

5．修改报告

报告起草好以后，要对报告的主题、材料、结构、语言文字和标点符号进行检查，加以增、删、改、调。在完成这些工作之后才能定稿，向上报送或发表。

二、调查报告的基本格式

一般来说，调查报告由标题、导语、正文、结尾和落款五部分组成。

（一）标题

调查报告的标题有单标题和双标题两类。所谓单标题，就是只有一个标题。单标题有公文式标题和文章式标题两种。公文式标题由调查对象和内容、文种名称组成，如《浙江省农村中学语文教学情况的调查报告》。这样写的好处是要素清楚，读者一看就知道涉及的单位、问题和文种。这样写的不足之处是太模式化，不够新鲜活泼。文章式标题如《儿童究竟需要什么读物？》，可以显示作者自己的观点。

所谓双标题，即由正副标题组成，正标题多为揭示主旨，副标题则标明调查的对象、地点、内容和范围等，如《他山之石，可以攻玉——关于佛山市大规模引进先进技术的调查报告》。

（二）导语

导语是调查报告的前言，一般是对调查对象的简单介绍，或者对调查目的、时间、地点、对象与范围、方法等与调查者自身相关的情况进行介绍，也可概括调查报告的基本观点或结论，以便使读者对全文内容、意义等获得初步了解，提高阅读效果。导语要紧扣主旨，开门见山，简明扼要。

（三）正文

正文是调查报告的主体。它对调查得来的事实和有关材料进行叙述，对所做出的分析、调查研究的结果和结论进行说明，具体包括以下三方面内容。

（1）情况介绍。即对调查所获得的基本情况进行介绍，是全文的基础和主要内容，要用叙述和说明相结合的手法，将调查对象的历史和现实情况表述清楚，要力求做到准确和具体，富有条理性，以便为下文进行分析和提出建议提供坚实充分的依据。

（2）分析预测。即在对调查所获基本情况进行分析的基础上对发展趋势做出预测。要采用议论的手法，对调查所获得的资料条分缕析，进行科学的研究和推断，并据以形成符合事物发展变化规律的结论性意见。用语要富于论断性和针对性，做到析理入微，言简意明，切忌脱离调查所获资料随意发挥。

（3）建议。这层内容是调查报告写作目的和宗旨的体现，要在上文调查情况和分析预测的基础上，提出具体的建议和措施，供决策者参考。要注意建议的针对性和可行性，能够切实解决问题。

（四）结尾

结尾的内容大多是调查者对问题的看法和建议，一般是对全文内容进行总括，以突出观点，强调意义；或者展望未来，给人以鼓舞。结尾要写得简明扼要，短小有力。

（五）落款

调查报告的落款要写明调查者——单位名称和个人姓名，以及完稿时间。如果标题下面已注明调查者，则落款时可省略。

三、调查报告的写作要求

（一）深入调查，充分地占有第一手材料

深入调查、占有材料是写好调查报告的基础。调查报告是用事实说明道理的，而事实是客观存在的，有些事实对于作者来说可能知之甚少或一无所知，只有经过深入细致的调查研究，详尽地占有材料，作者才能对事物的本质有所了解、有所掌握，才能进行分析，才有写作的资本。

（二）仔细分析材料，找出事物的内在规律

为发挥调查报告对现实工作的指导作用，写作时必须认真分析研究所掌握的材料，深刻认识材料的内涵，明确揭示事物发展的规律。写作时要对材料经过“去粗取精，去伪存真，由此及彼，由表及里”的分析、判断、归纳、综合过程，才能分清现象与本质，真实与虚假，从而找出事物的内在联系和发展变化规律，把握本质，得出正确的结论。

（三）认真选材，做到观点和材料相统一

调查报告的观点是从大量材料中提炼出来的，观点一旦形成就要统率材料，做到观点与材料的一致。因此，写作时要通过对材料的分析研究，切实把握材料与观点之间的内在联系，选用那些最能充分说明观点的材料，尤其是典型材料，用以支撑观点、说明观点，使材料与观点形成有机的整体。

四、例文

例 3-5 情况调查报告

外来务工者生活状况

他们游离在城市和乡村的边缘，60%的人月收入 500 元以下；用工单位为他们缴纳失业保险金和工伤医疗保险的寥寥无几；他们缺乏自己的文化和教育活动阵地，他们的孩子入学不得不"打游击"；在烈日下挥汗如雨，干着重体力活的他们，希望靠自己的劳动和智慧创造价值，成为被人尊重的独立的人，能够像"城市人"那样活着……共青团江苏省委近日公布的一项调查表明——××市百万名外来务工者活得很辛苦。

时下正值酷暑难当的季节，大多数市民待在空调房里享受清凉，而那些在烈日下露天干着重体力活的民工兄弟日子却极难过。他们游离在城市和乡村的边缘，他们的生存状况如何？他们跟农民和市民相比有哪些特征？他们有什么烦恼？我们该如何正确对待他们？记者日前对他们的生活状况进行了较全面的了解。

睡的是用木板拼成的床，在长江路拆迁工地，记者看到了不少年轻民工，与城市同龄人相比，酷暑下他们的日子要艰难得多。他们几十个人睡在用木板拼起来的床上，不少人没有蚊帐和电扇，更没有卫生间，要洗澡只得避开其他人对着水龙头的水冲，内急了只得跑到离工地数百米的公厕去。晚上 10 点多钟，记者经常看到他们三三两两地睡在马路边上，他们告诉记者，几十个人睡在一起太热了，出来起码透点风。境况类似这样的年轻民工数不胜数。据了解，在××市 100 多万名外来务工青年中，30 岁以下的占了 82.2%，他们中初中以上文化程度的达 55.7%，未婚青年占了 61.5%，60%的人每月收入在 500 元以下。37%的人到过 3 个以上城市打工，只有不到 20%的人是通过职介所介绍找到工作的，大部分是通过亲朋好友来到××市打工的。

他们在城市中是怎样生活的呢？跟 5 个老乡租住在江东门一带的小袁今年 20 岁，来自盐城，初中毕业后在家乡学了点裁缝手艺，跟随家乡某私营老板来到××市做服装。常常是每天干 14 小时才拿 15 元钱，饭菜每天几乎都一样，小袁干了一年实在觉得辛苦，就"跳槽"到了一家个体小饭店。饭店跟服装店差不多，也是早晨七八点钟工作，晚上 11 点左右睡觉。不过，收入稍高点，每月能拿到 600 元。这样，小袁已经感到很满足了。她说，以前每月除了要寄 300 元给家里弟弟上学外，自己只有 150 元的生活费，交了 80 元的房租后，可以自由花费的只有 70 元。在江苏，像小袁这样的外来务工青年十分常见，他们早出晚归，工作辛苦，收入低下。调查显示，外来务工青年每天工作时间超过 8 小时的达 75%，其中 8%的人工作时间超过 12 小时，76%的人每月用在教育、文化、娱乐等方面的开支低于 50 元，来外地找工作期间身上带够一个月花费的仅占 12.9%，一旦找不到工作，他们的生活就将陷于极困难的境地。一旦有了工作，他们还要将收入的一大部分用来支持家里。

工余时间只能打牌聊天。外来务工青年的精神生活跟同龄的城市青年相比有较大的差距，他们缺乏务工青年自己的文化和教育活动阵地。记者所了解到的务工青年一般把大部分时间用在工作上，其余的一般就是聚在一起聊天、打牌、看电视，他们一般不关心时事新闻。虽然很多人都想去看些文学、技能介绍等方面的书，但苦于没钱或没时间，只得去买些地摊上的书，或者干脆趁休息时间跑到书店看免费的书。在成贤街一施工工地，每逢下雨无法施工的日子或者晚上休息时间，这些年轻的外来建筑工人就三五成群地聚在8人一间的宿舍里打牌聊天或看些武侠类的电视连续剧。一名去年高中毕业来自淮安的20岁打工者小黄说，自己其实挺想继续学习的，但家里没钱，考分相差又太多。为了减轻家里的经济压力，他出来当了建筑工人，但一看到东大学生去教室和图书馆学习，自己就感到心酸。好不容易把老板发的零用钱凑了200元，就跑到南图办了张图书证，在别人睡觉或打牌的时候去看看书，感觉自己还有点追求。团省委的一项调查反映，67.1%的进城务工青年认为业余文化生活枯燥无味，同时没有人关心他们，他们感觉像四处漂泊的浮萍。

绝大多数没签用工合同。一项调查中，当被问及“您希望团组织为您提供哪些帮助”时，有30.1%的务工青年希望能保障他们的合法权益。同时，据省劳动保障厅有关负责人介绍，外来务工青年中75%的人工作不稳定，56%的人未签劳动合同，52%的人加班后没有劳动报酬。然而，务工青年的法制观念和法律意识也很薄弱，省劳动保障厅有关负责人介绍，仅有3.6%的人了解《劳动法》，仅有不到9%的人知道应与用工方签订用工合同。××市玄武区对外来务工青年的调查显示，绝大多数务工青年通常与用工单位或老板口头协商工资待遇，只有不到44%的人与用工单位签订了用工合同。用工单位为他们缴纳失业保险金和工伤医疗保险的寥寥无几。当他们的合法权益受到侵害时，有33.2%的人感到孤立无助，只有13.3%的人想到去找工、青、妇组织。××民工市场，有很多外来务工青年被私营业主看中，双方口头谈一下工资、食宿条件就算找好工作了，根本没有任何书面合同。由于缺钱，务工青年6成以上是通过这种面对面的方式找到工作的，通过正规职介找工作的少之又少。××纺织私营企业在37℃高温条件下依然没有基本的防暑设施，经常有职工中暑晕倒在车间，这些职工中大多数是外来人员和下岗女工。在务工青年工作的单位中很少有提供条件尚可的宿舍的，××食品有限公司为1 000多名外来务工青年建了宿舍楼，对他们实行公寓式管理。但像这样的公司目前只有极少数。大部分务工青年是跟同伴租住在城市接近农郊的边远处。外来务工青年的子女上学也成了大问题，由于工作不稳定，他们的孩子入学不得不“打游击”，很多务工青年子女就读的外来务工子弟学校，既无法跟城市学校相比，又无法跟他们家乡的学校相比。

务工青年在我们生活的城市发挥着越来越大的作用，尽管他们目前还存在着这样那样的问题，他们的总体文化素质不高，他们的法制意识不够，他们的生活充满艰辛，他们还是游离在城市角落的“边缘人”，但他们正代表了未来农民的发展趋势。越来越多的务工青年希望像“城市人”那样活着，成为被人尊重的独立的人，能够靠自己的劳动和智慧创造价值。这样的希望并不是遥不可及的。

【析评】

这是一份关于外来务工者生活状况的调查报告。标题点明调查对象是外来务工者的生活状况；正文导言部分介绍了调查对象的基本情况，提出了外来务工者面临的问题，以使读者对所调查的对象能形成一个总体印象。文章语言简练、准确，层次分明。

复习与训练

一、选择题

1. 常用的调查报告有（　　）。

A. 经验调查报告　　B. 情况调查报告

C. 问题调查报告　　D. 专题调查报告

2. 写作调查报告的一条毋庸置疑的准则是（　　）。

A. 罗列事实　　B. 用事实说话　　C. 用观点说话　　D. 罗列观点

3. 调查报告能使读者对调查内容很快获得总体认识的部分是（　　）。

A. 主题　　B. 结尾　　C. 前言　　D. 标题

4. 调查报告通常采用（　　）叙述事实。

A. 第一人称　　B. 第二人称　　C. 第三人称　　D. 任何人称

5.《马路边上的“护花使者”》是一篇（　　）的题目。

A. 表扬信　　B. 计划　　C. 调查报告　　D. 感谢信

6. 写好调查报告的前提是（　　）。

A. 生动多样的标题　　B. 细致公正的调查

C. 简明扼要的前言　　D. 陈述详细的主体

7. 下列不属于调查报告类型的是（　　）。

A. 反映基本情况的调查报告　　B. 反映典型经验的调查报告

C. 揭露问题的调查报告　　D. 答复问题的调查报告

二、判断题

1. 调查报告的主要作用是反映问题，总结经验，揭示规律和提出建议。（　　）

2. 情况调查报告侧重于对情况来龙去脉做出调查和报告，或者对某种社会现状做定量和定性的分析。（　　）

3. 揭露问题的调查报告不仅要揭露问题，还要分析其原因及危害。（　　）

4. 搞调查应坚持调查先行的态度，但有时为了方便，带着结论去调查也未尝不可。（　　）

5. 直接调查就是深入实地亲自收集第一手材料；间接调查就是带着某种目的查阅有关文字材料和音像图片材料。（　　）

6. 写作调查报告进入“研究”的环节时，要注意对调查材料进行思考，从而概括出结论。（　　）

三、写作训练

从下面题目中任选一题，参照提示内容，拟出调查提纲，选择恰当的调查方法，收集调查材料，写一篇调查报告。

1. 本校或本班同学消费情况调查（每月支出金额、项目、档次、来源等）。

2. 本校或本班同学患近视眼情况调查（病因、时间、期限、治疗方法、有无预防、用眼是否卫生等）。

3. 本校或本班同学业余爱好情况调查（爱好项目、已达水平、时间、资料状况等）。

4. 对在同学中反映强烈的社会问题的调查（政治、经济、教育等）。

5. 对用人单位所需毕业生要求的调查（年龄、专业、层次、性别、能力等）。

第4章　财经专用文书

第一节　概　述

一、财经专用文书的性质和特点

财经专用文书是国家机关、企事业单位、社会团体根据党和国家在一定时期内的经济政策、法律、法令，以经济现象、经济工作为反映对象，记录、加工和传播有关经济工作信息，为解决有关经济工作实际问题而撰写的具有一定体式的公务文书。

（一）财经专用文书的特点

1．适用性

适用性是财经专用文书的价值取向。任何经济文书都不是一般的有感而发，而是为事而作，力争能够解决现实问题，能够及时发现经济发展过程中的新动态、新情形、新经验、新问题，并加以分解研究，发现经济发展规律，为拟定经济方针、政策，做出抉择提供科学的依据。财经专用文书的写作对经济工作有指导意义，也就具有较高的适用性。

2．真实性

财经专用文书不能像文学作品那样可以进行艺术虚构，它必须有理有据，不能歪曲事实，弄虚作假。财经专用文书中引用的各类资料、统计数据要正确无误。对一些主要数据，必须一再核实测算，不能出点滴差错。

3．效益性

财经专用文书在写作中必须树立效益观念，注重对经济发展中影响经济效益的各种因素进行剖析，注重发掘有助于提高经济效益的切实可行方案，保证经济发展正常运行，实现最佳的经济效益。

4．政策性

市场经济是法制经济，有关的经济法规和经济政策是经济运行的根本，也是财经专用文书写作的指导方针。这就要求经济文书的内容要以有关的法律法规和政策为依据来剖析经济现象、研究经济形势、解决经济问题；要结合具体的经济工作使命、具体的事务、具体的问题去自觉贯彻、宣传国家的有关律例和政策，因此具有很强的政策性。

5．程式性

财经专用文书专业性很强，为了表达得确切得体，在长期的写作实践中，逐渐形成了相对固定的写作规范。写作过程中要按照必然的规格、程式、尺度和要求进行，不许随心所欲，自行改变。程式性是实现财经专用文书统一性、完整性的保障。

二、财经专用文书的分类

财经文书的分类有狭义与广义之分。狭义的财经文书是专指各类只为财经工作所用的财经专用文书。广义的财经文书是指人们在财经工作过程中所使用的各类反映经济活动内容的文书的统称。本章侧重狭义的财经文书，包括经济活动分析报告、经济预测报告、可行性研究报告、合同、财务分析报告、审计报告、资产评估报告、商品广告等。

三、财经专用文书的写作要求

（一）主旨必须正确鲜明、周密严谨

财经专用文书的主旨要符合党的财经路线、方针、政策，符合客观经济规律，符合客观实际，符合经济法规，不能出现思想观点错误的情况。在财经专用文书中，作者的观点、看法、主张、意愿应当一目了然，鲜明直接地表达出来。财经专用文书要有一定的思想深度，这就要求作者有较高的理论修养和政策水平，同时要求作者在写作前对客观事物的观察要细致，研究要透彻，要把握客观事物的本质和规律。

（二）材料必须真实、准确、典型、新颖

材料是写作的基础，财经写作是因事而发，如实记述，离不开真实、准确的材料。因此必须收集、占有大量丰富的材料，并对材料进行分析、综合、整理、鉴别和筛选。财经写作中的材料真实、准确，就是说事实、材料必须符合客观事物的实际情况，实有其事，实有其人。同时，财经专用文书的材料要典型、新颖。所谓典型、新颖的材料，是指新产生的、新发现的、别人未曾用过的、又比较生动的材料，如新人、新事、新见解、新数据、新经验、新问题、新矛盾等。这些典型、新颖的材料，能使主旨得到有力的表现，也能反映时代精神。

（三）主旨与材料必须统一

财经专用文书的材料要服从主旨的要求，为主旨服务，能有力地支持主旨，实际上是要求材料和主旨能有机地联系在一起。主旨在文章中居“统帅”地位，材料都要受它的支配。如果材料的性质与主旨不符，不能支撑主旨，文章的内容就难以使人相信，也就很难达到写作目的。因此，什么样的主旨就要选择什么样的材料，两者要息息相关。主旨确定之后，只有选择那些典型、新颖、最能说明和表达主旨的材料，才能有利于突出主旨，使主旨得到鲜明有力的表现。

（四）结构要完整严谨，比例恰当，层次分明，条理清楚，前后衔接连贯

财经专用文书的结构要合乎客观事物的发展规律和内在联系，要服从主旨的要求，文章的各个组成部分齐备，能够结合成一个有机的整体，没有遗漏和欠缺，各部分之间具有严密的逻辑关系，不出现互相矛盾或互不相干的现象。同时，财经专用文书的结构要遵循体式规范，根据不同文种各自的特点，采用恰当的结构方式使内容和形式有机地统一起来。

（五）语言要准确、简练、平实

财经专用文书要求精选最确切、最恰当的词语如实反映客观事物，贴切地表达作者的主张、观点和思想感情，把握好词语的分寸，无论分析情况、论述问题，还是介绍经验，都要认真推敲，做到与事实相符。财经专用文书的语言要简洁明快，用尽可能少的文字传

递尽可能多的信息，没有废话、空话、套话，不晦涩难懂，不含糊其辞，不拖沓冗长。财经专用文书的语言要平易朴实、晓畅如话、直陈其事。要使用规范化的书面语言，遣词造句符合语法、词法的规范，并能适应文体的风格。

复习与训练

一、填空题

1. 财经专用文书的特点包括________、________、________、________和________。

2. 财经文书有________与________之分。

3. ________的财经文书是专指各类只为财经工作所用的财经专用文书。

二、判断题

1. 适用性是财经专用文书的价值取向。(　　)

2. 狭义的财经文书是指人们在财经工作过程中所使用的各类反映经济活动内容的文书的统称。(　　)

3. 财经专用文书可以像文学作品那样进行艺术虚构。(　　)

三、简答题

1. 什么是财经专用文书？

2. 财经专用文书的写作要求表现在哪些方面？

第二节　经济活动分析报告

一、经济活动分析报告概述

经济活动分析报告是指从事经济活动的部门根据计划指标、会计核算、统计资料、业务核算及其他方式所获取的信息资料，运用科学的分析方法，对某项经济活动的过程、结果和未来趋势进行分析评价，把情况和结论写成的书面报告。

经济活动分析是加强经济管理、进行科学决策、提高经济效益的重要环节和措施。作为反映经济活动分析结果的经济活动分析报告，在经济生活中具有重要的作用，它不但能及时地帮助经济管理部门尤其是企业了解市场动态，而且还能够预测市场的发展趋势，使其在生产、经营和管理活动中做到“未雨绸缪”。

（一）经济活动分析报告的特点

（1）从时间上看，经济活动分析报告是对过去经济活动的检验和对以后工作的参照、借鉴和改进。通过对计划指标、会计核算、统计资料、业务核算等资料的分析，对过去一段时间内的经济活动做出评估，对获得效益的经济活动归纳总结经验，对亏损现象不仅要指出，而且要提出意见或建议并尽快报告，以便有关管理部门及时采取止损措施。

（2）从内容上看，经济活动分析报告是依据国家或有关管理部门对本行业的生产经营的规定、标准及政策文件，以有关经济指标为基础，来分析本企业或流通领域中各项经济指标的完成情况。

（3）从形式上看，经济活动分析报告主要以生产经营活动的数据、表格为主，文字大多是说明或评价数据所含的意义。

（二）经济活动分析报告的类型

经济活动分析报告在经济活动中应用十分广泛，因此其种类也很多，我们可以从不同的角度进行划分。

（1）按经济活动行业类别，可将经济活动分析报告分为工业、农业、商业、交通运输业、外贸、服务业等经济活动分析报告。

（2）按分析的内容范围，可将经济活动分析报告分为综合分析报告、专题分析报告、简要分析报告。

（3）按时间，可将经济活动分析报告分为定期分析报告和不定期分析报告。定期分析报告如月度报表、季度报表、年度报表等；不定期分析报告多为某项经济活动的专题分析，如《影响农民收入增长的因素分析》。

（三）经济活动分析报告常用的分析方法

（1）对比分析法。对比分析法是经济活动分析中常用的方法，就是将相互可以对比的指标数据进行比较，找出存在的问题并及时加以解决。对比分析法在实际经济活动分析报告中运用得较为广泛。

对比分析有三种主要形式：① 与计划对比。就是把本期实际数与计划数比较，即实际指标与计划指标相比较，通过对比，揭示实际与计划的差距，以反映计划的执行情况。② 与历史对比，即把分析期实际指标与前期（上期或上年同期）实际指标对比，也可以与历史最高水平、最低水平对比。通过这种对比，可以反映经济活动的发展动态，考察企业生产经营的改进情况。此外，某些经济指标不规定计划指标，必须进行历史对比，以便查明在提高产品质量方面取得的成果。③ 与同行业对比。即将本期的实际完成数与同行业标准或先进单位的实际完成数比较，相互学习，取长补短，充分挖掘本行业的潜力，为找出改进的措施和办法提供依据。

（2）因素分析法。因素分析法就是用来分析研究经济指标变动中各个因素的影响程度，从中找出影响最大的因素，从而采取相应对策，克服不利因素，促进经济的发展。分析时，首先要将实际指标与计划指标比较，确定差异总额，然后进行因素分析，找出差异产生的具体原因。因素分析法能够在影响经济活动、形成经济指标差异的多种多样的因素中，找出最本质、最关键的东西。当然，在分析客观因素的同时，也不能忽略了主观因素的影响，只有全面地分析问题，才能得出正确结论，以便科学地提出相应的有效改进措施。

（3）比率分析法。比率分析法是将报表中有相互联系的不同项目进行对比，以比率的方式反映它们之间的内在关系，揭示和评价企业的财务状况和经营成果的分析方法，经济活动分析报告的分析内容主要以比率分析为主。

二、经济活动分析报告的基本格式

经济活动分析报告一般由标题、正文（导语、主体）、结尾和落款四部分组成。

（一）标题

标题一般标明被分析单位、分析的时限、分析的内容及文种，如《中国农业银行××省分行××××年第一季度储蓄结构分析报告》；有时也可省去单位和时限，如《资金拆借和货币政策操作分析》；有时直接标明分析报告的结论论点，如《信贷资产质量下降的问题必须尽快解决》。

（二）正文

1．导语

导语一般是概括介绍分析对象的基本情况，概述主要经济指标的完成情况、存在问题、分析的必要性和目的、分析的中心内容、经济活动的基本情况。

2．主体

主体是分析报告的重点部分，主要运用科学的经济活动分析方法，从不同的角度对有关数据进行运算推导，对影响经济指标的各种因素进行剖析研究，既分析经济活动的成效和经验，又揭露矛盾，找出存在的问题及其主客观原因，然后针对上述分析结果，做出客观、恰当的评价，得出结论。主体部分主要包括以下两方面的内容。

（1）分析评价。运用多种分析方法对分析对象展开具体的分析，包括主要经济指标完成情况，技术或管理措施实施情况，业务工作开展情况等。对分析对象的优劣得失进行深入全面的分析，并通过评价得出结论。分析要有理有据，深入细致。

（2）建议措施。针对问题提出一些可行性的改进措施。在这部分中，一般是根据分析的结果，回答今后的经济活动将会“怎么样”或“应当怎么样”的问题，这也是比较重要的部分。

（三）结尾

结尾部分主要是在提出问题、分析问题的基础上提出对策，即提出解决问题的意见、建议或措施。也有的在结尾部分概括与总结全文，重申作者的观点，或者对未来的发展趋势做出预测。

（四）落款

一般要写明报告单位或报告人的名称或姓名，有的还要签字、盖章，最后注明报告日期，递交主管部门，也有一些用于研究的报告不需要落款。

三、经济活动分析报告的写作要求

（一）要充分占有并恰当使用材料

真实、准确的材料是判断情况、分析原因、总结经验教训、提出对策的依据。因此，经济活动分析报告的写作，首先要充分占有材料，包括各种核算资料、统计资料、计划指标、调查收集到的实际情况等。在此基础上，要进行分析研究，即对各种材料去粗取精，去伪存真，使其系统化，并提炼出观点，写作时再根据主题的需要，恰当地运用收集到并处理过的材料来说明观点，阐述主题。

（二）要运用科学的分析方法，揭示经济活动的规律

经济活动分析是一门科学，写经济活动分析报告时必须掌握并运用科学的分析方法，

使写出的分析报告具有严密的科学性，从而正确地指导经济活动。要从分析报告的目的出发，围绕中心，抓住主要矛盾，深入分析，解决重点问题。

（三）叙述要简明，有说服力

撰写经济活动分析报告，叙述问题要简明扼要，观点明确，建议可行，具有较强的说服力。只有这样，才能对实际工作起指导作用。

四、例文

例 4-1

东北地区20××年一季度经济形势分析报告

今年以来，东北老工业基地深入贯彻落实科学发展观，认真执行中央“扩内需、调结构、保增长”的一系列政策措施，迎难而上，沉着应对，东北地区经济下滑的势头有所缓解，投资、消费、信贷等主要经济指标保持较快增长，一些方面出现积极变化，总体形势好于预期。

一、一季度经济运行基本情况

一季度，东北地区实现地区生产总值 5 257.2 亿元，同比增长 8.5%，增幅回落了 4.9 个百分点，但高于全国增速 2.4 个百分点，仍处于较快增长区间且好于预期。分产业看，第一、二、三产业分别实现增加值 295.8 亿元、2 732.8 亿元和 2 228.6 亿元，增长 4.6%、11.5%和 8.7%；分省份看，辽宁、吉林、黑龙江三省地区生产总值分别完成 2 462 亿元、1 155.2 亿元和 1 460 亿元，增长 9.6%、9.1%和 6.0%；除黑龙江省与全国增速基本持平外，辽宁省和吉林省分别高出全国 3.5 个和 3 个百分点。

（一）农业备耕春耕进展顺利，播种面积有所增加。（略）

（二）工业生产增长企稳回升，企业利润同比下降。（略）

（三）开复工项目显著增多，固定资产投资增长迅猛。（略）

（四）居民消费价格持续回落，地区消费市场趋旺。（略）

（五）对外贸易形势依然严峻，利用外资逆势增长。（略）

（六）地方财政收入增速回落，金融运行态势良好。（略）

（七）就业再就业工作稳步推进，但形势不容乐观。（略）

二、经济运行存在的主要问题

（一）部分工业仍在低位运行。（略）

（二）对外贸易形势依然严峻。（略）

（三）财税增收难度明显加大。（略）

三、下一阶段经济发展形势预测

一季度，东北地区经济运行开始释放出一些积极信号，主要经济指标增长高于全国平均水平，止跌企稳趋势初显。主要表现在项目投资增速迅猛，金融环境良好，信贷资金充足，流动渠道通畅，汽车、家电、建材、通用设备、农产品加工等生产活动回升，市场信心明显恢复，地区消费市场活跃等方面。但是，国际金融危机影响还在蔓延，外部需求持续疲弱，中央扩大内需政策对终端需求的全面拉动还需要一个过程。因此，保持东北地区经济平稳较快发展的压力仍然很大。

二季度，东北地区经济运行将会深度调整，在中央一系列有针对性的扩大内需政策刺激下，以及振兴五年来东北地区显著增强的抗风险、抵御危机能力，将会对经济增长提供较强的支撑作用，同时将有力地促进经济结构调整、理顺资源价格、深化体制改革，为二季度东北地区经济运行企稳回升奠定坚实基础，初步预测上半年经济增速将达到9%左右。

四、有关政策建议

（一）加大产业结构调整改造力度。（略）

（二）支持优势产业及集聚区的发展和建设。（略）

（三）加强东北地区基础设施建设。（略）

（四）努力提高东北地区经济开放度。（略）

（五）培育东北地区成为全国经济新的增长极。（略）

（资料来源：http://www.sdpc.gov.cn/jjxsfx/t20100701_358447.htm）

【析评】

本篇报告属于专题分析报告，它是就东北地区20××年一季度经济形势找原因、谈影响。综观全文，结构严谨。报告除了标题之外，正文分开头和主体两部分。开头交代写作动机和缘由，使人们对这个问题有个清醒的认识。主体部分围绕东北地区20××年一季度经济形势逐一进行具体、深入、全面的分析，层层递进，环环相扣，重点突出。作者运用了较多的统计数据，具体而又真实、准确，很有说服力。同时作者运用了多种分析方法，如对比分析法、因素分析法等，使分析有理有据，把问题说得中肯和深透。每段的第一句话都是对本段中心意思的概括，这种写法既便于读者把握要点，理解内容，又使眉目更加清晰，内容的表述更集中、醒目。

复习与训练

一、填空题

1. 经济活动分析报告一般包括______、______、______和______四部分。

2. 撰写经济活动分析报告常用的方法有______法、因素分析法、______法等。

二、选择题

1. 经济活动分析的首要功能是（　　）。

A. 预测　　B. 诊断　　C. 建议　　D. 反馈

2. 经济活动分析报告的重要部分是（　　）。

A. 情况　　B. 意见　　C. 分析　　D. 建议

3. 对比分析法是经济活动分析常用的方法，其三个基本途径是（　　）。

A. 比改革 比挖潜 比创新　　B. 比计划 比历史 比同行

C. 比产值 比利润 比贡献　　D. 比过去 比现在 比同行

三、判断题

1. 经济活动分析报告为了表达效果完美，经常使用副标题。（　　）

2. 经济活动分析报告的落款只要求标明写作的日期。（　　）

四、简答题

1. 经济活动分析报告的正文一般包括哪些内容？

2. 经济活动分析报告的写作要求有哪些方面？

第三节 经济预测报告

一、经济预测报告概述

经济预测报告是在对一定时期的客观经济活动过程进行深入调查的基础上，运用各种科学的方法，对掌握的经济信息加以分析研究后，所写出的评估和预测未来经济活动发展状况及变化趋势的报告。

经济预测报告是反映市场预测工作的分析研究过程及其成果的书面报告。而经济预测是建立在对某经济活动未来状况和趋势进行分析研究、判断预测的基础之上的一种科学方法。它要求以经济理论为指导，运用经济分析的多种方法，对市场现状进行分析、预测，以求掌握市场变化发展规律，提出有针对性的措施和建议，按经济规律办事，调控和指导市场。

（一）经济预测报告的特点

1．预见性

经济预测报告是以预测经济活动未来状况和趋势为目的的报告，以预测理由、预测结论、预测建议为主要内容。这种预测越接近未来的客观实际就越好。预见性可促使人们立足现实，着眼未来，是经济预测报告的实用价值所在。

2．科学性

经济预测报告要从实际出发，在占有大量的信息资料的前提下，通过运用现代技术和科学方法，找出事物的发展规律并预测未来，预测的结果是经济发展规律的反映。

3．时效性

在瞬息万变的经济活动中，要使预测能为决策服务，就必须迅速、灵敏地记录和反映经济活动中的新变化、新动态，并以最快速度传递给决策部门和管理部门。时效性是经济预测报告的生命和力量所在。

（二）经济预测报告的种类

（1）按预测的范围，可将经济预测报告分为宏观经济预测报告和微观经济预测报告。宏观经济预测报告是指对全球经济、整个国民经济、一个地区、一个行业的经济发展前景的预测。微观经济预测报告是指针对微观经济的未来活动进行预测，如对一个企业、一个乡镇、一个家庭经济发展前景的预测。

（2）按预测的时间，可将经济预测报告分为长、中、短、近期经济预测报告。长期经济预测报告是对 5 年以上的经济发展远景进行预测而写出的预测报告。中期经济预测报告是对 2 ~ 4 年的经济发展前景进行预测写出的报告。短期经济预测报告是对一年左右时间的经济活动变化趋势进行预测而写出的报告。近期经济预测报告是对不到一年时间的经济活动变化发展趋势进行预测而写出的报告，是制定近期计划、决定近期经济活动具体任务的依据。

（3）按预测的空间，可将经济预测报告分为国际性的经济预测报告、全国性的经济预测报告、地区性的经济性预测报告及更小范围的经济预测报告。

（4）按预测的内容，可将经济预测报告分为市场预测报告、生产预测报告、销售预测报告、战争预测报告、技术发展预测报告、社会购买力预测报告等。

二、经济预测报告的基本格式

经济预测报告一般包括标题、正文、结尾三部分。

（一）标题

经济预测报告的标题式样繁多，常见的有以下三种形式。

（1）完整式标题。这种标题由四要素组成，即预测的时间、区域、目标和对象，如《2015年我国汽车市场需求状况预测》。

（2）省略式标题。这种标题不是四要素俱全，而是着重强调某一方面，如有的强调时间，有的强调范围等，但目标和对象不能省略，如《西安地区儿童智力玩具市场预测》，省去时间，强调范围；《2015 年餐饮业发展预测》，省去范围，强调时间；《羽绒服发展趋势预测》，省去了时间、范围，仅有目标和对象。

（3）消息式标题。这种标题类似于新闻报道的消息标题，题目中多不用“预测”两个字，如《我国彩电生产有多大市场》、《自行车市场需求持续上升》等。

但无论哪种标题，预测对象、目标是不能缺少的。

（二）正文

（1）前言。简要说明预测的目的和意义，介绍预测对象的历史和现状，说明预测的方式和方法。这部分数据要准确，资料要典型，表述要概括得当。

（2）分析预测。分析与判断经济活动的前景和发展趋势，提出预测结果，是预测报告的核心。撰写这部分必须做到分析全面深入，推断有理有据，结论准确无误。这是预测报告的重点部分，是在深入分析预测对象现状的基础上，形成的对预测对象未来前景的估计。这部分内容比较多，写作时一定要精心安排。为保证预测准确性，选用尽可能全面合理的预测方法。为使文章条理清楚，层次分明，往往采用分条列项的方法叙述或列出标题，点明每层的中心，还应注意重点突出，逻辑严密。

（3）建议。这是预测报告的根本目的及现实意义的集中体现。根据预测结果提出建议和改善经营的办法，力求具体，以供有关部门参考。建议要有针对性，具体明确，具有可操作性，便于实施，最好能体现出突破性、创新性。

预测报告正文的三个部分环环相扣，有着严密的逻辑关系。根据实际需要，在写作中三个部分的顺序可以适当变动，或者结合起来写。

（三）结尾

有很多经济预测报告没有专门的结尾，写出建议后就结束全文。若有结尾，或者回应开头，或者归纳全文，或者提出应该注意的问题。应根据报告的内容决定是否需要有结尾。

三、经济预测报告的写作要求

（1）要有系统性。进行经济预测，撰写经济预测报告，要对影响经济活动的各种因素进行系统的分析。

（2）要有预见性。经济预测报告是专门对经济活动的未来趋势做出分析和判断的一种文体，预见性是这种文体的“灵魂”。

（3）要有实效性。经济预测报告应该为现实经济活动服务，为取得良好的经济效益提供切实的指导和帮助。

四、例文

例 4-2

南京市2010年上半年经济分析预测报告

今年以来，在国家各项宏观经济政策持续作用下，在全市“三个发展”工作主线的积极推进下，南京市经济保持去年以来的持续回升势头，总体呈现快速增长态势。但目前全市经济面临不确定因素仍然很多，如第三产业增长出现放缓迹象，房地产市场受政策影响明显等问题。在目前国内外经济形势没有出现重大调整的背景下，全市经济将继续保持稳定增长态势，预计上半年地区生产总值增速达到14%。

一、当前经济总体运行态势良好

（一）总体运行情况

从今年1～4月的主要经济指标增长情况来看，全市经济总体运行状况良好。1～4月，全市实现地区生产总值可比价增长 14.4%，地方一般预算收入同比增长 26.5%，全社会固定资产投资同比增长 26.3%，社会消费品零售总额同比增长 17.8%，城市居民人均可支配收入同比增长 10.1%，居民消费价格指数涨幅 2.8%。

南京市宏观经济景气预警系统显示，今年4月，南京宏观经济预警指数自2009年1月见底以来已连续15个月保持稳步上升的走势，说明全市经济已呈现较为明显的企稳态势。从构成宏观经济预警指数的10个指标来看，2个指标（工业增加值、工业销售产值）处于过热区间；2个指标（居民消费价格指数、进出口）处于趋热区间；4个指标（利润总额、社会消费品零售总额、固定资产投资、金融存款余额）处于稳定区间；只有2个指标（财政收入、实际利用外资）处于趋冷区间。

（二）当前经济运行的特点

1. 工业总体运行态势良好（略）
2. 市场消费保持旺盛态势（略）
3. 投资结构继续优化（略）
4. 财政金融保持稳定增长（略）
5. 郊县经济实现较快发展（略）

二、经济运行中需要关注的问题

今年以来，国际、国内宏观环境的不断改善，为南京经济的发展创造了良好的外部环境。宏观层面经济形势日趋好转，对南京的经济运行起到了积极的推动和带动作用。但一些新情况和新问题也需要高度关注。

1. 经济快速增长的压力较大（略）

2. 第三产业发展增速放缓（略）

3. 消费品价格上涨压力加大（略）

4. 房地产市场受政策影响明显（略）

三、上半年及全年经济走势预测

（一）宏观经济走势判断

1. 世界经济走势判断

全球经济继续向好，自去年三季度以来，美、日、欧三大经济体先后进入复苏，尤其是新兴经济体持续强劲。联合国 5 月 26 日发表的《2010 年世界经济形势与展望》报告指出，在财政刺激措施和扩张性货币政策的推动下，世界大多数经济体已在 2009 年年底和 2010 年年初实现经济增长，报告预测 2010 年世界经济增长率有望达到 3%，2011 年的增长率为 3.1%。同日，经合组织发表最新一期经济展望报告，普遍上调了对世界各经济体经济增长率的预测，认为今明两年全球经济增长率将分别达到 4.6% 和 4.5%。在看到国际经济环境积极因素的同时，还需清醒意识到一些不确定因素。欧洲国家财政赤字激增可能引发主权债务危机；全球商品贸易仍需今明两年时间才能完全恢复至 2008 年经济危机之前的水平。另外，还需看到目前世界经济属于政策刺激下的恢复性增长，若各国政府急于“退出”相关政策，全球经济可能出现“二次探底”。

2. 国内经济走势判断

我国经济在外部环境好转、内需依然较强和去年低基数三大因素的影响下，继续保持较快增长。5 月，中国制造业采购经理指数为 53.9%，这一指数已持续 15 个月保持在 50% 以上增长率，虽有所回落，但依然保持较高水平，反映出当前中国经济发展势头趋于平稳。但由于一些经济指标出现了回落，国内经济也开始逐步显露疲相。最近国家统计局公布的工业企业利润同比增长速度已经连续两个月出现滑落，近期欧洲事态的发展将使 2010 年中国贸易有可能进一步下滑，同时国内宏观调控力度的加大也可能会对经济增长速度带来冲击，特别是房地产行业的调控措施将对投资的增长速度进一步抑制。总体来看，国内经济上半年仍将继续保持较快增长，但从三季度开始增速将进一步回落。

（二）南京上半年及全年走势预测

今年全市经济增长的积极因素主要有三点：一是全市投资总量稳步增长，消费规模持续扩大，国内外需求保持旺盛，特别是出口得到迅速增长；二是今年以来，全市各区县、开发园区加大工作推进力度，加快项目建设速度，主要经济指标增幅明显加快，为全市经济社会发展、产业转型升级提供了有力支撑；三是在去年南京市成为科技体制综合改革试点城市、中国软件名城创建试点城市之后，今年又被列为首批创新型城市建设试点城市和国家创新型城市建设试点城市，这将进一步推进南京科技创新和产业转型。

在看到全市经济积极因素的同时，还必须及时察觉经济发展过程中随时可能出现的变化。2010 年 4 月全市宏观经济综合景气指数显示，反映全市未来经济走势的先行指数从 2009 年下半年已经出现明显的调整，受此影响，一致指数在 2010 年 4 月也开始出现回调迹象，因此，今年4月很有可能将是今年经济增长的一个重要拐点。

综合国内外各方面因素判断，南京经济发展总体上仍将保持平稳较快增长势头，运行质量和效益可望继续保持较好水平，上半年的主要经济指标的增速可能较一季度有所下降，预计全市GDP增长14%。从全年经济走势来看，经历一季度和二季度的高增长之后，三季度经济可能出现适度的回调，预计全年GDP增速将达到13%以上。

四、关于做好下一步经济工作的措施建议

当前是全年发展的重要时期，做好当前经济工作，事关“双过半”任务的完成，事关“三个发展”全年目标的实现，需要我们集中精力抓发展，千方百计促转型，加快推进各项工作，确保“双过半”目标任务全面完成。建议重点抓好以下工作。

1. 进一步加大目标推进力度（略）
2. 进一步加大项目建设力度（略）
3. 进一步加大城市建设力度（略）
4. 进一步加大统筹城乡力度（略）
5. 进一步加大民生工作力度（略）
6. 认真做好“十二五”规划编制工作（略）

（资料来源：http://www.njinfo.gov.cn/news/newsdetails.php?info_id=40456）

【析评】

这篇经济预测报告依据2010年1～4月南京市经济发展状况及国际、国内宏观经济发展状况所提供的信息，运用定性预测方法，预测了南京市2010年上半年经济走势，具有较好的预见性和时效性，预测的根据也充分可信。这份经济预测报告写法比较灵活，结构清晰严谨，值得借鉴。

复习与训练

一、填空题

1. 经济预测报告的特点有______、______和______。
2. 按预测范围来划分，经济预测报告可分为______和______。

二、选择题

1. 某企业拟作10年内的发展规划，这使规划能落到实处，他们需制作一份（　　）。

A. 经济活动分析报告　　B. 财务审计工作报告
C. 经济预测报告　　D. 可行性研究报告

2. 标题“广东省2015年储蓄存款趋势预测”中的“储蓄存款”是指（　　）。

A. 范围　B. 时限　C. 对象　D. 文种

3. 最能显示经济预测报告这种文体特色的是（　　）。

A. 系统性　B. 预见性　C. 时效性　D. 具体性

4. 经济活动分析报告与经济预测报告都是以市场调查为基础的，但经济活动分析报告侧重（　　）。

A. 分析未来　B. 反映过去和现在　C. 反映现实及未来　D. 预测未来

三、简答题

1. 简述经济预测报告的作用和分类。

2. 简述经济预测报告的内容。

3. 简述经济预测报告的基本格式。

四、写作训练

深入当地的某个行业或市场进行调查研究，写一篇经济预测报告。

第四节　可行性研究报告

一、可行性研究报告概述

可行性研究报告是在某项经济活动实施之前，通过全面的调查研究和对有关信息的分析，以及必要的测算等工作，对项目进行技术论证和经济评价，以确定一个技术上合理、经济上合算的最优方案，为决策提供科学依据，这样的一种文书就是可行性研究报告。

可行性研究报告是项目投资决策前的一项重要工作内容，是项目能否立项的论证文件，同时，也是申办建设执照及与合作单位签订合同的依据。

（一）可行性研究报告的特点

（1）专业性。可行性研究报告在论证项目的可行性时要涉及许多专业，通常要涉及基本建设、环境保护、市场预测、人员培训等方面内容，所以需要各方面专业人员分别开展深入研究，再进行科学的综合分析。

（2）材料的真实性。可行性研究报告所需要运用的大量的数据、资料必须是真实的，它们是以科学的方法阐明拟建项目在技术上和经济上是否合理和是否可行的前提。

（3）论证的全面性。可行性研究报告必须围绕影响拟建项目的各种因素进行全面系统的分析，以求得出正确的结论。因而，在分析方法上，既要注重动态和静态分析相结合，还要注重定量分析与定性分析、阶段性经济效益分析与全过程经济效益分析、宏观效益分析与微观效益分析等多种分析方法的综合运用。

（二）可行性研究报告的类型

按内容划分，可将可行性研究报告分为政策可行性报告和建设项目可行性报告；按范围划分，可将可行性研究报告分为一般可行性报告和大中型项目可行性报告；按性质划分，可将可行性研究报告分为肯定性可行性报告和否定性可行性报告：肯定性可行性报告是肯定项目具备实施的必要性和可行性的报告；否定性可行性报告是说明项目不具备实施的必要性和可行性的报告。

二、可行性研究报告的基本格式

可行性研究报告一般由标题、正文、落款和附件四部分组成。

（一）标题

标题由投资单位的名称、经营项目和文种三部分组成，如《××金融职业学院新校区建设项目可行性研究报告》；也可以由开发新产品的项目和文种组成，省略投资单位名称，如《××科技开发贷款项目可行性研究报告》。

（二）正文

由于拟建项目的任务、性质、规模及工程的复杂性不同，在编制可行性研究报告时，其内容往往各有侧重，深度和广度也不尽一致，一般由前言、主体和结论三部分构成。

1．前言

前言也称总论，主要说明拟建项目提出的背景和依据，投资的条件、必要性和经济意义，交代可行性研究的单位、方法和要求，并说明现有的基础和研究的目的、简要过程及基本评价等内容。

2．主体

主体也称分论，主要是从不同角度对项目是否必要与可行加以分析论证，具体内容应包括以下几个方面。

（1）市场需求调查和分析。市场需求调查和分析是确定项目的前提，项目的可行性在很大程度上取决于市场调查分析的准确性。市场需求调查包括国内外需求和供给情况的预测、产品竞争能力的调查及预测、销售预测等，据此确定建设的可行性及规模。

（2）拟建设项目的规模和发展规划分析。拟建设项目的规模是指在分析确定项目产品有较大市场空间后，为进一步策划项目的具体方案，需要确定项目的生产规模。具体来说，对生产项目要提出产品的生产纲领、生产能力，对非生产项目要根据项目的不同性质说明其建设规模，即说明总建设面积、建设内容、项目的总平面布置，以及生产工艺和主要设备选型等。

（3）项目建设选址及建设条件论证。项目建设选址及建设条件论证主要包括地理位置、气象、水文、地质、地形条件及其交通运输、供水、供电的现状和发展趋势。

（4）环境保护、劳动保护、安全保护与卫生防疫等。

（5）项目建设周期及工程进度安排。

（6）总投资及资金来源分析。要按照建设内容列名主体工程、辅助工程、外部配套工程、其他费用的投资额，同时按费用类别列明前期工程费、建筑安装工程费、设备购置费和其他费用等。建设项目的资金来源一般有政府拨款、银行贷款、单位自筹、各种方式的集资，对这些资金来源、筹措方式、资金到位的时间和数量、资金偿还、流动资金的运用等进行分析。

（7）经济效益和社会效益分析。拟建设项目的投资目的在于获得好的经济效益，因此，应重视经济效益的分析，包括销售计划、管理计划、总投资额、年终损益、现金收支、资产负债情况、投资应力分析、盈亏分析、风险分析等。在分析经济效益的同时，还要分析社会效益，即分析该建设项目将会对社会产生何种影响。

3．结论

可行性报告的结论要根据上述论证，对建设项目在经济、技术上的必要性和可行性进行明确的判断，对建设方案进行全面总结和评价，并提出结论性意见和建议，也可以提出存在的问题。如果总论和分论部分对这些内容都有了论述，也可省略不写。

（三）落款

落款包括单位名称，以及报告的年、月、日和公章。

（四）附件

附件部分主要包括项目建议书审批文件、建设项目所在位置的地形图、规划总平面布置图、环境影响评价报告及其他相关材料。

三、可行性研究报告的写作要求

（1）要放宽眼界。进行可行性研究要善于把问题放到广阔的经济背景上去考察，同时在对拟建项目加以研究时，不但要着眼于现在，还要着眼于未来。

（2）要实事求是。为能得出客观、正确的结论，进行可行性研究一定要从实际出发，以实事求是的态度研究问题、分析问题。

（3）要讲求科学。进行可行性研究，必须掌握和运用各种科学的研究方法。

（4）要论证有力。文中所用的论据要准确、翔实，要能有力地证明论点。

四、例文

例 4-3

××市××××家居用品股份有限公司××家纺生产基地二期建设项目可行性研究报告

第一章 总论

第一节 项目背景

1.1.1 项目名称

××市××××家居用品股份有限公司××家纺生产基地二期建设项目

1.1.2 项目承办单位概况（略）

1.1.3 可行性研究报告编制依据、原则和研究范围

1. 本研究报告编制的主要依据（略）

2. 可行性研究的指导思想

本可行性研究以市场为导向，以提高企业经济效益为中心，发扬求实和创新精神，采用先进、适用、成熟的新技术，扩能降耗，降低产品成本，提高市场竞争能力。严格执行国家有关基本建设和技术改造的一系列政策和法规。

3. 可行性研究的范围

本项目是该公司××家纺生产基地二期建设项目，可行性研究工作的范围着重以下几个方面：

（1）在广泛进行市场调研的基础上，结合企业的产品优势，确定产品方向和生产品种。

（2）根据生产的品种，选择产品的生产工艺路线，本着高质、节水、低耗的原则对生产设备进行选型和配置。

（3）本项目的选址和总平面布置。

（4）落实与本项目有关的公用工程。

（5）对项目的投资与经济效益及抗风险能力进行测算和分析。

1.1.4 项目提出的理由与过程

1. 符合家用纺织品行业“十二五”发展规划纲要的要求（略）

2. 行业背景（略）

3. 国内市场潜力巨大（略）

4. 项目实施的必要性和有利条件（略）

第二节 项目概况

1.2.1 项目拟建地点（略）

1.2.2 项目建设规模与目标（略）

1.2.3 项目主要建设条件

（1）交通运输较便捷。（略）

（2）原材料供应有保障。（略）

（3）项目水、电、通信等外部管线和厂内的部分公用工程设施均已建成，不需新建泵房、变电所等公用工程设施。供水、供电均有保证。

（4）项目按照公司对厂区的总体规划，在现有厂区空余场地，需新建生产车间建筑面积 32 720 平方米，建设用地不成问题。

（5）本项目主要是进行床品类家纺产品的生产，不产生生产污水，主要污染源是生活污水、生活垃圾、废布和边角料等。生活污水经化粪池处理达标后，经厂区污水管网排往工业区的污水管网。生活垃圾可列为城市垃圾，由有关部门统一进行处理。废布和边角料等生产废料，可回收以作他用。

1.2.4 项目总投资及效益情况（略）

1.2.5 主要技术经济指标（略）

第二章 市场预测

第一节 我国家纺行业的现状

随着人们生活品质和审美意识的提高，现代家庭的装修和装饰已经从求新求奇发展到追求舒适健康、展现个人风格。所有人都希望自己的家舒服，比邻居的家更令人羡慕。而纺织品正以自己独特的风格，顺应着这股潮流。这类纺织不仅是人们物质生活的需要，而且是精神生活的需要。因为这些“毯、帘、寝、饰”类纺织品直接影响着人们的视觉和触觉器官，使人产生愉快、温馨的感觉，所以纺织品的装饰可以称得上是一个主要的心理调节器。

2.1.1 我国家纺行业状况（略）

2.1.2“十一五”期间我国家用纺织品行业运行情况

1. 产值效益持续增长，竞争实力不断增强（略）

2. 产业集群加快发展，形成特色经济形态（略）

3. 构建创新平台，提升行业服务（略）

4. 以技术进步谋发展，以品牌升级促战略（略）

第二节 我国家用纺织品的发展特点及趋势

2.2.1 我国家用纺织品的发展特点（略）

2.2.2 我国家纺的流行趋势（略）

第三节 我国家用纺织品的市场需求及预测

2.3.1 我国城镇家用纺织品市场消费特点（略）

2.3.2 我国家用纺织品市场需求及预测（略）

第四节 本项目产品的市场需求分析

2.4.1 床上用品的定义及分类（略）

2.4.2 床上用品行业的特点（略）

2.4.3 床上用品行业的投资特性（略）

2.4.4 我国床上用品行业的发展前景（略）

2.4.5 我国床上用品需求的发展趋势（略）

第五节 市场竞争力与营销策略

2.5.1 市场竞争力分析（略）

1. 公司的市场竞争力分析
2. 综合实力强大（略）
3. 技术领先（略）
4. 成功的品牌建设（略）
5. 先进的经营理念和经营方式（略）
6. 处于高速成长期（略）

2.5.2 营销策略（略）

【析评】

本文是一篇论证生产基地二期建设项目的可行性研究报告。文章开篇分析了项目背景和单位概况，阐述了项目的市场前景、企业的竞争优势等，比较全面地论证了本项目实施的可行性。

复习与训练

一、填空题

1. 可行性研究报告具有__________、__________和__________三个特点。
2. 可行性研究报告按内容分为__________和__________两种类型。
3. 可行性研究报告按性质分，可分为__________和__________两种类型。
4. 可行性研究报告的标题由__________、__________和__________组成。
5. 可行性研究报告的正文由__________、__________和__________组成。

二、选择题

1. 一般来说，可行性报告中涉及的统计图表或设计图纸放在（　　）部分。

A. 正文　　B. 结论　　C. 建设方案　　D. 附件

2. 一项经济活动实施之前，要对此项目进行技术论证和经济评价，并形成书面报告，这种写作文体是（　　）。

A. 经济新闻　　B. 经济预测报告

C. 可行性研究报告　　D. 经济活动分析报告

3. 某企业拟引进一套国外设备，扩大生产规模，这时他们应制作一份（　　）。

A. 经济预测报告　　　　　　　　　　B. 经济分析报告
C. 可行性研究报告　　　　　　　　　D. 财务审计分析报告

三、简答题

1. 可行性研究报告的前言部分一般写什么内容？

2. 可行性研究报告的主体部分一般写什么内容？试以企业上马项目的可行性研究为例加以说明。

3. 可行性研究报告的附件一般附什么资料或文件？

四、阅读分析

试分析与讨论下文的优点和不足之处。

缝纫设备补偿贸易可行性研究报告

一、总论

我厂是粗具规模的专业化服装生产厂。在改革开放方针的指引下，1986 年开始了外贸生产，1987 年领取了外贸生产许可证，1988 年落实外贸生产任务 200 多万元。随着外向型经济的发展，现在生产规模和设备已不适应外贸生产高质量、高速度的需要，进行技术与设备改造已势在必行。为此，厂长×××在香港考察期间与香港××行×××先生就补偿引进关键设备事宜进行了友好的洽谈，双方初步达成了一致的意见，并因此进行可行性研究。

二、项目名称：缝纫设备补偿贸易

主办单位：××青春服装厂

法人代表：×××

企业地址：××市××路××号

项目负责人：×××　×××

三、合作双方简况

甲方：××青春服装厂是初具规模的专业化服装厂，现有职工 670 人，专业技术人员 25 人，服装设计师 2 人；年产衬衫 160 万件，毛呢服装 8 万件，产值 2 400 多万元。

乙方：香港××行是一个既有企业又有商店的综合性经济组织，有一定的资金和实力，信誉良好。

四、补偿金额：19.2 万美元

五、补偿方式：利用本厂生产的衬衫直接补偿

六、补偿期限：××××年×月开始分期进行至××××年年底之前全部补偿完成

七、项目申请理由

1. 本项目引进的关键缝纫设备均为日本制造，具有性能好、生产效率高、操作简便等优点，是适合外贸生产的先进设备。

2. 引进项目后，每年可多为国家创汇 100 万美元。

3. 因该项目主要是利用本厂的衬衫作直接补偿。因此，可以扩大我厂产品在国际市场的销路，有利于我厂发展外贸生产。

八、市场需求分析

随着企业改革的不断深化，我厂产品质量越来越高。××牌男女衬衫和拷花呢长大衣相继被评为省优、部优产品，畅销上海、南京、西安等 20 多个大中城市，现有销售网点 300 多个。今年已落实销售计划 200 多万件。产品供不应求。今年 1～6 月，生产衬衫 90 多万件，销售 130 多万件。预计明年可销售衬衫 250 万件。外贸产品销售趋势良好。今年预计可完成外贸收购额 200 万元。

九、原辅材料及水、电供应安排

我厂在上海、常州、无锡、宁波等地已有固定的原辅料供应网点，因此，原辅料供应能保证满足生产。

水、电可利用本厂现有供电设备及水塔，能满足生产需要。

十、项目内容

本项目共引进缝纫设备 160 台，新增衬衫流水线一条，改造老衬衫流水线四条。（详见附表二）（附表略）

十一、项目实施进度安排

8 月进行立项审批与签订购货合同；10 月设备厂进行验收；11 月进行设备安装与调试；12 月进入正常生产。

十二、经济效益分析

该项目建成后，预计每年可增产衬衫 50 万件，产值 425 万元，创汇 100 万美元，创利税 102 万元，一年内可收回全部设备投资总额。经济效益显著。（详见附表一、二）（附表略）

××青春服装厂

××××年××月×日

五、写作训练

请根据下列材料写一份一般可行性研究报告，重点写好必要性和可行性分析论证，具体时间、步骤、费用自己虚拟。

××省教育厅经过调查研究，拟建一所民办高等职业学校，由社会力量办学处牵头和负责。招生对象为高中毕业未升入大学、就业无路的待业青年，以解决他们升学、就业的问题。统计资料显示，目前各地高中毕业生未升入大学的学生约占高中毕业生的 1/2，各地都有大批高中生待业，广大家长深为忧虑。师资力量：聘请大专院校退休教师和在职教师任教。××省现有师范专科学院、财贸专科学校、商业专科学校等 18 所大专院校，各专业教师退休人数达 1 000 多人，且很多人身体健康、经验丰富。政策依据：国务院、国家教委有明文规定，鼓励企业、社会、社团和私人办学。资金方面：本着以学养学的原则，用学费支付教师工资和办公费用，兴建教学设施设备，不花国家一分钱，为国育才，造福于民。目前教育并轨，上学交学费为人们普遍理解和接受。可先贷款建校，两年内用学费收入还贷。人员机构：请校长三人，办公室、教务处、学生处、总务处所有人员以聘用退休人员为主（包括校长），所有教师外聘。专业设置：设立社会急需的短线专业，如计算机应用、电机一体化、电算财会、公关文秘、建筑装潢、商务英语等专业。

第五节 合 同

一、合同概述

《中华人民共和国合同法》（以下简称《合同法》）第一章第二条规定："合同是平等主体的自然人、法人、其他组织之间设立、变更、终止民事权利义务关系的协议。"

所谓"法人"，是同"自然人"相对而言的法律概念。"法人"是指根据法律规定或法律程序成立，并有自己能够独立支配的财产，能用自己的名义从事经济活动，独立地享受权利、承担义务，以及进行民事诉讼的社会组织，包括企业、公司、国家机关、事业单位和社会团体等。当事人订立合同，应当具有相应的民事权利能力和民事行为能力。当事人依法可以委托代理人订立合同。

《合同法》规定，合同当事人的法律地位平等，一方不得将自己的意志强加给另一方，当事人依法享有自愿订立合同的权利，任何单位和个人不得非法干预。依法成立的合同对当事人具有法律约束力。当事人应当按照约定履行自己的义务，不得擅自变更或解除合同。

（一）合同的法律特征

合同是依法签订的，故合同有其法律特征。

1．订立合同的行为是一种法律行为

随着社会的不断发展，人与人之间、社会各组织之间交往越来越频繁，交往的双方为了各自的目的，要与对方签订协议，而为了自己的利益不受到损害，就要利用法律这个武器来签订书面合同。合同一旦签订，就受法律的保护，不按合同办事的，依法追究其责任。

2．合同是设立、变更、终止民事权利义务关系的协议

当事人的权利和义务是相互的，合同维护当事人的合法权益。签订合同前，当事人是经过了充分协商达成一致的，在双方都同意的前提下，用文字来明确各自在经济活动中应该享有的权利和必须承担的义务，而且权利和义务基本上是对等的，如银行贷款合同。银行有优先为重点企业和贫困企业贷款的义务，而银行的权利就是按时收取利息、监督款项合理利用、支配；企业享受了银行贷款的权利，就有合理使用资金的义务，把钱用在刀刃上，积极发展企业生产，并且按时支付利息，按时偿还贷款。所以，权利和义务是相互的、对等的，任何一方不能只享有权利而不承担义务，那就是不平等合同。

3．合同的主体有平等的法律地位

签订合同的任何一方不得将自己的意志强加给另一方，当事人依法享有自愿订立合同的权利，任何单位和个人不得非法干预。

4．订立合同的行为是当事人合法合意的行为

《合同法》规定，签订合同应该遵循的三大原则：协商一致、平等互利、等价有偿，也就是说，当事人双方是平等的，签合同前应经过双方的充分协商，并达成一致意见后方能签订。任何一方不得采取威胁、欺诈等非法手段把自己的意志强加给对方，迫使对方签订合同。任何组织和个人不得非法干预当事人签订合同。只有在双方当事人自由表达意志的基础上，经过共同的充分协商，这样签订的合同才能成立。而且签订的合同内容要公平合理，有来有往，等价交换，不能以大欺小，以上欺下。

（二）合同的特点

（1）立约人具有限定性，即立约人必须是具有法律行为能力者。未成年者、精神病患者、醉酒者和被剥夺政治权利的人，以及丧失语言思维能力的人不能作为立约人。代表经济组织团体签订合同的签约双方，必须具有法人资格。

（2）协商互利性，即当事人在订立合同时，任何一方不得把自己的意志强加给他方。各方当事人必须平等相待，协商一致，本着自愿、公平、诚信的原则，订立互利互惠的合同。

（3）约束性。当事人各方所订立的合同，对各方均具有法律约束力。

（三）合同的种类

（1）按合同的性质分，有买卖合同，供电、水、气、热力合同，赠与合同，借款合同，租赁合同，融资租赁合同，承揽合同，建设工程合同，运输合同，技术合同，保管合同，仓储合同，委托合同，行纪合同，居间合同等。

（2）按合同的时间分，有长期合同、中期合同和短期合同。

（3）按合同的结构分，有条款式合同、表格式合同、条款加表格式合同。

（四）签订合同需要遵循的基本原则

1. 平等自愿原则

当事人在订立和履行合同过程中，不论其是组织还是个人，不论其经济实力大小、社会地位高低，各方的法律地位是平等的，不受外来压力的迫使，自愿订立合同。合同一旦订立，就形成对双方的约束力。终止合同有各种情况，如单方终止合同必须有法定事由，否则视为违约，自愿原则不意味着单方可擅自更改合同条款内容。

2. 公平诚信原则

公平诚信主要是指合同当事人在订立和履行合同时讲道德、守信用，真实地表达自己的意思，按照双方的约定行事，以避免欺诈、恶意串通等不法行为的发生。

3. 合法原则

订立合同要符合国家的政策、法令，不符合国家政策、法令的项目或内容要予以改正或终止。对外贸易合同要维护国家尊严和国家正当利益，不做有损国格、人格的事情。

二、合同的基本格式

合同通常由标题、合同当事人、正文、落款四部分组成。

（一）标题

合同的标题即合同的名称，需要写明合同的性质，如购销合同、订货合同。有的标题还需写明标的物，如农产品订货合同。标题写在合同首页上方正中位置，有的合同还在标题下方书写合同的编号。

（二）合同当事人

合同当事人是指签订合同的双方或多方的名称或姓名，要准确写出签约单位或个人的全称、全名，注意其是否与最后签字盖章的名称相符，以免因首尾不一致而造成混乱，并在其后注明双方约定的固定指代，如一般写甲方、乙方。如有第三方，可将其称为丙方，有时也可指代为买方、卖方。无论在什么情况下，合同中不能用不定指代你方、我方来指当事人。

（三）正文

正文由签约缘由、协议内容、合同的保存及附件的说明三部分构成。

1. 签约缘由

简述签订合同的根据或目的，如“根据……法律的规定，……双方经过充分协商，特订立本合同，以便共同遵守”。

2. 协议内容

协议内容是合同的主要部分，一般多采用条文法，按双方当事人的约定，详细写明主要条款和其他条款的内容。合同应具备的主要条款包括标的、数量和质量要求、价款或酬金、履行期限和地点及履行方式、违约责任、解决争议的方法。

（1）标的。标的是指签订合同双方权利和义务所指的共同对象，是合同的基本条款，如货币、货物、劳务、工程项目、租赁等合同中的主要目标。写作时标的要写明名称，从而达到标的特定化及确定当事人的权利和义务的目的。在签订合同时，应对标的名称的定位精确，即使在国内签订各种合同时，也会有同一标的而不同名称，或者同一名称而不同标的的情况，因此，合同标的名称应当用规范、具体的称谓。否则，在合同的执行当中就会造成误差，甚至造成重大损失。

（2）数量和质量要求。合同的数量是以数字和计量单位来衡量标的的尺度；质量是合同标的的内在素质和外观形态优劣程度的标志，决定双方当事人承担的权利义务的大小、范围。复杂一些的数量都是采用表格式写作的，这样便于明确标的具体的计量单位，如吨、米、件等。质量要求是对标的质的要求，如产品、商品、工程的优劣程度。质量要求不明确的，按照国家标准、行业标准履行；没有国家标准、行业标准的，按照通常标准或符合合同标的的特定标准履行。

（3）价款或酬金。价款或酬金是有偿合同的必备条款。价款是指合同标的的价格，是合同一方以货币形式取得对方商品或接受对方劳务所应支付的货币数量，也称报酬。当事人在订立合同时，必须明确规定标的价款或酬金。无论采用人民币结算还是采用外币结算，无论现金支付还是银行转账，都必须严格按国家有关法律规定进行。当事人双方在合同中要明确标的的总价、单价、货币计算标准、付款方法、程序、结算方式。价款或酬金不明确的或有价格变动的，按照订立合同时履行地的市场价格履行；依法应当执行政府定价或政府指导价的，按照规定履行，或者协商解决达成共同认可的价格。

（4）履行期限和地点及履行方式。履行期限是指履行合同的有效期限。它是确定合同当事人是否按时履行的客观标准。日期用公元纪年，年、月、日书写齐全。当事人只有按时履行合同，才能及时满足对方的需要，达到订立合同的预期目的，保证社会经济生活的正常进行。履行地点是指当事人履行合同义务、完成标的任务的地点。履行方式是当事人履行合同的具体办法，如借贷合同的出资方要以提供一定的货币来履约；劳务合同的某一方要提供某种具体的劳动服务。

（5）违约责任。这是合同履行的保障性条款，违约责任是违反合同义务的当事人应承担的法律责任和法律后果，具体包括违约金、赔偿金和其他承担责任的法律形式。违约所承担的责任，一般按照《中华人民共和国经济合同法》的相关条款、相关的法律条文等进行经济制裁。经济制裁的主要方式是违约方支付违约金、赔偿金和承担由于违约造成的其他经济损失。

（6）解决争议的方法。此条款要约定在履行合同发生争议时解决问题的方式和程序，要明确注明是通过仲裁解决、协商解决还是诉讼解决。合同中规定的解决争议的方法具有独立性。因此，即使合同已被宣布为无效或被撤销，但解决争议的条款仍然有效。

3．合同的保存及附件的说明

（1）合同保存情况包括合同份数和保存单位两方面。合同的正本一般为一式两份，签约双方各执一份；或者一式三份，除签约双方之外保证单位存放一份。合同的副本则按签约双方的需要而定。

（2）经济合同的附件一般有表格、图纸、实样等。附件应注明名称、件数，若是图、文，则附在正文之后。

（四）落款

双方单位全称和法人姓名，加盖公章或合同专用章，双方代表签字。如需审批，需写双方主管机关和签证机关的名称并加盖印章，注明签订合同日期。有的合同要求在签约日期下写合同当事人的地址、邮编、电话、图文传真、银行账号等。

三、合同的写作要求

（一）要符合国家的法律、政策要求

订立合同要符合国家的政策、法令。合同的内容、订立的程序、合同的形式，直至合同的履行都必须符合法律的规定。不符合国家政策、法令的项目或内容要予以改正或终止。对外贸易合同要维护国家尊严和国家正当利益，不做有损国格、人格的事情。合同当事人的主体资格要合法，合同内容要合法，履行合同要合法。

（二）双方要坚持诚实守信的原则

签订合同当事人在订立和履行合同时要讲道德、守信用，真实表达自己的意思，要向对方当事人告知与合同有关的真实情况，并按照双方的约定行事，以避免欺诈、恶意串通等不法行为的发生。

（三）合同的条款要完备、明确

合同条款是对合同当事人权利和义务的规定，直接关系到双方的经济利益和经济责任，内容必须完备、明确，避免遗漏、残缺和含混不清。

（四）书写合同时用词准确、严谨

合同的语言表达要确切、规范、严密。如果语言含混不清，不仅会使双方的责任不清，而且可能使合同的标的、质量或数量不明，容易引起纠纷。

（五）合同不得任意涂改或终止

合同一经签订，任何一方都不得随意涂改或终止。如果发现问题需要修改或终止，应经当事人协商同意，签订修改或撤销合同的协议书，加盖公章报公证机关备案方才有效。

四、例文

例 4-4 买卖合同

房产买卖合同

出卖方（甲方）：________________________________

地址：______________邮编：______________电话：______________

法定代表人：______________职务：______________

购买方（乙方）：________________________________

地址：______________邮编：______________电话：______________

法定代表人：______________职务：______________

根据国家有关房产的规定，甲乙双方经协商一致，签订本合同，以资共同信守执行。

第一条 乙方购买甲方坐落在____市____街____巷____号的房屋____栋____间，建筑面积为____平方米。

第二条 上述房产的交易价格：

第三条 付款时间与办法：

1.

2.

第四条 甲方应于____年__月__日前将交易的房产全部交付给乙方使用。

第五条 税费分担

1. 甲方承担房产交易中房产局应征收甲方的交易额的____%的交易费；承担公证费、协议公证费。

2. 乙方承担房产交易中房产局应征收乙方的交易额的____%的交易费，承担房产交易中国家征收的一切其他税费。

第六条 违约责任

1. 乙方必须按期向甲方付款，如逾期，每逾期一天，应向甲方偿付违约部分房产款____%的违约金。

2. 甲方必须按期将房产交付乙方使用，否则，每逾期一天，应向乙方偿付违约部分房产款____%的违约金。

第七条 本合同主体

1. 甲方是____________共____人，委托代理人________，即甲方代表人。

2. 乙方是____________单位，代表人是____________。

第八条 本合同经国家公证机关____公证处公证。

第九条 本合同一式份。甲方产权人各一份，乙方一份，________房产管理局、________公证处各一份。

第十条 本合同发生争议的解决方式：

甲方：________________________

代表：________________________　　　　____年____月____日

乙方：____________________

代表：____________________ ____年____月____日

【析评】

本合同是一份房产购买合同，是我们日常生活中常见且常用的一种合同形式。这份合同措辞严密，语言规范；各项条款内容详细清楚，没有漏洞，也不会产生歧义。

复习与训练

一、填空题

1. 合同是______________的自然人、法人、其他组织之间设立、变更、终止民事权利义务关系的协议。

2. ______________是合同双方当事人权利义务所指向的共同对象。

3. ______________是取得对方的产品或劳务等成果时所支付的代价。

二、选择题

1. 在合同的各项内容中，处于核心地位的是（ ）。

A. 违约责任 B. 价款或酬金 C. 标的 D. 履行的期限和方式

2. 签订合同是一种（ ）。

A. 友情行为 B. 法律行为 C. 行政行为 D. 信任行为

3. 在经济活动中发生纠纷时，当事人（ ）。

A. 可以把合同作为依据诉诸法律

B. 不可以把合同作为依据诉诸法律

C. 只可以把合同作为依据请求仲裁机构裁决

D. 只能把合同作为依据请求工商部门裁决

三、判断题

1. 合同的标的指的是双方权利和义务所针对的实物。（ ）

2. 不管是否给对方造成损失，合同的违约方都要支付赔偿金。（ ）

3. 在合同中必须写明取得对方的产品或劳务时所支付的代价，可以是价款，也可以是酬金，但不能兼有。（ ）

4. 不管是否给对方造成损失，合同的违约方都要支付违约金。（ ）

5. 合同是当事人双方的契约，在写法上没有固定的格式。（ ）

6. 某合同中规定："交货地点：广州。"（ ）

四、病文分析与修改

分析下面这份合同存在的问题并修改。

茶叶买卖合同

供方：云南普洱茶厂（以下简称甲方）

需方：×××贸易公司（以下简称乙方）

为了繁荣市场，保证茶叶供应，根据《中华人民共和国合同法》的规定，双方代表经平等协商，订立本合同，以资共同信守。

一、需方购买供方云雾茶5 000千克，136元/千克；滇红茶3 000千克，96元/千克；特级茉莉花茶2 000千克，116元/千克。总金额120万元。

二、产品由供方负责包装。

三、供方自5月开始将各类茶叶分三批将货物运抵郑州东站，包装费及运费由需方负责。需方过秤验收所有的货物后，一次性通过银行托收承付方式将全部货款及包装费、运费结清。

四、供、需双方任何一方如要求变更或解除合同时，应及时通知对方，并采用书面形式由双方达成协议。未达成协议前，原合同仍然有效。当事人一方接到另一方要求变更或解除合同的建议后，应在收到通知之日起15天内做出答复，逾期不做答复的，即视为默认。

五、执行本合同发生争议，由当事人双方协商解决。协商不成，双方同意由郑州市仲裁委员会仲裁，按达成的书面仲裁协议执行，不再向人民法院起诉。

本合同一式三份，供需双方各执一份，鉴证机关一份。本合同自签订之日起生效，至双方义务履行完毕之日失效。

鉴证机关：昆明市工商行政管理所

供方：云南普洱茶厂　　　　　　需方：×××贸易公司

（法人代表等略）

五、写作训练

根据下列资料，拟写一份经济合同。

果品商店（甲方）王××，于8月7日与国营花果山果园刘××签订了一份合同，甲方购买乙方生产的无核蜜橘20万千克，山枣4万千克，大蜜桃1万千克，各分三批提货，由乙方在两个月内送到甲方所在地，运费由甲方承担。各类水果价格视质量好坏，按国家当地收购牌价计价。货款在每批货物交货时当天通过银行托付。合同一式4份，双方各执一份，各自的上级单位备案各一份。

第六节　财务分析报告

一、财务分析报告概述

财务分析报告是企业依据会计报表、财务分析表及经营活动和财务活动所提供的丰富、重要的信息及其内在联系，运用一定的科学分析方法，对企业本期或下期财务状况将发生重大影响的事项做出客观、全面、系统的分析和评价，并进行必要的科学预测而形成的书面报告。

财务分析报告可以为企业的重大财务决策提供科学依据，能使企业经营活动的成果和财务状况一目了然，及时反映存在的问题。财务分析报告也可以作为企业今后对企业财务管理进行动态分析的重要历史参考资料。

（一）财务分析报告的特点

（1）指导性。财务分析报告要分析财务活动中的各种矛盾，总结经验教训，以便采取措施，加强财务管理，使本部门、本单位财务活动自觉地执行党和国家方针政策及国家财税制度，自觉地接受国家财政、上级机关和本单位领导的指导和监督。所以，财务分析报告对经济部门的发展方向、工作重点和计划的制定具有重要的指导意义。

（2）综合性。财务分析报告主要运用各种会计、统计及有关业务资料，分析单位的财务情况，包括资金运用和效益情况、财务收支和指标完成情况等，然后在此基础上进行综合分析，预测发展前景，肯定成绩，提出建议。

（二）财务分析报告的类型

1．财务分析报告按其内容、范围，可分为综合财务分析报告、专题财务分析报告和简要财务分析报告三种

（1）综合财务分析报告。综合财务分析报告又称全面分析报告，是对企业的经营特征、利润实现及其分配情况，资金增减变动和周转利用情况，税金缴纳情况，存货、固定资产等主要财产物资的盘盈、盘亏、毁损等变动情况及对本期或下期财务状况将发生重大影响的事项做出客观、全面、系统的分析和评价，并进行必要的科学预测而形成的书面报告。

（2）专题财务分析报告。专题财务分析报告又称单项分析报告，是指针对某一时期企业经营管理中的某些关键问题、重大经济措施或薄弱环节等进行专门分析后形成的书面报告。它具有不受时间限制、一事一议、易被经营管理者接受、收效快的特点。

（3）简要财务分析报告。简要财务分析报告是对主要经济指标在一定时期内存在的问题或比较突出的问题，进行概要的分析而形成的书面报告。

2．财务分析报告按其分析的时间，可分为定期财务分析报告与不定期财务分析报告两种

（1）定期财务分析报告。定期财务分析报告一般是由上级主管部门或企业内部规定的每隔一段相等的时间应予编制和上报的财务分析报告，如每半年、每年年末编制的综合财务分析报告就属定期分析报告。

（2）不定期财务分析报告。不定期财务分析报告是从企业财务管理和业务经营的实际需要出发，不做时间规定而编制的财务分析报告，如上述的专题财务分析报告就属于不定期财务分析报告。

二、财务分析报告的基本格式

财务分析报告通常由标题、正文、落款三部分组成。

（一）标题

财务分析报告的标题没有固定的写法，一般包括单位名称、时限、内容和文种四项。如《××公司 2015 年度财务分析报告》，也有的不写单位名称，在报告全文后署名，如《2015 年第×季度流动资金占用情况分析》；还可以将报告中提出的建议和意见作为标题，如《关于增收节支、扭亏增盈的意见》。

（二）正文

财务分析报告的正文一般包括开头、主体、结尾三部分。

（1）开头。开头部分是情况的概述部分，主要概括描述公司综合情况、取得的主要成绩和存在的问题，以及对分析期间财务状况的基本评价等，让报告接受者对财务分析报告有一个总括的认识。

（2）主体。主体部分是财务分析报告的重点，这部分要对公司运营及财务现状进行详细介绍，尤其要特别关注公司当前运作上的重心，对重要事项要单独反映。公司在不同阶段、不同月份的工作重点有所不同，所需要的财务分析重点也不同。分析问题一定要善于抓住当前要点，多反映公司经营焦点和易忽视的问题。

财务分析报告的主体一般要对企业的盈亏、营收、资产运营情况及偿债能力等项目的实际指标与其各项计划指标进行对比分析，与上年同期各项指标进行对比分析，与同期最好水平进行对比分析，也可与同行业其他企业进行对比分析。要采用绝对数与相对数指标相结合，分析各项经济指标已完成情况，未完成的原因，采取的措施及取得的成绩，成功的经验，存在的问题等。总之，要做到有数据、有比较、有分析。

有时为使财务分析报告清楚明了，应编制财务分析表，即根据分析的目的，将会计报表及有关经济资料，经过再分类、再组合，适当补充资料，配以分析项目，采用表格，简明扼要地表达资料各项目间的内在联系。财务分析表能清楚地显示各指标之间的差异及变动趋势，使财务分析更形象、具体，如盈亏情况分析表、用度明细表、活动资金分析表等。

（3）结尾。结尾即财务人员在对经营运作、投资决策进行分析后形成的意见和看法，主要包括对企业经营治理中的成绩和经验加以推广，对运作过程中存在的问题提出改进建议。财务分析报告中提出的建议不能太抽象，而要具体化，最好有一套切实可行的方案。

（三）落款

落款署上撰写财务分析报告的单位名称和年、月、日。另外，有些财务分析报告还以附件的形式附上财务分析的有关表格和材料。

三、财务分析报告的写作要求

（一）要有精确的数据

各种财务数据并不仅仅是通常意义上数字的简单拼凑和加总，每个财务数据背后都寓示着非常生动的资金的增减、费用的发生、负债的偿还等。财务分析人员依据对财务数据的敏感性，即可判断经济业务发生的合理性、合规性，由此写出来的分析报告也就能真正为业务部门提供有用的决策信息。

（二）勿轻易下结论

财务分析人员在报告中的所有结论性词语对报告阅读者的影响很大，如果财务人员在分析中草率地下结论，很可能形成误导。目前一些单位的核算还不是很规范，费用的实际发生期与报销期往往不一致，如果财务分析人员不了解核算的时滞差，则很容易得出错误的结论。

（三）语言简洁，行文流畅

财务分析报告的行文要尽可能地流畅、通顺，语言简明、精练，避免口语化、华而不实。

四、例文

例 4-5

20××年财务分析报告

20××年度，我局所属企业在改革开放力度加大、全市经济持续稳步发展的形势下，坚持以提高效益为中心，以搞活经济、强化管理为重点，深化企业内部改革，深入挖潜，调整经营结构，扩大经营规模，进一步完善了企业内部经营机制，努力开拓，奋力竞争，销售收入实现×××万元，比去年增加 30%以上，并在取得较好经济效益的同时，取得了较好的社会效益。

（一）主要经济指标完成情况

本年度商品销售收入为×××万元，比上年增加×××万元。其中，商品流通企业销售实现×××万元，比上年增加 5.5%，商办工业产品销售×××万元，比上年减少 10%，其他企业营业收入实现×××万元，比上年增加 43%。全年毛利率达到 14.82%，比上年提高 0.52%。费用水平本年实际为 7.7%，比上年升高 0.63%。全年实现利润×××万元，比上年增长 4.68%。其中，商业企业利润×××万元，比上年增长 12.5%，商办工业利润×××万元，比上年下降 28.87%。销售利润率本年为 4.83%，比上年下降 0.05%。其中，商业企业为 4.81%，上升 0.3%。全部流动资金周转天数为 128 天，比上年的 110 天慢了 18 天。其中，商业企业周转天数为 60 天，比上年的 53 天慢了 7 天。

（二）主要财务情况分析

1. 销售收入情况

通过强化竞争意识，调整经营结构，增设经营网点，扩大销售范围，促进了销售收入的提高。例如，南一百货商店销售收入比去年增加 296.4 万元；古都五交公司比上年增加 396.2 万元。

2. 费用水平情况

全局商业的流通费用总额比上年增加 141.8 万元，费用水平上升 0.82%。其中：① 运杂费增加 13.1 万元；② 保管费增加 4.5 万元；③ 工资总额增加 3.1 万元；④ 福利费增加 6.7 万元；⑤ 房屋租赁费增加 50.2 万元；③ 低值易耗品摊销增加 5.2 万元。

从变化因素看，主要是由于政策因素影响：①调整了“三资”、“一金”比例，使费用绝对值增加了 12.8 万元；②调整了房屋租赁价格，使费用增加了 50.2 万元；③企业普调工资，使费用相对增加 80.9 万元。扣除这三种因素影响，本期费用绝对额为 905.6 万元，比上年相对减少 10.2 万元；费用水平为 6.7%，比上年下降 0.4%。

3. 资金运用情况

年末，全部资金占用额为×××万元，比上年增加 28.7%。其中：商业资金占用额×××万元，占全部流动资金的 55%，比上年下降 6.87%。结算资金占用额为×××万元，占 31.8%，比上年上升了 8.65%。其中：应收货款和其他应收款比上年增加×××万元。从资金占用情况分析，各项资金占用比例严重不合理，应继续加强“三角债”的清理工作。

4. 利润情况

企业利润比上年增加×××万元，主要因素如下。

（1）增加因素：① 由于销售收入比上年增加804.3万元，利润增加了41.8万元；② 由于毛利率比上年增加0.52%，使利润增加了80万元；③ 由于其他各项收入比同期多收43万元，使利润增加42.7万元；④ 由于支出额比上年减少6.1万元，使利润增加6.1万元。

（2）减少因素：① 由于费用水平比上年提高0.82%，使利润减少105.6万元；② 由于税率比上年上浮0.04%，使利润少实现5万元；③ 由于财产损失比上年多16.8万元，使利润减少16.8万元。

以上两种因素相抵，本年度利润额多实现×××万元。

（三）存在的问题和建议

1. 资金占用增长过快，结算资金占用比重较大，比例失调

这里特别应指出的是其他应收款和销货应收款大幅度上升，如不及时清理，对企业经济效益将产生很大影响。因此，建议各企业领导要引起重视，应收款较多的单位，要领导带头，抽出专人，成立清收小组，积极回收。也可将奖金、工资同回收贷款挂钩，调动回收人员积极性。同时，要求企业经理要严格控制赊销商品管理，严防新的三角债产生。

2. 经营性亏损单位有增无减，亏损额不断增加

全局企业未弥补亏损额高达×××万元，比同期大幅度上升。建议各企业领导要加强对亏损企业的整顿、管理，做好扭亏为盈工作。

3. 各企业不同程度地存在潜亏行为

全局待摊费用高达×××万元，待处理流动资金损失为×××万元。建议各企业领导要真实反映企业经营成果，该处理的处理，该核销的核销，以便真实地反映企业经营成果。

××财务处
××××年×月×日

【析评】

这是一篇单位的财务分析报告。正文从“主要经济指标完成情况”、“主要财务情况”和“存在的问题和建议”三个方面对该局的销售状况、费用水平、资金周转、利润增长和存在的主要问题进行了分析。文章抓住主要矛盾，说明观点，分析问题，多用准确的数据，注重选择典型事例，有说服力。全文思路清晰，语言简洁，分析透彻。

复习与训练

一、填空题

1. 财务分析报告的特点包括________和________。

2. 财务分析报告按其内容、范围不同，可分为________、________、________。

二、判断题

1. 财务分析报告的标题必须包含四个要素：单位名称、时限、内容和文种。（　）

2. 财务分析报告一般都要求在结尾部分提出改进意见和建议。（　）

三、简答题

1. 简述财务分析报告的作用。

2. 简述财务分析报告的基本格式。

3. 简述财务分析报告的写作要求。

第七节 审计报告

一、审计报告概述

审计报告是审计人员对企事业单位的经济活动情况进行审查之后，将审查的情况及结果向审计机关或被审查单位主管部门进行汇报而形成的书面报告。

审计报告可以反映被审计对象履行财经制度和财经纪律及经营管理、经营成果的真实情况，能够发现并纠正违反国家财经政策和会计法的行为。通过审计及时纠正偏差，调整和完善有关财经制度，提高财经管理水平。

（一）审计报告的特点

1．要素完备

审计报告的基本要素包括标题、收件人、范围段、意见段、注册会计师签名和会计师事务所签章、报告日期。每个要素都有其特定的含义和作用，如果缺少其中之一，审计报告也就失去了意义，同时也将影响审计报告所提供的信息质量。

2．意见准确

审计报告中应真实地反映审计的情况，将审计意见确切地传达给报告使用者。

3．证据充分

审计报告应在取得的充分的审计证据的基础上形成审计意见。充分的审计证据是减少审计风险的前提。

4．内容合法

审计报告必须符合《中华人民共和国注册会计师法》和《独立审计准则》的规定。

（二）审计报告的分类

（1）审计报告按性质的不同，可分为标准审计报告和非标准审计报告。标准审计报告是指格式和措辞基本统一的审计报告，一般适用于对外公布。非标准审计报告是指格式和措辞不统一，可以根据具体审计项目的问题来决定的审计报告，一般适用于非对外公布。

（2）审计报告按使用目的的不同，可分为公布目的的审计报告和非公布目的的审计报告。公布目的的审计报告一般是用于对企业股东、投资者、债权人等非特定利益关系者公布的附送会计报表的审计报告。非公布目的的审计报告一般是用于经营管理、合并或业务转让、融资等特定目的的审计报告。

二、审计报告的基本格式

审计报告一般包括标题、主送单位、正文、附件说明、落款五部分。

（一）标题

审计报告的标题通常由被审单位、审查内容和文种三个要素构成，如《关于××食品厂 2015 年财务收支的审计报告》、《关于××公司违反财经纪律的审计报告》。

（二）主送单位

主送单位即审计报告的呈递单位，主要是委托单位，也可以是被审计单位的上级主管部门。

（三）正文

审计报告的正文包括导言、基本情况、审计中发现的问题、审计意见和建议。

1．导言

导言是审计报告的开头部分，是审计概况的介绍，包括审计依据、审计时间、审计目的、审计内容、审计方式和范围，以及被审计单位名称和业务性质等。这部分结束往往用“现将审计情况报告如下”或“现将该厂的评估结果报告如下”等语句过渡。

2．基本情况

写明被审计单位的基本情况，如业务经营范围、企业经营概况、财产资金状况、主要经济指标、隶属关系等。这部分要写得客观、全面。

3．审计中发现的问题

这部分内容是审计报告的最重要部分，应详细列出在财务审计中发现的问题，分析这些问题造成的影响及危害。如果是财经法纪审计，还应详细列出被审计单位的违纪事实，分析其后果，并确定有关人员的责任。这部分内容事关重大，所以在查证反映问题时一定要实事求是，材料充分，证据确凿，引用的法规、制度等文件要准确，这样才能使审计报告更具客观性、公正性。

4．审计意见和建议

在查明问题的基础上，引证有关法律、法规、规章和具有普遍约束力的决定、命令的条款，同时根据其问题的性质，提出具体、明确的处理意见，如调整有关账目、没收非法所得、补交税金、处以罚款等。对严重违反财经纪律，甚至触犯国家法律的人，应追究其经济责任，或者建议行政管理部门进行处理，或者建议提交有关司法部门审理。

在做出处理决定后，审计人员还可以就如何帮助被审计单位从中吸取教训、提高思想认识、加强制度管理、改进工作、提高经济效益等提出合理化建议，供被审计单位及其主管部门领导参考和决策。

因为审计报告是上呈文，所以正文后往往以“以上意见当否，请审定”为结尾，也可以不写。

（四）附件说明

附件通常是审计中不便写入正文的有关证据，如凭证、证词、账簿中的材料等，一并附在审计报告后，以备查用。没有，则可以免去。

（五）落款

署名和日期写在正文后右下角，包括审计单位、审计人员姓名并加盖印章，下面是审计报告的写作时间。

三、审计报告的写作要求

（一）内容要完整

审计报告应包括各种重要事项、检查方法、提出的检查结论和意见，相应的佐证材料也需附上。

（二）由事而论断

事实的叙述与审计人员的判断必须分开，不能混淆。审计报告中的每项事实或数据的引证都要有依据。查账人员要依据事实和依据有关的财经法律、法规等下结论。

（三）性质要明确

对涉及追究刑事责任案件的审计报告，注意划分清楚罪与非罪的界限。如果刑事被告人的行为事实上已经构成犯罪，在制作有罪的审计报告时，应采用有罪事实材料裁去不构成罪行的材料。对犯有数罪的财经案犯，应掌握被告人的主要罪行材料，但也不能忽略次要罪行材料，主罪材料从详，次罪材料从略。

（四）引用要准确

引用法律条款是给审计内容确定性质。由于查账所涉及的情况十分复杂，法律条款也很多，对问题的处理不能生搬硬套、牵强附会，特别不能以分析推理为处理依据，更不能违反原则，掩盖事实，偏袒被查对象，要坚持针对证据引用法律条款下结论。

四、例文

例 4-6

××市工会经费审计报告

根据《××市基层以上工会经审会对下审计监督的暂行办法》的规定和市总经审会的年度工作计划，市总经审会组成审计组，于××××年××月××日至××日对工会××××年度本级核算的所有账户的财务收支和财务管理情况进行了审计，同时到其下属××××工会和××××工会进行了审计调研。审计组审计了审计期间的有关报表、账簿、合同、协议，抽查了部分会计凭证，盘点了部分资金、资产，实施了审计组认为必要的审计程序。××××工会应对所提供本次审计的会计资料和相关材料的真实性、完整性负责，市总审计小组承担审计责任。

一、基本情况

××××工会是独立收缴、管理、使用经费的一级预算单位，为区县局（产业）工会本级预算单位。××××工会设有主席室、××××、××××、××××等×个职能部室，人员编制××名；有所属工会××个，本系统有职工人数××人，其中：会员数××人，××××工会本级共设有××套账户管理、核算有关资金活动。

（1）××××工会经费账户（以下简称工会经费）；

（2）××××第三产业管理委员会（以下简称三产管委会）：主要核算三产管理费收支情况；

（3）××××职工技术协会（以下简称技术协会）：有自营收支和管理费收支两块，

××××年×月后则只有管理费收支；

（4）××××退管会（以下简称退管会）：主要核算管理费收支和财政补贴收支情况。

二、审计结果

（一）工会经费预算执行情况（略）

（二）其他账户的收支情况（略）

（三）资产和负债情况（略）

三、审计评价

审计结果表明，××××工会紧紧围绕当前工会中心工作，切实保证重点工作的开展，预算编制符合“量入为出、收支平衡、略有结余”的原则。从预算执行结果看，××××工会通过积极组织本级收入，使经费收入实现了稳步增长。

××××工会经审会认真履行经审监督职能，通过对工会本级××××年度工会经费的审计，××××工会财务部门对工会经费收缴、使用、管理中存在的问题，进行了及时纠正、调整并加以规范。

本次审计期间，对××××工会落实上次审计意见的情况进行了核实，经核实，审计意见和建议均得到了落实。

但我们在审计中，也发现××××工会在预算管理方面、经费收缴方面、投资管理方面、会计基础工作等方面存在一些问题，需进一步加以改进和纠正。

四、审计发现的问题

（一）预算管理方面

1. 预算执行不严格。（略）

2. 将预算内的资金在预算外收支。（略）

（二）经费收缴方面（略）

（三）固定资产方面（略）

（四）投资方面（略）

（五）债权债务方面（略）

（六）费用列支方面（略）

（七）收据方面（略）

（八）会计规范化方面（略）

（九）综合方面（略）

（十）技协方面（略）

五、审计建议（略）

××会计师事务所有限责任公司　　　　中国注册会计师：×××

××××年××月××

【析评】

这份审计报告在“基本情况”部分，作者简要说明了被审计单位的性质、人员构成、业务性质及固定资产、流动资金、主要经济指标完成情况等。在“发现的问题”部分，分条列项地指出被审计单位存在的问题，并对其性质及程度加以准确定论，同时提出审计建议。本文思路清晰、有条不紊。

复习与训练

一、判断题

1. 撰写审计报告的人必须是审计机关的主管领导。(　)

2. 审计报告具权威性，有关单位和人员必须无条件执行。(　)

二、选择题

1. 审计报告中最重要的一项内容是 (　　)。

A. 前言　　B. 情况　　C. 问题　　D. 结论

2. 审计报告的标题一般包括 (　　)。

A. 审计机关名称、审计项目名称、文种名称

B. 审计机关名称、文种名称

C. 审计机关名称、被审计机关名称、文种名称

D. 被审计机关名称、审计项目名称、文种名称

三、简答题

1. 审计报告按不同的标准可划分为哪些不同的种类？

2. 审计报告的正文包括哪几部分，每部分应包括哪些内容？

3. 审计报告的写作要求有哪些？

第八节　资产评估报告

一、资产评估报告概述

（一）资产评估报告的概念

资产评估报告是接受委托的资产评估机构在完成评估项目后，向委托方出具的关于项目评估过程及其结果等基本情况的具有公证性的工作报告，是评估机构履行评估合同的成果，也是评估机构为资产评估项目承担法律责任的证明文件。

（二）资产评估报告的分类

1. 按评估的范围划分，资产评估报告可分为整体资产评估报告和单项资产评估报告

（1）整体资产评估报告。凡是对整体资产进行评估所出具的资产评估报告称为整体资产评估报告。

（2）单项资产评估报告。凡是仅对某部分、某项资产进行评估所出具的资产评估报告称为单项资产评估报告。

2. 按评估的对象划分，可分为资产评估报告、房地产评估报告和土地估价报告

（1）资产评估报告。资产评估报告是以资产为评估对象所出具的评估报告。这里的资产可能包括负债和所有者权益，也可能包括房屋建筑物和土地。

（2）房地产评估报告。房地产评估报告则只是以房地产为评估对象所出具的估价报告。

（3）土地估价报告。土地估价报告是以土地为评估对象所出具的估价报告。

3．按评估报告所提供信息的详细程度划分，资产评估可分为完整评估报告和简明评估报告

（1）完整评估报告。完整评估报告中应当详细说明：① 评估范围和评估对象的基本情况，评估目的的表述应当清晰、具体，不得引起误导；② 评估程序实施过程和情况，并重点说明评估业务承接过程和情况，资产勘察、收集评估资料的过程和情况，分析、整理评估资料的过程和情况，选择评估方法的过程、依据，评估方法的基本原理，相关参数的选取和运用评估方法进行计算、分析、判断的过程，对初步评估结论进行综合分析、形成最终评估结论的过程。

（2）简明评估报告。简明评估报告应当简要说明：① 评估范围、评估对象的基本情况，以及评估目的，表述应当清晰、具体，不得引起误导；② 评估程序实施过程和情况。

二、资产评估报告的基本格式

资产评估报告一般由标题、委托单位的名称、正文、附件、署名和日期五部分组成。

（一）标题

资产评估报告的标题一般由被评估单位的名称、资产评估的内容和文种三部分组成，如《关于××公司固定资产实有情况的评估报告》。

（二）委托单位的名称

一般要详细写明委托人名称，不能用简称。

（三）正文

正文包括前言、主体和结尾三部分。

1．前言

前言部分主要写明评估依据、评估目的、评估基准日和评估资产项目名称。

（1）评估依据。这部分内容应说明接受谁的委托，对谁的资产进行评估，同时说明依据什么法律、法规和规定进行评估，作价的依据和资料来源是什么。

（2）评估目的。评估目的部分应写明本次资产评估是为了满足委托方的何种需要及其所对应的经济行为类型，并简要说明该经济行为是否经过批准。若已获批准，应将批准文件的名称、批准单位、批准日期及文号写出。写明纳入评估范围的资产及其类型，并列出评估前的账面金额。评估资产为多家占有，应说明各自的份额及对应的资产类型。

（3）评估基准日和评估资产项目名称。这部分应写明评估基准日的具体日期，确定评估基准日的理由和成立条件，揭示确定基准日对评估结果的影响程度。另外，还应对采用非基准日价格标准做出说明。评估基准日应根据经济行为的性质由委托方确定，并尽可能与评估目的实现日接近。

2．主体

主体部分应写明评估工作过程中遵循的各类原则和本次评估遵循的国家及行业规定的公认原则，对所遵循的特殊原则也应进行适当阐述。这部分内容中还应列示评估依据，包括经济行为依据、法律法规依据、产权依据和取价依据等，说明评估过程所选择、使用的评估方法和选择评估方法的依据或原因。对某项资产评估采用一种以上评估方法的，还应说明原因和该资产价值的确定方法。

这部分应反映评估机构自接受评估项目委托起至提交评估报告的全过程，包括接受委托过程中确定评估目的、对象及范围，基准日和拟定评估方案的过程；资产清查中指导资产占有方清查、收集准备资料、检查与验证过程；评估估算中的现场检测与鉴定、评估方法选择、市场调查与分析过程；评估汇总中的结果汇总、评估结论分析、撰写报告与说明、内部复核过程，以及提交评估报告等过程。

3．结尾

结尾部分应使用表述性文字完整地叙述评估机构基于评估结果得出的结论，对资产、负债、净资产的账面价值、调整后账面价值、评估价值及其增减幅度进行表述，同时还应单独列示不纳入评估汇总表的评估结果。

（四）附件

附件的基本内容包括以下几方面。

（1）作为评估依据的主要文件，如合同、协议、法律条文的复印件。

（2）财产清单及各类资产评估明细表。

（3）委托单位提供的有关财务会计报表及有关资料。

（4）评估后资产价格情况、增减说明等。

（五）署名和日期

正文结束后，在附件的右下方署上评估机构负责人、评估项目负责人、参加评估人员的姓名，并加盖印章。姓名之下写上评估机构名称并加盖公章，最好署上具体的年、月、日。

三、资产评估报告的写作要求

（一）评估技术说明的基本内容要全面

评估技术说明主要是对各项资产及负债进行评定估算和估价过程的详细说明，具体反映评估中选定的评估方法和采用的技术思路及实施的评估工作。评估技术说明应按评估项目涉及的会计科目分类逐一撰写，应至少含有以下基本内容：① 委估资产及负债的账面情况，包括账面金额、发生日期等；② 委估资产及负债的主要业务内容，适当介绍二级明细科目，甚至三级明细科目资产内容，对清查中发现的账外资产应分别单独列示；③ 评估实施的工作，即评估过程中做了哪些工作；④ 评估价值确定的方法、依据、计算过程；⑤ 涉及的计算公式；⑥ 涉及的评估价值构成等式；⑦ 评估值与调整后账面值的差异及其原因；⑧ 评估举例，举例应选择典型的、价值量大的资产，应有详细的评估过程，推导评估结论的每个参数都应说明来源或依据；⑨ 外币资金折算为人民币时，所选取的汇率；⑩ 对于选用特殊方法进行评估的，应详细介绍选用该方法的原因及其科学性、合理性。

（二）评估技术说明可以适当分类

评估技术说明可以根据项目具体情况适当分类，但采用成本加和法评估整体资产至少应分为流动资产、长期投资、机器设备、房屋建筑物、在建工程、土地使用权、无形资产、其他资产、流动负债、长期负债和租金标准与使用费标准等。评估项目中不存在该类评估对象的除外。

（三）语言要准确严密

资产评估报告的语言运用要具有法律用语的一般特征，因此，要善于采用定义法、限定法对有关概念加以明确。如果模糊不清，存在歧义，则有可能产生误导。

四、例文

例 4-7

资产评估报告

广州××评估有限公司接受广州××集团有限公司委托，根据国家有关资产评估的规定，本着客观、独立、公正、科学的原则，按照公认的资产评估方法，对委托方拟资产重组而涉及广州××药业股份有限公司的资产和负债进行了评估工作。我们按照必要的评估程序对委估资产和负债实施了实地查勘、市场调查，对委估资产和负债在20××年6月30日所表现的市场价值做出了公允反映，现将资产评估情况及评估结果报告如下：

一、委托方

委托方名称：广州××集团有限公司（以下简称××集团）

法定代表人：×××

住 所：广州市××××街45号

注册资本：壹拾亿零柒佰柒拾万元

企业类型：有限责任公司（国有独资）

联 系 人：×××

电 话：×××××××××、×××××××××

经营范围：国有资产的经营、投资；生产、销售医药中间体、中西成药、中药材、生物技术产品、医疗器械、制药机械、药用包装材料、保健食品及饮料、卫生材料及医药整体相关的商品等。

广州××集团是国内大型药业集团之一，其前身是成立于××××年的广州市××××总公司，××××年××月××××总公司经改组后分拆为××××集团和广州医药局。经广州市人民政府穗府函〔××××〕××号文批准，××集团正式成立，并接管了原医药总公司下属的31家医药企业，经营管理上述31家企业的国有资产，并对授权范围内的国有资产行使出资人的权利。

二、资产占有方

资产占有方名称：广州××药业股份有限公司

法定代表人：×××

住 所：广州市××××路808号

注册资本：肆仟伍佰陆拾玖万叁仟元

经营范围：包括制造、加工、销售：化学药制剂、中成药、医药中间体、化学原料药、中药原料药、保健食品、非酒精饮料；自有房屋出租；研究、开发药品。

××药业股份有限公司是由××××制药厂于1993年1月28日改组成立的股份有限公司，总股本为45 693 139.77股，其中：国家股为37 693 139.77股，占总股本的82.49%；

个人股为 8 000 000 股，占总股本的 17.51%。

××药业股份有限公司建厂 50 多年，其中抗菌素粉针的生产有 40 多年的历史，早在 20 世纪 50 年代已成为生产粉针剂、水针剂、滴眼剂、口服剂、冲剂等多种剂型 100 多个品种的制剂企业。目前该公司拥有固定资产 1 亿多元，生产规模：粉针剂 10 000 万瓶、水针剂 15 000 万支、滴眼剂 1 000 万支、口服液 1 500 万支、胶囊 25 000 万粒、片剂 30 000 万片。20××年产值 2.1 亿元，销售额 1.975 亿元。20××年 8 月粉针剂获国家药品监督管理局颁发的《药品 GMP 证书》。

三、评估目的

根据广州市财政局第一分局批复的穗财一立字〔20××〕第 21 号文《资产评估立项申请审批表》，广州××集团有限公司拟对其托管的广州××××企业集团有限公司进行资产重组。本次资产评估是为委托方提供该经济行为所涉及××药业股份有限公司的资产和负债于评估基准日之市场价值依据。

四、评估范围与对象

本项目评估范围为××药业股份有限公司于评估基准日的经会计师事务所审计后的资产负债表上所列资产、负债及“心（图形）+心字牌”注册商标专用权、商誉等无形资产。

待评资产于评估基准日之账面值及数量见以下数字。

总资产　　23 987.32 万元，其中：

设备　　3 336.53 万元，原值 5 167.07 万元，共 582 台（套）；

房屋建筑　　8 571.39 万元，原值 9 747.50 万元，共 25 项 46 768.56m^2；

在建工程　　536.14 万元，共 18 项；

长期投资　　185 万元，共 1 项；

土地使用权共 31 552.23m^2；

流动资产　　11 396.33 万元。

资产占有方于评估基准日之负债及净资产账面值为：

负债　　12 326.19 万元；

净资产　　11 661.13 万元。

资产占有方要求将非经营性资产——珠海的疗养所、××2—4 号东座××房的宿舍、××路职工宿舍从待评资产中剥离出来。

该公司的注册商标［“心（图形）+心字牌”］专用权、商誉等其他无形资产没有会计记录。

该公司现为国有控股股份有限公司，其中国有股权占总股权的 82.49%，其余为内部职工股。

本次评估范围与委托方按 20××年 6 月 30 日未经审计的资产负债表数据填列在《资产评估立项申请审批表》的评估范围存在差异。本次评估范围是经广州××××会计师事务所有限公司审计后的账面值所列示的范围。《审计报告》文号为〔20××〕羊查字第 8059 号。

五、评估基准日

本项目资产评估基准日为 20××年 6 月 30 日，评估中所采用的价格均系评估基准日的标准。

本项目资产评估基准日由委托方确定。

六、评估原则（略）

七、评估依据

（一）行为依据

1. 广州市财政局××分局批复的穗财一立字〔20××〕第21号文《资产评估立项申请审批表》。

2. 委托方与我公司签订的资产评估业务约定书。

（二）法规依据

1.《国有资产评估管理办法》（1991年国务院令第91号）和《国有资产评估管理办法施行细则》（原国家国有资产管理局国资办发〔1992〕36号）。

2.《资产评估操作规范意见（试行）》（原国家国有资产管理局国资办发〔1996〕23号）。

3.《中华人民共和国城市房地产管理法》。

4.《中华人民共和国城镇国有土地使用权出让和转让暂行条例》。

5.《中华人民共和国土地管理法》及《中华人民共和国土地管理法实施条例》。

（三）产权依据

1. 委托方提供的《房地产证》、发票、《机动车辆行驶证》等产权证明文件及其他有关文件。

2. 各类交易合同、抵押合同、担保合同及其他合同。

（四）取价依据（略）

八、评估方法

根据本项目评估目的及评估对象的具体情况，我们采用加和法评估企业的整体价值，扣除企业的各项负债，从而得出企业的净资产价值。

采用加和法评估企业的整体价值，即对构成企业的各种要素资产采用适当的评估方法分别评估，将评估值加和求得企业整体价值。

其中：

1. 因广州××××会计师事务所有限公司已出具与本评估报告相同基准日、相同目的审计报告[〔20××〕羊查字第××号]，在本评估项目中，流动资产、长期投资、流动负债、长期负债等科目主要引用上述审计报告书中审计后的账面值作为评估值。

2. 无形资产——土地使用权的评估结果引用广东××××房地产评估咨询有限公司出具的粤地估字〔20××〕××号《土地估价报告》的估价结果作为评估值。

3. 设备、房屋建筑、在建工程等实物资产采用成本法评估。

4. 其他无形资产采用收益现值法评估。

九、评估过程

整个评估项目评估时间从20××年6月1日至20××年9月28日，经过了接受委托、资产清查、评定估算、评估汇总、提交报告等，具体过程如下：

1. 接受委托。我公司接受委托，根据有关文件及委托方具体经济行为的需要，与委托方协商确定了评估目的、评估范围和对象，选定了评估基准日，拟订了评估工作计划，并签订了资产评估业务约定书。

2. 资产清查。根据本项目的具体情况，我公司组织了包括中国注册资产评估师及房地产、设备、财务会计等各专业评估人员组成的评估项目组，指导资产占有方进行资产清查、收集准备资料。在资产占有方资产清查的基础上，评估人员到资产现场进行勘察取证、检查核实资产、验证有关资料并补充搜集相关资料。

3. 评定估算。完成资产清查工作后，将收集到的有关资料和市场信息进行筛选、分类、整理和分析，对不同的评估对象分别选择适宜的评估方法进行具体评定估算。

4. 评估汇总及提交报告。汇总评估结果，分析得出评估结论，撰写资产评估报告和评估说明；同时逐级进行内部审核，检查评估结果的合理性、准确性及工作底稿的完整性，最后提交资产评估报告。

十、评估结论

经评估计算，我们对资产占有方于评估基准日 20××年 6 月 30 日的评估结论如下。

总资产：账面值为人民币 23 987.32 万元，调整后账面值为人民币 35 407.66 万元，评估价值为人民币 32 251.71 万元，减值 8.9%。

总负债：账面值为人民币 12 326.19 万元，调整后账面值为人民币 12 326.19 万元，评估价值为人民币 12 326.19 万元，无增减。

净资产：账面值为人民币 11 661.13 万元，调整后账面值为人民币 23 081.47 万元，评估价值为人民币 19 925.52 万元，减值 13.7%。

评估结论详细情况见资产评估结果汇总表及评估明细表。（略）

其中：建筑物评估值未含土地使用权的价值，已含装修装饰工程的价值，委估房地产如在未来发生产权变动，需按国家对土地收益的处理规定办理；设备的评估值已含设备的安装调试费。评估结果详见评估明细表。

土地使用权价值的评估情况请详阅广东金兰德房地产评估咨询有限公司出具的粤地估字〔20××〕××号《土地估价报告》。

流动资产、长期投资、流动负债、长期负债等项下资产、负债相关情况请详阅广州羊城会计师事务所有限公司出具的《审计报告》[〔20××〕羊查字第××号]。

十一、特别事项说明（略）

十二、评估报告的法律效力（略）

十三、评估报告提出日期

本评估报告于 20××年 9 月 28 日提交委托方。

评估机构：广州××××评估有限公司

法定代表人：×××　　中国注册资产评估师：×××

签字注册评估师：×××　中国注册资产评估师：×××

中国注册资产评估师：×××

报告复核人：×××

广州××××评估有限公司

××××年××月×日

备查文件

1. 资产评估立项批准文件复印件　　（共壹页）

2. 广州××××会计师事务所有限公司《审计报告》

〔20××〕羊查字第××号复印件（共贰页）

3. 委托方与资产占有方营业执照复印件（共贰页）

4. 产权证明文件复印件（共叁拾柒页）

5. 资产占有方的承诺函（共壹页）

6. 资产评估人员与评估机构的承诺函（共壹页）

7. 广州××××评估有限公司评估资格证书复印件及更名说明（共叁页）

8. 广州××××评估有限公司营业执照复印件（共壹页）

9. 本评估项目签字人员资格证书复印件（共肆页）

10. 资产评估业务约定书及补充说明复印件（共叁页）

11. 评估对象部分图片资料（共叁页）

复习与训练

一、填空题

1. 资产评估报告按资产评估的范围可分为________和________两类。

2. 资产评估报告按评估对象不同可分为________、________和________三类。

二、简答题

1. 资产评估报告有什么作用？有哪些种类？

2. 资产评估报告由哪几部分组成？正文包括哪些部分？

3. 资产评估报告在写作上有什么要求？

第九节 商品广告

一、商品广告概述

商品广告是提供商品或劳务的单位或个人，为触发消费者的购买欲望，并使之产生购买行动，而通过报纸、杂志、广播、电视等媒介介绍商品的名称、特征并进行销售说服的活动。商品广告是以促进产品的销售为目的，通过向目标受众介绍有关商品消息，突出商品的特性，提高商品的知名度，以引起目标受众和潜在消费者关注的广告。

（一）商品广告的特点

1. 真实性

真实是最具有力量的。在广告宣传上只有讲真话，才能为商品、广告和媒介树立良好的形象，赢得声誉。如果言过其实，或者无中生有，胡编乱造，只能是欺骗顾客，损害自我形象。

2. 思想性

广告的思想性主要是指广告信息中表现的思想观念特性。广告宣传不仅是一种经济现象，还是意识形态的一部分。广告在内容上要杜绝淫秽、丑恶、违法、庸俗的东西出现。广告思想性如何，不是取决于它是否有政治性的主题或口号，而是看它是否有时代感，格调是否高雅，是否有健康向上的美育作用，在考虑商品广告经济效益的同时，要考虑社会影响，实质上两者是紧密联系在一起的。

3．艺术性

广告要成功，除了产品确实过得硬以外，关键是在广告策划和表现形式上做文章，要新颖独特，形象生动。广告与其他应用文体比较，不仅要讲求抽象思维，也要讲求形象思维。广告太平淡、太朴素，是吸引不了顾客的。所以广告要在新颖别致上下功夫，多采用修辞手法，还可以通过诗歌、对话、音乐、美术等多种形式，提升听觉和视觉艺术效果，从而使顾客产生购买欲望。

（二）商品广告的分类

按照传播媒介来划分，主要有报纸广告、杂志广告、电视广告、电影广告、网络广告、包装广告、广播广告、招贴广告、POP 广告和交通广告。

按照目的来划分，主要有告知广告、促销广告、形象广告、建议广告、公益广告、推广广告。

按照广告策略来划分，主要有单篇广告、系列广告、集中型广告、反复广告、营销广告、比较广告和说服广告。

按照表现手法来划分，主要有图像广告、文字设计广告、幽默广告和视听广告。

按照广告传播范围来划分，主要有国际性广告、全国性广告、地方性广告和区域性广告。

二、商品广告的基本格式

商品广告通常由四部分组成：标题、正文、结尾和广告标语。

（一）标题

标题对于广告犹如生命一样重要，如果标题新颖，具有魅力，就能吸引顾客看内容并有可能促使其产生购买的欲望。广告的标题要简明精练，内容要高度浓缩，醒目诱人，在视觉上给人刺激，并且富有新意。广告标题的作用既能起到提示广告主题的作用，又能引起消费者的兴趣，还可以起到活泼和美化版面的作用。以标题与主题的关系为主要标准，标题分为以下几种。

（1）直接标题。直接标题是指直截了当地将广告所要传播的主要信息在标题中表达出来，把重要的事实和情况告诉人们，突出商品名称，使人能窥斑见豹，一看就清楚广告说些什么。例如，“中意冰箱，人人中意”（中意电器集团公司广告）；“我的华联，我的家”（上海华联商厦广告）；“戴博士伦舒服极了”（博士伦隐形眼镜广告）。

（2）间接标题。间接标题是指标题并不直接介绍产品或服务，不直接点明主题和宗旨，只向读者提醒或暗示，用迂回的方法引人注意、诱发阅读的兴趣。例如，“眼睛是灵魂的窗户，为了保护您的灵魂，请给窗户安上玻璃吧！”（美国眼镜广告标题）；“犹如第二皮肤”（牛仔裤广告）；“工欲善其事，必先利其器”（“常工牌”焊接切削工具广告标题）。

（3）复合标题。复合标题是直接标题和间接标题的综合运用，是一种含蓄、生动、富有艺术性的广告标题。这种标题主要用于内容多、较复杂的广告，形式上可以是正题和副题、引题和正题，甚至是引题、正题、副题三者的结合。例如，“西凤酒，送客亭子头，蜂醉蝶不舞，三阳开国泰，美哉柳林酒”。

（二）正文

正文是商品广告的核心，主要解释标题和宣传商品的性能，以满足读者的心理要求，激发他们的购买欲望。

商品广告正文通常由开头、中心、结尾等部分组成。开头部分要紧扣主题，以便自然、准确地引出下文。中心部分重在表达所要宣传的内容，如产品的性能、特点等。结尾部分一般要敦促人们采取相应的行动。商品广告正文的表现形式主要有以下几种。

（1）陈述体。用简洁、平实的语言，开门见山地介绍产品或服务，如商品的名称、规格、特点、价格等情况，直截了当，清楚明了。例如，“（开端）瑞士雀巢公司隆重推出驰名中外的雀巢咖啡。（中心段）精选优良的咖啡豆焙烘而成，用一茶勺雀巢咖啡加热水、加糖，即刻冲成一杯香浓美味的咖啡，提神醒脑，敬客自奉，至高享受！（结尾）味道好极了！雀巢咖啡！”（雀巢咖啡广告）。

（2）证书体。证书体广告正文是按证明书形式写成的，它需要提供“权威人士”或“著名人士”对广告商品的鉴定、赞扬、使用和见证等。例如，“古井贡酒清如水晶，香如幽兰，甘美醇和，回味悠长，连续三次荣登国家名酒金榜，又获第十三届巴黎国际食品博览会金奖”（古井贡酒广告）。

（3）描写体。描写体广告正文是以极其生动细腻的描绘刻画达到激发人们基本情感和欲望的一种广告文体。读来恰似一篇散文。例如，“锦绣山林，坐落清幽静巷，毗邻森林保护地，无人声鼎沸，无车马喧嚣，只有鸟语盈耳，绿树为伴”（台湾锦绣山林新宅广告）。

（4）论说体。用充分的论据和雄辩的逻辑，说服消费者购买。例如，“节省电灯费用，应从选择灯泡入手。电灯上之所费不外电力与灯泡二项，而电力之耗省，与灯泡应用之久暂，完全由于灯泡货质之优劣。故节省电灯之费用，必须注意灯泡之选购”（奇异老牌灯泡广告）。

（5）文艺体。用诗歌、散文、小说、故事等形式宣传产品或服务，生动活泼，富有感染力。例如，“止，而后能观。丰饶，勤奋，富而不骄”（中国银行广告）。

（三）结尾

结尾通常叫落款，一般包括两部分内容：一是写促使顾客采取购买行动的言辞；二是必须写明广告用户的企业名称，有时也写出法人代表姓名及企业所在的详细地址、电话、传真等。

（四）广告标语

广告标语也称为广告口号，是某家企业或某个产品的广告在一段时期内反复使用的特定语句。它的作用在于反复出现于广告中，加深消费者的理解和记忆，形成强烈的印象，用来树立企业的形象或强调品牌效应。

广告标语的写作形式有赞扬式、号召式、情感式等，写作时要突出企业、商品的特点，要有强烈的号召力，尽量口语化。例如，“味道好极了”（雀巢咖啡广告）；“没有陌生人的世界”（佐丹奴广告）；“亮晶晶，透心凉”（雪碧广告）。

需要注意的是，广告标语与广告标题不同。广告标题引导消费者注意广告和阅读正文，而广告标语是要在消费者的头脑中树立起企业或商品的形象，引导购买。广告标题必须与广告正文联合使用，是依附性的、短期的、一次性的，位置相对固定，而广告标语可以在广告文中出现，也可以单独使用，位置十分灵活。广告标题的形式可以是整句话，也可以是半句话，甚至一个字，而广告标语必须使用完整的句子，表达出明确的概念。

三、商品广告的写作要求

（一）构思要有针对性

在写商品广告之前，首先要针对广告商品、传播媒介、接受对象来确定广告文稿的基本内容和具体形式。对于每种商品，都要写出其消费者利益点，同时还要用新颖的形式突出这个利益点。

（二）语言要引人注意

即广告的题目、标语和正文的语言应能吸引受众。为了做到这点，一方面在内容上要抓住消费者的需求，另一方面是在语言上要新颖独特。在语言上引起注意的手段可以运用形象化的语言、运用谐音双关及首句设问等形式。

（三）正文要强化印象

强化印象的手段可以借助反复、比喻、拟人及正语侧说等。

（四）内容要健康

广告中不能含有迷信、淫秽、反动、恐怖、暴力等内容。也不能贬低其他生产经营者及其产品，如宣传产品和商品时忌用“最佳”、“最著名”等词语。

四、例文

例 4-8

浙江丝绸时装与台湾同胞情相连意相随

年华如水涓涓逝，
故土情思日日深。
穿上一款家乡衣，
以慰一片思乡情。

【析评】

这是一则文艺体的广告，而诗歌最适宜抒情。这则广告既抒发了美好的思乡之情，又触动了客居他乡的人们对故土的眷念，引起了读者的强烈反响。

复习与训练

一、填空题

1. 商品广告具有________、________、________的特点。

2. 广告标题分为____________、____________和____________三种。

二、选择题

1. 商品广告最终以（ ）为目的。

A. 宣传　　B. 赞助　　C. 吸引　　D. 盈利

2. “金利来，男人的世界”是广告的（ ）。

A. 标题　　B. 标语　　C. 结尾　　D. 正文

3. 美国“博士伦”隐形眼镜的广告标题是“画龙点睛与画蛇添足，龙年好在画龙点睛”属于（ ）。

A. 直接标题　　B. 间接标题　　C. 复合标题　　D. 新闻标题

三、简答题

1. 商品广告正文的表现形式主要有哪几种？

2. 拟写商品广告应注意哪些问题？

四、评析下列广告词

1. 王老吉：“怕上火，喝王老吉。”

2. 脑白金：“今年过年不收礼，收礼只收脑白金。”

3. 某打字机：“不打不相识！”

4. 某眼镜店：“眼睛是心灵的窗户，为了保护您的心灵，请为您的窗户安上玻璃。”

5. 剑南春酒：“唐时宫廷酒，盛世剑南春。”

6. 奇瑞轿车：“动静皆风云。”

7. 克咳胶囊：“做足益百。”

8. 大洋摩托：“心随我动——大洋摩托。”

五、病文分析与修改

阅读下面这则报刊广告，分析存在的问题，并修改。

销售广告

我厂生产以下文化用品：各种作业本、文具盒、各类笔、各种墨水、各种纸张、多种日记本等。上述产品质量优良，装帧美观，价钱合理，颇受国内用户好评。欢迎来人来电来函订货。

本厂地址：××省××市

电话号码：××××××××××××

邮政编码：××××××

六、写作训练

根据下述内容，为贵州茅台酒厂拟写一份刊登在报纸上的文字广告。

茅台酒产于贵州省仁怀县茅台镇茅台酒厂，已有近三百年历史。因为酒质优良，风味独特，所以深受国内外消费者欢迎。1915年曾获得巴拿马国际博览会奖章和奖状，在全国第一、第二届评酒会议上均被评为全国名酒。这种酒酿造时要经过八次蒸粮蒸酒（一般白酒只经过一次蒸粮蒸酒），再入库储存三年，才准许出厂。酒度55度，产品以酱香为主，香味淳厚，回味悠长，饮后的空杯留香浓郁，经久不散。

第 5 章　演说类文书

第一节　概　　述

一、演说类文书的性质和特点

演说类文书是演说者在准备演说的阶段拟定的文稿，通过演说者的口头表达传达给听众，它是演说的书面依据。从演说的形式来看，演说类文书属于演讲学研究的对象；而从内容的构成来看，演说类文书又属于写作学研究的范畴，是人们在社会活动中常用的一种应用文体。

演说类文书是人们在社会活动中常用的一种应用文体。演说类文书虽然属于文章之列，但它要通过演说者的口头表达传达给听众，撰写时就要顾及讲话者，考虑到听众和具体演说的环境和场合。与其他应用文相比，有它自身的特点。

（一）针对性

演说是一种社会活动，不同目的、不同对象、演说者的不同身份、不同场合，演说类文书也有所不同。这种针对性有三个层面：首先要针对不同对象，具有对象感。一般文章的读者比较宽泛，对象往往并不十分严格和明确。演说则是在特定的时间、特定的环境中面对特定的对象去发表自己的看法和主张，要了解听众的身份地位、文化素质、思想状况、心理情绪、语言习惯等，才能确定讲话内容和讲话风格，以打开听众的心扉，引起他们的共鸣。其次内容上具有鲜明的针对性，即所谈的话题应该是听众普遍关心、经常议论、迫切需要解决的问题，所讲的道理为听众所能接受。再次要针对不同的场合。演说是在公众场合进行的，而公众场合也有不同类型，如党团集会、专业性会议、学校、社会团体、宗教团体、各类竞赛等。写作时应该充分考虑不同场合的不同需要。

（二）整体性

演说类文书只是演说的一个文字依据，是整个演说活动的一个组成部分。演说主体、听众对象、特定的时空条件共同构成了演说活动的整体。演说稿不能从整体中剥离出来。演说稿有自己的体系，有自身的完整性。一篇演说稿是演说者的思想深度和知识广度的综合表现。在写演说稿的准备过程中，要充分考虑演说的话题和它的目的性，演说时的时间、空间环境和听众的情况；演说稿不仅要充分体现演说者独到、深刻的观点和见解，而且还要对声调的高低、语速的快慢、体态语的运用进行设计并加以注释，以达到最佳的传播效果；同时考虑演说的时间、空间、现场氛围等因素，以强化演说的现场效果。这些相关的要素构成了演说稿的结构整体，规定了演说稿结构的整体性。

（三）可讲可听性

演说类文书首先考虑的是满足听众由听觉而引起思维的心理要求，必须写得“上口入耳”。演说稿最终要变为有声语言，拟稿时必须以易说能讲为前提。一篇好的演说稿对于演说者来说要可讲，即“上口”；对于听众来说要可听，即“入耳”。演说稿的可讲可听性不只是语言技巧问题，而且和思想内容密切相关。说得顺口，演说者的思路一定清晰，表达内容一定明确；听得不顺耳，也就反馈出思想表达得不清楚。因此演说稿写完之后，演说者应该根据其整体性特征反复试讲或默念，凡不顺口不顺耳之处，均应修改调整。

（四）现场感

演说活动是演说者与听众面对面的一种交流和沟通。听众会对演说内容及时做出反应：或表示赞同，或表示反对，或表示兴趣，或表示冷淡，演说者对听众的各种反映不能置之不理。因此，写演说稿时，要充分考虑它的现场感，在保证内容完整的前提下，要注意留有伸缩的余地。要充分考虑到演说时可能出现的种种问题，以及应付各种情况的对策。总之，演说稿要具有弹性，要体现必要的控场技巧。

二、演说类文书的分类和作用

（一）演说类文书的分类

（1）根据篇幅长短可分为较短的即兴演说稿和较长的专题演说稿。

（2）根据演讲的场所可分为集会演说稿、广播演说稿、课堂演说稿、法庭演说稿等。

（3）根据演说稿的表达方式可分为议论性演说稿、叙事性演说稿、抒情性演说稿。

（4）根据讲话的目的和内容性质可分为宣传类演说稿、政治类演说稿、学术类演说稿和礼仪类演说稿。

宣传类演说稿是用来宣传方针政策、思想观念，起引导、评论、鼓动、号召作用。现在经常举行的专题性演讲比赛就属于此类。

政治类演说稿是指代表一定政治思想、政治立场、政治策略和某团体利益的一种演说稿，其目的是要让观众理解支持演说者的政治主张和观点，主要包括竞选演说稿和就职演说稿等。

学术类演说稿是科学研究工作者就科学领域中的问题进行探讨、研究，向听众表述科学研究成果，传授科学知识和学术见解的演说稿。学术演讲多半是阐述抽象道理、概念、判断、推理。在写这类演说稿时，尽量要把深刻抽象的道理寓于具体形象之中。

礼仪类演说稿是指在各种社交仪式上当众发表的情感性演说稿，重在寓理于情，以情感人。这类演说稿主要包括在党政机关、社会团体、企事业单位的重要会议开始举行时和会议即将结束时的开幕词、闭幕词，在迎接和欢送宾客的重要仪式和宴会上的欢迎词和欢送词等。

以上只是演说类文书大致的分类，在实际运用中情况则比较复杂，不少演说稿之间会互有交叉。

（二）演说类文书的作用

演说未必都使用稿子，不少著名的演说都是即兴之作，后经记录流传开来。另外，在演说时，为了与听众自如地直接交流以达到好的演说效果，即使事先写了演说稿也会脱稿演说，充分发挥有声语言的作用。尽管如此，演说稿却不是可有可无的，尤其是一些重要的演说，因为演说稿具有以下重要作用。

（1）可以梳理演说者的思路，使演说的内容更加清楚、深刻、富有条理。

（2）提示演说内容。演说者若在演说中忘记了某些内容，看看文稿，在事先准备的基础上就会很快地联想起来，保证演说的流畅性。

（3）可帮助演说者消除临场紧张、恐惧的心理，增强演说者的自信心。演说必定是在公众面前的定向口语表达，有很多不可预料的因素，即使经常演说的人也多少会有些紧张，有了演说稿，事先做了准备，心里有了底，演说时就会轻松一些。

（4）可以准确自如地控制演说时间。演说是有时间限制的，短则几分钟，长则以小时计算，总要在一定时限内完成。有了演说稿，就可以按照语速来比较精确地掌控演说时间。

三、演说类文书的写作要求

演说类文书的写作不是一件简单的事，它需要作者有多方面的修养、较高的思想水平、丰富的知识和社会生活经验、敏捷而缜密的思维能力、丰富的语言材料的储备、娴熟的驾驭语言与运用表达方式的能力等。具体来说，演说类文书的写作要求有如下几项。

（一）了解对象，有的放矢

演说稿是讲给人听的，因此，写演说稿首先要了解听众对象，了解他们的性格、年龄、思想状况、受教育情况、职业状况；了解他们所关心和迫切需要解决的问题，分析他们的观点、态度等。掌握这些后才能有的放矢，获得好的演说效果，达到演说目的。

（二）主旨明确集中，观点鲜明

一篇演说稿要有一个集中明确的主旨，全篇内容都必须围绕这个主旨展开，才能使听众有深刻的印象。同时观点要鲜明，显示出演说者对客观事物见解的透辟程度，才能给人以可信性和可靠感。观点不鲜明，就缺乏说服力，就失去了演说的作用。

（三）感情真挚，行文富有波澜

演说稿要有真挚的感情，这样才能打动人、感染人，有鼓动性，从而引起现场听众的共鸣。因此，它要求在表达上注意感情色彩，把说理和抒情有机结合起来，做到晓之以理，动之以情，情理交融。演说时要做到以情感人，还有一个很重要因素，就是文稿的行文要有变化。这种起伏变化一定程度上可以借助有声语言来展示，更重要的是靠文稿内容的起伏、张弛、强调、反复、比较、照应，即在文稿写作时行文要富有波澜。

（四）注重逻辑，讲究语言艺术

演说很重要的一个目的是让听众接受演说人的观点，要有说服力和论辩力。而说服力和论辩力来自严密的逻辑性。撰写演说稿要求概念明确、判断恰当、推理论证遵守逻辑规则和规律，全文结构安排具有内在的必然联系。演说稿在语言上也有特殊要求，如语言要准确精练、通俗流畅、生动形象。有些仪式上的演说短至几分钟，演说者要在这有限的时间里发表最凝练、最精彩的演说就必须追求语言的准确凝练。演说时语言切忌假、空、大，即使阐述抽象的事理也尽量运用生动形象的语言和各种修辞手段，把抽象的事理具体化、形象化，以增强感染力和说服力，给人以深刻印象。演说稿在应用文中更注重语言的艺术，出色的演说稿不仅给人以思想的启迪、影响，还给人以情感的震撼和美的享受。

复习与训练

一、填空题

1. 演说类文书是演说者在准备演说的阶段拟定的文稿，它是演说的__________依据。

2. 从演说的形式来看，演说类文书属于__________研究的对象；而从内容的构成来看，又属于__________研究的范畴。

3. 演说类文书具有__________、__________、__________和__________特点。

4. 根据表达方式不同，演说类文书可分为以下几类：__________、__________和__________。

二、选择题

1. 演说稿是讲给人听的，因此写作上要（ ）。

A. 有的放矢　B. 洋洋洒洒　C. 无的放矢　D. 平铺直叙

2. 演说稿要明确提出赞成什么，反对什么，否则，就缺乏说服力，从而失去应有的作用，因此，写作演说稿时要求（ ）。

A. 有的放矢　B. 主旨明确　C. 特色鲜明　D. 哗众取宠

三、简答题

1. 简述演说类文书的特点。

2. 简述演说类文书的作用。

四、阅读分析

阅读下面的演说稿，分析它从哪些方面体现了演说稿的写作要求。

我有一个梦想

马丁·路德·金

今天，我高兴地同大家一起，参加这次将成为我国历史上为了争取自由而举行的最盛大的示威集会。

一百年前，一位伟大的美国人签署了《解放黑奴宣言》。今天我们就站在他的雕像前集会。这项重要法令的颁布为千百万在非正义烈焰中挣扎的黑奴带来了希望之光，恰似结束漫漫长夜的一缕快乐曙光。

然而，一百年后的今天，我们却不得不面对黑人依然没有自由这一可悲的事实。一百年后的今天，黑人的生活依然悲惨地套着种族隔离和种族歧视的枷锁。一百年后的今天，黑人依然生活在物质繁荣的汪洋中的一个贫穷孤岛上。一百年后的今天，黑人依然在美国社会的阴暗角落里备受煎熬，成为自己国土上被放逐的人。所以，我们今天来到这里，把这骇人听闻的事实公之于众。

从某种意义上说，我们来到首都是为了兑现一张支票。我们共和国的缔造者写出《宪法》和《独立宣言》的辉煌篇章时，就签订了一张每个美国人都能成为国家继承人的期票。

这张期票保证一切人——不论白人、黑人——都享有不可剥夺的生存权、自由权及追求幸福的权利。

显然，今天美国并没有为她的有色公民们兑付这张期票。美国没有承兑这笔神圣的债务，而是给黑人开了一张空头支票，一张盖着“资金不足”印记的退票。但是，我们绝不相信正义的银行会破产。我们绝不相信这个仓廪实、机会多的国家里会存在资金不足的情况。因此，我们来兑现这张支票——这张能支付我们宝贵的自由和正义的支票。我们来到这神圣之地还为了提醒美国：现在是迫在眉睫的时刻；现在不是镇定自若悠然行事或以渐进主义为麻醉剂的时候；现在是实现民主诺言的时候；现在是走出黑暗荒凉的种族隔离深谷，走上种族平等的阳关大道的时候；现在是我们的国家走出种族不平等的流沙，走上充满手足之情的坚固岩石的时候；现在是让上帝的所有孩子享受真正公平的时候。

但是，我还有一些话必须对站在通向正义之门的同胞们说。在争取合法地位的过程中，我们切不要因错误的行动而使自己犯罪，我们切不可用吞饮仇恨的苦酒来解除我们向往自由的干渴。我们必须永远以保持尊严、遵守纪律的方式站在最高处斗争。我们绝不能使我们富有创造性的抗争沦为暴力行为。我们必须坚持不懈地升华到以灵魂力量来对付肉体力量的崇高境界。席卷黑人社会的奇迹般的战斗力量，不应使我们对一切白人失去信任。因为我们的许多白人兄弟已经认识到他们的命运同我们的命运紧密相连，他们的自由同我们的自由息息相关。他们今天来集会就是明证。我们不能单独行动。

我不是没有留意到，你们中有些人经历了千辛万苦来到这里。你们中有些人刚刚走出狭小的牢房。你们中有些人来自因追求自由而遭受迫害和警察摧残的地区。你们已经是与困难拼搏的战士了。继续努力吧，相信无辜受苦者终得拯救。

回到密西西比去吧，回到亚拉巴马去吧，回到南卡罗来纳去吧，回到佐治亚去吧，回到路易斯安那去吧，回到我们北方城市中的贫民窟和黑人居住区去吧，要知道，这种情形总会改变，而且一定能改变。我们切不可在绝望的深渊里沉沦。

朋友们，今天我要对你们说，尽管目前荆棘载途，我仍然怀有一个梦想，它深深地扎根于美国人的梦想中。

我有一个梦想，那就是，有一天，这个国家能够站立起来，实现她立国信条的真谛：“我们拥有的真理不言而明：一切人生来平等。”

我有一个梦想，那就是，有一天，在佐治亚的红色山上，昔日奴隶的儿子同昔日奴隶主的儿子同席而坐，亲如兄弟。

我有一个梦想，那就是，有一天甚至连密西西比州，一个非正义和压迫肆虐的荒漠，也会变为自由和公正的绿洲。

我有一个梦想，那就是，有一天我的 4 个小儿女将生活在一个不是以肤色，而是以品格的优劣作为判断尺度的国家里。

今天，我有一个梦想。

我梦想有一天，尽管亚拉巴马州州长现在仍在夸夸其谈地说什么要对联邦法令提出异议和拒绝执行，亚拉巴马州会有所改变的。在那里，黑人儿童与白人儿童能如兄弟姐妹般地亲密无间。

今天，我有一个梦想。

我梦想有一天，深谷弥合，高山夷平，崎地化平原，曲径成通途，上帝的光华重现，普天下生灵共谒。

这就是我们的希望。这就是我将带回南方去的信念。怀着这个信念，我们就能从绝望之山辟出希望之石。怀着这个信念，我们就能将我国种族不和的噪声变为手足情深的和弦。怀着这个信念，我们就能一同工作，一同祈祷，一同奋斗，一同入狱，一同争取自由，因为我们知道：终有一天我们会获得自由。

到了这一天，上帝的所有孩子都能用新的诠释高唱这首歌：

这就是我的祖国，
可爱的自由之邦，
我为您歌唱，
这是我的祖先仆倒的地方，
这是早期移民自豪的地方，
让自由之声，
响遍每座山冈。

如果美国要成为强大的国家，这一点必须成真。所以，让自由之声响遍新罕布什尔州的奇峰峻岭。

让自由之声响遍纽约州的巍巍高山！

让自由之声响遍宾夕法尼亚州的阿勒格尼高峰！

让自由之声响遍科罗拉多州冰雪皑皑的落基山！

让自由之声响遍加利福尼亚州的高山峡谷。

不仅如此，让自由之声响遍佐治亚州的石山！

让自由之声响遍田纳西州的瞭望山！

让自由之声响遍密西西比州的每座山峰，每个土丘！

让自由之声响遍每座山冈！

当我们让自由之声响遏行云，响遍每个村庄，每个州郡城池，我们就是在促使那一天尽快到来。那时，上帝的所有孩子，无论黑人、白人、犹太人、非犹太人、基督教徒和天主教徒，都将携手同唱那首古老的黑人圣歌："终于自由了！终于自由了！感谢全能的上帝，我们终于自由了！"

（资料来源：李华田. 著名演说集[M]. 武汉：武汉工业大学出版社，1998.）

第二节 演 讲 稿

一、演讲稿概述

（一）演讲稿的含义

演讲稿的含义有广义和狭义之分。广义的演讲稿指演说类文书，演说类文书是演说者在准备演说阶段拟定的文稿，范围比较宽泛。

这里所说的演讲稿是指其狭义的含义。演讲是在特定场合面对听众，以口头语言为主要形式，态势语言为辅助形式，就社会生活中的问题系统地发表、表达自己的见解、主张，阐明事理，以达到感召听众的目的的社会实践活动。演讲作为人类的一种社会实践活动，应具备一定的条件，即演讲者、听众、沟通二者的媒介及时间和环境。这四个条件是相互联系，缺一不可的，离开其中任何一个条件，都不能构成演讲活动。演讲稿则是这种传播活动的信息载体和媒介，是演讲者在重要会议和集会上进行演讲前事先准备的供演讲使用的文稿，它通过演讲者富有鼓动性的语言，借助一定的表演艺术，表达观点、主张和看法，打动听众，感染听众，内容具有强烈的鼓动性和感染力。

（二）演讲稿的特点

演讲稿的写作是演讲实践活动中的一个重要环节，应该遵循整个演讲活动的规律。在演讲活动中，处理好“讲”与“演”的关系很重要。二者和谐统一，但不是平分秋色，而是以“讲”为主，以“演”为辅，“讲”在演讲活动过程中起着主导作用，二者相互交织、渗透和相互促进。

1．鼓动性和感染力

演讲稿的首要特点是鼓动性和感染力。无论在何种场合演讲，都是为了让听众明白某种道理，向听众传播某种信息，激励听众对国家或集体产生积极的意向和行动。演讲应具有激发听众情绪、赢得好感和引起共鸣的鼓动性，使听众热血沸腾，并奋然行动。增强演讲的感染力和鼓动性，固然需要在演讲时表现“演”的优势，可借助于表情、手势、姿态等，但其根本还在于演讲稿本身内容上的鼓动性和感染力。离开了内容上的鼓动性和感染力，演讲时的“演”也就成了无本之木。

2．哲理性

演讲稿总要说明一个问题，讲清一些道理。那些反映事物本质和普遍规律的道理就是人们所说的哲理，哲理高度抽象、概括，属于理性认识层面。人生的本质往往蕴藏于人生哲理中，懂得一些哲理会让人更加自信。成功的演讲稿都会具有深刻的哲理性。当然，强调演讲稿的哲理性不意味着演讲稿要通篇讲大道理，而是说一定要体现出演讲者对于演讲问题的真知灼见，可能只是简短的几句话，却能给听众以顿悟和启迪。

3．真实性

演讲稿所承载的信息必须是事实，传递给听众的信息必须是发自内心的。因为真实源自内心，事实胜于雄辩。如果听众听到的是无可置疑的事实，感受到的是一腔真情，听众就会自觉不自觉地接受演讲者的观点。否则，听众就会对演讲的内容产生怀疑，进而对演讲者所持的观点予以否定。

二、演讲稿的基本格式

演讲稿通常包括标题、称谓、开头、正文、结尾五部分。

（一）标题

演讲稿应有一个具体、生动、有吸引力的题目，在演讲时不必读出。演讲稿的标题有以下几种形式。

（1）直接揭示主题，如孙中山的《中国决不会灭亡》。

（2）提出问题、发人深省，如蔡畅的《一个女人能干些什么》。

（3）形象地概括主题，如美国林肯的《裂开的房子》。

（4）概括演讲的内容，如鲁迅的《对左翼作家同盟的意见》。

（5）交代场合和背景，标明文种，如廖仲恺的《史坚如烈士石像揭幕仪式演讲词》。

（二）称谓

演讲者面对的是听众，所以，演讲稿必须根据听讲的对象，写出适当的称谓，强调的是具体情况具体处理。例如，常用的“同志们”、“朋友们”、“同学们”、“各位领导、各位来宾、各位朋友”等；有的则富有感情色彩，如“敬爱的老师、亲爱的老同学”、“各位尊敬的离退休老同志”；有的则显得时髦一些，如“女士们、先生们”等。还有的具有个性和创造性，如钱其琛在 2002 级中国人民大学外交学院新生演讲时的称呼语“年轻的同行们”。曲啸应邀到沈阳某监狱给犯人们做演讲的称呼语“触犯了国家法律的年轻的朋友们”。

（三）开头

开头也称开场白，常被比喻为演讲者与听众之间沟通的第一座桥梁，能不能抓住观众，开场的两三分钟很关键。人们常说“好的开端是成功的一半”，精彩的开场白可以立即缩短演讲者与听众之间的心理距离，能够先声夺人、打开场面、创造气氛。一般来说，开场白有以下几种形式。

（1）开门见山，点明主题。这种方式是一开始就简洁、准确地指明演讲的论题及演讲者的主要观点。在较为正规、严肃和庄重的场合演讲一般采用开门见山式的开场白。运用这种方法，必须先准确地把握演讲的中心，把论点摆出来，使听众一听就知道演讲的中心是什么，注意力迅速集中起来。例如，法国总统戴高乐 1939 年 9 月 18 日《反法西斯广播演讲》的开头：“事情已经定局了吗？希望已经没有了吗？失败已经确定了吗？没有！”这种开门见山、直截了当、斩钉截铁的开头表达了演讲者的信心，充满鼓动性。

（2）以惊人事例震撼听众。这种开头方式是先列举惊人的事例、材料等，造成一种震撼感来吸引听众。典型的例子就是闻一多先生的《最后一次演讲》的开头：“这几天，大家晓得，在昆明出现了历史上最卑劣、最无耻的事情！李先生究竟犯了什么罪，竟遭此毒手？他只不过用笔写写文章，用嘴说说话，而他所写的、所说的，都无非是一个没有失掉良心的中国人的话！大家都有一支笔，有一张嘴，有什么理由拿出来讲啊！有事实拿出来说啊！为什么要打要杀，而且又不敢光明正大地来打来杀，而偷偷摸摸地来暗杀！这成什么话？”这个开头令全场震惊，连那些混在人群中想故意捣乱起哄的国民党特务也慑于闻一多先生的威力而不敢乱说乱动了。

（3）叙述事实，交代背景。这种开头可以迅速缩短与听众的距离，使听众急于了解下文。比如，恩格斯的《在马克思墓前的讲话》的开头：“三月十四日两点三刻，当代最伟大的思想家停止了思想，……但已经永远地睡着了。”这个开头对事情发生的时间、地点、人物做了必要的说明，为进一步向听众揭示论题做准备。

（4）提出问题，发人深省。这也是演讲中常用的开头方式，可以促使听众进入角色，由被动的听讲者变为主动的思考者和参与者。

演讲的开头应该避免一些常见的毛病，如公式化，呆板生硬，缺乏真情；谦辞过多，啰嗦烦琐；离题，东拉西扯；自我吹嘘、炫耀；盛气凌人，或者故意用惊人之语以哗众取宠。

（四）正文

演讲稿在开头后要迅速转入正文，即演讲稿的主体，这是演讲的核心部分，也是演讲稿的高潮所在。能否写好这部分，直接关系到演讲的质量和效果。这里介绍正文写作时常见的几种形式。

（1）并列式。把演讲主题和演讲者的观点分解成若干个分题，逐一论证阐述，其间是并列关系，每个问题相对独立又相互联系，统一于总论题之下，从不同角度阐述演讲者的主要观点。

（2）对比式。围绕演讲主题从正反两方面展开论述，即把两种本质属性截然相反的事理或同一事理在不同时期所表现出的不同属性进行对照比较，使观点更鲜明。这种方式泾渭分明，是非了然，极具论辩性、说服力和感召力。

（3）递进式。利用因果、时间、逻辑、情感等关系，对各分题循序渐进地进行论证，直至水到渠成，得出结论。

这几种方式既可单独使用，也可综合运用。

（五）结尾

结尾是演讲内容的自然结尾，是演讲稿的有机组成部分。结尾给听众的印象往往代表整个演讲给听众的印象。好的结尾能使听众精神振奋，并促使听众不断思考和回味；好的结尾应收拢全篇，卒章显志，干脆利落，简洁有力。切忌画蛇添足，节外生枝。演讲最好在听众兴趣到高潮时果断收束，未尽时戛然而止。

三、演讲稿的写作要求

（一）选择听众关注的主题

通常的演讲或演讲比赛都有一个固定的主题，如“爱我中华”、“人生的价值在于奉献”等。如果需要自主选题时，应根据听众的要求，写出有针对性的演讲稿。在听众来源比较复杂的演讲上，应以大多数听讲对象为选题的出发点。

（二）内容要新颖独特

演讲稿要做到新颖独特，引人入胜，要从以下几方面入手：① 立意要新，必须讲出自己的真知灼见，阐明自己的独到见解，不人云亦云；② 材料要新，新颖的材料自然能给人以新鲜感，能引人入胜，有时面对不新的论题要出新意，就要选取新颖的材料；③ 角度要新，在现实生活中，许多事物都是人们所熟知的，如果从新的角度去分析，仍然可以挖掘出新鲜的东西。

（三）结构要清晰完整

结构清晰是要求演讲稿的逻辑层次、条理展开要清楚明晰。如果演讲稿的逻辑层次一环扣一环，条理展开一层比一层深，那么演讲的逻辑力量就强，说服力也就强，演讲就能紧紧地抓住所众，演讲所要阐释的哲理就容易为听众所接受。结构完整是要求演讲稿有头有尾，有主有次，节奏鲜明，衔接巧妙，使演讲稿有浑然一体的整体感。

（四）语言要符合听觉习惯

演讲稿在演讲时要通过有声语言作用于听觉，演讲稿的语言流畅、生动、深刻，符合听觉习惯，听众才爱听。流畅是指语言朗朗上口，一泻如水。只有思维准确、思路清晰、思绪顺畅，才能做到语言流畅。咬文嚼字、半文半白、堆砌辞藻、土洋混杂的语言是流畅不起来的。生动指语言活泼、诙谐，有趣味性。在严肃、深刻的演讲稿中，穿插一些幽默、风趣的语言，可以增强演讲的魅力。演讲的语言应力求形象，要选用那些易引起联想、富有感情色彩的词语。深刻是指语言要有哲理性。演讲一要人爱听，二要人记住。演讲稿要说出人们想说而说不出，或者还没有想到的道理。一篇好的演讲稿总能给听众留下一两句富有哲理性的警句，给人启迪，让人铭记。

四、例文

例 5-1

人格是最高的学位

白岩松

很多很多年前，有一位学大提琴的年轻人去向本世纪最伟大的大提琴家卡萨尔斯讨教：我怎样才能成为一名优秀的大提琴家？

卡萨尔斯面对雄心勃勃的年轻人，意味深长地回答：先成为优秀而大写的人，然后成为一名优秀和大写的音乐人，再后就会成为一名优秀的大提琴家。

听到这个故事的时候我还年少，老人回答时所透露出的含义我还理解不多，然而随着采访中接触的人越来越多，这个回答就在我脑海中越印越深。

在采访北大教授季羡林的时候，我听到一个关于他的真实故事。有一个秋天，北大新学期开始了，一个外地来的学子背着大包小包走进了校园，实在太累了，就把包放在路边。这时正好一位老人走来，年轻学子就拜托老人替自己看一下包，而自己则轻装去办入学手续。老人爽快地答应。近一个小时过去，学子归来，老人还在尽职尽责地看守。谢过老人，两人分别！

几日后是北大的开学典礼，这位年轻的学子惊讶地发现，主席台上就座的北大副校长季羡林正是那一天替自己看行李的老人。

我不知道这位学子当时是一种怎样的心情，但在我听过这个故事之后却强烈地感觉到：人格才是最高的学位。

这之后我又在医院采访了世纪老人冰心。我问先生，您现在最关心的是什么？老人的回答简单而感人：是年老病人的状况。

当时的冰心已接近人生的终点，而这位在“五四”爆发那一天开始走上文学创作之路的老人心中对芸芸众生的关爱之情历经近80年的岁月而依然未老。这又该是怎样的一种传统！

冰心的身躯并不强壮，即使年轻时也少有飒爽英姿的模样，然而她这一生却用自己当笔，拿岁月当稿纸，写下了一篇关于爱是一种力量的文章，然后在离去之后给我留下了一个伟大的背影。

今天我们纪念“五四”，80 年前那场运动中的呐喊、呼号、血泪都已变成一种文字留在典籍中，每当我们这些后人翻阅的时候，历史都是平静地看着我们，这时候，我们觉得 80 年前的事已经距今太久了。

然而，当你有机会和经过“五四”或受过“五四”影响的老人接触后，你就知道，历史和传统其实一直离我们很近。

世纪老人在陆续地离去，他们留下的爱国心和高深的学问却一直在我们心中不老。但在今天，我还想加上一条，这些世纪老人所独具的人格魅力是不是也该作为一种传统被我们向后代延续？

前几天我在北大听到一个新故事，清新而感人。一批刚刚走进校园的年轻人，相约去看季羡林先生，走到门口，却开始犹豫，他们怕冒失地打扰了先生。最后决定，每人用竹子在季老家门口的土地上留下问候的话语，然后才满意地离去。

这该是怎样美丽的一幅画面！在季老家不远，是北大的博雅塔在未名湖中留下的投影，而在季老家门口的问候语中，是不是也有先生的人格魅力在学子心中留下的投影呢？只是在生活中，这样的人格投影在我们的心中还是太少。

听多了这样的故事，便常常觉得自己是只气球，仿佛飞得很高，仔细一看却是被浮云拖着；外表看上去也还饱满，肚子里却是空空的。这样想着就有些担心了，怎么能走更长的路呢？

于是，“渴望年老”四个字对于我就不再是幻想中的白发苍苍或身份证上改成 60 岁，而是如何在自己还年轻的时候，便能吸取优秀老人身上所具有的种种优秀品质。

于是，我也更加知道了卡萨尔斯回答中所具有的深意。怎样才能成为一个优秀的主持人呢？心中有个声音在回答：先成为一个优秀的人，然后成为一个优秀的新闻人，再然后是自然地成为一名优秀的节目主持人。

我知道，这条路很长，但我将执着地前行。

（资料来源：http://blog.sina.com.cn）

【析评】

本篇荣获“演讲与口才杯”全国新闻界“做文与做人”演讲比赛特等奖。演讲者是中央电视台节目主持人白岩松。这篇演讲稿感情基调深沉，通篇没有慷慨激昂的词句，像讲故事一样娓娓道来。叙议结合，情理交融，自然从容，毫不夸饰。演讲的内容深刻，令人回味。

复习与训练

一、填空题

1. 演讲作为人类一种社会实践活动，应具备__________、__________、__________及__________四个条件。

2. 演讲稿通常包括__________、__________、__________、__________和__________五部分。

二、选择题

1. 演讲稿的主体围绕演讲主题，从正反两个方面组织材料进行论证，形成强烈反差、发人深省的特点。这种特定的结构模式叫（ ）。

A. 并列式　B. 递进式　C. 对比式　D. 象征式

2. 演讲稿的结尾不能采用（ ）。

A. 对比式　B. 格言式　C. 总结式　D. 余韵式

3. 把演讲的主体部分分为几个分题，逐个展开论述，相对独立，又统一于同一个论题。这样的主体结构模式叫（ ）。

A. 递进式　B. 并列式　C. 对比式　D. 立体交叉式

4. 下列说法不正确的是（ ）。

A. 演讲是以书面的形式表达口语的内容

B. 演讲是以“演”为主，以“讲”为辅

C. 演讲的开头可以讲故事

D. 采用余韵式，可以使听众在演讲结束后继续回味演讲的主题

5. 一篇演讲稿的结尾以极富鼓动性的言辞号召人们为某种目的、某种理想而行动起来。这种结尾的方式叫（ ）。

A. 祝颂式　B. 总结式　C. 号召式　D. 格言式

三、判断题

1. 余韵式的演讲结尾要求用含蓄的语言来结尾，给听众留下回味和琢磨的空间。（ ）

2. 在演讲中借用名人名言会给人故弄玄虚的感觉。（ ）

3. 用名人名言作为演讲稿的开头，可以强烈刺激、震慑听众。（ ）

4. 递进式的演讲是利用因果、逻辑、时间等内在的联系，循序渐进地展开材料。（ ）

5. 在较为正规、严肃和庄重的场合演讲一般采用开门见山式的开场白。（ ）

6. 比赛演讲稿在内容上要求比较集中，篇幅也要求比较短。（ ）

7. 演讲稿结尾使用总结式，就是在演讲结束时，对整个演讲的内容做出提纲挈领的归纳，使人加深对演讲内容的领会。（ ）

8. 演讲具有理性论说的性质，写作演讲稿要突出政论性。（ ）

9. 演讲稿内容的真实性与新闻一样严格，必须真实可信，但可以稍作艺术加工。（ ）

四、简答题

1. 简述演讲稿的含义。

2. 阐述演讲稿的特点。

3. 演讲的开头容易出现哪些毛病？

4. 简述演讲稿的写作要求。

五、阅读分析

阅读下面的演讲稿，分析其开头和结尾各采用了哪种方式。

中国，我为你骄傲

2008年的中国，是世界瞩目的焦点。冰雪肆虐、地震狂啸，罕见的自然灾害侵袭了人们平静而安详的生活，无情地撕扯着13亿人的心。

泪光中，中国人并没有示弱，一个个英雄的形象分外清晰。当灾难来临时，他们挺身

而出，用微薄的力量体现着生命的尊严与伟大；他们用单薄的身体挺起中华民族的脊梁；他们用自己的血肉之躯创造生命的奇迹；他们奋力凿开废墟，数不清的双手托举起生命；他们救死扶伤，眼含泪水而表情坚毅。他们的身影在历史中定格，在民心中高耸。废墟下伸出的渴望生存的手，沉入地下的教室里传出的充满希望的歌声……这一幕幕怎能不让人震撼，又怎能不让人动容。那一刻，地动山摇；那一刻，生死相依。地震来袭时，母亲用怀抱为孩子搭起了最伟大的庇护所，老师用自己的双臂守住了学生的生命之门，孕育了一个个看似不可能的生命奇迹；因为有爱，母亲忘了自己；因为有爱，老师谱写了这世间最伟大的传奇，他们用行动乃至生命颂扬着生的伟大，死的尊严，爱的绵长，情的久远……这就是中国人的情怀，这就是中国人的真爱！

无数可歌可泣的事迹，都向世界证明"原来中国人是这样的"。是的，今天的中国是强大的中国，强就强在民心凝聚，士气高昂，强就强在地陷天不塌，大灾有大爱。是的，这就是中国，就是震不垮的昆仑，震不断的黄河！十三亿炎黄子孙团结的力量可以气吞山河。

如果说这是在鲜血中和泪水里看到的一个自强不息的中国，那么当8月8日，奥运的圣火在鸟巢点燃，如梦如诗的画卷展开的时候，我们更加清楚地认识了一个团结自信、欣欣向荣的中国。百年奥运圆梦北京，古老的中国向世界展现最为灿烂的表情，……那个夜晚属于腾飞的中国，那份喜悦属于奥运的北京。

8月的中国以如火的热情诚邀八方来客，广纳四海宾朋。仲夏的北京见证了天国奇迹，铸造了荣耀巅峰。我们身处同一个世界，我们拥有同一个梦想。短短的16天里，北京为我们上演了无数的激情与传奇。中国体操队的江钰源，虽无缘奖牌，但她以自己甜美的笑征服了所有的人，赛场上，她笑得那样灿烂、那样纯真、那样可爱、那样迷人。8月的北京，群星璀璨，8月的中国，再现了东方文明的底蕴，8月的奥运因北京而精彩，8月的世界因奥运而和谐。

祖国，我为你自豪！中国，我为你骄傲！

（资料来源：http://www.5156edu.com/page/09-07-24/47952.html）

六、写作训练

根据下面的主题写一篇演讲稿：我最欣赏的……（一句话、一个人、一本书、一部电影、一首歌、一首诗等），要求字数500字以上。

第三节　开幕词和闭幕词

一、开幕词和闭幕词概述

（一）开幕词

1．开幕词的含义

开幕词是党政机关、企事业单位及社会组织和团体在重要会议开幕时由主要领导人向大会所做的讲话文稿，旨在阐明会议的性质、宗旨、目的、任务和重要意义，向与会者提出开好会议的要求。开幕词是会议的序曲，直接且集中地体现大会的指导思想，为会议定下总的基调。开幕词是会议的重要文件之一。

2．开幕词的特点

（1）宣告性。开幕词首先要郑重宣布会议开幕，营造一种隆重的气氛。如果这个会议具有历史意义，这类开幕词会随着会议的一系列重要文件载入史册。比如，人民代表大会和党的代表大会的许多开幕词，就是重要的历史文献。

（2）指导性。开幕词阐明会议宗旨，提出会议任务，说明会议目的、指导思想、重要意义，把整个会议的基本精神概括出来，与会人员的发言不能偏离开幕词的基调，这对会议起着重要的指导作用。

（3）提示性。开幕词简明扼要地交代会议的主题、议程，说明会议的主要精神，使到会者心中有数，积极参加会议，对与会人员有提示作用。

3．开幕词的分类

（1）文献性开幕词，如全国人民代表大会上的开幕词。

（2）事务性开幕词，如一些社团、商务活动大会上的开幕词。

（二）闭幕词

1．闭幕词的含义

闭幕词是党政机关、企事业单位及社会组织和团体在重要会议即将结束时由会议主要领导人向大会所做的讲话文稿，闭幕词是会议的尾声，标志着整个会议闭幕结束。闭幕词也是会议的重要文件之一。

2．闭幕词的特点

（1）宣告性。闭幕词要宣布会议的结束，标志着整个会议闭幕。

（2）总结性。闭幕词通常对会议的有关情况（如会议的过程、会议的成果、会议的议题、会议的作用、与会人员提出了哪些意见和建议等）进行总结，并在此基础上提出今后的工作任务及贯彻会议主要精神的要求，使与会人员更全面、深入地理解会议的基本精神，更加自觉、切实地贯彻和执行有关会议精神。

（3）评价性。闭幕词要对整个会议召开成功与否、会议的作用和成果等做出适当的评价。

（4）号召性。闭幕词一般要号召与会人员及非与会的相关人员为完成会议提出的任务而努力奋斗。

二、开幕词和闭幕词的基本格式

（一）开幕词的基本格式

开幕词一般由标题、时间、称呼、正文四部分组成。

1．标题

标题有以下写法：一是由会议名称及文种构成，如《××市第×届委员会第一次会议开幕词》；二是由致词人姓名、会议名称及文种构成，致辞人姓名可以放在会议全称之前，也可以放在会议全称之后，如《×××同志在中国共产党第××次全国代表大会上的开幕词》或《在中国共产党第××次全国代表大会上×××同志的开幕词》；三是只简化成“开幕词”即可；四是采用新闻式标题，即主副式，主标题揭示会议的主旨和中心内容，副标题则与前两种标题的构成相同。

2．时间

一般标于标题之下，用括号注明会议开幕的时间；如果在标题中未提及致辞人的姓名而又需要标注的，也要在此处签署。

3．称呼

称呼一般根据会议的性质及其与会人员的身份而定，如“各位代表”、“各位来宾”、“各位委员”、“各位女士、各位先生”、“同志们”或“朋友们”等，顶格写，后面加冒号。

4．正文

正文是开幕词的主要部分，包括开头、主体、结尾三个层次。

（1）开头。开头主要是宣布会议开幕。在称呼下一行空两格书写，一般由会议全称和宣布会议开幕构成。有时开幕词还可对会议的规模、筹备工作及与会人员的情况等做简要介绍，通常还应对与会人员表示祝贺，或者介绍出席会议的领导和来宾的姓名并表示欢迎。若开头仅有一句话，也应单独成段，使之与主体部分分开。

（2）主体。主体是开幕词的核心部分，一般包括以下内容：阐明会议的重要意义，即对过去工作情况的概括和总结，说明会议召开要达到什么目的和解决什么问题；指明会议的指导思想，说明会议的议题和议程安排；向与会人员提出要求等。这些内容可根据具体的情况，围绕会议中心议题去组织材料，安排内容，篇幅不宜太长，语言要尽量简洁，层次要清晰，对会议内容只进行原则性交代即可。

（3）结尾。这部分一般是提出希望，发出号召，对相关人员表示感谢，并对完成会议议程之后的情况做出预示性评价，最后，往往以“预祝大会取得圆满成功”结束全文。

（二）闭幕词的基本格式

闭幕词的格式一般由标题、时间、称呼、正文四部分组成。

1．标题

闭幕词标题的写法与开幕词相同，只需把“开幕词”换为“闭幕词”即可。

2．时间

一般也标于标题之下，注明会议闭幕的时间；如果在标题中未提及致辞人的姓名，也要在此处签署。

3．称呼

格式一般与开幕词相同。同一次会议上开幕词和闭幕词的称呼基本一致。

4．正文

正文是闭幕词的主要部分，包括开头、主体、结尾三个层次。

（1）开头。开头主要是说明会议圆满结束，并宣布会议闭幕。格式与开幕式开头格式相同。

（2）主体。主体这是闭幕词的主要部分，包括以下两方面的内容：一是应先对会议的情况进行总结和综述，说明会议讨论了哪些议题，取得了哪些成果，解决了哪些问题等；二是向与会人员提出贯彻会议精神的要求与希望，指出今后的任务及存在的问题。

（3）结尾。结尾部分应深化主题，发出号召，提出希望，对会议的工作人员表示感谢，往往以“我宣布××大会闭幕”作为结束语。

三、开幕词和闭幕词的写作要求

（一）开幕词的写作要求

（1）在动笔之前认真听取有关领导的指示和意见，努力学习与领会会议文件的精神，并对会议的议题和相关活动安排进行全面的了解，这样才能胸有成竹，准确表达。

（2）中心明确，重点突出。开头、结尾要相互呼应，主体部分要交代清楚，层次分明。

（3）篇幅不宜太长，语言要生动活泼，结构要缜密紧凑，尤其是结尾要具有号召性、鼓动性和预祝性，以振奋与会人员的精神，为会议的顺利进行创造良好的氛围。

（二）闭幕词的写作要求

（1）文献性闭幕词要深入领会会议精神，把握全局。这类闭幕词遣词造句既要庄重得体，又要激情昂扬，以充分体现讲话者的理论水平和领导风范。

（2）闭幕词的语言既要言简意赅，明确流畅，又要亲切热情，富有号召力。在写作时用短句，使与会人员易于理解会议的主要精神。

（3）闭幕词可以补充会议内容，进行适当深化和发挥，但须是与会议议题有关的事情。因此，闭幕词既是对会议的总结和评价，又是对会议精神的延伸和补充。对于会议已认识到而未展开的重要问题，应当在闭幕词中提出并做必要发挥。

（4）要全面熟悉会议情况，这样才能在对会议进行全面概括时做到心中有数、重点突出。在肯定会议成果时，能够对会议上带有方向性、原则性的大问题加以强调和肯定；对会议涉及但未讨论的问题可明确提出来，让与会人员会后考虑；而对会上已充分展开的问题就不要再详尽叙述。

四、例文

例 5-2

为建设一个伟大的社会主义国家而奋斗

毛泽东

各位代表：

中华人民共和国第一届全国人民代表大会第一次会议，今天在我国首都北京举行。

代表总数一千二百二十六人，报到的代表一千二百十一人，因病因事请假没有报到的代表十五人，报到了因病因事今天临时缺席的代表七十人。今天会议实到的代表一千一百四十一人，合于法定人数。

中华人民共和国第一届全国人民代表大会第一次会议负有重大的任务。

这次会议的任务是：

制定宪法；

制定几个重要的法律；

通过政府工作报告；

选举新的国家领导工作人员。

我们这次会议具有伟大的历史意义。这次会议是标志着我国人民从一九四九年建国以来的新胜利和新发展的里程碑，这次会议所制定的宪法将大大地促进我国的社会主义事业。

我们的总任务是：团结全国人民，争取一切国际朋友的支援，为了建设一个伟大的社会主义国家而奋斗，为了保卫国际和平和发展人类进步事业而奋斗。

我国人民应当努力工作，努力学习苏联和各兄弟国家的先进经验，老老实实，勤勤恳恳，互勉互助，力戒任何的虚夸和骄傲，准备在几个五年计划之内，将我们现在这样一个经济上文化上落后的国家，建设成为一个工业化的具有高度现代文化程度的伟大的国家。

我们的事业是正义的。正义的事业是任何敌人也攻不破的。

领导我们事业的核心力量是中国共产党。

指导我们思想的理论基础是马克思列宁主义。

我们有充分的信心，克服一切艰难困苦，将我国建设成为一个伟大的社会主义共和国。

我们正在前进。

我们正在做我们的前人从来没有做过的极其光荣伟大的事业。

我们的目的一定要达到。

我们的目的一定能够达到。

全中国六万万人团结起来，为我们的共同事业而努力奋斗！

我们的伟大的祖国万岁！

（资料来源：毛泽东. 毛泽东选集（第五卷）[M]. 北京：人民出版社，1977.）

【析评】

这是毛泽东同志在中华人民共和国第一届全国人民代表大会第一次会议上的开幕词，其中的不少语句至今人们耳熟能详，这些语句的思想鼓舞和教育了几代人。语言不仅精练，而且极富号召力和鼓舞性，不少语句当场赢得听众的热烈鼓掌，至今仍然是名言。本开幕词的标题、称谓、正文均符合文体格式的要求。

例 5-3

中华人民共和国第五届全国人民代表大会第三次会议闭幕词

叶剑英

第五届全国人民代表大会第三次会议经过 12 天的紧张工作，各项议程已经审议完毕，今天就要闭幕了。

这次会议，审议了华国锋总理的讲话；对国务院关于国民经济计划安排的报告、关于国家预决算的报告，对全国人大常委会工作报告、最高人民法院工作报告、最高人民检察院工作报告，也都进行了审议，并通过了相应的决议；通过了关于修改宪法第四十五条的决议；通过了修正的《中华人民共和国婚姻法》；通过了《中华人民共和国国籍法》、《中外合资经营企业所得税法》和《个人所得税法》；补选了全国人大常委会的部分组成人员，决定了国务院总理和几位副总理的人选；并通过了关于修改《中华人民共和国宪法》和成立宪法修改委员会的决议，通过了宪法修改委员会组成人员名单。

这次会议自始至终充满民主的气氛，开展了批评和自我批评，开得生动活泼。代表们认真行使自己的权利，畅所欲言，反映了全国各族工人、农民、知识分子、解放军指战员、台湾同胞、港澳同胞、海外侨胞和爱国人士的意见和要求；大家对政府的工作直率地提出批评、质询和建议，国务院有关部门负责人到会对提出的问题作了说明和回答，发挥了人民代表对政府的监督作用。出席五届全国政协第三次会议的全体委员列席了这次会议，他们对政府的工作也提出了许多很好的意见和建议。我们希望国务院和有关部门对代表们提出的批评、质询、建议和提案，认真地作出答复和处理，全国人大常委会也要负责进行检查和督促。这次会议通过了几个重要法律，在健全社会主义法制方面又有所前进。这次会议是一次非常重要的会议，全国人民代表大会的职能进一步得到发挥。加强和健全人民代表大会制度，是发展和完善我国社会主义民主制度的一个重要内容。我们要继续发扬这次大会的民主精神，为充分发挥各级人民代表大会的作用而努力。

华国锋同志的讲话很重要。这个讲话无论是总结过去的工作，或提出今后国家工作中需要解决的重大问题，都贯穿了对人民高度负责和实事求是的精神。全国人民通过这个讲话和国务院的几个工作报告，可以清楚地了解，国务院和各级人民政府一年多来为贯彻执行五届人大二次会议的各项决议，做了大量的工作，取得了显著的成绩；可以看到人民政府把工作过程中存在的缺点和错误，遇到的问题和困难，如实地报告全国人民，并且提出了解决这些问题的方向和措施。这表明我们的政府是相信人民，依靠人民的，是有能力领导全国人民克服一切困难，把四化建设不断推向前进的。

这次会议，对一部分国家领导工作人员所作的调整，是改革国家领导制度迈出的重要一步，对现代化建设事业具有重大的意义。这次会议决定不再兼任国务院副总理职务的党内的五位老同志，都是久经考验的、有卓越领导才能的老一辈无产阶级革命家，在全国人民中享有崇高的威望，现在他们年事已高，不再兼任副总理，有利于他们集中精力考虑党和国家的大政方针。这次会议还决定接受几位老同志辞去全国人大常委会副委员长职务的请求，他们也是久经考验的老一辈无产阶级革命家，有的是在开国元勋之列。这些老同志，对我国的革命和建设事业，都有过很大的贡献。现在他们以实际行动，为改革国家领导制度、为废除实际上存在的领导职务终身制、促进国家领导人员年轻化、提高国家领导机构和政府领导机构的工作效率，为全国作出表率。我向各位代表提议，我们全体起立鼓掌，谨向他们表示诚挚的敬意！对他们过去的辛劳工作表示谢意！

各位代表！我们这次会议已经对国家的许多重大问题作出了决定。大会以后，各位代表要把大会的精神向全国人民进行广泛深入的传达。我们相信这次大会各项决定的贯彻落实，必将对四化建设起巨大的推动作用。我们不仅要进行经济体制的改革，而且要进行国家领导制度和干部制度的改革。我们不仅要进行四化建设，而且要保卫四化建设。我们希望全国各族人民更加紧密地团结在党和政府的周围，高举马克思列宁主义、毛泽东思想的革命旗帜，为完成这次会议所提出的各项任务，为统一祖国和巩固国防，为把四化建设的伟大事业推向前进作出新的贡献。

现在我宣布，第五届全国人民代表大会第三次会议胜利闭幕。

（资料来源：中国人大网 http://www.npc.gov.cn）

【析评】

这篇闭幕词对第五届全国人民代表大会第三次会议做了全面的总结，语言简洁精要，分析精当，有感召力和鼓舞力，符合文体格式要求。

复习与训练

一、填空题

1. 就开幕词价值来说，可分为__________和__________两类。

2. 开幕词具有__________、__________和__________特点。

3. 开幕词的格式一般由__________、__________、__________和__________四部分组成。

4. 闭幕词的正文一般可以分为__________、__________和__________三个层次。

二、选择题

1. “在这辞旧迎新的时刻，我们召开国税工作总结表彰大会，首先我代表局党组，向大家表示崇高的敬意和亲切的慰问”这是（　　）。

A. 演讲稿的开场白　　B. 开幕词的开头语

C. 闭幕词的开头语　　D. 领导的讲话稿

2. 闭幕词标志整个会议结束，具有总结性、评估性和号召性。因此，宣读闭幕词的人一般是（　　）。

A. 有威望的群众代表或主要领导人　　B. 有重大贡献的人员或有威望的领导人

C. 有关领导或德高望重者　　D. 主席团主席或大会主持人

3. 开幕词是一些大型会议开始时，由会议主持人或主要领导人所做的开宗明义的讲话，是大会的序曲，其重要任务是（　　）。

A. 安定与会者的心情　　B. 制造会议的气氛

C. 调整各方面的关系　　D. 为会议定基调

4. 闭幕词核心部分的内容不包括（　　）。

A. 会议通过的主要事项和基本精神

B. 会议的重要性和深远意义

C. 会议参加人对议题的意见分歧和领导的态度

D. 向与会人员提出贯彻会议精神的基本要求

5. 开幕词是为会议定基调的，正文部分内容不包括（　　）。

A. 会议的性质及重要性　　B. 会议的目的及中心任务

C. 会议的主要议程及要求　　D. 会议存在的问题及其解决办法

6. 开幕词一般用（　　）作为结束语。

A. “预祝大会取得圆满成功”

B. “现在宣布大会闭幕”

C. “谢谢大家”

D. “向关心和支持我的各位领导、同志们表示诚挚的感谢”

7. 开幕词确定会议的基调，要求与会者遵守会议制度，围绕开幕词所确定的中心议题开展活动，因此，开幕词具有（　　）特点。

A. 宣告性　　　B. 强迫性　　　C. 号召性　　　D. 导向性

三、判断题

1. 开幕词标题中不能出现阿拉伯数字。（　　）

2. 领导致开幕词或闭幕词要注意语言的感情色彩，以充分地调动与会者的积极性。（　　）

3. 闭幕词一般是由德高望重的人向会议所做的最后讲话。（　　）

4. 闭幕词是由有关领导人或德高望重者向会议所做的最后讲话，具有总结性、评估性和号召性。因此，在某种意义上说，可将其写成会议总结。（　　）

5. 开幕词由标题、正文、日期组成。（　　）

6. 开幕词是对会议进行高度凝练的前瞻和回顾，因此，在一定意义上说，可以将其写成会议报告或会议安排。（　　）

7. 开幕词常常含有欢迎词的要义，因此，要注意语言的感情色彩，让与会者充分感受热情、真诚的氛围。（　　）

8. 闭幕词有时含有欢送的要义，其语言要带有依依惜别的伤感色彩。（　　）

9. 写作闭幕词时要求了解会议的背景、任务和议程。（　　）

10. 开幕词正文的写法：开头写称呼，并用冒号引起下文。（　　）

11. 写作开幕词的正文一定要把握会议的性质，着重阐明会议特点、意义、要求和希望。（　　）

四、简答题

1. 开幕词有哪些特点？

2. 闭幕词有哪些特点？

3. 简述开幕词的基本格式。

五、病文分析与修改

阅读下面的开幕词，从文体格式、写作要求方面进行分析，指出其优点和毛病，对于不妥之处加以改正。

学校第二届第三次教代会、工代会开幕词

各位领导、各位代表：

大家好！在认真学习贯彻落实十七届五中全会精神的新形势下，我校第二届第三次教职工代表大会暨工会会员代表大会经过精心筹备，今天隆重开幕了！这是广大教职工参与民主管理、共谋学校发展的一次盛会，是广大教职工政治生活中的一件大事。在此，我代表学校党支部，对大会的召开表示热烈祝贺！向辛勤工作在教育教学第一线的全校教职员工致以亲切的问候！向关心、支持和参与本次大会的各级领导、各位代表，表示衷心的感谢和崇高的敬意！

多年来，我校教代会和工会组织，在学校党支部和上级工会的正确领导及学校行政班子的大力支持下，认真学习贯彻党的路线、方针、政策，围绕学校中心工作，积极履行各项职责，在参与学校民主管理、促进教育教学工作、加强学校文明建设、维护教职工合法权益，调动各个方面的积极性等方面做了大量卓有成效的工作，有力地推动了学校的改革和发展，开创了学校各项工作的新局面。学校办学水平全面提升，教学质量稳步提高，近五年中考成绩均居全县第一，学校已进入健康发展的良好态势，已经成为连江县基础教育的重要组成部分，为促进连江的经济社会发展做出了重要贡献，得到了全社会的好评。为此，我代表学校党政班子向所有为学校的发展做出努力的教职员工致以崇高的敬意！向所有关心和支持我校工作的各级领导、各个部门、各位同志致以诚挚的谢意！

各位代表、各位同志，学校的发展离不开全校教职员工的共同努力，各位教职员工都是学校的主人。教代会是教职员工行使民主权利、参与管理学校事务的基本组织形式，我们的每位代表，要不负重托、切实履行职责，与学校领导一起共同研究新情况，共谋新发展。本次大会，将听取审议《学校工作报告》、《学校工会工作报告》，并将审议通过《教职工代表提案征集情况的报告》以及按照大会主席团讨论通过的会议议程。

这次大会分为两个阶段进行，第一阶段主要是各代表听取讨论有关报告和草案，广泛征求修改意见；第二阶段主要是审议通过这些报告和草案，形成大会决议。

各位代表、同志们，开好这次大会，落实大会提出的各项任务，对于进一步明确学校今后的发展目标，提高学校民主管理和科学决策水平，充分发挥教职工积极性和创造性，动员和凝聚全体教职员工以主人翁精神投身学校的改革和发展，把我校建设成一流的学校，具有重要的意义和深远的影响。希望全体与会代表以饱满的热情，认认真真地开好这次大会，共同完成大会预定的各项议程，把本会开成一个发扬民主，献计献策、凝聚力量、求真务实、开拓进取、团结奋进的大会，为推动学校科学发展、共创文明和谐校园做出新的贡献！

最后，预祝大会取得圆满成功！并祝各位领导、各位代表身体健康，工作顺利！

第四节　欢迎词和欢送词

一、欢迎词和欢送词概述

（一）欢迎词

1．欢迎词的含义

欢迎词是指行政机关、企事业单位、社会团体或个人在公共场合欢迎友好团体或个人来访时致辞的讲话稿。从表达形式的角度，可以把它归入演说类文书；从内容特点的角度，也可以把它归入社交礼仪文书。

2．欢迎词的分类

（1）根据表达形式特点划分，可以分为现场讲演欢迎词和报刊发表欢迎词两类。现场讲演欢迎词通常由欢迎人在被欢迎人到达时在欢迎现场演说；报刊发表欢迎词通常发表在报刊或公开发行刊物上，在友好团体或个人到达前后发表。

（2）根据社交对象划分，可以分为私人交往欢迎词和公事往来欢迎词两类。私人交往欢迎词一般指在主人举行的各种宴会、聚会、茶会、舞会、讨论会等非官方的场合下使用的欢迎词；公事往来欢迎词一般指在较庄重的大中型公共事务活动中所使用的欢迎词，这类欢迎词在文字措辞上的要求比私人交往欢迎词更正式、严格和规范。

3．欢迎词的特点

（1）浓厚的欢迎色彩。欢迎词要表达主人对宾客的欢迎，应该充满热烈的欢迎气氛，同时也为宾主双方随后的活动或交流营造融洽的气氛。

（2）符合礼仪需要，体现礼貌、尊敬和平等。欢迎词是向对方表示欢迎和友好的，因此，无论称呼还是正文都应该符合社交礼仪的需要，体现宾主的平等关系，对待宾客应该礼貌、尊敬，要尊重对方的风俗习惯，文中不讲对方忌讳的内容。体现亲切友好的气氛，使宾客有宾至如归的感觉。

（3）感情真挚。欢迎词不能等同于一般的应酬客套之词。宾客来访，在欢迎仪式上的讲话应有一种发自内心的真情实意，是内心情怀的自然流露。对于初次接触的朋友，客套话是必不可少的，但不能滥用。如果客套话过多，会给人一种虚假之感。对于老朋友，客套话应少用，以真情相待。

（二）欢送词

1．欢送词的含义

欢送词指行政机关、企事业单位、社会团体或个人在公共场合当友好团体或个人临别时致辞的讲话稿。

2．欢送词的分类

根据社交对象分，可以分为私人交往欢送词和公事往来欢送词两类，同欢迎词分类大致相同。

3．欢送词的特点

（1）浓厚的欢送色彩。欢送词是欢送宾客回归的，既有礼节形式也有一定的事务内容，要祝宾客归途顺利平安，也要表达一定的祝愿。

（2）依依惜别之情。欢送词所要表达的是主人在宾客离别时的感受，所以依依惜别之情要溢于言表。当然格调也不可过于低沉、感伤，尤其是公共事务的交往，更应把握好分别时感情和言辞的分寸。

二、欢迎词和欢送词的基本格式

（一）欢迎词的基本格式

欢迎词一般包括标题、称呼、正文和落款四部分。

1．标题

欢迎词的标题由活动内容（也称致辞场合）、致辞人和文种三个要素构成，一般有三种形式：一是直接写文种“欢迎词”；二是由活动内容加文种构成，如《在××学术讨论会上的欢迎词》；三是由致辞人的姓名或职务、活动内容加文种构成，如《周恩来在欢迎尼克松及夫人的宴会上的欢迎词》。

报刊发表欢迎词经常用后两种标题形式。

2．称呼

在标题下行顶格书写，后加冒号。称呼应该是宾客姓名或代表团名称，主要有以下两种写法：一是尊称，写明来宾姓名，姓名后加上职务或头衔；二是泛称，如“各位先生、各位女士、各位来宾”或“女士们、先生们”等。

为强调尊敬和礼貌，在前面可以加修饰语，如“尊敬的”、“亲爱的”等。

3．正文

在称呼的下一行空两格书写。欢迎词的正文一般由开头、主体和结语三部分构成。开头写事由和欢迎语：事由就是为何举行欢迎仪式或召开会议等；欢迎语是对来宾表示热情欢迎之类的话，表达致辞人的感情。接着写主体，是欢迎词的主要内容，可叙述彼此之间的交往、友谊，也可介绍相互之间友好合作的成就，还可写来访的意义、作用等。如对方是以个人名义来访，也可向在场的其他人介绍该宾客的成就和品行等。结语部分再次表示欢迎，或者表达祝愿与希望之意。

4．落款

欢迎词落款的位置在标题之下或结束语的后右下方，要署上致辞单位名称、致辞人的身份、姓名，并署上欢迎词的成文时间。

（二）欢送词的基本格式

同欢迎词一样，欢送词通常也由标题、称呼、正文和落款四部分组成。

1．标题

标题由活动内容（也称致辞场合）、致辞人和文种三个要素构成，一般有三种形式：一是直接写文种“欢送词”；二是由活动内容加文种构成；三是由致辞人的姓名或职务、活动内容加文种构成。

2．称呼

在标题下行顶格书写，后加冒号。称呼应该是宾客姓名或代表团名称，有以下两种写法：一是尊称；二是泛称。写法基本与欢迎词相同。

3．正文

在称呼的下一行空两格书写。欢送词的正文由开头、主体和结语三部分构成。开头通常说明在举行何种欢送仪式，发言人是以什么身份或代表哪些人向宾客表示欢送的。主体主要是回顾双方在合作或访问期间，在哪些问题和项目上达成了一致的共识，取得了哪些突破性的进展和成果，给双方的交流和合作带来了哪些益处，具有何等重要的意义等。私人欢送词还应注意表达双方在合作共事期间彼此之间的深厚友谊，以及分别之后的思念之情等。若为朋友送行，还要加上一些勉励的话。结语再次向来宾和亲朋表示真挚的欢送之意，并表达期待再次合作的心愿，以及表达希望早日团聚的惜别之情。

4．落款

欢送词落款的位置在标题之下或结束语的后右下方。要署上致辞单位名称、致辞人的身份、姓名，并署上欢送词的成文时间。

三、欢迎词和欢送词的写作要求

（一）欢迎词的写作要求

（1）把握好文体的特点。欢迎词属于演说类文书，是特定的讲话人在公众场合的演说稿，因此，要写好欢迎稿，除了要考虑讲话人自身的身份与职务、听众的情况及合适的内容之外，在具体写作中，还必须注意把握演说类文书的可听可讲性、整体性、临场性的特点。

（2）态度要热情友好，讲话要有分寸感。遇到老朋友、老搭档态度要坦率一点；遇到一般友人态度要诚恳一点；遇到与己立场不同、观点不同的友人态度要委婉一点，尽量避免直来直去。实在避不开的原则问题，也尽量以幽默等方式回避和化解。

（3）大型合作的欢迎词只应原则性地谈对双边合作所持的立场和期望，而不应涉及将要进行的谈判中讨论的细节。

（4）篇幅简短。欢迎词一般都较为简短。欢迎词一般是在欢迎仪式上的讲话，欢迎场合不具备让致辞人长篇大论的条件；另外，欢迎词主要不是为了阐述实质性问题，一般都是一种礼节性的公关或外交辞令，应短小精悍。

（二）欢送词的写作要求

与欢迎词的写作要求大体一致，此外还要注意以下两点。

（1）欢送词不能只讲客套话，要有实质内容。欢送词写作容易犯的毛病就是客套太多，内容空泛，这样的欢送词很难收到理想的交际效果。

（2）在重要的社交场合和国际交往中，欢送词既要表示友好，又要坚持立场原则，维护自身利益。因此欢送词表达时一定要注意技巧和方法，从而获得社交或外交成功。

四、例文

例 5-4

2015年秋季开学工作会议上致新校长、新教师的欢迎词

尊敬的××校长、新来的全体教师：

在××外国语学校暑假期间举行的公开招聘校长和教师的过程中，你们凭借自己的实力，过关斩将，脱颖而出，成功地应聘到××外国语学校当校长、做教师，这是你们人生中也是我们××外国语学校办学历史上大书而特书的一件喜事。在这里，我代表××外国语学校全体教职员工向你们表示热烈的祝贺！对你们加盟××外国语学校表示热烈的欢迎！

××外国语学校是20××年秋季建成并招生的一所民办公助学校。建校6年来，在县委县政府的大力扶持下，县教育体育局、学校董事会、校务会的正确领导下，经过全校教师近6年的辛勤耕耘，教育质量逐步提高，教学品牌初步形成。你们的加盟，让××外国语学校的发展如虎添翼，你们的加盟，给××外国语学校的发展注入了新的生机和活力。

作为教师代表，我郑重地向××校长承诺，我们全体教师将鼎力支持你的工作，将继续以饱满的热情，昂扬的斗志投入到新学期的教育教学工作中去，将积极为学校的发展献计献策，为学校教学质量的提升辛勤付出，甚至赴汤蹈火。也希望××校长借鉴并创新××

国际学校的办学理念和管理模式，结合××县县情，××外国语学校的校情，千方百计地调动全体教职员工的工作积极性，增强教职员工的凝聚力，本着和谐相处、相互促进、共同奋斗、共创辉煌的原则，努力把××外国语学校创建成为××市内一所有一定社会影响力的民办学校。同时也希望新来的教师们，尽快适应新的工作环境，搞好角色转换，遵守学校的各项规章制度，认真搞好教学工作，与原校教师团结协作，诚实做人，踏实做事，充分展示自己在新的教学岗位上的新的风采，再创新的辉煌！

最后衷心希望董事会、校务会工作留人，待遇留人，感情留人，把××外国语学校建设成为一所名优校长、名优教师乐意来，来了不想走的学校。衷心希望全体教职员工紧密团结在××校长的周围，劲往一处使，拧成一股绳，共同开创我校新学期教学工作的新局面，衷心祝愿领导们、老师们在新的一学期里身体健康，万事如意！

谢谢大家！

教师代表　　×××

2015 年 8 月 18 日星期二

【析评】

这是一篇在开学工作会议上的欢迎词，欢迎对象是新招聘到校任职的校长和教师，首先赞扬他们在招聘过程中的实力并表示了衷心的祝贺和热烈的欢迎。正文部分针对新到任的校长和教师，简单介绍了学校概况，代表全体教师承诺并对新校长寄予厚望。结语感情真挚有感召力。

例 5-5

刘华清在欢送驻港部队大会上的讲话

（1997年6月30日）

驻香港部队全体官兵同志们：

遵照中央军委江泽民主席的命令，你们就要雄赳赳、气昂昂地进驻香港，担负起香港防务的神圣使命。在这庄严的时刻，我代表党中央、中央军委，代表全军官兵，向同志们表示热烈的欢送和亲切的慰问。

香港回到祖国的怀抱，五星红旗和香港特别行政区区旗在这块土地上庄严升起，百年民族耻辱终于洗雪，香港将从此开辟历史的新纪元。这是中国人民一百多年来前赴后继、英勇斗争的结果，是中华民族振兴的历史丰碑，是本世纪具有深远影响的重大事件。此时此刻，全党全军全国各族人民，包括广大的港澳台同胞、海外侨胞，无不欢欣鼓舞，扬眉吐气。

香港顺利回归祖国，是邓小平同志“一国两制”构想的胜利，是以江泽民同志为核心的党的第三代中央领导集体坚持“一国两制”方针，成功推进香港回归的胜利。这一伟大胜利，生动体现了中华民族强大的凝聚力和创造力，象征着我国的综合国力正日益强盛，中国人民正以崭新的面貌自立于世界民族之林。

香港顺利回归祖国，实行“一国两制”、“港人治港”、高度自治，保持长期繁荣稳定，将有力地促进祖国统一大业和社会主义现代化建设，将为国际社会解决类似历史遗留问题提供一个成功范例，将对维护亚太地区以及世界的和平与稳定发挥重要作用。

中国人民解放军进驻香港，是中国政府对香港恢复行使主权的重要标志，是维护国家主权和安全，保持香港繁荣稳定的重要保证。驻香港部队是具有光荣传统的部队组建起来的，曾经屡建战功，英雄辈出。组建以来，坚持高标准，严要求，艰苦创业，团结奋斗，精心做好进驻的各项准备工作，取得了出色的成绩。现在，驻香港部队即将开赴香港，祖国和人民对你们寄予厚望。

希望你们坚定不移地贯彻邓小平同志“一国两制”的伟大构想，增强维护香港繁荣稳定的使命感和责任感。深入学习邓小平建设有中国特色社会主义理论，结合实际深刻理解“一国两制”构想的重大意义，把官兵的思想真正统一到“一国两制”的方针上来。认真执行中央关于处理香港问题的一系列方针政策，坚决服从命令，听从指挥，忠实履行防务职责，为香港的繁荣稳定贡献力量。

希望你们牢记全心全意为人民服务的宗旨，忠于党，忠于祖国，忠于人民，忠于社会主义。深入地开展爱国主义教育，增强民族自尊心和自豪感，激发广大官兵献身国防事业的政治热忱。继续保持谦虚谨慎、不骄不躁的作风，尊重香港特别行政区政府，尊重香港的社会制度和生活方式，热爱香港人民，时时处处维护香港人民的利益，以实际行动赢得香港人民的拥护和爱戴。

希望你们坚持从严治军，依法履行职责，严守纪律，秋毫无犯。严格遵守香港特别行政区基本法和驻军法，严格遵守香港特别行政区的法律法规，处处依法办事。认真落实我军条令条例和规章制度，加强部队管理，保持高度稳定和集中统一。自觉执行三大纪律八项注意，做到军容严整，文明礼貌，充分展示我军优良的作风和奋发向上的精神面貌。

希望你们切实加强精神文明建设，引导官兵树立高尚的道德情操。发挥我军政治工作的优势，保持部队官兵政治上的坚定和思想道德上的纯洁。教育官兵树立正确的世界观、人生观和价值观，艰苦奋斗，淡泊名利，无私奉献，大力弘扬正气，抵制歪风邪气，确保部队能够经受住特殊环境和复杂情况的考验，永葆人民军队的政治本色。

希望你们大力加强军事训练，强化官兵全面素质，深入贯彻新时期军事战略方针，居安思危，常备不懈。认真学习高科技知识，熟练掌握手中武器装备，打牢技术战术基础。根据香港防务和驻军特色，增强训练的针对性，提高部队合成作战能力和在各种复杂情况下执行任务的能力。

我相信，驻香港部队一定能够按照邓小平新时期军队建设思想和江主席关于军队建设的一系列重要论述，继承和发扬人民军队的优良传统，始终保持我军威武之师、文明之师的良好形象，不负重托，不辱使命，圆满完成各项任务，让党中央、中央军委放心，让全国人民放心。

祝同志们顺利进驻香港，为祖国和人民再立新功！

（资料来源：http://www.people.com.cn）

【析评】

这篇欢送词是在欢送驻港部队重大场合的讲话，语言恰当准确，庄重有力。尤其是正文部分，首先强调了香港回归和中国人民解放军进驻香港的重大意义。在此基础上运用排比的段落安排，对驻港部队全体官兵提出希望，气势磅礴，鼓舞士气，有强大的号召力。

复习与训练

一、填空题

1. 欢迎词根据社交对象划分，可以分为________和________两类。

2. 欢迎词一般包括________、________、________和________四部分。

3. 欢迎词标题由________、________和________三个要素构成。

二、选择题

1. 欢迎客人的致辞讲什么，怎么讲，取决于（　）。

A. 主客双方以往的职务　　B. 取决于聚会的缘由和意义

C. 取决于客人的地位　　D. 取决于主人的地位

2. 有经验的人在写作欢迎词时，注意（　）。

A. 深刻的话题　B. 有意义的话题　C. 共同关心的话题　D. 有趣的话题

3. 为欢送团体、个人而写作的书面文字或发表的口头讲话，称为（　）。

A. 闭幕词　B. 解说词　C. 欢送词　D. 意向书

4. 一般情况下，欢迎词和欢送词都是一种礼节性的外交公关辞令，因此，写作时要求（　）。

A. 短小精悍　B. 长篇大论　C. 条款明确　D. 有理有据

5. 欢送词的开头应（　）。

A. 开门见山　B. 含蓄　C. 曲折　D. 严谨

6. 不管是欢迎词表达“有朋自远方来，不亦乐乎”的愉悦心情，还是欢送词表达亲朋远行的依依惜别之情，都具有的特点是（　）。

A. 说服力强　B. 号召力强　C. 情理结合　D. 感情真挚

7. 为欢迎团体、个人而写作的书面文字或发表的口头讲话，称为（　）。

A. 欢迎词　B. 请柬　C. 解说词　D. 开幕词

三、判断题

1. 写作欢迎词要求了解受欢迎的对象；选择有针对性的话题、具有热情的态度。（　）

2. 欢迎词的标题一般由活动名称、致辞人姓名和文种三部分组成。（　）

3. 常言道：“话不投机半句多。”在撰写欢迎词时，要尽量投其所好，尽量满足宾客的心理欲望，以达最佳效果。（　）

四、简答题

1. 欢迎词的含义是什么？有哪些特点？

2. 欢送词可以分为几类？

3. 简述欢迎词和欢送词的基本格式。

4. 欢迎词有哪些写作要求？

五、阅读分析

每年新生入校，作为校方代表都要在开学典礼上向新生致欢迎词并对学校做简要介绍，但是这类欢迎词往往容易千篇一律。下面这篇欢迎词有其独到之处，是一些教材中常用的范文，请简要评析。

门

——在湘潭师范学院97级新生开学典礼上的讲话

湖南　杨鹏程

各位老师，各位同学：

你们好！

首先，我谨代表全院教职员工，请97级的新朋友们猜个谜语。谜底嘛，是一件大家非常熟悉、一辈子都离不开的东西。再穷的人家也至少“拥有一个它”，每天少不得几十次上百次地同它打交道。但是，人们往往对它漠然置之，熟视无睹。请问：这是什么？很遗憾，大家都没有猜中，我只好自己亮谜底，这就是我今天演说的题目——门！不是吗，再穷的人家至少拥有一扇门。

世界上最有名的门是法国的凯旋门，中国最有名的门是天安门。我们今天不讲凯旋门，不讲天安门，只说一说咱湘潭师范学院的大门。这幢门线条流畅，姿态优雅，造型别致新颖，号称湖南高校第一门。那么它的造型有何深刻的寓意？我院十个教学系的教授都有不同的看法，请为诸位指点。

中文系：汉语教授——这个造型代表“湘潭师范学院”第一个字“湘”的汉语拼音第一个字“X”。它表示，当你踏进这扇大门，你就成为湘潭师范学院的一员，成为一名光荣的大学生。在此，我代表全院1 015名教职员工对97级1 200名新同学表示最热烈的欢迎！文学教授——校门的上半部分是浪漫主义的诗歌，下半部分是现实主义的散文，因此它是革命的浪漫主义与现实主义结合的产物！

数学系：代数教授——字母“X”。在数学王国里代表未知数，昭示着我们要不断探索，对社会、对科学、对人生各种各样的方程式去求解求根，但永远不能生成。它告诉我们，科学与真理没有终点，因此要不断地攀登，不懈地追求！

物理系：力学教授——这是一条抛物线。它的寓意是：学如逆水行舟，不进则退。声学教授——声波震动示意图。它的寓意是：人生如波如潮，有起有落，胜不骄、败不馁才算真英雄。

化学系：无机化学教授——这是最新合成的第109号化学元素的原子结构原型。有机化学教授——这是酒精灯与烧瓶的模型，正在做有机物的化合与分解反应实验。

外语系：英语教授——这是由两个英文字母“S”组成的图案，S是英文“科学”（Science）的第一个字母，说明这是一座科学的大门。俄语教授——它是俄语单词“哈拉索”的第一个字母“X”，“哈拉索”是好的意思，它告诉你湘潭师院天好地好环境好，山好水好人更好！

政治系：哲学教授——它代表哲学上一分为二与合二为一两种理论命题的探讨。经济学教授——一高一低，代表工农业产品价格的剪刀差。

历史系：中国史教授——这是两件著名的出土青铜器模型的组合。上半截是四羊方尊，下半截是司母戊大方鼎。世界史教授——这是一座凯旋门，祝贺你们，高考战场的凯旋英雄！

地理系：自然地理教授——这是地球结构的剖面图，高的是喜马拉雅山，低的是马里亚纳海沟，中间是地壳，底下车水马龙人来人往是岩浆涌动的地心。经济地理教授——像稻穗，像鱼跃，说明湖南是鱼米之乡。

艺术系：美术教授——这是一件抽象派的艺术雕塑。音乐教授——这是五线谱中的一个标识符号。

生物系：植物学教授——细胞一分为二。动物学教授——像只老母鸡在下蛋，也像蛋壳里孵出小鸡。它代表生物学上一个永恒争论的话题，世界上到底是鸡先生蛋，还是蛋先生鸡？

咱们的校大门寓意深邃，真可谓仁者见仁，智者见智。这是一座幸运之门，这是一座光荣之门，这是一座科学之门。你们从三湘四水踏进这座校门，你们是时代的骄子，社会的宠儿；2001 年你们步出校门奔向五湖四海，你们将是社会的栋梁，中国的希望！希望你们在门内的四年勤奋刻苦，门门功课优秀，为校大门添砖加瓦；跨出校门后献身科学，献身教育，争当中国的爱因斯坦、门捷列夫，为校大门增色添彩！

谢谢大家！

（资料来源：http://www.zlgwy.com）

六、写作训练

学校举办学术论坛，邀请某位著名学者讲学，请以东道主身份拟写一篇欢迎词。

第五节 竞职演说稿

一、竞职演说稿概述

（一）竞职演说稿的含义和作用

竞职演说稿（也称竞聘演讲稿）是竞聘者在竞聘演说之前写成的准备在竞聘演说时使用的文稿。随着我国人事制度改革的不断深化，很多企事业单位都推行竞聘上岗制度。公开招聘的整个过程中，竞聘演讲是至关重要的一环。竞聘演说稿的撰写是其中一个不可忽视的重要环节。

其作用主要体现在两方面：一是通过竞职演说稿这一特殊文书，能够比较全面地反映出竞聘者的基本情况和素质，有利于招聘者全面了解竞聘者，是竞聘者能否被聘用的重要依据；二是在竞职演讲稿中很重要一部分内容是阐述竞聘者对竞聘岗位的认识，上岗后的工作目标、构想和具体的方案及措施等，这是组织人事部门考核的重要依据，也是重要的档案资料。

（二）竞职演说稿的特点

竞职演说是演说的一种，因此，它具有口语性、时限性、临场性、交流性等演讲的一般特点。但由于它是针对某个竞争目标而进行的，所以，除了这些共性外，它还具有以下特点。

1. 目的性

目的明确是竞聘演说区别于其他演讲的主要特征。竞聘演说就是要使招聘者对竞聘者有充分的了解和认识，从而鉴别其是否能胜任该职位，其最终目的不只是要展现演讲才能和水平，而是通过这种方式获得自己所要竞聘的岗位。

2．针对性

一是目标的针对性，即针对具体的竞争岗位而演讲：二是内容的针对性，即针对工作中的关键性和敏感性问题而演讲：三是竞争的针对性，即针对其他竞争对手而演讲。这三方面不可忽视。

3．竞争性

对于差额竞聘和末位淘汰的竞聘上岗制度来说，几个人竞聘一个职位，这种竞争性就更明显。演讲稿中一定要凸显“人无我有，人有我优，人优我特”的竞争优势。在其他的演讲中，内容尽管可以海阔天空地谈古论今，但一般都不是来“显示”自己的长处，而这却是竞职演说稿的个性之一。

4．实用性

实用性是指所选材料既符合实际，又对自己竞争有利，也就是无论讲自己所具备的条件还是谈任职后的构想，都要从自我出发，从实际情况出发，从竞聘的岗位出发，符合竞聘岗位的要求。

二、竞职演说稿的基本格式

竞职演说稿在结构上包括标题、称呼、正文、落款四部分。

（一）标题

（1）公文式标题。有的直接写文种，如《竞聘演讲稿》，也可以是竞聘岗位加文种，如《竞聘班长演讲稿》、《人事处处长竞聘演讲稿》。

（2）文章式标题，如《给我一个机会，还你一个奇迹——竞争法院破产庭庭长演讲稿》，这类标题常用副标题补充说明竞聘岗位及文种，主标题要求贴切、精练、醒目，有点睛作用。

（二）称呼

称呼在标题下行顶格书写，是正式演讲前对听众的称呼。使用呼语既体现了对广大听众的尊重，又表示演讲即将开始。竞职演讲稿一般称呼“各位领导、各位同志”即可。

（三）正文

1．开头

开头即开场白。竞职演说稿的开头应简要表明竞争上岗的目的及演讲者对它的认识和态度。写法上可以不拘一格。一般都是开门见山、直陈其事，开宗明义、直奔主题，提出观点、表明态度，打开场面、营造气氛。语言力求简明扼要，表达力求自然流畅。竞聘演讲的时间是有限制的，因此，精彩而有力的开头便显得非常重要。有经验的竞聘者常用下面的方法来开头。

（1）用诚挚的心情表达自己的谢意。这种方法能使竞聘者和听众产生心理相融的效果。例如，“我非常感谢各位领导、同志们给了我这次竞聘的机会”。

（2）简要介绍自己的有关情况，如姓名、学历、职务、经历等。例如，“我叫××，××年毕业于北京大学××系，××年加入中国共产党，现任××职位”。

（3）概述竞聘演讲的主要内容。这种方法能使评选者一开始就能明了演讲者演讲的主旨。例如，“我今天的演讲内容主要分两部分：一是我竞聘人事处处长的优势；二是谈谈做好人事处处长工作的思路”。

2．主体

主体即演讲稿的中心内容。竞职演说稿应紧紧围绕竞争岗位的特点，从三方面展开阐述。首先要概述对岗位任职条件的认识，抓住关键。其次要充分展示自己竞争上岗的实力和条件，突出优势。最后要详细阐明自己任职之后的工作思路和一些具体措施，体现特色。重点在最后部分，要深入调查，反复研究，精心设计，使之富有创意和可行性。

3．结尾

结尾即演说稿的结束语。这部分内容一般要总结正文，深化主题。此外还可以从以下几方面结尾。

（1）表明对竞聘成败的态度。例如，“作为这次竞聘上岗的积极参与者，我希望在竞争中获得成功。但是，我绝不会回避失败。不管最后结果如何，我都将一如既往地努力工作”。

（2）表达自己对竞聘上岗的信心。例如，“我今天的演讲是毛遂自荐，但不是王婆卖瓜。我只是想展示一个真实的我。我相信，凭着我的政治素质，我的爱岗敬业、脚踏实地的精神，我的工作热情，我的管理经验，我一定能把××工作做好”。

（3）希望得到评选者的支持。例如，“各位领导、各位评委，请相信我，投我一票”。

结尾要写得简短有力、干净利索。

结尾部分一般要有谢辞， 即演讲结束时的答谢语。这是礼貌用语，不能缺少，如“谢谢组织给我这次机会”、“谢谢大家”、“我的演讲到此结束，谢谢大家”等。

以上竞职演说稿采用了公文式规范的写作方式，有时也可以采用特例式的写法，即将这些内容用文学语言和文学表达方式来表现，接近狭义演讲稿的写法，更讲究文采。运用特例式写法要注意，文字要切合自己的身份，切合当时竞聘的场合、听众。方式的不同是为表达效果、表达中心思想服务的，切忌片面追求文采的华美。

（四）落款

一般在结束语的后右下方写竞聘演讲者姓名和时间，演讲时不读出来。

三、竞职演说稿的写作要求

（一）全面、深刻体现对竞聘岗位的理解和认识

对竞聘岗位的理解与认识是竞聘者综合素质、综合能力的体现，是一个人多年工作经历、经验、体验的总结，并非一日之功，这是写好竞职演说稿的核心问题。对岗位认识理解的层次不同，标准、起点不同，竞聘的效果也会不同。

（二）充分体现竞聘者的信心和真诚态度

竞聘演说实际就是毛遂自荐，竞聘者内心要充满自信。卡耐基曾说：“不要怕推销自己，只要你认为自己有才华，你就应该认为自己有资格担任这个或那个职务。”同时态度要真诚，对于优势，要有意突出，充分展示优点、强调特点；对于不足，要坦然相告，以诚示人。

（三）做好充足的准备，临场灵活处理

几个竞聘者竞争一个岗位，对于岗位的认识及一些工作思路难免会有雷同。所以写作竞聘演说稿时可以从多个角度做准备。如果有条件知道自己演讲的内容与前面的演讲者有雷同之处，就应及时调整，或淡化相关内容，或补充新的内容。

（四）把握分寸，材料求真求新

写竞职演说稿把握分寸很重要，因为竞聘演讲的角度基本上是以“自我”为核心，毛遂自荐，要充分展示自己的实力和优势，如掌握不好分寸，就会适得其反。为增强竞聘演说稿的说服力，摆事实很重要。而用于摆事实的材料首先要真实可信，其次还要有新意，要想有好的竞聘效果，要尽量凸显“人无我有，人有我优，人优我特”，而这就需要选材新。

四、例文

例 5-6

敢洒热血保平安

——竞聘派出所所长演讲稿

尊敬的评委、同志们：

我叫×××，非常感谢领导和同志们给了我这次竞争所长的机会。我也非常感激领导和同志们在我任副所长期间给我的热情指导和大力支持。

我 20××年于省警校毕业分配到××派出所工作已经整整 10 年了。在这 10 年里，积极努力，勤奋工作，严格要求自己，思想上积极要求上进，对党的事业十分忠诚，积极向党组织靠拢，于 20××年加入中国共产党。我以饱满的工作热情和不畏强暴的浩然正气投身于公安工作第一线，历任治安民警、侦察员、派出所副所长等职。在任副所长期间，积极协助所长搞好各项工作。在 20××年全省打团扫恶专项斗争中，我冲锋在前，一举打掉了号称“东北虎”的持枪抢劫犯罪团伙，彻底铲除了这个带有黑社会性质的流氓犯罪团伙，被省公安厅荣记二等功一次。在这 10 年工作期间里，我受到嘉奖两次，先后三次被评为先进工作者，两次被评为优秀党员，年度考核连续三年获得优秀。

我认为我胜任派出所所长工作，主要优势在于：一是我熟悉辖区的情况，在以往的办案过程中，我走遍了辖区内所有的机关、企业、住户，对于他们的情况了如指掌。二是我具有较强的业务能力，这点是全所同志有目共睹的，在办案过程中表现出的工作思路清晰敏捷，处置问题果断，被同志们称为攻坚克敌的虎将。三是我懂得法律。除在学校所学知识外，参加工作后，我从没有放松法律知识的学习，经常对照一些典型案例，逐一分析。对颁布的法律条文，我都能认真学习，领会其精神实质。四是熟悉公安派出所业务。参加工作后我一直没有离开派出所，对派出所的刑侦、治安、户籍管理、办公室等工作都非常熟悉，对上级安排的工作都能出色地完成。五是我有较丰富的管理经验。在担任副所长后，虚心向前几任所长学习，结合自己多年的工作经验，总结出一套体制严密、考核严格、环环相扣的制度管理体系，制定了执法责任制度、岗位目标管理考核制度、两公开一监督制度、廉政建设制度等一系列责任制度。

如果我能担任所长，我一定要做好如下几项工作。

一、加强队伍建设、增强服务意识

派出所民警队伍建设非常重要，民警素质的高低直接关系到派出所工作的质量，因此，我上任后，一定要加强队伍建设，组织干警认真学习江泽民同志“三个代表”的重要思想，认真学习法律和公安业务知识，使干警树立全心全意为人民服务的思想，牢固掌握法律和公安业务知识，做到既能严格执法，又能热情服务，从而在人民群众中树立良好的形象。

二、加强户籍管理，杜绝“三无人员”

户籍管理是派出所的一项非常重要的工作，它直接关系到辖区的平安。因此，我上任后，一定要加强户籍管理，除了对常住户口的管理外，要特别加强对暂住人口的管理，对暂住人口要进行统一登记，并定期检查验证。“三无人员”是辖区不安定的因素，因此辖区杜绝“三无人员”，发现一个，遣送一个，使“三无人员”无法在辖区内安身。

三、加强责任制，实行分片管理

为了搞好辖区内治安，建立民警责任制，将辖区划分为若干片段，由民警负责片段内的治安。同时，建立一支少而精的辖区治安联防巡逻队，一天24小时巡查。民警的奖惩直接与所管理的片段的治安状况结合起来。治安状况好的，给予奖励，不好的视情况给予必要的处理，从而充分调动和发挥民警的积极性和创造性。

四、加强治保组织建设，充分发挥治保组织作用

基层治保组织是确保辖区治安的重要力量。因此，我上任后，一定要加强对基层治保组织的建设。辖区内单位已有治保组织的，对其进行完善巩固；尚没有的，在一定的时间内成立。派出所定期对治保组织成员进行培训，并经常给予指导，使治保组织在辖区充分发挥其维护社会治安的作用。

五、加强帮教工作，预防和减少案件发生

加强对有劣迹的青少年和劳改、劳教释放人员的帮教工作是预防和减少治安案件、刑事案件的一项重要措施。因此，我担任派出所所长后，一是要切实掌握这三类人员的情况，二是与居委会、治保会落实帮教措施。总之，对这三类人员既要热情关怀，做好教育工作，又要密切注视他们的情况，防止他们犯错误，或者再次做违法犯罪的事情。

六、热情为群众服务，为群众排忧解难

民警的工作就是为人民服务的工作，因此，我们要牢记全心全意为人民服务的宗旨，对群众热情服务，坚决克服对群众“冷、横、硬”的态度。对群众要求办理的事情，热情接待，凡符合政策、法律的，尽快办理；不符合政策和法律的，耐心解释，取得群众的谅解。群众有忧虑和难处，积极协助解决。

七、关心民警生活，提高民警积极性

作为所长应该关心、体贴民警，并积极帮助民警解决生活上的困难，才能充分调动和提高民警的积极性，与民警一道搞好派出所的工作。

公安赋我以重任，我爱公安为人民！如果我当上派出所所长，一定要切实履行职责，确保辖区平安。

谢谢大家！

【析评】

这是竞聘派出所所长的演讲稿。标题采用了文章标题形式，简洁、贴切。全篇演讲稿格式规范，思路清晰，结构完整。竞聘者对于竞聘岗位比较熟悉，有较全面、深入的了解。因此，这是一篇比较规范的竞聘演讲稿。但美中不足的是，该文用语偶有疏漏。

复习与训练

一、选择题

1. 下面不符合竞职演说稿要求的是（　　）。

A. 底气要足　　B. 态度要诚　　C. 语言要简　　D. 方法要奇

2. “敢立潮头挑大梁”是（　　）。

A. 竞职演说稿的题目　　B. 概括了演讲的主题

C. 表明竞选者充满了自信　　D. 立意鲜明

3. “我认为，选择这一职位，我有三个明显的优势”一语（　　）。

A. 表明竞选者的狂妄　　B. 表明竞选者的自信

C. 竞选者在展示自己的优点　　D. 表明竞选者不谦虚

4. “如果这次竞选失败，无论什么原因，我都不会后悔我参与竞争的选择”一语表明（　　）。

A. 演讲者对于竞选信心不足　　B. 表示谦虚

C. 希望得到支持和帮助　　D. 对竞选职位无所谓

5. 竞职演说稿开头部分要求（　　）。

A. 自我介绍简洁明快　　B. 介绍要竞选的职位

C. 表明自己任职后的打算　　D. 以诚恳的口气表态

6. 竞职演说的目的是展示自己，求得支持、赢得选票。下面不是竞职演说稿特点的是（　　）。

A. 客观性　　B. 谦逊性　　C. 推销性　　D. 竞争性

7. “我是一个农民的儿子，我从基层税务所来，我老老实实做人，扎扎实实做事，我取得了成绩，也获得了荣誉。”这样的开头适合（　　）。

A. 比赛演讲　　B. 竞选演讲　　C. 述职报告　　D. 个人总结

二、判断题

1. 竞职演说稿要有称呼，被称呼者要排列有序，如“各位群众、各位处长、领导们”。（　　）

2. 竞聘演讲是宣传自己的好时机，机不可失，时不再来，应用最好的语言充分而全面地展示自己的才华。（　　）

3. 竞聘演讲一般由标题、正文、结尾三部分组成。（　　）

4. 竞聘演讲时对自身的弱势应当艺术地表示出来，将不利变为有利。（　　）

5. 竞聘演讲实际上就是毛遂自荐。（　　）

6. 撰写竞选演讲稿一定要充分展示自己，为了取得良好的效果，既要注意内容的客观性，又要开展合理的想象，对某些材料进行典型的艺术加工。（　　）

三、简答题

1. 简述竞职演说稿的特点和作用。

2. 简述竞职演说稿的写作要求。

四、阅读分析

阅读下面材料，请分析是否符合竞职演说稿的基本格式和写作要求，并阐释理由。

一位学生竞聘班长的演说稿开头这样写道：如果我们每个人都是一头勇猛的雄狮，班长不是狮王，而是每天最早出击捕猎的那只猛将；如果我们每个人都是一只矫健的斑羚，班长不是首领，而是第一只跃下深谷的那份希望；如果我们每个人都是瀑布上一朵晶莹的浪花，班长不是最灵动、最璀璨的，而是最先撞击岩石的那抹白光……结尾是：同学们，今天的努力是为了明天和后天的辉煌。因此，无论我竞聘是否成功，都要对大家奉上我诚挚的祝愿——往昔岁月峥嵘，长缨在手缚苍龙。今朝三中看缘定，雄心壮志贯长虹。万马一骑战绝尘，群雕双翅啸长空。数十载后重聚首，无怨无悔过一生。

五、写作训练

请写一篇竞选学生会主席的竞职演说稿。

第六节 述职报告

一、述职报告概述

（一）述职报告的含义和作用

述职报告是各级党政机关、社会团体、企事业单位的领导人及各种岗位的任职者向主管机关、组织人事部门或本单位职工群众报告自己任职一定时期内在本岗位上履行职责的情况，陈述所取得的成绩，检查存在的问题，并进行自我评价的报告。述职报告是随着我国人事制度、干部制度改革的不断深化，各单位、各部门逐渐实行和完善干部聘任制和岗位责任制应运而生的一种新兴应用文体。

其作用表现在. ① 述职报告是完善人事制度和干部管理制度的一项重要措施，在岗位职责明确的前提下，要求任职者定期撰写述职报告，便于管理部门对任职者进行全面细致的考察，减少或避免任用干部的主观性和盲目性；② 述职报告也是广大群众评议干部和主管机关、组织人事部门考核聘任各种岗位人员的依据；③ 撰写述职报告有利于任职者自我提高，促使任职者自我约束，进一步做好自己的本职工作。

（二）述职报告的特点

1. 自我评述性

这是述职报告不同于工作报告的显著特点。它着眼“自我”，是以个人名义撰写的，要用单数第一人称，不能写成整个单位的工作报告或他人工作情况的介绍。述职报告首要是述，即陈述自己任职一定期限内履行职责的情况，同时还要评，如对称职与否，功过得失等方面进行客观评价。

2. 时间限定性

述职报告有严格的时间界限：一是述职内容必须是本人的职务、岗位、任职期内的工作，不是这一期间做的工作无须写入；二是报告时间的限制性，述职者必须按考核时间的要求撰写，向本部门群众宣读并上交上级有关部门。

3. 报告考核性

报告考核性是说述职者是以接受评议、监督、考核的身份，对照自己职责范围做报告，目的是客观陈述评价自己任职考核期间内的工作情况，让群众和组织了解自己，监督和审议自己的工作过程和能力。

（三）述职报告的种类

按照不同的标准，述职报告可分为不同类型。

（1）按时间分，有年度述职报告、任期述职报告和临时述职报告。

（2）按内容分，有综合性述职报告和专题性述职报告。

（3）按性质分，有晋职述职报告和例行性述职报告。

二、述职报告的基本格式

述职报告通常包括标题、称谓、正文、落款四部分。

（一）标题

述职报告的标题可分为单行标题与双行标题，主要包括述职人、任职时限、任职职务和文种几个构成要素。

（1）单行标题。单行标题根据构成要素出现情况有以下几种：直接写文种，如《述职报告》；由述职人+文种组成，如《张××的述职报告》；由述职人+任职时限+文种组成，如《张××2015 年度的述职报告》；由述职人+任职时限+任职职务+文种组成，如《张××2014—2015 年任××学院院长职务的述职报告》。

（2）双行标题。正标题采用文章式标题，揭示主题；副标题说明述职人、任职时限、任职职务及文种等，如《开拓进取，积极奋进——××学校××校长的述职报告》。

（二）称谓

一般根据报告的对象来选择称谓，在标题下方顶格写，如“各位领导”，“各位领导，同志们”等，后面用冒号。

（三）正文

正文由开头、主体、结尾三部分组成。

1. 开头

开头部分一般介绍任职自然情况。介绍自己任职的期限、背景、岗位、职责，工作的目标、任务，自我的整体评价，确定述职的范围和基调。这部分一定要写得简明，不拖沓。

2. 主体

主体是述职报告的核心部分。对于不同行业、不同职位的述职者，其述职报告的内容各不相同，写法也各异，但一般来说应包括四个方面的内容：一是任职期间所做的主要工作，取得的主要成绩；二是存在的问题、缺点；三是个人的认识、体会、经验、教训；四是今后工作的设想、意见和建议等。主体部分的内容应该是在前言部分的基础上具体展开。

3．结尾

结尾一般用几句表态性的话语结束全文；还可用“特此报告”、“以上报告，请领导同志们批评指正”、“以上是我的述职，谢谢大家”等。

（四）落款

落款主要包括署名和成文时间两项内容。署名要写明述职人的单位名，此项可放在标题下，也可与成文时间一起署在正文末右下角。

三、述职报告的写作要求

（一）分清述职报告与相近应用文体的区别

1．与工作报告的区别

工作报告是以集体名义写的，是代表一个单位或集体的；而述职报告是从个人的角度写的，代表的是个人。

2．与个人总结的区别

述职报告和个人总结的着眼点都是自我，但也有不同。述职报告的述职人必须是有职有责者，要从职责范围阐述，写明职责、履行职责的情况、是否称职等，而与职责无关的工作，再出色也不必写。而个人总结，如果需要，一般人都可以写，不一定非要是任职者，个人总结陈述的范围比述职报告宽泛，不受具体职责的限制，思想修养、业务进修、工作进展、为人处世等方面，都可以写成总结。

（二）突出重点

写述职报告不要事无巨细地把一切情况都一一加以反映，而要有意识地抓住核心问题，突出重要成绩，总结主要教训。凡重点部分要精心组织材料，写得详细、具体、充分、全面；次要部分可略写，有时还可一笔带过。

（三）突出个性

行业不同、岗位层次不同，述职内容自然各异，即使同一职务的干部或领导也会因分工的不同有不同的工作重点；至于工作方法，就更各具特色。鉴于这种情况，述职者要突出自己工作的特点，显示自己的工作个性，尽量避免那种职责不明、没有特点、没有个性的写法。

四、例文

例 5-7

××银行××支行副行长述职报告

区分行考核组、同志们：

2015 年，在区分行党委和支行党总支的正确领导下，在我所分管的部门员工的共同努力下，我认真履行工作职责，爱岗敬业，不断进取，各项工作取得了一定成绩。现将我一年来的工作学习情况简要汇报如下，请予以评议。

一、个人学习情况

首先，注重政治理论学习，努力提高政治思想素质。平时我认真参加党总支中心组理论学习；在保持共产党员先进性教育活动中严格遵守学习纪律，保证了学习效果；特别是从2015年下半年，按照区分行的安排，我参加了×××党校第十二期领导干部进修班学习，在两个半月的时间里系统地学习了马列主义、毛泽东思想、邓小平理论和“三个代表”重要思想，同时广泛了解了当代国际国内多个方面的发展现状。可以说，这是我参加工作以来，受政治理论教育时间最长、内容最多、收获最大的一次学习经历。这期进修班共有100名学员，分别来自17个省分行，学员均为一级分行处级领导干部和二级分行行级领导干部。在学习期间，我从端正自己的学习态度做起，以饱满的精神状态投入到了学习中，在进修班结束时，被评选为20位优秀学员之一，获得了××校长签发的优秀学员证书，圆满地完成了全部学习任务。

其次，加强业务知识学习，努力提高自身业务素质和工作能力。对上级行下发的业务文件，我能够认真学习和掌握，在分管个贷中心工作后，亲自制定了个贷中心年度学习计划，与员工一道认真学习了总分行下发的个人贷款方面规章制度20多个。

二、工作方面情况

根据组织安排，2015年我具体分管风险管理部、信贷审批、个贷中心、科技及宣传方面的工作。在工作中，我始终注意找准自己的位置，演好自己的角色，全力配合×××行长和其他行领导开展工作，积极维护集体意志和决策，在思想上、行动上与支行党总支保持高度一致。对自己分管的工作，努力当好主角。一年来，在支行党总支的领导下，在各位同事的大力支持下，我分管的各项工作健康发展。

（一）以防范风险和提高资产质量为目标，我行风险管理和贷款审批工作顺利进行

首先，风险管理部认真做好了信贷资产和非信贷资产的五级分类工作，防止了低估、高估风险的发生，五级分类的真实性大大提高，为防范信贷资产风险工作打下了坚实的基础。同时认真做好了信贷资产的风险预警监测工作及各种报表的上报工作。

其次，紧紧围绕资产质量、赢利能力、审批能力这三个目标，贷款审批工作加强了对申报材料的合规性审查工作，正确处理好了信贷营销与信贷审批工作的关系，贷款审批质量进一步提高。我行信贷业务审批授权等级已连续两年被区分行认定为A级。

（二）狠抓个人类贷款管理工作。

个人贷款中心深入开展了“查存量贷款，补管理漏洞”的工作，加大了对个人类到期、逾期贷款的清收力度。个贷中心成立后，严格按照操作规程，设岗定责，强化对个人住房贷款和个人消费贷款业务的学习，用规章制度来规范、约束各个岗位的操作行为，使我行个贷工作逐步步入正轨。2015年，共发放个人类贷款344笔，金额1 786万元；共回收536户，金额3 325万元；个人类贷款按五级分类口径划分，不良额为4万元，不良率为0.18%；按逾期及非应计口径划分，不良额为30万元，不良率为1.42%，比个贷中心组建之前最高时下降了25%。2015年下半年，总分行开展了住房金融业务“比服务、比效率、比质量”营销活动，我行在区分行“三比营销活动”中位列前三名。

（三）加强了宣传信息工作

2015年支行共在区分行工作信息和区分行网站上登载信息25篇，其中我亲自动手写

了 16 篇；在《×××银行报》、《×××日报》等报刊上发表稿件 3 篇。同时对支行信息网站进行了维护和优化，已经累计登载文章 1 800 余篇，信息量日渐丰富，活跃程度日趋增强，累计访问量突破了 70 000 人次，成为支行思想宣传的重要阵地，信息传递的主要渠道。另外，因支行无专职文书人员，我还担任了一些重要和紧急文件、资料的撰写工作，不包括工作信息，今年共完成 30 多篇、近 15 万字的各类材料，如工作总结、汇报材料、业务发展规划等。

（四）廉政从业，时刻紧抓廉洁自律不放松

走上领导岗位以来，我努力树立正确的权力观，认真落实党风廉政建设责任制，始终保持清醒的头脑，以身作则，廉洁自律，管好自己，带好队伍，努力要求自己做一个诚实的人、正直的人，不贪心、不攀比，自觉接受群众监督。

三、自身存在的不足及今后努力的方向

回顾检查自身存在的问题和不足，我认为集中体现在以下几个方面。

（1）学习还不够深入，在政治理论学习和业务学习上做得还不够。在学习内容的选择上，有时候不能将学习的主观需求与客观需要很好地结合起来，有实用主义、功利主义现象。

（2）自己的工作经验、领导艺术和管理能力还需要在今后工作中进一步提高。

（3）经常埋头于日常的事务性工作，对全局和宏观的工作考虑比较少，全局观念、大局意识、创新精神还需要进一步树立和加强。

当然，缺点和不足还不止这些，这几条是主要的。在今后的工作中，我将采取以下措施加以改进和提高：

一是加强学习，通过学习增强自己的党性修养，提高自己的政策理论水平和工作能力。

二是在工作中要努力增强主动性、前瞻性、创造性和严格管理的意识，克服管理工作上的畏难情绪，以人为本抓管理。

三是要更加积极地发挥好自己作为班子副职的助手作用，为支行的整体发展多出主意，多想办法，做好配角，当好参谋。

以上述职报告中的不妥之处，请批评指正。

谢谢大家！

述职人：×××

二〇一五年××月××日

【析评】

这篇述职报告的作者将 2015—2016 年度的支行副行长工作进行全面总结、梳理，既充分展示了工作成绩，又实事求是地揭示工作中存在的问题，明确了今后工作的思路。文章全面而不杂乱，具体而不失简明，是一篇较规范的述职报告。

复习与训练

一、填空题

1. 述职报告按时间划分，可以分为__________、__________和__________。

2. 述职报告标题的要素包括__________、__________、__________、和__________。

二、选择题

1. 下列各题对“2015 年度工作述职报告”标题分析正确的一项是（　　）。

A. 标题中不能采用阿拉伯数字　　B. 述职报告标题要揭示报告主题

C. 采用了公文式的标题　　D. 述职报告要采用双标题

2. 有段述职报告在谈“精心组织税收业务工作”时，提出了以打好“四大战役”为主线、精心组织实施税收工作的构想：一是科技兴税战役；二是依法治税战役；三是促产增税战役；四是文明办税战役。从以上四点可以看出这段文字论述过程的主要特点是（　　）。

A. 中心突出，事实典型　　B. 论据有力，逻辑严密

C. 层次清楚，条理分明　　D. 由浅入深，语言简洁

3. 述职报告的核心内容是（　　）。

A. 主体　　B. 标题　　C. 开头　　D. 结尾所表的决心

4. 写作述职报告要求个性鲜明，下面哪项是错误的？（　　）

A. 突出个性　　B. 展示个人风格和魅力

C. 不要千人一面　　D. 与岗位述职报告大体相同

5. 述职报告落款的内容包括（　　）。

A. 述职报告的主题词　　B. 署名和述职时间或成文时间

C. 述职报告的对象　　D. 述职报告的印制机关

6. “述职报告”与公文的“报告”尽管是两种不同的文体，但它们在写作上却有一个共同点，就是（　　）。

A. 语气要谦恭　　B. 以陈述为主　　C. 用数据说话　　D. 少讲缺点

7. 述职报告的标题形式有（　　）。

A. 单行标题与多行标题　　B. 单行标题与双行标题

C. 正标题与副标题　　D. 大标题与小标题

三、判断题

1. 述职报告是指领导定期向选举或任命机构，以及本单位的职工干部所做的工作汇报。（　　）

2. 述职报告称呼可以是“各位领导、各位同志”。（　　）

3.《尽职尽责尽心尽力》（我的述职报告）是双标题形式。（　　）

4. 述职报告要突出重点，对影响全局、有创造性、有开拓性的特色工作重点着笔，力求详尽具体，而对日常性、一般性工作的表述则尽量简洁，略做介绍即可。（　　）

5. 述职报告、讲话稿都要注明述职、讲话的日期，或者注明在标题之下，或者注明在落款之下，可用阿拉伯数字表示，如“2004 年 4 月 12 日”。（　　）

6. 述职报告中分析自己的不足之处，显出不自信和无能。（　　）

7. 对述职者而言，不同的岗位有不同的要求，因此，述职报告要突出个性特点，展示述职者个人的风格和魅力。（　　）

8. 述职报告要围绕岗位职责和工作目标来讲述自己的工作，尤其要体现个人的作用，

不能写成工作总结。(　　)

9. 述职报告要求突出个性特点，展示述职者个人的风格和魅力，因此在撰稿时要充分发挥语言的作用，可以使用描写、抒情、夸张等艺术手段。(　　)

10. 述职报告就是工作总结。(　　)

四、简答题

1. 简述述职报告的含义和作用。
2. 简述述职报告的特点和分类。
3. 简述述职报告的写作要求。

第 6 章　日常应用文

第一节　概　述

一、日常应用文的含义和分类

（一）日常应用文的含义

日常应用文是指人们在社会交往和日常生活中所使用的各种文体的总称。一般来说，只要是为满足日常工作、学习、生活需要的应用文，如请假条、借条、遗失声明、征婚启事等，都可称为日常应用文。日常应用文适用范围较为广泛，与我们的工作、学习、生活紧密相关，一般不具备专业性和官方性。

（二）日常应用文的分类

日常应用文包括的文种多而杂，把它们进行准确的归类有难度，根据其不同的性质和目的，大致分为以下几种类型。

1．条据类

条据类日常应用文主要用于情况说明或凭据，条指便条，据指单据，合起来称为条据。这是一方出具给另一方的、可作为凭证或说明某些问题的一种应用文。这类应用文短小精悍，可以随时使用，如借据、欠条、收条、领条、请假条、留言条等。

2．告启类

告启类日常应用文是可以张贴在公共场合或通过各种媒体播放、刊登的应用文文体，如征稿启事、征婚启事、招生启事、招聘启事、寻物启事、开业启事、海报等。

3．书信类

书信类日常应用文是指个人与个人、个人与单位、单位与单位之间用来交流思想、互通信息的一种应用文，包括一般书信和专用书信。一般书信主要指私人信件，如家书、给朋友的信等。专用书信是为某个特定事务发给特定对象的书信式应用文，如介绍信、求职信、辞职信、咨询信、推荐信、申请书、报捷书、保证书、建议书等。这里只把与我们的工作、学习、生活紧密相关的一些书信归入日常应用文，如求职信、推荐信、辞职信等。

二、日常应用文的特点和作用

（一）日常应用文的特点

1．实用性

日常应用文都是为了解决人们日常工作、学习和生活中某种具体问题而写的，所以，实用性是它的重要特征。尽管许多现代通信方式被人们广泛使用，但日常应用文仍然有其不可替代的作用，特别是在一些较为正规和正式的公私交往中，还必须使用书面的日常应用文。如求职时，为了让用人单位全面地了解自己，就需要写一封求职信；而很多单位也是依据求职信得到某些人才信息从而与求职者取得联系的；收到别人（或单位）的钱物时，要写一个收条以作为凭据；单位丢失支票，个人丢失各种有效证件时，要写一份声明，以防丢失物被盗用等。这充分说明日常应用文在现代社会生活中具有重要的实用价值。

2．日常性和大众性

日常应用文与行政公文、事务文书和其他的专业应用文相比，另一个显著特点就是其日常性和大众性，主要体现在两方面：一是使用频率高。因为它和我们的日常生活、工作息息相关。一个单位，每年最多产生几十或上百个公文，但一年中需要使用的条据、信函、聘书、介绍信、证明信难以计数，而个人使用留言条、收条等的时候则更多。二是应用面广。一些专业应用文在使用时常常受到行业限制，如法律类文书只限于司法部门使用，财经类应用文仅限于从事财经工作的人使用，行政公文则限于行政机关使用。但日常应用文却不受行业、工作性质的限制，适用范围更广。任何单位和个人都可以写便条、信函。

3．较强的时效性

日常应用文总是针对工作、学习和生活中所出现的具体事情而写的。这些问题往往是已经摆在眼前或即将发生的，必须及时想办法处理或解决。如请假事先要写请假条，求职前先写求职信，电影或戏剧播映或上演前要有海报宣传，丢失重要东西后马上要写寻物启事等。所以，日常应用文具有较强的时效性。

（二）日常应用文的作用

1．利于联络情感、交流思想、沟通信息

与其他应用文种不同，日常应用文不具备专业性和官方性，而是有一定的大众性，没有了严肃、庄重的工作问题的束缚，就能更自由地交流情感和沟通信息。

2．广告宣传作用

很多日常应用文具有广告宣传作用，如海报等应用文，许多都是为了宣传而写的，主要是将有关信息刊登发布出来，让尽可能多的人知道，从而满足其业务或个人的需要。

3．具有证明和凭证作用

许多日常应用文具有证明和凭证的功能，如证明信、条据、聘书等就能起到证明和凭证的作用，方便各种交往活动，也便于以后的查对核实。

4．具有保存资料的作用

日常应用文可以记录工作和生活中的点点滴滴，反映单位和个人的种种活动，记录着各个时期社会生活的方方面面，所以日常应用文可以保存和积累大量的资料，为有关部门或个人备查备考提供方便。

三、日常应用文的写作要求

日常应用文实用性强，用途很广，种类繁多，不同类别的写法也各不相同。但就日常应用文的整体而言，在写作上还是有些基本的要求和需要注意的地方。

（一）遵守约定俗成的格式要求

日常应用文的写作，要十分注重约定俗成的格式要求。这种写作规范并非一种严格规定的法定形式，而是前人在写作实践中所取得的某种共同的认识和约定。约定俗成虽然不属法定规范，但它包含着写作规范中许多合理因素，我们应该加以继承和保留，不应随意破坏和擅自修改，以免影响应用文的交际功能。能够善于运用应用文的约定俗成格式，也是一个人语文修养和水平的具体体现。日常应用文种类繁多，其格式也多有不同，在格式运用上，一要注意各类的特色，二要准确，三要完整。

（二）语言要朴实、准确、简洁

（1）语言朴实。日常应用文的文风要朴实自然，所讲事情要符合实际情况，所运用的材料要准确无误，办法要切实可行，不能为了达到某种目的而夸大或缩小一些真实情况，总之，要实事求是。

（2）语言准确。准确同朴实是统一的，应用文要做到实事求是，就必须在准确上下功夫。而要做到准确必须注意以下几点：一是所写内容要准确。写日常应用文，不能主观臆断，而要有客观的、实事求是的态度。二是文中所列数字、事例、材料、信息要准确无误。日常应用文所引用的内容，往往是做出判断、处理事情的依据，因此要反复核对，做到准确无误。引用话语要写原话，不任意改动，必要时还要注明出处。

（3）语言简洁。首先文字要简练，篇幅要短小精悍。要惜墨如金，选用简洁的词语，以及时有效解决实际问题为行文的主要参照标准，不可拖沓冗长，否则会降低处理事务的效率。其次要尽量去掉不必要的套话、空话、废话，当然，日常应用文中体现礼貌和尊敬的用语还是必不可少的。

（三）注意感情色彩

有人认为日常应用文只要把事情说清楚就可以了，不存在感情问题。其实不然，我们从日常交往来看，它的对象是人，而人与人之间的交往没有感情是不现实的，也必定是不成功的。日常应用文中的情感应该是真实客观的，不需要特意煽情，于平淡的日常生活交往中体现出人间真情。

复习与训练

一、填空题

1. 日常应用文适用范围广泛，与日常工作、学习、生活紧密相连，一般不具备________性和________性。

2. 条据类日常应用文包括__________、__________和__________。（请列举三类）

3. 告启类日常应用文包括__________、__________和__________。（请列举三类）

二、判断题

1. 日常应用文用于一些日常琐事，不要求有时效性。（　　）

2. 日常应用文要求具有强烈的感情色彩。（　　）

3. 日常应用文的写作格式是约定俗成的，不具有强制性。（　　）

4. 日常应用文具有联络情感、交流思想、沟通信息的作用。（　　）

5. 海报不属于日常应用文。(　　)

三、简答题

1. 简述日常应用文的含义。

2. 日常应用文有哪些特点？

3. 写作日常应用文时应注意哪些问题？

第二节 求 职 信

一、求职信概述

（一）求职信的含义和作用

求职信是求职者向用人单位自荐谋求工作和职位的一种专用书信。随着人事制度的改革、人才双向选择制度的推行，人才的流动日益频繁，求职已成为一种社会化的活动，求职信的使用频率也大大提高。

求职信就像用人单位和求职者之间的一座桥梁，是用人单位了解求职者的第一步，也是求职者向用人单位提供信息、推荐自己以求得工作的第一步，对用人单位和求职者双方都有重要作用。

（二）求职信的分类

按求职者的身份划分，有毕业生求职信、下岗和待业人员求职信、从业人员求职信。从业人员求职信是指一些从业人员由于岗位不适应，或者感到自己在当下的岗位上学无所用，潜能不能得到充分发挥，或者为了谋求更好的职位，向有关用人单位递交的求职信。其中毕业生和待业人员的求职信可归为无经验人员的初次求职的求职信，下岗和从业人员的求职信是有经验人员二次就业时使用的求职信。

按求职信的投向划分，求职信可分为有针对性的求职信和通用的求职信。有针对性的求职信指有明确的投向单位或应聘岗位，求职信是根据该单位或这一职位的特点进行写作的。通用求职信指求职者没有确定的求职单位或求职岗位，以常规的用人标准来写作，可以投向不同的单位。

（三）求职信的特点

1. 自荐性

求职者与用人单位或个人在素不相识的情况下，求职信能起到重要的桥梁作用。求职者通过自我的推介使对方了解自己的学历、学识、才能和经历等情况，让用人单位考量自己是否符合相应岗位的需要，以及在诸多求职者中是否有优势，实际上也是毛遂自荐。

2. 指向性

求职者在写求职信时，不是盲目的，而是有指向性的。如果有明确的投向单位或应聘岗位，求职者应全面了解用人单位情况和自身的具体情况，努力把自己的情况和职业愿望及用人单位的要求结合起来。如果没有确定的求职单位或求职岗位，一般也会根据自己的职业愿望和常规的用人标准来写求职信。

3．真实性

求职者为了谋求到理想的职位，在求职信中会尽力把自己的各方面的优势展示给用人单位，这当然是必要的。不过在这样的求职心态下，强调求职信的真实性就更有必要。求职时，虽然不必要去分析自己的局限和不足，但是也不能为赢得认可而夸大事实，弄虚作假。求职者向用人单位提供具体材料必须真实可信，以供用人单位客观地比较选择，做出决定。诚信在求职时尤为可贵。

二、求职信的基本格式

求职信是一种专用书信，同书信的写作格式基本一致。具体而言，求职信一般包括标题、称呼、问候语、正文、敬语、信尾、附件等几部分。

（一）标题

一般只写求职信，第一行居中写。

（二）称呼

标题下行顶格写，它是对读信人的称呼。由于读信人是公司或单位的负责人，故可直呼他为“××公司人力资源部负责人”等。求职信不同于一般的私人书信，故称呼时应该注意，不要用“亲爱的”、“我最尊敬的”等字眼。为了礼貌起见，可用“尊敬的××”来称呼，后用冒号。

（三）问候语

在称呼下一行空两格书写问候语，后用感叹号，是对收信人礼貌的表示，一般写上“您好”即可。

（四）正文

问候语下一行空两格。这是求职信的写作重点，可分为开头、主体、结尾三部分。

1．开头

用简洁明确的语言概述求职的原因或目的。选择开头方式时，除考虑自身实际情况外，还要尽量对用人单位决策者的喜好有所了解，虽不一定要投其所好，至少可以避免使用对方讨厌的方式，以提高求职的成功率。

2．主体

这部分是求职信的核心部分，也是用人单位聘用职员的一个主要依据，要求求职者客观真实地写明自身基本情况，尤其应详细介绍自己最适合某项工作岗位的能力。通常情况下应写明自己的受教育程度、掌握的专业技能、所获的资格证书、担任过的职务、工作实践情况、个人专长和应聘某工作岗位的有利条件等。有的求职信还可根据需要写明对用人单位的要求，如求职的岗位、工资、待遇等。但一般情况下，为了留有余地可不必写这些。

在具体写作方式上，可根据情况选择扼要式写法或具体式写法。应届毕业生或工作时间短的一般求职者适合采用具体式写法，详细介绍自己在各方面的情况，包括姓名、性别、年龄、学历、学位；职称、工作或实践经历及学到的技能技巧；获奖情况、特长等。对于在工作中取得较大成绩、成果丰硕、受到较多表彰和奖励、在某个领域有一定社会影响力的人，采用扼要式写法会更好一些。这种写法在这部分对自身的情况只做简单说明，而把大量能证实自己实力和权威的具体材料以附件形式附在求职信之后，便于用人单位对求职者有更加清晰的了解。

3．结尾

求职者在最后一般要写明个人的求职愿望或对用人单位的真挚希望。

（五）敬语

一般在求职信结尾后，还应用致敬语和祝颂语（如“此致敬礼”、“工作顺利”、“事业蒸蒸日上”等）来表达自己的敬意和祝福。

（六）信尾

信尾也可称落款，不过基于求职信的特殊性，除了写清求职人姓名、时间这样的一般落款外，还应该写清联系地址、邮编、联系电话、电子邮箱等信息。位置一般在敬语的右下方，也可以配合附件灵活安排位置。

（七）附件

附件包括学历证书、成绩单（指毕业生求职信）、获奖证书、能力证书、实践活动证书等有关材料及其复印件等，这些资料不便在正文中出现，以附件的形式列出，在求职信后面下一行空两格写上“附件”二字，将所有附件名称一一列出。附件本身则按序整理好以后，装订在求职信之后。

三、求职信的写作要求

（一）扬长避短，重点突出

求职信要真实，不弄虚作假，但也应该合理地扬长避短，这是写好求职信的一个最重要方面。要了解自己的优势，对于优势和长处重点阐述，凸显自己的专业特长和个性潜力。专业特长要充分说透，个性潜力要充分挖掘，要显示出自己蓬勃向上的发展态势。根据用人单位的选拔条件，抓住有利于获得工作的自身学识、专业特长、所获成果等体现自己实力的材料进行介绍。如果力求面面俱到、泛泛而谈，反而不利于突出自身的优势所在。

（二）要客观真实地评价自己

求职信是以自己介绍自己的方式，向用人单位推荐自己。用人单位对你的了解主要是通过求职信的内容，因此，如实客观地叙述自己的才能、特长，是对自己负责，同时也是对用人单位负责。只有这样，才会给今后的工作带来好处。当然真正认识自己并不是件容易的事。尽管如此，在求职信中以诚信的态度展示自己是特别要注意的。

（三）不卑不亢，言辞得体

求职者不管有无经验，在写求职信的时候都应充满自信，态度要不卑不亢。不能妄自尊大，也不能过分谦恭谨慎。在行文中要讲究言辞得体，文面要大方美观、赏心悦目，因为“文如其人”，求职信体现的是一个人的综合素质。所以，求职信要精心制作，下功夫撰写，以期达到“先声夺人”、“先文夺人”的效果。

（四）语言应简洁、礼貌、规范

求职信力求语言简洁、平实，表述条理清晰、逻辑严密。同时，行文用语要礼貌，多用规范词语、书面语，少用口语，这样既能保持求职信的严肃性，又能将自身的实力展示给用人单位，给对方留下良好印象。

（五）联系方式要详细，以便对方及时回复

这也是写求职信时特别要注意的问题。

四、例文

例 6-1

求职信

××公司人力资源部负责人：

您好！

我叫××，男，21 岁，是××职业学院计算机系 20××年应届毕业生。

贵公司是著名的中外合资企业，董事长知人善任，我慕名已久，渴望成为贵公司的一员。

我所学的是计算机软件专业。在三年大学时光里，由于学习勤奋，汲取了丰富的专业知识，并锻炼了自己的能力。较好地掌握了 C 语言、汇编语言、编译原理、Powerbuilder、数据库原理，并对面向对象的 C++和 VC++等 Windows 编程都有了一定的了解。课外我还自学 Delphi 编程、ASP 动态网页制作及网络数据库。学好计算机必须有过硬的外语水平，我以较好的成绩通过了英语四级考试，能借助词典阅读英文资料。

自入学以来，我十分重视社会实践锻炼，利用业余时间参加社会实践活动。曾先后在多家计算机公司做过兼职，积累了较丰富的实践经验，尤其是在软件开发及网络管理方面。贵公司的事业欣欣向荣，若有幸加盟贵公司，我将倾全力贡献我的所学，与贵公司的同仁一起，创造公司更加辉煌的明天。

敬请函告或电话约见。静候佳音。

即颂

大安

应聘人：××敬上

二〇××年×月×日

附件：个人简历、成绩单、学历证明复印件各一份

联系地址：××××××

邮政编码：××××××

联系电话：××××××

【析评】

这是一份写得较好的求职信。就格式而言，标题、称呼、问候语、正文、信尾、附件等写得完备规范。就内容而言，写明了自己的专业优势和应聘目标。主体部分介绍了自己的基本情况和基本条件，着重介绍了自己的专业优势、工作经验和现代化办公技术能力及其他方面的技能。信中还介绍了自己的性格和工作态度，加重了这份求职信的分量，增强了说服力。

复习与训练

一、填空题

1. 求职信按求职者的身份不同，可以分为________、________和________三类。

2. 从求职信的投向来看，求职信分为________和________两类。

二、判断题

1. 求职信开头部分写缘由的目的是出于对对方单位的仰慕、向往，引起对方的兴趣和注意。(　　)

2. 个人的实践经验是指在社会上的工作经历。(　　)

3. 求职信的结尾应当写上联系地址，附上所有证明材料。(　　)

4. 求职信只要按照事实全面介绍自己就行。(　　)

5. 求职信写得越长、越具体，越能使用人方对你产生好感。(　　)

6. 求职信的针对性是指要针对用人单位或个人的实际情况、读信人的心理和个人的求职目标写。(　　)

三、简答题

1. 简述求职信的含义和作用。

2. 简述求职信的特点。

3. 简述求职信的分类。

4. 写求职信的语气、态度要求“不卑不亢”，为什么这样要求，你是如何理解的?

四、阅读分析

阅读下面的求职信，回答后面提出的问题。

求职信

尊敬的领导：

① 您好！感谢您能从百忙之中抽出时间阅读我的自荐材料。

② 我是××大学图书情报学院科技情报专业××级研究生，师从博士生导师××教授，研究方向是信息管理与知识产权。我将于××××年××月毕业。

③ 读研期间，我刻苦钻研，勤勉求学，系统地学习了信息管理方面的专业知识，在国家级和省级专业期刊上发表论文 9 篇；在本科扎实的计算机系统知识基础之上，我加强了数据库及网络方面的知识积累及应用能力的培养，因而具备较强的计算机应用能力与编程能力；英语方面，除具备一定的听说读写能力外，我还能熟练阅读专业外文资料及撰写英文论文。因表现突出，我连续两年被评为××大学“优秀研究生”。

④ 我出生于教师家庭，父母从小的熏陶让我对教师充满了崇拜和向往，工作一年的从教经验让我初步领略到作为教师的责任感和荣誉感。读研后我又进行了大量的教学实习，担任过大中专学生的专业课及计算机课程的教学工作，坦率地说，我喜欢教学，并且我认为自己适合教学。多次的教学实践，老师和同学们对我的评价是“吐字清楚，板书漂亮”。

我是个踏实肯干的人，极强的责任心驱使我尽可能地将工作完成得尽善尽美。因此，我相信，在今后的工作中，我会始终不渝地致力于本职工作，只要您给我这个机会。

⑤ 为了不干扰您的日常工作，也为了让您对我有个初步了解，我首先向您寄来这份简历。未尽事宜可面谈或来函来电联系。热切企盼您的回音！

祝工作顺心！

求职人：×××

××××年××月××日

1. 这是一封什么类型的求职信？
2. 第③小节属于求职信的哪部分？主要写了些什么内容？
3. 第④小节属于求职信的哪部分？写作上有何特点？
4. 这封求职信在内容上有一个不明确的地方，是哪方面？
5. 在格式上有两个错处，请指出。

五、写作训练

张莉（化名），女，是一名××学院本科中文系学生，即将毕业。专业学习成绩良好，有多篇作品发表，有一篇与老师合作的学术论文发表在《××学报》；英语四级，口语能力强，曾在学院英语演讲比赛中获二等奖。大学期间担任学生会干部。张莉性格开朗，做事执著，曾在××报社实习，期间受到报社领导的表扬。张莉准备毕业后去××就职。请代她写一封求职信。

第三节　条　据

一、条据概述

（一）条据的含义和作用

条据是便条和单据的合称，是相互交往的一方写给另一方的情况说明或凭据，是人们在日常工作、学习和生活中，彼此之间处理财物或事务往来时常用的一种日常应用文。条据虽不是正式单据，但也能起到信用凭证的作用，用途十分广泛。

条据的作用主要有：使对方知情；便于查证；备忘；作为凭据。

（二）条据的分类

（1）说明性条据，即条据中的“条”，也称便条，是一种简单的书信，其简便在于内容简短，三言两语，私人交换意见，无须邮寄。常用的便条有请假条、留言条和托事条等。

（2）凭证性条据，即条据中的“据”，也称单据，是一种作为凭据的条子。

（三）条据的特点

（1）常用。条据的使用频率很高，因为请假、留言、托事、收受一些物品，这样的事情在生活和工作中几乎每天都要发生，如果有必要，都会写出相应的条据。

（2）便捷。条据往往用三言两语就可说清或交代一件事，非常便捷、直接。

二、便条

（一）便条概述

1．便条的含义

在日常生活中，如果我们有什么事情要告诉另一方，或者委托他人办什么事时，在不能面谈的时候，可使用便条这种形式进行联系。便条是一种简便的书信应用文，用便条向别人说明事项不用写信封，一般不用邮寄，可以直接转交给收便条人。

便条虽然属于书信应用文，但同一般书信有以下区别：一是便条一般托人代转或留在对方可以看见的地方；二是便条不用邮递，也不用信封，有时为了方便用信封装起来，但不必密封，而且不用写信封；三是便条的内容一般较短，而且是就某件事情发文；书信则一般较长，而且可以涉及许多事情。

2．便条的分类

便条是人们日常生活中常用的联系方式之一，其分类方式有很多，一般很难确定一个明确的标准，大体来讲，有以下几种：留给私人的便条，如留言条。写给朋友的便条，如托事条、邀约条。写给有业务、债务关系的人的便条，如索款条；写给有关单位或组织负责人的便条，如请假条。

3．便条的基本格式

便条的写作格式同一般书信基本相同，通常由标题、称呼、正文、落款四部分组成。

（1）标题。便条的标题是可有可无的，一般人们只在写请假条、留言条时使用标题，位置在正文上方中间写上“请假条”或“留言条”等。

（2）称呼。称呼要求在标题下一行顶格写上收条人的称呼或姓名，后加冒号，如“××老师”。

（3）正文。称呼下一行空两格处写起。正文内容要求将所要表达的意思或要求对方办的事情全部写出来。内容写完后，可视具体情况写“谢谢”、“敬礼”、“特此拜托”等礼貌性的话语，也可不写。

（4）落款。便条的落款包括署名和日期两项。署名写在正文右下方，署名的方式视对象而定。在署名的下方还要写明具体的成文时间，可以不写年，只写上月、日、上下午、几时几分。

4．便条的写作要求

（1）要将所说的事写清楚，使他人一看便知。

（2）要言简意赅，篇幅短小，以写某一件事为主。

（3）书写要工整、清楚，所用纸墨要有利于保存。

（二）请假条

1．请假条的含义

请假条是因事或因病不能上班工作，不能到校学习或不能出席会议时，向单位负责人、组织和领导请求给予假期的便条。

2．请假条的基本格式

请假条由标题、称呼、正文、落款四部分组成。

（1）标题。在请假条第一行中央写上“请假条”三字。

（2）称呼。标题下一行顶格写明向谁请假，一般都是主管领导。具体写法是在姓后面加上职务，如“李厂长”、“赵主任”、“陈科长”或“××老师”等，后用冒号。

（3）正文。正文主要说明请假的缘由和时间。有时因事请假，可以只写“因事”两字。但这样的表述要看场合，要考虑双方的熟悉程度。否则可能会给对方以不信任或不尊重的误解。最后常以“特此告假”、“请予准假”、“此致敬礼”或“乞赐批假，不胜感激”等礼貌语结束。

（4）落款。落款在正文右下方署上请假人姓名，在姓名后面往往加上“敬上”等字样，以示尊敬。姓名下方标注请假时间。

3．请假条的写作要求

（1）请假原因要具体清楚，不能含糊其辞、模棱两可。

（2）如是突发事情可请人将请假条带给有关领导；如是事先知道的事情则宜提前向领导请假，得到领导的批准。一般请假人不应越级请假。

（3）请假时间一定要写清楚，便于领导考虑安排你所做的工作。

（4）请假人在请假期满后应主动向有关部门销假，请假条不必收回。

（三）留言条

1．留言条的含义

在日常生活中，有事情要通知、托付对方，而不能当面告知；或有些事不好当面说时，常写张字条留给对方，这种字条就是留言条。

2．留言条的基本格式

留言条由标题、称呼、正文、落款四部分组成。

（1）标题。留言条可以没有标题，如果写标题，就在第一行中央写上“留言条”三字。

（2）称呼。抬头顶格写对收条者的称呼，不宜直呼其名，要用尊称，如“刘老师”、“张师傅”、“李先生”、“王主任”等，后加冒号。

（3）正文。正文在称呼下一行空两格书写，陈述所要说明的内容。一般要将所表达的事情的诸要素（何时、何地、何人、何事）讲清楚。

（4）落款。落款较为随便，如果是熟悉的人写上姓再上日期即可，不太熟悉的则要写上全名和具体日期。

3．留言条的写作要求

（1）不宜详细地叙述拜访的意图和事项。

（2）语言要平和。

（3）选择约定再访的时间要适宜。

三、单据

（一）单据概述

1．含义

单据是一种作为凭据的条子。单据有财务部门专门的发票、收据等表格式凭证，也有日常收受财务或物品时临时书写的便条式字据。单据往往与经济活动有关。常用的单据有借条（据）、收条（据）、欠条、领条、发条等。

2．单据的基本格式

单据通常由标题、正文和落款三部分组成。

（1）标题。首行正中写“借条”、“收条”、“领条”等字样。

（2）正文。在标题下一行或空一行，一般开头空两格，直接写内容。因为作为凭证的作用，单据中要写清收、借、欠、领、发的具体款物及其规格、质量、数量等。文中涉及的数字必须大写，数字之后加“整”字，以防增添，如“今收到×××（单位或个人名称）交来的人民币壹仟叁佰叁拾元整”。然后，另起一行空两格写“此据”二字，也可以不写。

（3）落款。落款包括署名和日期。单据的右下方要签署立据单位或个人的名称，并加盖公章或指印。署名下写年月日。

现在很多单位为了方便使用，把一些常用的单据制成表格的形式，如“借款单”。借款时，借款人只需填写即可，不必另写“借条”。

3．单据的写作要求

（1）写清涉及的具体的款物及其规格、品种、数量、质量等内容，而且要当面点清。

（2）因为凭证作用，文中涉及的数字必须大写，数字之后加“整”字。此外，每行收尾不得有数字出现，以防增添涂改。

（3）文面要干净，不允许涂改。若有涂改，需要开出单据一方在改动处加盖公章、私章或签名。

（4）书写要工整、清楚，所用纸墨要有利于保存。单据不得用铅笔、圆珠笔或红色笔书写，最好用钢笔或毛笔书写。

（二）借条

1．借条的含义

借条也称借据，是指借个人或公家的现金或财物时写给对方的凭证性的条据。财物归还后，出具借条者要收回，即撕毁或作废。

2．借条的基本格式

借条包括标题、正文和落款三部分。

（1）标题。借据的标题可以由两种方式构成：一种是直接由文种名构成，即在首行正中写上“借条”或“借据”字样。另一种是在第一行空两格后写上“今借到”作为标题，而正文的其他内容放在下一行顶格写。其实这是一种省去标题的借据的写法。

今借到

××先生人民币伍佰元整，借期一个月，到期一次还清。

此据

借款人：×××（签名盖章）

××××年××月××日

（2）正文。正文要写明下列一些内容：首先，从哪里得到了什么东西，数量多少，款物的数目及物品的品种、型号、式样、规格等。借出方也需写清楚。从单位借出的钱物要写上具体用途。其次，写明归还的具体日期，有较为复杂的情况，则要写明具体归还的方法。

（3）落款。落款要写上出具借条者的单位名称、经手人姓名或借方个人的姓名。必要时须加盖公（私）章，以示负责。单位、个人名称前一般写上“立据人”或“借款人”字样。年月日要齐全。

（三）收条

1．收条的含义

收条也称收据，是单位或个人在收到钱款、物品时写给对方的一种凭据性的应用文。如果是主人（被借人）收到别人归还的钱款或物品时，一般不另写收条，只要把上次所写的借条退给归还者即可，或者当着对方的面把借条撕掉，以示还清。

2．收条的基本格式

一个完整的收条应由标题、正文、落款三部分构成。

（1）标题。可以有两种写法：一种是由文种名直接构成，即在首行正中写上“收条”或“收据”。另一种是把正文的前三个字作为标题，而正文从第二行顶格处往下写，如用“已收到”、“现收到”、“今收到”作为标题。

（2）正文。正文一般是在第二行空两格处开始写，如果是以“今收到”为标题的收条则不空格。这部分一般要写明收到的钱物的数量、物品的种类及规格等。

（3）落款。这部分一般要求写上收到钱物的单位或个人的名称或姓名，并署上收到的具体日期，一般要加盖公章。是某人经手的，一般还要在姓名前署上“经手人”的字样。如果是代收的，则要在姓名前加上“代收人”字样。

（四）欠条

1．欠条的含义

欠条是个人或单位在欠款、欠物时写给有关单位或个人的凭证性应用文。欠条也有人称作“白条”。欠条也是在日常生活中常见的一种凭据类应用文体，但和借条有很大的区别。借条往往用于直接借钱物，而欠条常常是对所借钱物不能一次还清的补充手续。如借了集体或个人的钱物，一次只归还其中的一部分，此时应对拖欠部分主动开出欠条。另外，购买集体或个人的物品，带钱不足或忘了带钱所打的欠款条子，也叫欠条。

2．欠条的基本格式

一个完整的欠条应由标题、正文、落款三部分组成。

（1）标题。欠条的标题一般由文种名构成，即在首行正中写上“欠条”两字。也有的在此位置写上“暂欠”或“今欠”字样作为标题，但这种标题正文一般要在下一行顶格写。

（2）正文。欠条的正文要写清欠什么人或什么单位什么东西、数量多少，并要注明偿还日期。

（3）落款。落款要署上欠方单位名称和经手人的亲笔签名。个人出具的欠条则须署上欠方个人的姓名，并同时署上欠条的日期；单位出具的欠条要加盖公章，个人的要加盖私章。

（五）领条

1．领条的含义

领条是领取钱物的单位或个人在领到钱物后，向发放物品的个人或单位所写的一种凭据类的应用文。领条在领取物款时经常使用，发放人据此报销账目，而领取者据此表示已如数领取。领条和借条、收条性质不同。借条、收条当事人双方之间地位平等，是对等的往来关系。而领条通常是个人从机关、团体、单位领到物品时出具的条子，对方往往是上级，领方带有从属的性质。借条、收条大多用于私务，而领条大多用于公务。

2．领条的基本格式

一个完整的领条应由标题、正文、落款三部分组成。

（1）标题。领条的标题写在首行中间。标题一般有两种写法：一种是直接由文种名组成，即写上“领条”字样；另一种是以正文内容的前三个字为标题，即以“今领到”作为标题，这类标题的正文需顶格写。

（2）正文。正文一般从标题下一行空两格处写起。正文的内容主要写明从哪里领取、领取的东西都有什么，其数目有多少。有的领条还要写出所领物品具体的用途。若所发放的物品种类较多，则可单独列表表示。

（3）落款。落款即要在正文右下方写上单位名称、经手人的姓名。个人领取的则写上个人的姓名。名下署上发文日期。落款处一般需加盖公章或私章。

四、例文

例 6-2

请假条

张老师：

我今天腹泻，四肢无力，经医生诊断，属于急性肠炎，需要休息两天（星期四和星期五），这两天不能上课，特此请假，恳望批准！

此致

敬礼！

学生：王××

××××年××月××日

【析评】

请假条属于条据中“条”（便条）的一种，写作格式与普通书信相似，但多一个标题。此条请假理由充分，语言简练，有理有节，格式规范。

例 6-3

留言条

王××先生：

今天下午我来找你，商量合作具体事宜，适逢你外出。明天上午九时再来，望等候。

乔×× 留言

××××年××月××日

【析评】

这张条子语气平和客气，可以断定二者之间不是太熟的合作伙伴。留言中来访目的、另约时间、地点都写得很清楚，格式规范。

例 6-4

借条

今向李小琳借人民币壹佰元整，一个月后还款。

借款人：刘莎莎

二〇××年十月二十日

例 6-5

今借到

××厂财务科人民币伍万元整，做搬家装修房屋用。借期六个月，到时一次还清。

借款人：李××（签字盖章）

二〇××年十月三日

例 6-6

收条

今收到××百货公司文具门市部送来红岩墨水伍箱（每箱伍拾瓶装）。

××地区行署办公室

经手人：王××

××××年××月××日

例 6-7

欠条

原借财务科人民币叁仟元整（3 000.00），已还款人民币壹仟贰佰元整（1 200.00），尚欠人民币壹仟捌佰元整（1 800.00），待从北京出差回来，报销还款。

借款人：汪××（签字）

××××年××月××日

例 6-8

领条

今领到学校发给我班羽毛球拍三副，篮球、排球各一个。

03306 班

经手人：刘××

××××年××月××日

【析评】

以上借条、收条、欠条是条据中“据”（单据）的一种。因其主要起凭证的作用，故写作要求比便条更严格、规范。这里的例文格式和内容上都符合单据的写作要求。

复习与训练

一、填空题

1. 条据可以分为____________和____________两类。

2. 说明性条据，即条据中的“________”，也称____________；凭证性条据，即条据中的“__________”，也称____________。

3. 便条的写作格式同一般书信基本相同，通常由________、________、________和________四部分组成。

4. 条据的特点是__________和__________。

5. 条据的作用主要表现在__________、__________、__________和__________。

6. 单据通常由__________、__________和__________三部分构成。

二、简答题

1. 简述条据的含义和种类。

2. 简述便条的写作要求。

3. 简述条据的写作要求。

三、病文分析与修改

指出下面条据中的错误并改正。

1. 请假条

请假条

王老师：

我有急事需请假，望批准。

03301 班　张××

20××年 9 月 20 日

2. 领条

今领到

会计室发放给我班的 12 月份助学金 288.50 元。

此致

敬礼！

03306 班　吴凤

20××年 4 月 5 日

3. 借条

今借人民币 100 元。

黄××

20××年 10 月 3 日

四、写作训练

根据下面给出的内容练习写条据。

1. 辅导员××老师晚上到主管学生工作的××书记家反映学生情况，适逢××书记不在。辅导员××老师就留了一张便条，准备明天到办公室找××书记，请××书记在办公室等他。

2. 吴丽是××学院文秘 40431 班的学生，星期三晚上，她突然接到家里打来的电话：“奶奶病危，速回家。”接到电话后，她打算第二天一早回家看望奶奶，而当天上午有两节课。请你代吴丽同学向班主任老师写一个请假条。

3. 某中学领导派张明到县图书馆为学校借《中华大字典》三本，请为张明写一张借条。

4. 王某因公出差报销差旅费后，尚有 310 元没交给财务室，王某该写什么条据？请为他代写这张条据。

第四节 启　　事

一、启事概述

（一）启事的概念

启事是指机关、企事业单位、社会团体或个人根据要求，公开向社会大众说明某件事情，提请公众注意，或者希望公众协助解决某件事情而张贴于公共场所，刊登于报纸、杂志或在广播电视上播出的一种告知性日常应用文体。

（二）启事的种类

（1）寻找类启事：寻人、寻物等启事。

（2）征召类启事：招工、招聘、招标、招领、招商、征婚、征文、征订等启事。

（3）告知类启事：开业、停业、庆典、搬迁、更名、改刊、遗失等启事。

寻物启事：是指单位或个人丢失东西后，希望他人帮助寻找而使用的应用文书。

寻人启事：是指个人或单位为寻找因某种原因下落不明的亲友或同事，希望求得公众帮助而使用的应用文书。

征婚启事：是指符合结婚条件的男女，利用大众传播媒介，公开寻求配偶而使用的应用文书。

征文启事：也称征稿启事，是指报刊、杂志或有关单位面向社会征求稿件时使用的征求性应用文书。

征订启事：是报纸杂志或出版社为出版物征求订户所用的启事。

招生启事：是指各类学校为招收新生而向社会公布有关招生、报考事宜的具有广告宣传作用的应用文书，有的招生启事也称作招生广告。

招聘启事：是指有关用人单位或组织向社会公开招收、聘用有关工作人员使用的应用文书。

招领启事：是拾到东西后寻找失主前来认领的一种应用文书。

更名启事：是企事业等单位为更改名称所写的应用文书。个人改名一般须经过辖区公安派出所同意，由本单位人事部门备案，不需书写该启事。

开业启事：指服务行业在开始营业或恢复营业时向广大民众或有关单位告知的应用文书。该启事一般用大红纸书写于店所门前或在广播、电视播发。

（三）启事的特点

1．告知性

启事具有广而告之的特性，但这种告知性与有此类功能的公告、通告、通知不同，后三者是公文，具有公文特有的政策性、严肃性、权威性，对发布机关、传播范围、内容属性都有政策限定。启事则不具备法令性、政策性，因而也没有执行的强制性和约束力。启事也不同于广告，广义的广告包括公益性的宣传，狭义的广告则是有目的地推销商品及劳务，但都有突出的宣传和劝服作用，写法上常常借助各种艺术手段。启事的目的主要是告知，内容要实事求是，风格朴素实在，不能有夸大修饰。

2．公开性

启事具有公开性，是张贴于公共场所，刊登于报纸、杂志或在广播电视等大众传播媒介上播出的一种告知性日常应用文体，其传播形式决定了启事的这种特性。

3．多样性

启事的用途广泛，从社会效用来看，既可是大型的商业性的启事，也可是琐碎的纯事务性的告知；从发文者来看，既可是行政机关、企事业单位、社会团体，也可是个人；从写作目的看，包括寻人寻物、招生招聘、征文征订等各方面内容。这都体现出启事的多样性。

4．陈述性

启事中的“启”为“陈述”之意，启事即“陈述事情”。单位或个人如有事需向公众陈述、请求给予帮助或说明，可写成启事。可见陈述性是启事的应有特征。

二、启事的基本格式

启事一般包括标题、正文、落款三部分。

1．标题

启事的标题由单位名称（或个人）、事由和文种三个要素构成。根据要素出现情况可以有以下几种形式。

（1）由单位名称（或个人）、事由和文种构成，即完整式标题，如《××大学招聘教授启事》，这样的标题既醒目，又郑重。

（2）由事由和文种构成，如《征婚启事》、《招聘启事》、《寻人启事》，这样的标题使读者一眼就能看出启事的主要内容。

（3）只写事由，如《寻物》、《招聘》等，这样的标题简单明了。如有比较重要或紧急的启事，可以写《重要启事》、《紧急启事》。

（4）直接以文种作标题，如《启事》。

2．正文

由于启事种类繁多，所以写法比较灵活，没有固定格式。一般来说，启事的正文主要写启事的事项，要用明确、具体、简练的语言说明启事的目的、原因，并提出要求，或者告知具体的事项。若这部分文字较多，可使用序号表示顺序，内容的详略则视具体情况而定。正文部分是体现各类启事不同特点的关键部分，应当根据不同启事的内容要求，变通处置，注意突出启事的相关事项。正文末尾可以写上"此启"或"特此启事"。下面结合几种具体的启事简要介绍。

（1）寻人、寻物启事。正文要包括以下内容：先写所寻之人、所寻之物的具体情况。寻人的要写清姓名、年龄、性别、身材、面容、衣着等特征，寻物的要写清物品名称、牌号、规格、数量等，接着写走失或丢失的时间、地点及可能出现或存在的大致方位或范围，最后写清联系人姓名、单位、住址、电话及酬谢方式等。

（2）征婚启事。一是着重写清征婚人的基本情况，包括姓名、性别、年龄、身高、相貌，学历、职业、工作单位、经济收入、住房条件、个人爱好、家庭成员等，要如实告知；二是征婚者要求对方的条件；三是要写清联系人的姓名和具体联系方式。

（3）征文启事。正文要写明征文单位，征文的目的、意义、内容、形式、要求、征文对象、截稿日期、评奖办法等。

（4）征订启事。正文的内容包括征订目的、出版物的名称、编著与出版单位、价格、订购办法、开户银行等。有的还要概述其主要内容及其栏目，这是人们决定是否订购的关键。

（5）招聘启事。为了让应招人员了解有关招聘的具体情况，撰写正文的时候应写清以下几个问题：招聘的原因，招聘的工作性质，招聘的对象、条件、要求、方式、待遇，招聘的办法及起止时间。

（6）招生启事。正文要交代招生目的、类别、名额、报名条件、时间及地点，以及联系人姓名、地址、联系方法等。

（7）招领启事。一般只写拾物的名称，不罗列细目。

3．落款

落款由署名和日期两部分组成。署名即写作启事的单位名称或个人姓名，写在正文的右下方，并注明日期，而且日期的年、月、日写法要统一。如果在标题中或正文中已经写明启事单位名称或个人姓名，署名处可以省略不写。以机关团体名义张贴的启事，则应加盖公章以示负责。在报刊、广播公开发表的启事常常不写日期，以当日报刊、广播日期为准。

三、启事的写作要求

（一）情况要真实可靠

启事是公开说明某事或希望公众予以协助办理或帮助，其内容必须完全真实，不得弄虚作假。

（二）内容要单一清晰，事项完备

启事要做到一事一启，不要几件事情放在一个启事中去写，否则启事的内容就会杂乱，重要的事情就会湮没其中。同时还要求条理清楚，各类启事都应条理分明地告知有关事项（时间、地点、人物、原因、结果、请求事项、联系地址、联系方法等），如有附带的经济报酬，也应写明具体数额，从而使所有的告知内容一次性表达完毕，以保证启事的效力。

（三）语言简约凝练

启事由于受篇幅所限，内容都较为简短，一般在公共场所或刊登在报纸杂志的某个角落。这就要求启事要简约明确，用简洁的语言表达出所要提供的各项信息，把要知照民众的事项说清楚，让人一看就懂，不宜将细节一一写清，更无须描写渲染。

（四）语气应谦和礼貌

启事是一种告启、知照性文书，目的是让公众知晓某事以遵照执行或给予支持协助，没有强制约束力。所以启事在行文过程中语气一定要礼貌，让人感到亲切，不能以强迫的口吻叙述，避免使用“必须”、“一定要”等命令式词语。

四、例文

例 6-9

寻物启事

本人不慎于本月12日中午，在××饭店遗失红色公文包一个，内有本人转账支票一本及数张报销单据，有拾到者或知情者，请与市科委行政科××联系，电话：××××××，万分感谢。

启事人：×××

××××年××月××日

【析评】

这则寻物启事写出了失物人何时、何地、丢失何物，能规范使用习惯用语“不慎”和表敬用语“万分感谢”，正文之后写清了联系人单位和联系方式。

例 6-10

寻人启事

吴小雪，女，18岁，身高1.66米，瓜子脸，肤白，大眼睛，气质高雅，身穿浅红色连衣裙，白色皮凉鞋。于7月14日离家，至今未归。本人若见到此启事，请尽快同家人联系。有知其下落者，请与××市×××大学××系吴××联系，联系电话：×××。或请与××市

×××路派出所联系，联系人：赵××，电话：×××。定重谢。

××××年××月××日

【析评】

这则寻人启事首先交代走失者的身份特征，如姓名、性别、年龄、外貌、衣着装束等；其次是交代丢失人于何时何地出走的；最后详细交代寻找人的通信地址和联系方式；另外还有酬谢之类的话语。从“本人若见到此启事，请尽快同家人联系”字样可以判断属于走失人故意走失，即因某种原因离家出走不归。语言精练，篇幅短小精悍，格式规范。

例 6-11

《××教育》征稿启事

《××教育》是由××市教育局主办，以服务××教育、宣传××教育为根本宗旨，以介绍××教育改革与发展中教育创新、课程改革、名师工程、教育信息与教育现代化等为主要内容，及时展示××教育经验与成果的内部刊物。

《××教育》设置了政策导航、教育视窗、教师成长、有效教学、高中课改、团队建设、教学特色、教育探索、校本研修、教学案例、课改瞭望、成果推广、学校展示、教师风采、德育心育、学科研究、幼教视野、职教天地、教师教育、科研平台、考试评价、教育聚焦、观点与声音、八面来风、信息技术与学科整合、教苑随笔等栏目。

《××教育》自20××年复刊以来，在全市各级各类学校和广大教师的大力支持下，已成功印发了 17 期，全市各级各类学校和广大教师投稿的积极性不断提高，稿件质量不断增强，为办好《××教育》奠定了良好的基础。但从录用的情况来看，各校投稿的数量和质量不太均衡，具体录用情况见附件。为进一步办好《××教育》，特向全市各校和广大教师征稿。

征稿要求：

1. 文章要求选题新颖、内容健康、言之有物、观点鲜明，理论联系实际，具有较强的时代感、实用性和可读性，文责自负。

2. 文稿正文前请附 100 字以内的摘要和 3～5 个关键词。提倡写精悍短文，文稿字数一般在 4 000 字以内，特殊稿件可放宽限制。

3. 各校要积极动员广大教师向《××教育》杂志投稿，凡教师的稿件被《××教育》杂志录用，可以作为教师继续教育学分；凡教师的论文在《××教育》杂志发表，可以作为中级职称论文评审的送审条件。此外，要切实加大奖励力度，凡教师在《××教育》杂志发表文章，各校可参照××市论文评比一等奖的标准发放教科研奖励。

4. 投稿可以用邮寄的方法，也可以用电子邮件的方法，来稿必须注明投稿的栏目。联系地址：××市教师进修学校内《××教育》杂志编辑部，邮编：××××，邮箱：××。

《××教育》竭诚欢迎全市各级各类学校的广大教师和教育工作者热情为之出谋划策，踊跃为其撰稿赐稿。

《××教育》编辑部

二〇××年××月××日

【析评】

这则征稿启事的标题由单位名称（或个人）、事由和文种构成，即完整式标题，既醒目，又郑重，符合学术期刊征稿的要求。正文部分条理清晰，事项完备。联系方式准确详细，格式规范。

例 6-12

招聘律师启事

海淀区中关村作为电子科技园区，近年来经济发展迅猛，由此也带来一些经济纠纷。为了适应该地区经济发展的需要，壮大律师服务队伍，现公开向社会招聘专职律师。

应聘条件：

一、具有高级、中级律师职称，或者具有律师资格，法律本科以上学历，法学博士生、硕士生优先考虑。

二、从事专职律师工作三年以上，有较丰富的工作经验，能独立完成案件的调查和法庭答辩等。

三、要求身体健康，五官端正；年龄在 45 岁以下，资深律师年龄可放宽至 48 岁。应聘者请将个人简历、资格证书、职称证书、律师执照、毕业证书等影印件及免冠照片一张寄至海淀区司法局人秘科收。审查合格者将书面通知面试，受聘待遇面议，材料恕不退还。

地址：北京市海淀区××路××号

联系人：×× 联系电话：×××××××××

邮编：××××××

北京市海淀区司法局

二〇××年××月××日

【析评】

这篇招聘启事标题由事由+文种构成，前言部分写出了原因、目的；正文部分写明了招聘的条件、要求、需要验看的有关证件及招聘的时间、地点、联系方式、联系人等，内容简洁具体，格式规范。

复习与训练

一、填空题

1. 启事落款由__________和__________两部分组成。
2. 寻物启事属于________________类启事。
3. 招聘启事属于________________类启事。
4. 更名启事属于________________类启事。
5. 启事具有__________、__________和__________特点。（请写出三方面）
6. 启事标题由__________、__________和__________三个要素构成。

二、简答题

1. 简述启事的含义和特点。
2. 简述启事的种类。
3. 简述启事的写作要求。

三、病文分析与修改

分析并修改以下病文。

寻物启事

本人不慎于11日早晨丢失红色背心一件，有拾到者请交还失主。

失主：×××
××××年××月××日

招领启事

本人于5月4日下午在校门口拾到黄色钱包一个，内有人民币100元，食堂餐券45元，请失主到学生宿舍2栋208室认领。

×××
××××年××月××日

四、写作训练

1. 根据下面材料为张××写一份征婚启事。

张××，1970年出生在一个教师家庭。××年从××理工大学毕业，现在××公司人事科任科长。两室一厅住房，月收入××××元。

张××身体健康，五官端正，身高1.80米，非常潇洒。单位的姑娘们都称他为“白马王子”。张××希望女方大学毕业，身体健康，身高1.65米以上，年龄在35岁以下，未婚。相貌一般即可，经济条件无所谓。

张××说：有意者来函并附近照，寄武汉××路××号××转张××。

2. 根据下列材料代××工人俱乐部办公室写一则招领启事。

××工人俱乐部青年工人王××，在2015年元月8日晚场电影散场后清扫场地时，拾到一个黑色皮钱夹，内有人民币400元、银行卡一张、超市购物卡两张，面值各100元。

第五节　海　报

一、海报概述

（一）海报的概念

海报是向公众介绍和发布有关电影、电视、戏剧、体育比赛、学术报告会、展览会等消息时所使用的一种招贴性应用文。

海报的名称最早起源于上海。旧时，人们常常把职业性的戏剧表演界称为海，从事职业性的戏剧表演称为下海，作为剧目演出信息的张贴物，就被称为海报。现在的海报使用范围更加广泛，除了纸张张贴以外，还可以通过报纸、广播、电视、网络等媒体发布。

海报是最古老的商业大众传播形式之一，非商业组织及公共机构有时也用此宣传方式。除了文字说明外，还可配以色彩鲜艳夺目的美术字、装饰图案、图画等进行艺术设计，使海报更具吸引力。

（二）海报的分类

（1）从形式上分，海报有文字海报和美术海报两种。

（2）从用途上分，海报有公共海报和商业海报两种。

公共海报：是以社会公益性问题为题材的海报，如环境保护、卫生宣传、反战、竞选等。

商业海报：是一些活动的前期宣传，其中一些演出类海报和电影海报往往着眼于商业目的。

（3）从内容上分，海报有戏剧、电影类海报，文体活动类海报和学术报告类海报。

戏剧、电影类海报：是影剧院用来公布演出的戏剧和电影的名称、时间、地点及内容介绍的一种海报。这类海报常配上宣传画，将戏剧和电影中的主要人物、故事情节和艺术特色等表达出来，以扩大宣传力度。

文体活动类海报：这类海报同戏剧、电影海报大同小异，主要是介绍与说明举行文艺演出、体育比赛、娱乐活动的时间、地点和内容等。

学术报告类海报：是专门为举办学术性的活动而发布的海报，主要是介绍学术活动的内容、时间、地点、演讲人等，并希望有兴趣者前来参加。学术类海报具有较强的针对性和学术性。

（三）海报的特点

1. 群众性

海报的内容多是关于学术交流、文艺演出、体育比赛、电影戏剧等活动的，因此要在短时间内让尽可能多的群众知道并且参与海报所报告的活动。海报常常在固定的公众场合张贴或通过媒体发布，有群众性的特点。

2. 广告宣传性

海报希望社会各界的参与，它是广告的一种。有的海报加以美术的设计，以吸引更多的人加入活动。海报可以在媒体上刊登、播放，但大部分是张贴在人们易于见到的地方，其广告宣传色彩浓厚。

3. 艺术性

海报有文字海报和美术海报两种。其中美术海报设计讲究，标题醒目、布局新颖、图文并茂、色彩鲜艳，艺术表现力丰富，与其他应用文相比，艺术性突出。

二、海报的基本格式

海报一般由标题、正文和落款三部分组成。

（一）标题

海报的标题由文种、活动内容（也称事由）和举办单位等几个要素构成，大体可以有以下一些形式：只写文种“海报”二字；直接写活动内容，如《学术讲座》、《球讯》、《影讯》等；由举办单位、事由两部分构成，如《××大学就业指导教育讲座》；也可以是文章式的标题，如《××再现风采》等。

（二）正文

海报的正文要求写清楚以下一些内容：一是活动的目的和意义；二是活动的主要项目、时间、地点；三是参加的具体方法及一些必要的注意事项等。具体可以采用如下写作形式。

（1）一段式。内容简单的通常只用三言两语，一段成文。例如，“×月×日下午×时，我校和××学院足球队在本校大操场进行友谊比赛，欢迎踊跃观赛”。

（2）项目排列式。内容稍多的可分项排列成文。

例6-13

海报

特邀××学院××教授主讲：经济发展与人类生存环境

讲座形式：视频为主，辅以讲解

时间：××××年××月××日

地点：×××报告厅

入场办法：××月××日起在报告厅门口领取免费座位票，严格按票上座位号就座。

（3）附加标语式。有的海报在正文首或正文末加上排列整齐的标语，起画龙点睛作用。这类标语，虽可起渲染吸引作用，但要遵守真实的原则，不能哗众取宠。

（三）落款

落款部分要求署上主办单位的名称及海报的发文日期。

以上的格式是就海报的整体而讲的，在实际使用中，有些内容可以少写或省略。

三、海报的写作要求

（一）内容要真实准确，切忌夸张失实

海报一定要具体、真实地写明活动的地点、时间及主要内容，文中可以用些鼓动性的词语，但不可夸大事实。

（二）文字要简明扼要，篇幅要短小精悍

应用最少的文字，最大限度地概括相关事实和主题，并力求表现活动的特色。

（三）对于一些非文字性的海报或文字与其他艺术元素结合的海报一定要精心设计

海报设计讲求一种整体感，对设计者而言，尤其需要具备一种把握力。从海报的大小、字体选择到版式，从图片的排列到色彩的设定，从材质的挑选到印刷工艺的求新，都需要做整体的考虑和规划，然后合理调动一切设计要素，将它们有机地融合在一起，服务于内涵。

四、例文

例6-14

海报

广州图书馆欲主办一场音乐讲座。特邀请××音乐学院李××副教授赴美访问前主讲并演奏曲目，故作此海报宣传。

钢琴伴奏：陈×× 徐××

演奏曲目：《椰林迎春》、《丰收牧歌》、《海峡情思》等。

讲座形式：以演奏为主，辅以讲解，届时有《曲目简介》发送。

时间：××××年××月××日晚8时

地点：广州图书馆3楼报告厅

入场办法：××月××日起在本馆门口售书处售票，票价××元，凭票入场。

【析评】

这篇海报叙述了讲座的形式、内容、主讲人、具体时间、地点、参加方式等。因文中已对主办单位和日期等做了交代，落款可省略不写。

例 6-15

海报

明星杂技团演出精彩杂技和大型魔术，新颖、滑稽、幽默。

演出时间：××月××日—××月××日，晚×时

演出地点：××市××体育场

票价：儿童票2元，成人票6元

联系电话：××××××

【析评】

这篇海报叙述了杂技演出的形式、内容、具体时间、地点、购票方式及票价等，而且用高度概括的语言揭示了表演的特色，清楚明了，吸引观众。因文中已对主办单位和日期等做了交代，落款可省略不写。

例 6-16

学术报告会

为纪念“五四”运动80周年，特邀校友××博士来我校做学术报告。

题目：知识经济时代的学习和工作

时间：5月4日14点

地点：学校礼堂

欢迎全体师生踊跃参加。

校学生会

××年××月××日

【析评】

这篇海报叙述了这场学术报告的目的、内容、主讲人、具体时间、地点等。正文采取了项目排列式。因文中未对主办单位和日期等做交代，所以在落款中交代清楚。

例 6-17

红五月“青春·使命”欢送毕业生晚会海报

为繁荣校园文化，为毕业生践行，兹定于××××年 5 月 22 日晚 7:00 在××校区大礼堂举行由学院工会、院团委、学生处承办的红五月“青春·使命”欢送毕业生晚会。届时，敬请全院师生光临指导。

主办：××××××职业技术学院

承办：学院工会　院团委　学生处

××××年 5 月 20 日

【析评】

这篇海报标题醒目。正文采用了一段式，明确交代了举办晚会的目的、意义、时间、地点等，并交代了承办单位，同时也以这种形式向全院师生发出了邀请，格式规范。

复习与训练

一、填空题

1. 海报的名称最早起源于____________。
2. 按内容划分，海报可分为__________、__________和__________三种类型。
3. 海报一般由____________、____________和____________三部分组成。
4. 海报的标题由____________、____________和____________三个要素构成。

二、简答题

1. 简述海报的概念和特色。
2. 简述海报的写作要求。

三、写作训练

1. 根据以下材料代某公司工会写一则海报。

2 月 28 日下午 3:30，高级美容师陈××女士在报告厅开设题为“皮肤基础保养”的知识讲座。届时，陈××女士将现场示范，并回答朋友们的问题。邀请单位：××公司工会。

2. 请自行设计某个活动的海报，可结合美术等艺术形式。

第 7 章　社交礼仪文书

第一节　概　述

一、社交礼仪文书的含义和特点

（一）社交礼仪文书的含义

礼仪是礼节与仪式的总称。它是调整和维护人际关系的重要因素。人们在长期的社会生活中，尤其是在社交活动中，形成一系列的礼节和仪式，用以规范和约束人们的行为。不同国家、不同民族有各自不同的礼节和仪式，国际间也有通用的礼节和仪式。

社交礼仪文书就是指人们在社会交往、礼仪活动中，用以调整、改善、发展个人之间、个人与社会群体之间、社会群体之间相互关系的应用文体，是人们实现各种礼仪交往的重要手段和工具。

（二）社交礼仪文书的特点

1．礼仪性

社交礼仪文书作为社会交往、礼仪活动中的应用文体，主要是在交际双方或多方间表达友好、尊重与礼节，以增进友谊，联络感情，反映的是双边或多边的关系。因此，社交礼仪文书更注重以礼相待，谦和礼让，要因人、因事、因时、因地待人接物。人们往往要在社会通行的一些重大社交礼仪活动，如婚嫁、寿诞、丧祭，或者在日常应酬，如寻访拜见、宴请聚会、答谢问候等活动中表达各种情感，都会用到社交礼仪文书，以此展示丰富的礼仪内容。

2．情感性

应用文一般不要求以情感人，只求发挥实际作用，但社交礼仪文书要协调、发展各方面的关系，是为了双方的交往合作，因此在应用性之外还具备情感性。社交礼仪文书要热情友善，真诚得体，善于把握不同交际场合、不同交往对象的不同感情，做到有感而发，友好热情，使对方真切地体会到写作者的心声。

3．文化性

不同国家、不同民族、不同地域在历史发展过程中逐渐形成了自己独特的社交礼仪活动，这些活动体现着丰富的文化内涵。写作社交礼仪文书，除了要遵守格式的规范，还要充分了解不同的文化背景下不同的社交礼仪原则，遵守不同的文化规范。尤其是在跨文化、跨地域的交际中，更要注意文化差别和礼仪差别，要做到在充分了解的基础上互相尊重，彼此礼让。

二、社交礼仪文书的分类和作用

（一）社交礼仪文书的分类

社交礼仪文书可以大致分为以下几类：邀约类，如请柬、邀请书等；喜庆类，如贺信、贺卡、题词等；慰问答谢类，如慰问信、感谢信等；丧祭类，如讣告、悼词、碑文等；新兴类别，如社交礼仪类手机短信、电子邮件等。

这里主要介绍请柬、贺信、慰问信、讣告和悼词这几种常用的社交礼仪文书。

（二）社交礼仪文书的作用

（1）沟通协调的作用。这是社交礼仪文书写作的重要目的和作用。任何个人都处于一定的社会关系中，都要进行社会交际，参加各种礼仪活动。在这些活动中，社交礼仪文书起到了重要的沟通协调作用，利于建立起广泛的社会关系。

（2）有利于增进人与人之间的了解、理解、信任，加深感情、增进友谊，建立和谐的人际关系。

（3）有利于建立良好的工作关系，促进交际双方事业的发展。

三、社交礼仪文书的写作要求

（一）写作主体要有相应的社交礼仪素养

社交礼仪文书源远流长，在发展过程中有其内在的文化和礼仪的积淀。写作主体除了要了解当下的背景、要求，还要了解相关的交际原则和礼仪文化，这样在写作时才能游刃有余，所写之文才既能符合具体交际的需要，又能合乎礼仪。

（二）材料要真实可靠

社交礼仪文书虽然强调礼仪性，但它毕竟是应用文，是为了适应交际的需要，要体现时效性，要及时地处理一些具体事情。所以，一定要写出实质性内容，文中涉及的时间、地点和相关材料，一定要核对，做到翔实可靠。

（三）语言要礼貌、得体

礼貌、得体的语言能创造平等、轻松、和谐的氛围，让人感到愉悦，乐于接受。在社交礼仪文书中，要求他人时，要用请求商量的语气；对于别人的请求，如果答应，就要用诚恳爽快的语言，如果拒绝，也要委婉地做出合理的解释。针对不同的交际场合、不同的交际对象，语言合乎礼节，庄重文雅，这样才能达到协调人际关系的作用。

复习与训练

一、填空题

1. 礼仪是________与________的总称。

2. 社交礼仪文书具有________、________和________特点。（请写出三点）

二、简答题

1. 简述社交礼仪文书的含义。

2. 如何理解社交礼仪文书的情感性和文化性？

3. 社交礼仪文书有哪些作用?

4. 结合自己的写作实践，简述社交礼仪文书的写作要求。

第二节 请 柬

一、请柬概述

（一）请柬的含义和作用

请，邀请的意思；柬通“简”，是信件、帖子、名片的统称。请柬又称请帖、柬帖，是企事业单位、社会团体或个人邀请有关人员参加某些活动时发出的社交性书信。一些社交活动，如联谊会、友好交往的各种纪念活动、宴会、诞辰或重要会议等，均可向对方发送请柬。

请柬的用途十分广泛，常用于通知和邀请某些特定对象，如上级领导、特邀嘉宾、兄弟单位、亲朋好友等，参加某种重要会议、纪念活动、节日庆典、开业剪彩、展览会、招待会及个人的婚礼、寿礼和各种宴会等。为了强调内容的重要性和邀请的庄重性，主办者往往不发一般性的通知而发请柬。这种请柬既可由单位发出，也可由个人发出。

请柬是出于对被邀请者的尊重、礼貌而发的正式信件，既有交流感情的作用，又有传达信息的作用，是社交活动中最庄重、礼貌而又简便的交往方式。对方近在咫尺或已知此事，也可以发请柬，表达对被邀请者的郑重态度和尊敬之意。请柬具有庄重通知、盛情邀请的作用，有时也可作为入场或报到的凭证。

（二）请柬的特点

1. 郑重性

请柬具有书信的属性，但是和一般书信又有许多差别。一般书信大都是因路途遥远、不便启齿或不便直接交谈而采用的一种交际方式，而请柬是出于对被邀请者的尊重、礼貌而发出的正式信件，即使被邀者近在咫尺，只要有必要，都应郑重其事地发出请柬，这既表示对被邀者的尊敬，也表示邀请者对有关会议或活动的郑重态度。

2. 告知性

请柬实际也是邀请客人参加某项活动而发出的一种特殊的通知书。请柬要清楚、明确地告知被邀者参加活动的时间、地点、内容等，有时还把具体到达方式交代清楚。事项要周全，不能出现遗漏。

3. 艺术性

请柬的艺术性体现在两个方面：一是语言要雅致、庄重。请柬是以书面形式发出的邀请，所以语言运用上比较讲究，追求文学质朴，典雅庄重的风格。因为文雅、庄重的语言不但能表现出对对方的尊重，也体现出邀请的正式性和郑重性。二是外在形式上要有艺术性。由于请柬大都用于正式的社交场合，且通常是用来请客的，因此请柬在装帧或款式设计上比较讲究艺术性，追求外在形式的美观、精致、大方。

（三）请柬的种类

（1）从邀请的事由看，有庆典请柬、结婚请柬、乔迁请柬、寿诞请柬和会议请柬等。

（2）从外观形态看，请柬有双柬帖和单柬帖两类。双柬帖是指请柬用纸居中对折成两页；单柬帖也叫单帖，只有一页；也有的请柬是三折的。

（3）从内容的排版款式来看，有横排式请柬和竖排式请柬。

二、请柬的基本格式

请柬通常有封面和内文两部分。

1．封面

封面写明“请柬”字样，往往要经过艺术设计，外表要美观、精致、庄重、大方。有些请柬在封面上还印有活动的名称，如“元旦晚会”、“××演讲赛”等，如果印刷活动名称，字号须比“请柬”二字小一些。

2．内文

请柬内文包括标题、称呼、正文、结语和落款五部分。

（1）标题。第一行正中写“请柬”二字，如请柬是双折或三折的，则在封面居中写上“请柬”二字。

（2）称呼。第二行顶格写被邀请人或单位的名称，如双折或三折请柬，则在里面第一行顶格书写。若为个人，姓名后应写“××先生”、“ ××教授“等。称呼后面须加冒号。

（3）正文。称呼下一行空两格书写。要写清活动内容，如开座谈会、联欢晚会、生日派对、国庆宴会、婚礼、寿诞等。常用“兹定于”或“谨定于”等话语引出活动的时间、地点、内容、方式等。如果是邀请对方观看文艺演出、影视放映或体育比赛等，还应该附带入场券。若有其他要求也须注明，如“请准备发言”、“请准备节目”等。

（4）结语。请柬的结语有些是在正文之后直接书写，有些另外提行空两格写。通常是一些祈愿或祝颂语，如“敬请光临”、“恭请光临指导”、“欢迎届时光临”等。如用“此致敬礼”等语，则将其分成两行，前两字空两格写，后两字顶格写。

（5）落款。写明邀请单位的名称或邀请者的姓名及发出请柬的时间。以单位名义发出的请柬还要加盖公章。

请柬内文有横写和竖写两种写法。竖写时，在纸的右方靠中间位置写明“请柬”字样，再向左依次写称呼、正文、结语，在纸的左下方落款。

有的请柬已按照书信格式印制好，发文者只需填写正文即可。封面也已直接印上了名称“请柬”或“请帖”等。

三、请柬的写作要求

（1）首先要准确、清楚地写明被邀请者的姓名、身份、邀请事由及注意事项。

（2）请柬的语言应符合活动的内容和场合。首先求其“达”，即要通顺明白，不要堆砌辞藻或套用公式化的语言。其次求其“雅”，即要讲究文字美。运用雅致的文言词语应恰到好处。

（3）根据活动性质和实际需要发送请柬。请柬不能滥发，一般在举行相对重要的活动而对方又是作为宾客参加时才可发送请柬。以下几种情况就不宜发送请柬：很普通的、经常性的、规律性的活动或聚会；十分严肃、郑重的活动，而且又不是邀请对方作为客人出席的，如审判会、法院开庭、追悼会等。

（4）请柬的发送时间要适当。请柬发送的时间应使被邀请者不易忘记又能从容参加。较为重大且时间较长的活动，如学术讨论会或校庆活动等，应较早发送请柬，一般社交活动提前两三天发送即可。过早发送请柬，被邀请者容易忘记；过迟发送请柬，被邀请者会来不及准备或安排，这样都会影响交际效果。

（5）应注意发放请柬的场合与方式。为表明举办活动的隆重和对所邀请客人的尊敬，在发送请柬时，一般应挑选比较严肃、庄重的场合。

四、例文

例 7-1

请柬

尊敬的××会员：

兹定于 20××年×月×日上午 9 时，于我公司一层 105 招待室举行会员联谊活动，以感谢您对我公司的支持与厚爱。

届时请携带会员卡和本请柬参加。

敬请光临。

北京××公司（章）

20××年×月×日

例 7-2

请柬

为纪念本刊创办 30 周年，活跃文学创作与文学评论，兹定于×月×日在×××举行“评论与写作”专题座谈会，特邀请您参加，敬请光临。

××编辑部（章）

20××年×月×日

【析评】

两篇例文用简练的语言把活动的时间、地点交代清楚，格式规范，表述得体，充分表现出请柬的郑重性特点。

复习与训练

一、填空题

1. 请柬中“请”的含义是 ____________；“柬”的含义是____________。
2. 请柬的发出者既可由________发出，也可以由________发出。
3. 从邀请的事由看，请柬可以分为________、________、________等。（请写出三类）
4. 请柬内文包括________、________、________、________和________。

5. 请柬通常有____________和____________两部分。

二、选择题

1. 单位、团体、个人邀请有关人员参加或出席某些重要活动或会议的一种告知性礼仪文书是（　）。

A. 欢迎词　　B. 请柬　　C. 申请书　　D. 慰问信

2. 请柬的写作要求有（　）。

A. 语气谦恭　　B. 热情洋溢　　C. 表达准确　　D. 富有号召力

3. 即使被邀请者近在咫尺，只要有必要，都可以郑重其事地发出请柬，以表示对被邀请者的敬重、礼貌和热情，以及对有关活动的郑重态度，因此请柬具有（　）的特点。

A. 文化性　　B. 礼节性　　C. 烦琐性　　D. 夸张性

三、判断题

1. 请柬只能由邀请者个人发出。（　）

2. 请柬有时可以起到入场或报到凭证的作用。（　）

3. 请柬是企事业单位、社会团体或个人邀请有关人员参加某些活动时发出的社交性书信，具有书信的属性。（　）

4. 请柬是出于对被邀请者的尊重、礼貌而发的正式信件，不具有告知性。（　）

四、简答题

1. 简述请柬的作用。

2. 请柬可以怎样分类？

3. 请柬有哪些特点？如何理解？

4. 请柬的写作要求有哪些？

五、病文分析与修改

分析下面病文，指出其不当之处，并加以改正。

××同学：

兹定于 20××年×月×日上午 9 时到校医院看望病重的×××老师，请准时到校医院指导。

××班委会

20××年×月×日

六、写作训练

今年是××大学建校 50 周年，学校准备举行校庆，特邀请校友××市委副书记张××参加学校的庆典仪式。请你根据上述内容写一份请柬。

第三节　贺　信

一、贺信概述

（一）贺信的含义和作用

贺信是表示庆祝的书信的总称，是从古代祝辞演变而来的。贺信是指党政机关、企事业单位、社会团体或个人向其他单位或个人表示祝贺的一种专用书信。

贺信的内容很广泛，可以贺家庭、个人婚嫁一类的喜事，也可以贺科研任务的完成，重要工程的开工、竣工，国家领导人的任职，企事业单位的成立或庆典等。目前，贺信已成为表彰、赞扬、庆贺对方在某个方面所做贡献的一种常用形式，它兼有表示慰问和赞扬的功能。同时贺信有利于双方沟通感情、增进友谊、促进团结。重要的贺信往往对广大群众有鼓舞和教育作用。

（二）贺信的特点

1．祝贺方式的间接性

贺信常因距离较远而以信件形式寄给对方，也可在报刊上刊登或在电台广播，一般不要求祝贺者当面宣读（必要时当然可以当面宣读）。贺信作为一种祝贺方式，具有间接祝贺的特点。

2．情意性

针对具体的祝贺情境，以真挚的感情恭贺对方，表达共同愿望，增进相互感情，增加喜庆气氛。贺信的字里行间要充满喜庆、热烈的气氛和真挚的感情，给人以鼓舞和激励。

3．时限性

贺信的应用范围不同，可用于个人、家庭，也可用于党政机关、企事业单位，还可用于不同国家之间。贺信送达方式不同，可以直接送达，可以投递，也可以通过新闻媒介广泛传播，必要时还要当众宣读。所以，贺信发送的时机就显得非常重要，要根据其应用范围、祝贺内容和送达方式的不同来选择恰当的祝贺时机。

（三）贺信的分类

1．上级单位对下级单位或所属员工、群众发出的贺信

这类贺信可以是节日祝贺，也可以是对工作成绩表示祝贺等，在表示祝贺的同时，还要提出希望和要求。

2．同级单位之间发出的贺信

这类贺信除了表示对同级单位的祝贺外，还表示要向对方学习，互相鼓励。

3．下级单位、员工给领导机关的贺信

这类贺信除了对上级单位表示祝贺之外，还表示下级单位或员工对完成某项任务的决心和行动。

4．给著名人物的贺信

行政机关、企事业单位、各种团体或领导人在本单位或社会上著名或重要的人如科学家、艺术家、领导人寿辰时发去的贺信。这种贺信一般表示祝贺人真诚的祝愿、美好的祝福。

5．国家之间的贺信

当有外交关系的国家新领导人就职，或者友好国家有重大喜事时，一般要致贺词，这既是礼节上的需要，同时也是谋求双方共同发展、维护双方共同利益的方式。

6．个人之间的贺信

用于亲朋好友在重要节日、重大喜事中互相祝贺、慰勉、鼓励，或者祝贺某人在工作、学习中取得了好成绩，以分享快乐。

二、贺信的基本格式

贺信一般由标题、称呼、正文和落款四部分组成。

（一）标题

贺信的标题由文种、祝贺者、祝贺对象和祝贺事由几个要素构成。常见的写法有以下五种。

（1）以文种名“贺信”为题。

（2）以“祝贺者+文种名”或“祝贺对象+文种名”为题，如“××公司贺信”、“致××公司的贺信”。

（3）以“祝贺者+祝贺对象+文种名”，如“××协会致××公司的贺信”。

（4）只写祝贺事由，如“祝贺全省第六次学代会胜利召开”。

（5）采用主、副标题形式，如“直挂云帆济沧海——致××公司的贺信”。

个人之间的贺信也可以不写标题。

（二）称呼

顶格写祝贺对象，即单位名称或个人姓名。若是写给个人的，要在姓名前加“尊敬的”等敬语，后加相应的职务、职称，如“总经理”或通称“先生”、“女士”等，后加冒号提示下文。

（三）正文

（1）开头。开头部分一般简要交代背景和有关情况，并表示祝贺，以营造热烈的气氛。可以用简练的语言写明祝贺的缘由，并表示祝贺，如“值此……之际，谨代表……向……表示热烈祝贺”。

（2）主体。主体部分一般要陈述祝贺原因，写出自己祝贺、称赞的心情，由衷地表达自己真诚的慰问和祝福，表达热情的鼓励、殷切的希望和双方的共同理想。祝贺事由及对象不同，其内容与措辞也有所区别。

（3）结尾。结尾部分可表示热情的鼓励和殷切的希望，也可表示良好的祝愿。要写些鼓励的话，提出希望和共同理想，如“此致敬礼”、“祝争取更大的胜利”、“祝您健康长寿”等。

（四）落款

写清祝贺单位名称或个人姓名，并署上成文的时间。

三、贺信的写作要求

（一）祝福要真诚

祝贺词作为加强联系、增进双方交流的一种重要手段，所表示的感情要热烈真挚，发自内心，给人以温暖和鼓舞的力量。内容言之有情，言之有物。所谓“有情”，即真诚地表示祝贺，用词热情、友好；所谓“有物”，即事先了解祝贺对象，使祝词符合对方的实际情况，而不是满口客套话，虚言应酬。

（二）定位要准确

写贺信要注意彼此关系，符合双方身份。对双方的身份和地位的差异、关系的深浅、往来的亲疏，都要有清醒的认识，做到中心突出、措辞得体、礼貌周到。

（三）内容要实事求是

对成绩和贡献的评价要恰如其分；表示决心要切实可行，不可空发议论，空喊口号；赞美和颂扬不能夸大其词、过分渲染。

（四）语言要简洁明快

语言要有鲜明的感情色彩，可以使用排比、对比、比喻等修辞手段，形成优美、文雅的风格，但不要堆砌华丽辞藻。

四、例文

例 7-3

贺信

××中学：

欣闻你校十周年校庆，谨向全校师生员工表示亲切的问候和衷心的祝贺！

十年，对××中学来说，就是一部在艰难中诞生、自强不息、顽强奋斗的创业史；是一部广育英才的成长史；是一部经受社会考验、铸造品牌特色、不断创新的发展史。十年来，学校坚持正确的办学方向，遵循“依法治校、质量立校、科研兴校、特色活校”的教育理念，抢抓发展机遇，锐意改革，在改善办学条件、强化教育管理、优化师资队伍、提高教学质量等方面做出了显著成绩，形成了优良的办学传统和鲜明的办学特色。为高一级学校和社会输送了一批又一批基础扎实、素质良好的合格人才，赢得了社会的广泛赞誉和认可。

值此校庆十年之际，县教育局希望你们继续弘扬办学精神，全面贯彻党的教育方针，全面推进素质教育，深入实施课程改革，不断提高办学质量，为办好让人民满意的教育、培养高素质的人才做出新的更大的贡献。

衷心祝愿你校校庆取得圆满成功！

××教育局

二〇××年×月×日

【析评】

这篇贺信是××教育局写给××中学十年校庆的贺信。贺信中充分肯定了××中学十年来取得的成绩，对学校未来的发展提出了希望。本篇贺信短小精悍，符合贺信的格式要求。

复习与训练

一、填空题

1. 贺信是表示________的书信的总称，它是从古代________演变而来的。

2. 贺信的标题由________、________、________和________四个要素构成。

二、简答题

1. 简述贺信的含义和作用。

2. 贺信有哪些特点?

3. 贺信的标题有哪些写法?

4. 贺信有哪些写作要求?

三、病文分析与修改

阅读下面一篇贺信，指出其错误，并加以修改。

贺信

××同志:

你好!

看了你的事迹报道，欣闻你被评为全省“十佳杰出青年”，实在令人敬佩。我谨以个人名义向你表示热烈的祝贺。

在当今的经济大潮中，不少青年人一切“向钱看”，像你这样具有高尚的思想品德，艰苦创业，做出卓越成就的人，实在不多。你那奋力拼搏的精神，坚忍不拔的毅力，公正廉洁舍身奉献的高贵品质，堪为广大青年的楷模。大家应向你学习，向你看齐。

今后期望你继续努力，不断创新、不断索取，以取得更大的成绩，获取更高的荣誉。

此致

敬礼!

一中学生：张××

××××年××月××日

四、写作训练

1. 20××年××月××日是你敬爱的老师王××教授从教60年纪念日，请你代表全班同学给他写一封贺信。

2. 今年××月××日是×省重点中学建校55周年校庆的日子，请以一名大学在校生的身份，向该校发一封贺信，信中要概述母校在教书育人方面的成绩，表达向有成就的老校友学习的强烈愿望和决心，对母校表达美好的祝愿。

第四节 慰问信

一、慰问信概述

（一）慰问信的含义和作用

慰问信是行政机关、企事业单位、社会团体或个人对工作中做出巨大贡献、取得优异成绩或遭遇天灾人祸、蒙受重大损失的集体或个人表示安慰、问候、鼓励和关切的专用信体。

写得好的慰问信能够让受文对象感受到组织的关怀和温暖，同志之间、朋友之间的深厚情谊，进而在成绩面前不骄不躁，在困难和不幸面前不气不馁，保持昂扬向上的情感和精神。

（二）慰问信的特点

1．发文的公开性

慰问信可以直接寄给本人，但大多是以张贴、登报、在电视上播放的形式出现的，因此具有公开性。

2．情感的沟通性

无论是对有突出贡献者的慰问，还是对遭遇困难者的慰问，情感的沟通是支撑慰问信的一个深层基础，正是通过这种或赞扬表达崇敬之情，或同情表达关切之意的方式来达成双方的情感交流和相互理解。节日的慰问，尤其是为某个群体而设的节日的慰问，更是起着相互沟通情感的作用，如“三八妇女节”、“教师节”等节日的慰问。

3．针对性

慰问信是专门写给特定对象的信函，它的慰问对象明确，因此，其行文目的、内容的针对性很强。

（三）慰问信的分类

（1）表彰性慰问信。向做出贡献的集体或个人表示慰问，这类慰问主要针对那些承担艰巨任务、做出了巨大贡献或牺牲、取得了突出成绩的先进个人或集体，祝贺他们取得成绩，并鼓励他们戒骄戒躁，继续前进。

（2）安抚性慰问信。对蒙受损失或面临巨大困难的集体或个人表示慰问，对他们的不幸遭遇或困难处境表示关切和同情，鼓励他们积极地与不幸或困难做斗争，加倍工作，以期尽快地改变现状。

（3）礼仪性慰问信。用于重大的节日或纪念日到来之际向有关集体或个人表示慰问。这类慰问信重在问候、祝贺，如教师节向教师表示慰问；春节、建军节到来之际的拥军优属慰问等。

二、慰问信的基本格式

慰问信的结构包括标题、称呼、正文、结尾和落款。

（一）标题

（1）单独以文种作标题，即在首行正中书写“慰问信”三字。

（2）由慰问对象和文种组成，如《致全市各族人民的春节慰问信》。

（3）由慰问者、慰问对象和文种组成，如《朱德致抗美援朝将士的慰问信》。个人之间的慰问信不用加标题。

（二）称呼

标题下面一行顶格写被慰问的单位和个人姓名。单位要写全称；个人则可在前面加上“尊敬的”作为修饰语，在后面加上称谓，如“××同志”、“××先生”等。称呼后要加冒号。

（三）正文

称呼下一行空两格写正文，一般分三部分来写。

（1）概述慰问的原因和背景。

（2）需针对不同类型的慰问信来写。表彰性慰问信叙述对方的先进思想和突出贡献；安抚性慰问信要概括对方所遭到的困难或损失，向对方表示安抚、劝勉及鼓励；礼仪性慰问信重在“礼节”，写成绩和贡献要概括。

（3）表示共同的愿望和决心，如“让我们携手并进，为早日实现祖国的四个现代化而共同奋斗”；又如“……困难是暂时的，最后的胜利一定属于我们”等。

（四）结尾

紧接正文或另起一行空两格写祝愿的话，如“祝你们取得更大的成绩”、“祝节日愉快”等。选择何种结尾，应根据慰问信的种类和对象而定。

（五）落款

在正文的右下方署上发文单位或发文个人的称呼，成文时间写在署名下方。

三、慰问信的写作要求

（1）根据具体事件、对象、慰问信类型有的放矢。慰问信如果写给做出重大贡献的集体或个人，内容就应侧重赞扬功绩，鼓励他们戒骄戒躁、继续前进；如果慰问的是不幸的集体或个人，则在内容上侧重于同情、鼓励，使对方汲取力量、战胜困难；如果是节日或重要纪念日慰问，则侧重问候和祝贺。

（2）态度恳切，语言朴实。慰问信意在向对方致意、问候或安慰，因此语言应朴实凝练，态度应恳切自然，不能大而不当、华而不实，更不能有盛气凌人的傲慢语气。

（3）慰问信以准确、真诚，表明慰劳、问候、鼓励和安抚为原则，文字表述及正文没有固定模式。

四、例文

例 7-4

致玉树地震灾区同胞的慰问信

谨致：青海省玉树藏族自治州玉树县地震灾区的广大受灾同胞：

惊闻北京时间4月14日7时49分，青海省玉树藏族自治州玉树县发生7.1级强烈地震，造成逾万人伤亡，大量房屋倒塌，给灾区同胞的生命财产造成重大损失。这场突如其来的自然灾害严重危及灾区同胞的生活，我们这些身处英国的海外华侨华人倍感忧虑，万分悲痛。地震发生以来，在英华人华侨都非常关注灾情，通过电视、互联网等媒介时刻了解最新发展，牵挂着灾区的受灾同胞。倒塌的房屋、损毁的道路、失去了父母的孩子，还有出现高原反应却依然战斗在第一线的救援人员……这一幕幕场景，无时无刻不牵动着我们这些海外游子的心。

英国浙江联谊会与伦敦普通话简体字学校愿在此代表在英的所有浙江籍华侨华人及在校学习中文的所有学生、家长及教师向玉树地震灾区受灾群众致以最深切的慰问，对在地震中罹难的同胞表示最沉痛的哀悼，向国内奋斗在抗震救灾第一线的救灾人员及志愿者致以最崇高的敬意！并衷心祝愿灾区同胞早日战胜灾害、重建家园！

我们将继续时刻关注最新灾情，与灾区同胞同呼吸、共命运。我们相信在全国的共同努力下，你们定可守望相助、共度困苦。远在千里之遥的我们也将想尽办法，竭尽所能，不仅自己要捐款捐物，还要发动更多的人参与到救援的行列，以实际行动为帮助灾区同胞顺利渡过难关、重建家园尽一份绵薄之力。

此致

敬礼！

英国浙江联谊会

伦敦普通话简体字学校

2010 年 4 月 23 日

（资料来源：http://wenku.baidu.com/view/3b1447da50e2524de5187e0f.html）

【析评】

这是一篇安抚性慰问信，是英国浙江联谊会与伦敦普通话简体字学校代表在英的所有浙江籍华侨华人及在校学习中文的所有学生、家长及教师向玉树地震灾区受灾群众表示的深切慰问。感情真挚，温暖人心，给灾区人民以安慰和战胜灾难的力量。

复习与训练

一、填空题

1. 按内容分，慰问信主要有__________、__________和__________三类。

2. 写慰问信的正文时首先要概述__________________。

3. 慰问信可以直接寄给本人，但大多是以张贴、登报、在电视上播放的形式出现的。这体现了慰问信的______________特点。

二、判断题

1. 写慰问信要根据事件、对象有的放矢，在内容上有所侧重。(　　)

2. 慰问信没有固定的格式。(　　)

3. 个人之间的慰问信也必须写上标题。(　　)

三、简答题

1. 简述慰问信的含义和作用。

2. 慰问信有哪些特点?

3. 慰问信可以分为几类?

4. 写慰问信应该注意哪些问题?

四、阅读与分析

阅读下面两篇慰问信，分析其异同。

致柯棣华大夫家属的慰问信

（一九四三年三月二十二日）

亲爱的朋友：

我谨代表第十八集团军和中国共产党，为柯棣华大夫的逝世，向你们致最深挚的悲悼。柯大夫曾予华北敌后五台区最需帮助的军民以无可比拟的贡献。

柯棣华大夫系于一九三八年受印度国民大会之命，参加其所派遣的印度医疗队，去到延安，于一九三九年进入华北游击区。他在华北曾经过许多地方，最后定居于五台区，成为已故白求恩大夫事业的承继者，担任国际和平医院院长，直到逝世。他的中国同志都爱他、尊敬他。为了在抗日游击根据地中之最高贵的任务，为了给伤病战士以兄弟般的友爱，他曾救活了许多抵抗日寇侵入自己祖国的战士的生命，还帮助了许多人免于残废。我们受惠于他的极多，使我们永不能忘。

柯大夫曾是中印两大民族友爱的象征，是印度人民积极参加反对日本黩武主义和世界法西斯主义的共同战斗的模范。他的名字将永存于他所服务终生的两大民族之间。

我们在全体爱自由的人类的共同损失中，分担你们的悲痛。

谨致热烈的敬礼！

周恩来

（资料来源：周恩来. 周恩来选集（上卷）[M]. 北京：人民出版社，1980.）

致柯棣华大夫家属的慰问信

（一九四三年二月七日）

亲爱的朋友们：

你们的儿子和兄弟——印度国民大会援华医疗队成员柯棣华大夫在为中国北方的河北省敌后作战的我军负伤将士服务期间，不幸于一九四二年十二月九日逝世。我谨代表我本人和由我担任主席的“保卫中国同盟”中央委员会全体委员，向你们表示深切的同情。

柯棣华大夫来到中国，是希望把他的知识和力量贡献给中国人民为摆脱日本奴役、获得民族解放的斗争。他在前线——在这场战争中斗争最紧张、最英勇的前线度过了四年。曾由他担任院长的国际和平医院，是伟大的加拿大医生和自由战士诺尔曼·白求恩在一九三八年创建的，它象征着世界各国人民与华北平原和山区人民的团结；那里的男男女女忍受着贫困，抗击比自己强大得多的、凶残的敌人，因为他们拒绝将自己生来就有的权利交给法西斯侵略者。在那里，白求恩大夫一直工作到一九三九年他逝世为止。柯棣华大夫也为了同一个理想——为了各国人民谋求解放和取得缔造与决定自己未来权利的共同斗争——而在那里工作并献出了自己的生命。

白求恩大夫是加拿大人，受加拿大和美国反法西斯主义者派遣，先到西班牙，后到中国，救护那些在全人类今天所从事的伟大斗争中最先倒下的人。柯棣华大夫是印度人，受印度人民派遣，来为同一个进步事业服务。这个事业当时并不深得人心，今天也并不到处深得人心。为这一事业战斗的人们遭到诽谤、出卖，并缺乏战争物资。像白求恩大夫的名字一样，柯棣华大夫的名字永远不会被人们忘记，因为他给他们带来了自己的医术，带来了印度人民对中国人民艰苦卓绝的斗争的支援。他的名字也永远不会被我们这些属于各种不同国籍的人忘记，因为我们从来都把每一个争取自由的斗争看作我们自己的斗争。

柯棣华大夫身后留下一位中国妻子和一个孩子，在这个孩子身上我们两国人民的血液交融在一起了。我希望有一天你们将能见到他们。我还希望，在你们怀念自己的儿子和兄弟时，不只是感到悲伤，还应该感到骄傲。他把自己完全献给了他所信仰的事业。他做了大量好事，他是按照自己的意愿生活和死去的。不仅贵国人民和我国人民缅怀他，争取人类自由和进步的杰出战士们都缅怀他。未来将赋予他比今天更高的荣誉，因为他正是为未来而战斗的。我们引为骄傲的是，世界各地有这样的人来帮助我们战斗——把我们的斗争看作世界人民的共同斗争。

我随函寄上一些纪念文章，从这些文章中可以看出柯棣华大夫生前的朋友和同志们以及经他医治过的人们对他多么尊敬。

顺致热诚的问候。

宋庆龄

一九四三年二月七日于中国重庆

（资料来源：宋庆龄. 宋庆龄选集（上卷）[M]. 北京：人民出版社，1992.）

五、写作训练

以春节慰问为题，请给你所在的街道或村组的军烈属写一封慰问信。

第五节 讣告和悼词

一、讣告和悼词概述

（一）讣告概述

1．讣告的含义

讣告是用于报丧的文书，又称讣文、讣闻。“讣”原意是报丧的意思，也就是将人去世的消息报告给大家。讣告是指机关、企事业单位或个人将某人去世的消息向死者的亲朋好友及相关人士和单位发出的告知性文书。

讣告一般由死者家属、死者生前工作单位或专门成立的治丧委员会发出，可张贴于死者生前工作单位，也有的张贴于公共布告栏。如果是有影响的重要人物去世，讣告还可以通过报纸、电台、电视台等向社会广而告之。

2．讣告的特点

（1）晓谕性。讣告是报丧的告知性文书，晓谕性是其鲜明的特点。讣告的内容：一是报告丧亡的信息；二是告知有关唁悼事宜，如吊唁的时间和地点，向遗体告别及开追悼会的时间和地点等。

（2）庄重性。讣告是极为庄重严肃的文书，文字简短，其写法格式较固定。讣告的语言约定俗成，形成了其郑重、严肃的风格。讣告不宜在格式上求变求新，也不宜舞文弄墨，而应该是怀着悲痛的心情，庄重地告知亲友或社会有关丧亡的消息。

（3）适时性。讣告是向逝者亲友及有关单位和人员告知丧亡信息的，应在遗体告别仪式前发出，以便亲友及有关人员及时做好参加唁悼活动的准备。

3．讣告的分类

（1）一般式讣告。一般式讣告是使用最广泛的一种讣告，用于告知一般人员（一般干部、职工个人）的丧亡消息。

（2）公告式讣告。公告式讣告用于报告党和国家领导人、较高级别的国家干部或社会知名人士的丧亡信息。公告式讣告比一般讣告要隆重、庄严得多。它一般由党和国家或一定级别的政府机关、企业事业单位、团体等做出决定才发出。

（3）新闻式讣告。这种形式的讣告多用于告知具有一定新闻价值和新闻意义的人物的丧亡信息。它往往作为一则消息在传播媒体上公布，文字简短，旨在晓谕社会，告知个人。

（二）悼词概述

1．悼词的含义

悼词是对去世者表示哀悼和纪念的一种应用文体，是从古代的诔辞、哀辞、吊文、祭文一步步演化而来的。悼词有广义和狭义之分，广义的悼词是指向死者表示哀悼的一切文章，包括发表于报刊的对死者表示哀悼、缅怀与敬意的纪念性文章；狭义的悼词专指在追悼会上或遗体告别仪式上对死者表示哀悼的讲话文稿。这里主要是指狭义悼词。当然，现在有些狭义的悼词也在报刊上发表，目的是化悲痛为力量，勉励生者更好地去学习和工作。

2．悼词的特点

（1）总结评价性。这是现代悼词的重要特征，总结死者的生平业绩并充分肯定其社会意义，是悼词的基本内容。以总结、肯定死者的生平业绩祭奠亡灵，也给后人以慰藉和激励。当然悼词对人的评价与历史对人的评价不同，因为它处于死者刚刚去世的特殊时期，人们沉浸在哀伤怀念之中，总是想死者的好处，也希望多听到对死者的褒奖、赞扬。因而，悼词一般不去提及死者的缺点、过错。

（2）缅怀性。悼词是对死者表示哀悼、缅怀的，具有缅怀和悲痛的情感基调，字里行间弥漫着低沉悲伤的情绪和对死者的深切缅怀之情。常常选用哀伤和怀念的词汇，如“深切怀念”、“永垂不朽”、“沉痛悼念”、“永远活在人们心中”等。

（3）激励性。悼词要表达对死者的哀悼、缅怀，但悲伤不是致悼词的目的。缅怀和纪念是悼词不可或缺的内容，而化悲痛为力量的积极向上的情绪是悼词的又一基调。悼词不应一味宣泄情绪，充满悲伤的情调，让人感到愁闷压抑。它不是面向过去，而是面向现在和将来，内容上除缅怀外，更应该有积极向上的内容，即化悲痛为力量，激励后人更好地去学习和工作。

3．悼词的分类

（1）按照用途，可以分为以下两类：一是宣读体悼词。这种悼词专用于追悼大会，由有一定身份的人进行宣读。它是对在场参加追悼会的同志的讲话，而不是对死者的讲话。悼词表达出全体在场的人对死者的敬意与哀思，同时勉励大家学习死者的优秀品质，化悲痛为力量。二是书面体悼词。这类悼词内容广泛。包括所有向死者表示哀悼、缅怀与敬意的情文并茂的文章。这类文章大都发表在报纸和杂志上，可以以抒情为主要表达方式，也称为艺术散文类悼词。

（2）按照表达方式，可以分为以下三类：一是记叙类。记叙类悼词以记叙死者的生平业绩为主，并适当地结合抒情或议论。这是现代悼词最常见的类型。朴实的记叙文，字里行间却充满对死者的哀悼和怀念之情。宣读体悼词和书面体悼词均可以采用这种形式。二是议论类。这类悼词以议论为主，抒情、叙事为辅，重在评价死者对社会的贡献。议论类悼词能够和现实生活紧密结合，是社会意义较强的一种哀悼文体。三是抒情类。这类悼词以抒发对死者的悼念之情为主，并适当地结合叙事或议论。抒情类悼词经常以抒情散文的形式出现，文学色彩浓厚。

二、讣告和悼词的基本格式

（一）讣告的基本格式

讣告的类别不同，具体的格式和写法也不尽相同。

1．一般式讣告的基本格式

一般式讣告由标题、正文、落款组成。

（1）标题。标题一般有两种形式：一种由文种名称组成，在头一行中间写上“讣告”二字；另一种由死者姓名和文种名共同构成，如“××讣告”。

（2）正文。一般式讣告的正文包括告闻、简介、事宜三部分。

告闻即开头部分，写明逝者的姓名、身份、死因、逝世的日期、具体时间、地点、终年岁数。终年也有的写为享年，一般用于发告人的长辈或为人敬重的逝者。

简介部分一般简要概括逝者生前重要有代表性的经历，而不是其个人履历。以简要文字概括逝者一生并做出肯定性评价。

事宜部分告知吊唁、追悼会的时间、地点、接送车辆安排等其他有关事宜。

（3）落款。落款包括发告人和发告日期。发告人是发讣告的单位、团体，要写清全称；由逝者亲属发出的讣告要写清亲属关系、姓名；由治丧小组发出的讣告要写明“××同志治丧小组”或同时依次注明成员姓名。发告日期要完整。

2．公告式讣告的基本格式

公告式讣告比一般讣告要隆重、庄严得多。

公告式讣告一般由三部分组成，也可以看成三份公告。在内容上与一般式讣告无大的差别，但在结构安排上有显著不同，更能显示其性质的庄严隆重。

（1）公布逝世消息。其标题由发文单位、团体的名称和文种名共同构成。这一点同一般式讣告不同，公告前为发出单位的名称，而一般式讣告前为死者的姓名，如《中国共产党中央委员会、中华人民共和国全国人民代表大会常务委员会、中华人民共和国国务院公告》。其正文如一般式讣告的告闻和简介两部分，要求写明死者的职务、姓名、逝世原因、时间、地点及享年岁数；对死者的简单评价和哀悼之辞。其落款部分署明公告时间，发文单位已在标题显示，此处可省去发文单位的名称。

（2）治丧委员会公告。这是公告式讣告的核心部分，内容如一般式讣告的事宜部分，具体写法如下：其标题要写明“×××同志治丧委员会公告”字样。其正文写明对丧事的安排及具体要求。例如，要写出吊唁或瞻仰遗容的具体时间、地点、参加人；具体召开追悼会的时间和地点，以及追悼会召开时的其他事宜，诸如社会各界、机关单位、人民群众团体的吊唁活动安排等。其结尾和落款部分要注明“特此公告”字样，同时在右下方署明公告发布日期。

（3）公布治丧委员会名单。一般式讣告发告人多概称“××同志治丧小组”（或逝者亲属姓名）。公告式讣告的治丧委员会名单的安排通常分两部分：一是治丧委员会领导成员名单，一般按职务排名；二是全体治丧委员会成员名单，一般以姓氏笔画排列，同时还要交代清楚治丧委员会成员人数。

公告式讣告由“公告”（公布逝世消息）、“治丧委员会公告”和“治丧委员会名单”三部分共同组成，因此各部分要同时公布于众。公告式讣告一般用于党和国家领导人和国内的重要人物或影响大的人物，不可乱用。

3．新闻式讣告的基本格式

新闻式讣告是专门为报丧而刊发的消息。其标题类似消息的标题，宜写明逝世者的姓名、身份、地点等，如“著名数学家××于××逝世”，或者写为“著名数学家××逝世”，或者直接写“××同志逝世”。

其正文是简单的电讯，前边有电头，如“新华社北京 12 月 5 日电”。正文如一般式讣告的告闻部分，只告知死者的姓名、身份、逝世原因、时间、地点、终年岁数即可。有时以简单的几句话画龙点睛地提及逝者生前的主要经历和业绩，简明评述其生平。这种讣告的内容和形式都很简单，但也有的报道得较详细。

（二）悼词的基本格式

通常来讲，悼词没有固定的格式，但宣读体悼词格式却相对稳定，这里主要介绍宣读体悼词的基本格式。宣读体悼词主要由标题、正文和落款三部分构成。

1．标题

悼词的标题有致辞人、逝者和文种三个要素，具体写法有以下几种。

（1）直接由文种名做标题，在悼词正文前写上“悼词”二字。

（2）由逝者姓名和文种名共同构成，如《在宋庆龄同志追悼会上的悼词》。

（3）由致辞人和文种名共同构成，如《×××致的悼词》。

（4）由致辞人、逝者姓名和文种名共同构成，如《在追悼××同志大会上×××所致的悼词》或《×××在×××同志追悼会上致的悼词》。

致辞人一般不读标题。悼词公开发表时，常在标题下方中间写上致辞人的姓名，标题中已标注致辞人姓名时，则不再署名。

2．正文

悼词的正文通常由开头、中段、结尾三部分构成。

（1）开头。开头要点明悼念对象，介绍其生前身份、简历、逝世原因、时间、地点、终年岁数等，并以沉痛的心情说明召开或参加此次追悼会的目的。

（2）中段。这是悼词的主体部分。首先，按时间先后顺序集中介绍死者籍贯、学历、经历与生平业绩，应突出死者对人民、对社会的贡献。其次，重点对死者的品格和突出业绩进行评价，介绍对他人和社会产生的积极影响，指出死者去世给工作和事业带来的损失。

（3）结尾。从缅怀死者的悲痛转到如何向逝世者学习，继承其未竟的事业，勉励后人“化悲痛为力量”，为国家、为社会做出更大的贡献。最后要写上“永垂不朽”、“精神长存”、“××同志千古”之类的话。

3．落款

如果正文开头已介绍参加追悼会人员的情况，则悼词的落款部分不必再署上写作悼词的单位名称或追悼者的姓名，而只署悼词成文的日期。

三、讣告和悼词的写作要求

（一）讣告的写作要求

（1）写作讣告之前，要对死者去世时的情况、他的简单经历、举行悼念仪式的时间、地点或不举行悼念仪式的原因有准确的了解，以作为写讣告的依据。

（2）书写讣告时态度要严肃认真。讣告虽然简单，但是写作者要一丝不苟，认真对待，严格按照格式要求写作，不能出现遗漏、差错；更不能随意增添“欢迎光临”的字句，否则显得极不庄重。

（3）讣告的语言要求准确、简练、严肃、郑重，要使用现代汉语书面语言，让人一看就懂，从而达到晓喻他人的作用。

（4）讣告的事宜部分要交代清楚，如开追悼会的时间、地点及交通路线、乘车方式等。如不举行纪念活动，应在讣告中注明。

（5）讣告应在举行遗体告别仪式、追悼会之前尽早向有关单位、有关人员发出，以便对方及时做出安排和准备，如准备花圈、挽联等。

（二）悼词的写作要求

（1）写作悼词之前，要全面掌握死者的生平事迹。

（2）评价要恰如其分。悼词常常是对死者一生的“盖棺定论”，所以要全面、真实地评价死者的一生，不夸大、不缩小、不粉饰、不歪曲，评价要恰如其分。这也是对死者家属的最大安慰。

（3）悼词的重要特点是它的缅怀性和激励性，所以要把握好悼词的情感基调，不可太悲伤、太消极，既缅怀死者，也使生者得到激励。

（4）重要的要宣读和发表的悼词初稿写成后，一般还要请领导审阅，并征求死者家属意见。如果有不妥之处，要适当修改。

四、例文

例 7-5

讣告

×××厂老工人王××同志，因长期患肝硬化，经多方医治无效，于××××年元月五日上午九时二十分逝世，终年××岁。

王××同志自参加工作以来，工作一贯负责，积极肯干，多次被评选为先进生产者，深受全厂职工的尊敬和好评。他的病逝使我们失去了一个好同志。为了寄托我们的哀思，兹定于元月八日上午九时在本厂礼堂举行追悼会，希望王××同志生前好友届时参加。

王××同志治丧委员会

××××年元月六日

例 7-6

×××先生讣告

中国作协××省分会理事、××市文联主席×××先生因病医治无效，于××××年×月×日上午十一时在××医院逝世，享年六十八岁。

×××先生生前曾任地委办公室秘书、办公室主任、地委统战部部长、地文联副主席等职务。出版小说五部，为党为人民做了许多有益的工作。×××同志的逝世，是我党的一大损失。

为了表示对×××同志的哀悼，特定于×月×日上午八时在××公墓礼堂举行追悼会，有赠送花圈、挽联和吊唁者，请按时前往。

×××治丧委员会
××××年×月×日

【析评】

以上两篇例文，属于比较正式的一般式讣告，符合一般式讣告的写作要求。全文写明了逝者同志的身份，逝世的时间、原因、地点、终年岁数，以及举行遗体告别的具体时间、地点、方式等。讣告的形式是较为固定的，无论采用何种具体样式，其内容安排大致相同，仅有些叙述程度上的差别而已。

例 7-7

中国共产党中央委员会中华人民共和国全国人民代表大会常务委员会
中华人民共和国国务院
公告

中国共产党中央委员会、中华人民共和国全国人民代表大会常务委员会、中华人民共和国国务院以极其沉痛的心情宣告：我国爱国主义、民主主义、国际主义和共产主义的伟大战士，杰出的国际政治活动家、卓越的国家领导人、中华人民共和国名誉主席、中华人民共和国全国人民代表大会常务委员会副委员长宋庆龄同志因患慢性淋巴细胞白血病，于1981年5月29日20时18分在北京逝世，终年90岁。

宋庆龄同志的逝世，是我们国家和全国人民的巨大损失。决定为宋庆龄同志国葬，以表达我国各族人民的沉痛悼念。

宋庆龄同志治丧委员会已经成立。

我国爱国主义、民主主义、国际主义和共产主义的伟大战士，卓越的国家领导人宋庆龄同志永垂不朽！

1981年5月29日

【析评】

宋庆龄同志的讣告是以公告形式发布的。公告式讣告需由公告及一些文件共同组成。

例 7-8

在叶剑英同志追悼会上的悼词

胡耀邦

今天我们怀着极其沉痛的心情，深切悼念久经考验的共产主义忠诚战士，伟大的无产阶级革命家、政治家、军事家，中国人民解放军的缔造者之一，长期担任党和国家重要领导职务的卓越领导人叶剑英同志。半个多世纪以来，叶剑英同志把毕生精力奉献给了中国人民的解放事业和社会主义建设事业。他是中华人民共和国德高望重的开国元勋之一，是我们党、国家和军队的一位杰出领袖，在中国革命和建设漫长的充满艰难险阻的道路上建立了卓越功勋，因而赢得了全党、全军和全国各族人民的衷心爱戴和尊敬。他的逝世是我们党、国家和军队的巨大损失。

叶剑英同志从青年时代起，就追随孙中山先生从事民主主义革命。1922 年，广东军阀陈炯明叛乱，孙中山蒙难，任海军陆战队营长的叶剑英同志率部保护孙中山脱险，英勇地同叛军进行了战斗。国共两党开始合作时，他接受了马列主义和中国共产党的主张。他受廖仲恺的邀请，参加创建黄埔军校，任教授部副主任。随后，参加讨伐陈炯明的两次东征和北伐战争，是北伐军中著名的将领。在蒋介石和汪精卫相继背叛革命，共产党人被大批惨杀的时候，任国民革命军第四军参谋长的叶剑英同志，于 1927 年 7 月毅然加入中国共产党，表现了他是一个具有坚定共产主义信念的真正革命者。

南昌起义前夕，叶剑英同志获悉汪精卫图谋消灭叶挺、贺龙部队的消息，冒险找到叶挺、贺龙等同志商量对策，挫败了汪精卫的阴谋，为发动南昌起义作了重要工作。以后叶剑英同志同张太雷等同志一起，领导了广州起义。他带领的教导团和警卫团，成为起义的主力。这次起义和南昌起义、秋收起义相连接，成为第二次国内革命战争与创立中国工农红军的伟大开端。

1931 年年初，叶剑英同志进入中央革命根据地，历任红军重要领导职务，对于红军的建设和反“围剿”战争的胜利做出了重要的贡献。长征中，他坚决维护全党和全军的团结。当张国焘拒绝执行党中央的北上方针，并企图分裂和危害党中央时，任红军前敌总指挥部参谋长的叶剑英同志识破了张国焘的阴谋，立即报告毛泽东同志。党中央采取正确措施，保证了红军胜利北上。毛泽东同志后来屡次称赞这是叶剑英同志在关键时刻为党为革命建立的一个大功。

从 1936 年起，叶剑英同志为建立和发展抗日民族统一战线做了大量卓有成效的工作。他协助周恩来同志，促成了西安事变的和平解决和国共两党再度合作、一致抗日的局面。抗日战争开始后，他任八路军参谋长，并先后到南京、武汉和重庆等地参加党的领导工作。他在各种场合下，向国民党的军官和各界人士阐述党的政策，有效地扩大了党的影响。1941 年回到延安，任军委参谋长。他审时度势，精心运筹，协助毛泽东、朱德同志指挥我军对日作战。1944 年夏他受党中央委托，先后向在延安的中外记者参观团和美军观察组发表重要谈话，介绍我军在敌后各抗日民主根据地的作战情况和战绩，有力地驳斥了国民党顽固派对我军的污蔑，使全国和全世界进一步了解了中国抗日战争的真相。

抗日战争胜利后，叶剑英同志协助周恩来同志同国民党谈判，达成了停止内战的协议。

随后到了北平，担任军事调处执行部的中共代表，在异常困难的条件下进行了极其繁重的工作，揭露受美国支持的国民党当局破坏停战、发动内战的事实，广泛接触和团结爱国民主人士，显示了一个无产阶级政治家的原则的坚定性和策略的灵活性。

解放战争时期，叶剑英同志参与中央领导全国范围的人民解放战争。1947 年 3 月，他到晋西北任中共中央后方委员会书记，有力地保证党中央和毛泽东等同志转战陕北、胜利指挥全军作战。1948 年任华北军政大学校长，为部队和地方培养了大批军政人才。北平和平解放后，任军管会主任和市长，为北京各项事业的恢复和发展做出了重要的贡献。大军南下，指挥解放广州和海南岛战役。

建国以后，叶剑英同志主持华南、中南地区工作，领导完成华南地区的剿匪任务。他在领导广东省的土地改革运动中，根据党中央的方针政策，同广东省的实际相结合所制定的一系列具体政策，历史证明是完全正确的。1954 年回到北京，担任军事方面的重要领导工作。他是我军杰出的军事教育家和军事科学研究的开拓者，一直重视和关心培训党的军事人才。在我军进入正规化现代化建设的新时期，叶剑英同志领导全军军事训练，创办军事科学院，指导全军开展军事科学研究，科学总结我军建军和作战的历史经验，探讨现代条件下人民战争的指导规律，参与制定正确的战略方针，领导制定了我军一系列的条令条例，组织了大规模的诸军兵种联合作战演习。他为把我军建设成强大的现代化正规化革命军队，为坚持和发展毛泽东军事思想，做出了多方面的建树。

“文化大革命”期间，叶剑英同志不顾个人的荣辱安危，对林彪、江青反革命集团进行了坚韧不拔的多种形式的斗争。1967 年 2 月，他和几位老一辈革命家一道，强烈谴责林彪、江青等人乱党乱军、迫害干部、破坏生产的罪恶活动。他拍案痛斥江青、康生、陈伯达一伙的罪恶行径。叶剑英等同志对“文化大革命”的抵制被诬蔑为“二月逆流”，但正如邓小平、陈云等同志后来所说，这不是什么“二月逆流”，恰恰是“二月正流”。1971 年 9 月林彪叛逃事件发生后，他重新以军委副主席的身份主持军委日常工作，对稳定当时军队和国家的局势起了重要作用。1973 年 8 月，在党的十届一中全会上，当选为中央委员会副主席。他全力支持先后在党中央和国务院主持日常工作的周恩来同志和邓小平同志，同他们一起为抵制和纠正“文化大革命”的错误作了艰苦的努力。

1976 年，周恩来、朱德、毛泽东同志相继逝世，江青反革命集团加紧夺取党和国家最高领导权的阴谋活动。在这个危急时刻，叶剑英同志同中央政治局其他同志一道，根据政治局多数同志的意见，代表党和人民的意志，果断地做出重大决策，粉碎了江青反革命集团，结束了“文化大革命”这场历时十年的灾难，从危难中挽救了党。在这场斗争中，叶剑英同志起了决定性的作用。

粉碎江青反革命集团后，叶剑英同志高瞻远瞩，排除阻力，坚决主张请邓小平、陈云等老一辈革命家立即出来担任党和国家的领导工作，主张为“天安门事件”彻底平反，尽快平反一切冤假错案。他从 1978 年 3 月到 1983 年 8 月的五年间担任第五届全国人民代表大会常务委员会委员长。在社会主义建设新的历史时期，他对拨乱反正、制定党的十一届三中全会正确路线和政策，对实行改革和对外开放，对社会主义现代化建设的发展，对健全民主与法制、选贤任能等方面的工作，对推动祖国和平统一大业，都做出了突出的贡献。

叶剑英同志在 1979 年 1 月主持全国人民代表大会常务委员会通过《告台湾同胞书》，

又在 1981 年 9 月发表了著名的谈话，进一步提出了实现祖国统一的九项具体政策，并且向台湾的国民党人提出了举行国共两党对等谈判，实行第三次国共合作的建议。这些政策和建议正在发生愈来愈大的影响。实现祖国统一大业，成为叶剑英同志一生未了的宿愿。

叶剑英同志一生经历了旧民主主义革命、新民主主义革命、社会主义革命和建设三个历史阶段。他追求真理，服从真理，坚持真理，随着历史的潮流不断前进。在对敌斗争、党内斗争和各种严峻考验面前，他置个人得失于度外，始终不渝地坚持党的原则，维护党和人民的利益。他有胆有识，深谋远虑，缜密周到，实事求是。在重大的历史转折关头敢于挺身而出，毫不犹豫地做出正确的决断，显示了他坚强的党性、非凡的机智、伟大的革命气魄和高超的斗争艺术。他具有无产阶级政治家的风范，顾全大局，团结同志，豁达大度，宽厚待人。他谦虚谨慎，有很好的民主作风和自我批评精神。他好学深思，锲而不舍，具有广博的知识和才能。他又是一位诗人。他重视现代科学，尊重知识，尊重知识分子。叶剑英同志的崇高品德和优良作风，是我们应当永远学习的。

我们悼念叶剑英同志，要以他为榜样，继续完成他未竟的事业，这就是把我们的国家建设成为一个高度民主、高度文明的社会主义现代化强国的事业，联合台湾同胞、港澳同胞和海外侨胞，实现祖国的大统一、大团结的事业，反对霸权主义、维护世界和平、争取人类进步的事业。

叶剑英同志永垂不朽！

（资料来源：胡耀邦. 在叶剑英同志追悼会上的悼词[N]. 人民日报，1986-10-30.）

【析评】

这是一篇宣读体悼词，详细介绍了叶剑英同志一生的经历和功绩，评价公允，给人以激励。

复习与训练

一、填空题

1. 一般式讣告的正文包括________、________和________三部分。
2. 讣告是用于报丧的文书，又称________。
3. 讣告通常而言有________、________和 ________三种形式。
4. 公告式讣告由________、________和________三部分共同组成。
5. 按照用途，悼词可以分为 ________ 和 ________两类。
6. 按照表达方式，悼词可以分为________、________和________三类。

二、简答题

1. 简述讣告的特点。
2. 三种讣告的基本格式有何不同？
3. 写作讣告应该注意哪些问题？
4. 悼词的含义是什么？
5. 悼词有哪些特点？
6. 谈谈记叙、议论和抒情这三种表达方式在悼词中的综合运用。

7. 写作悼词有哪些注意事项？

三、病文分析与修改

1. 阅读下面的讣告，请指出其错误并加以修改。

讣告

离休干部×××同志，因病医治无效，于××××年×月×日 8 时左右过世，终年 65 岁。

×××同志 1941 年参加革命，1943 年加入中国共产党，1957 年调本市工作，1960 年任市文教局局长，直到他离休，在职长达十年之久。

×××同志追悼会定于 12 月 9 日上午 9 时举行，欢迎各位准时参加。如有还要赠送钱物的，请来电话联系，电话号码：××××××××。

市教育局×××同志治丧委员会

××××年×月×日

2. 阅读下面的悼词，请指出其错误并加以修改。

××同志的悼词

各位领导，同志们：

你们好！我们怀着十分悲痛的心情，悼念××同志。请全体起立。

××同志是××高中物理教师，中共党员，中学一级教师。他在上课中间，因突患心肌梗塞，于××××年 11 月 18 日下午不幸去世，只活了 42 岁。

××同志早在上初中时，就加入了中国共产主义青年团，参加工作的第二年加入中国共产党。先后担任我县××初中、××高中的物理教师。他是一名合格的人民教师。近 20 年来，在中学物理教学中，始终坚持既教书又育人的原则，工作认真、扎实，深受师生的好评。他所带班级学习成绩均在年级前列。他还利用课余写了数篇教研论文，多次获得了县级以上奖项。

××同志的逝世，使我校广大师生失去了一位好老师，更是我校的一大损失。他死后在我校物理教学中形成的空白是无人可以填补的。我们沉痛悼念××老师，可他不应该带病上课，如果他注意一下自己的话，就不会得这个病。我们还是要向他学习，努力搞好自己的工作和学习。愿他名垂青史。

四、写作训练

请根据以下材料代“××教授治丧委员会”拟一则讣告。

中国当代词学大师，××大学中文系博士研究生导师××先生，于××年 11 月 28 日×时×分在家中逝世。××先生患心力衰竭，经抢救无效去世，享年 90 岁。××先生是中国民主同盟会会员，生前还担任国务院古籍整理出版规划小组顾问、中国韵文学会会长、中华诗词学会名誉会长，江苏省第二、三、四届政协委员等职务。

××先生逝世后，随即成立了“××教授治丧委员会”。该委员会决定于 12 月 7 日下午 3 时在××礼堂举行追悼会。

第 8 章　法律文书

第一节　概　　述

一、法律文书的性质和特点

法律文书是公安机关（含国家安全机关）、检察院、法院、监狱或劳改机关及公证机关、仲裁机关依法制作的处理各类诉讼案件和非诉讼案件的文书，以及当事人、律师及律师事务所自书或代书的具有法律效力或法律意义的文书的总称。

法律文书有以下几个基本特点。

（一）适用法律的严肃性

适用法律的严肃性主要表现在两个方面：一方面，法律文书的制作必须严格依法办事，事实必须真实、清楚，证据必须确凿、充分，论证必须严密、理由充足，结论必须正确、符合法律要求，语言必须严谨、明确，切忌模棱两可、含糊其辞；另一方面，法律文书的制作必须严格依照法定程序进行。程序是确保各种实体法得以贯彻实施的保障，也是确保法律文书具有法律效力和法律意义的必要条件。

（二）事实认定的客观性

认定事实的客观性包括三个方面：一是准确地揭示案件的本来面貌；二是全面阐述案件的各个侧面；三是准确表达案件关键部分的事实。

（三）生效执行的权威性

法律文书由法律保证其生效执行的权威性，这种权威性具体表现在法律文书制作的合法性、执行的强制性和解释的单一性三个方面：① 制作法律文书的主体必须具有相应的合法资格；② 法律是依靠国家的强制力保证实施的，法律文书的许多文种都具有法律强制执行的效力，以此来保证法律实施的权威性；③ 法律文书的解释必须是单一性的，不能有任何词语的歧义和模棱两可的提法。

（四）体裁格式的规范性

法律文书在长期的法律实践过程中逐步形成了相对固定的体裁和格式，依照法律的规定，按照一定的格式，把特定的内容和项目简明扼要、条清理晰地表达出来。这不仅是形式上的需要，便于制作、查阅、管理和执行，而且还是法律文书管理的规范化和科学化的需要。唯有规范的法律文书，才能保证其完整、准确和有效。

（五）语言文字的准确性

法律文书的语言表述必须与法律的精神相一致，必须与法律规定的提法相同。语言风格力求朴实简练，通俗易懂，不用或少用各种修辞手法，不能滥用文言文，造句多用肯定、陈述、判断句式，少用或不用反问、设问、疑问、感叹等加强语气和感情色彩的句式。

二、法律文书的分类

法律文书的分类目前尚没有统一的规定。从不同的角度可以做出不同的分类。从整体看，法律文书可以分为两大类：一类是执法文书，即公、检、法、司等国家机关为实现其工作职能而制作的法律文书；另一类是用法文书，即公、检、法、司以外的国家机关、法定的组织和公民等，在运用法律手段处理法律事务的过程中所制作的法律文书。

按制作主体分类，可以分为检察院法律文书、法院法律文书、公安机关法律文书、监狱管理机关法律文书、公证机关公证文书、仲裁机关仲裁文书、当事人文书、律师诉讼文书等。

按诉讼性质分类，可以分为刑事诉讼文书、民事诉讼文书、行政诉讼文书、公证文书、仲裁文书等。

按文书用途分类，可以分为侦查文书、预审文书、检察文书、起诉文书、裁判文书、执行文书、报告文书、决定性文书、公告文书等。

三、法律文书的写作要求

（一）要以事实为依据

法律文书的写作必须从客观实际出发，绝对尊重客观事实，不能弄虚作假。法律文书所确认的案件事实，必须是经过查证客观存在的事实，提出的观点或主张都要建立在事实的基础之上。

（二）要以法律为准绳

法律文书必须依法制作，坚持符合法律规定的原则。每份法律文书都要有制作主体，或是司法机关，或是法人和公民，这个制作主体必须符合法律规定。制作法律文书应严格遵循法定程序，制作的内容要符合法律规定的要求，制作时间也要符合法律规定。

（三）主旨要集中、鲜明

一篇法律文书只能有一个主旨，所选取的材料都要能说明这个基本观点。肯定什么、否定什么、维护什么、反对什么，毫不含糊。

（四）材料要真实、准确

案件的事实和证据材料、用于论证的法学理论和法律条款材料，以及制作文书的主体、当事人和其他诉讼参与人的基本情况都必须真实、准确，这是对案情事实材料的第一要求。

（五）结构要严谨、规范

法律文书的结构必须符合文种规范格式的要求。

复习与训练

一、填空题

1. 法律文书的特点有________________、________________、________________、

________________和________________。

2. 从整体看，法律文书可以分为________________和________________两大类。

二、简答题

1. 简述法律文书的分类。

2. 简述法律文书的写作要求。

第二节 起 诉 状

一、起诉状概述

起诉状是当事人向人民法院提出诉讼请求，要求人民法院予以司法保护，依法做出裁定或判决时使用的书面起诉方式。起诉状的制作不只是引起诉讼程序的必要手续，而且对于案件的审理过程有着实质性的影响。当事人通过起诉状提出自己的诉讼请求并充分说明事实和理由，人民法院则以起诉状作为审查、立案和处理凭据之一，所以制作应当慎重。注意不要与起诉书相混，起诉书是检察院因刑事案件向法院提起公诉的诉讼文书，由检察长签署。

（一）起诉状的特点

1．请求诉讼性

任何国家机关、社会团体、企事业单位和公民个人或其法定代理人向人民法院递交起诉状便是提出了诉讼请求。

2．适用范围的特定性

起诉状针对的是归人民法院管辖而未被审理过的案件。

3．处理案件的参证性

起诉状本身就是一种处理案件时的证据。

（二）起诉状的分类

按性质的不同，起诉状可分为民事起诉状、刑事起诉状、行政起诉状三种，这些诉状在构成上有四个要素：一是诉讼当事人，这是权利义务关系的主体；二是诉讼请求，这是当事人诉诸法院请求解决争议所依据的法律关系；三是诉讼理由，这是当事人进行诉讼的事实上和法律上的根据；四是诉讼证据，这是支持诉讼请求的有关证据。

民事起诉状是公民、法人和其他组织，在认为自己的民事权益受到侵害或与他人发生争议时，向人民法院提出的要求人民法院依法做出公正裁判的书面诉讼请求。赡养、离婚、各种经济纠纷、劳动纠纷等适用于民事起诉状。

刑事起诉状是刑事案件的被害人或其他法定代理人为追究被告人的刑事责任或刑事附带民事责任，直接向人民法院提起诉讼时使用的法律文书。刑事案件的起诉分为自诉和公诉两种。公诉权属于检察机关，绝大多数刑事案件由公安机关侦查，由检察机关提起公诉。而情节轻微的伤害案、公然侮辱、诽谤案、重婚案、抗拒执行判决、裁定案、破坏军婚案、暴力干涉婚姻自由案、虐待案、遗弃案等案件适用自诉。制作刑事自诉状的主体都是公民个人。

行政起诉状是公民、法人或其他组织认为行政机关和行政机关工作人员的具体行为侵犯其合法权益而向人民法院提起诉讼的文书。行政起诉状的原告可以是公民、法人或其他组织，而被告只能是做出具体行政行为的行政机关。

（三）起诉状的作用

1．具有引起一审程序发生的作用

通过起诉状，一审法院就可及时地获知具体案情及自诉人或原告人的诉讼目的、请求、理由及其他有关情况。这样，起诉状就成了一审法院受理案件的基本依据。根据法律规定，起诉状是直接引起一审程序发生的先决性根据，也是被告人应诉答辩的根据。

2．具有维护合法权益的作用

通过起诉状，自诉人或原告人可以陈诉自己的合法权益受到侵害的事实及有关请求，这对促使司法机关依法保护公民、法人、非法人团体的合法权益具有极其重要的作用。

二、起诉状的基本格式

根据我国《民事诉讼法》和最高人民法院《民事诉讼文书样式》的有关规定，起诉状包括标题、诉讼当事人事项、诉讼请求、事实和理由、附项五部分。

1．标题

居中写明“民事起诉状”、“刑事诉讼状”或“行政诉讼状”。标题不可简化为“起诉状”，不可笼统写为“民事诉状”或错写为“起诉书”，且标题应居中、醒目。

2．诉讼当事人事项

首行缩进两个字，一般要求写明姓名、性别、年龄、籍贯、职业、住址等。如果原告或被告是企、事业单位或团体，就要写明单位名称和地址及其法定代表人的姓名、职务和住址。如果原告和被告不止一人，应分别写明每个人的情况。

3．诉讼请求

诉讼请求应写明请求法院解决有关民事、刑事或行政权益争议的具体问题，如要求与被告离婚、赔偿损失、履行合同等。

4．事实和理由

这部分是起诉状的主体，是诉讼请求的依托。

（1）事实部分。应写明原告、被告法律关系存在的事实，如婚姻关系、合同关系、赡养关系、雇佣关系等。要叙述清楚双方发生权益争议的时间、地点、原因、经过、情节和后果。一般应以时间顺序，既要如实地写明案情，又要重点详述被告侵权的行为后果，旨在为法院做出有利于维护起诉方合法权益的裁决提出事实与法律的可靠依据。

刑事起诉状中的“摆事实”，主要在于以详略得体的叙述法写清被告人对自诉人犯罪行为的具体时间、地点、手段、动因、过程及后果。对于当事人的双方关系、被告人的犯罪目的及案情的环节，尤其应写得具体突出。

民事起诉状中的“摆事实”，要着重叙述被告人损害、侵犯原告人民事权益或当事人双方民事权益纷争的具体情况，尤其应突出写清被告人的行为所铸成的后果或原、被告双方纠纷的焦点。若原告人在案情中也存有一定的错误或责任，也须适当写出，以使案情事实写得合情合理。

（2）理由部分。主要是指以简明的议论方式，对被告人的行为事实及其性质、责任等进行归纳性地剖析，并明引、意引或摘引相应的法律规定，也可只引录有关法律的条目，进一步论证被告人的行为已构成侵权或犯罪，从而证明起诉请求的合法性。要根据案情和有关法律、法规和政策，阐明原告对本案的性质、被告的责任及如何解决纠纷的看法。

（3）证据。写明向人民法院提供的能够证明案情的证据的名称、件数或证据线索，并写明证据来源。有证人的，应写明证人的姓名和住址。

5. 附项

这部分一般要注明下列事项：

（1）致送人民法院的名称。“此致”空两格“__________人民法院”。

（2）起诉状副本的份数（起诉状副本份数应按被告的人数提交）。

（3）物证、书证的种类及件数。

（4）原告签名，如果是法人应加盖公章（居右）。如果仅委托律师为原告代书起诉状，可在诉状的最后写上代书律师的姓名及代书律师所在的律师事务所名称（居右）。

（5）起诉时间（居右）。

三、起诉状的写作要求

（1）提出请求事实要具体、全面，不得笼统或含混不清，数字必须准确无误。

（2）诉讼理由要建立在确实充分的证据和明确清楚的事实基础之上，说清楚案件事实与理由之间存在的因果关系。引用的法律条文要准确、完备。

（3）注意人称的一致性。在陈述事实与理由时，叙述的人称要前后一致，如用第三人称时就要称原告与被告。

（4）语言要准确、严谨，表述富有逻辑性。

四、例文

例 8 1

民事起诉状

原告人：×××

地址：××市××区××路×号

被告人：×××

地址：××市××区××大街×号

案由：房屋买卖合同纠纷

诉讼请求：

1. 依法判令被告继续履行与原告签订的《房屋买卖协议》，协助原告办理房屋产权过户变更登记手续并承担因过户而应由出卖人支付的各种费用。

2. 诉讼费用由被告承担。

事实与理由：

原、被告双方于××××年××月××日签订《房屋买卖协议》，约定被告将其位于×区××楼×号房屋转让给原告，原告向其支付房款×万元，并约定××日双方一同至房屋登记部门办理过户手续。合同签订当日，原告向被告付清房款，被告向原告交付了房屋钥匙及房产证，原告遂居住该房屋至今。原告多次要求被告依约同原告去办理房屋产权过户变更登记手续，但被告拒绝。

原告认为，上述《房屋买卖协议》系双方真实意思表示，合法有效，双方均应实际、全面履行。被告拒不协助原告办理房屋产权过户变更登记手续损害了原告的合法权益，故此诉至贵院，请依法判如所请。

此致

××区人民法院

起诉人：×××

××××年××月××日

附：1. 本状副本 1 份。

2. 书证×份。

【析评】

这是一份房屋买卖合同纠纷民事起诉状。状头介绍了当事人的基本情况。案由明确，诉讼请求具体明确，交代事实简洁清楚，陈述理由合情合理。

复习与训练

一、填空题

1. 起诉状具有________、________和________三个特点。

2. 起诉状是人民法院__________和审判断工作的__________和__________。

3. 案由或事由是__________请求人民法院对所解决问题的高度概括。

4. 事实和理由主要包括________、________和________。

二、选择题

1. 民事起诉状首部的内容中必须写明（　　）。

A. 原被告基本情况　　B. 证据清单　　C. 起诉理由　　D. 起诉日期

2. 通过向法院提交（　　）提起诉讼，是当事人运用法律赋予自己的权利的一种行为。

A. 起诉状　　B. 答辩状　　C. 上诉状　　D. 申诉状

3. 经济纠纷起诉状的核心内容是（　　）。

A. 当事人的基本情况　　B. 请求事项　　C. 事实和理由　　D. 阐明道理

4. 经济纠纷起诉状的尾部在写所送交人民法院一行的上面写上（　　）。

A. 此致　　B. 致　　C. 送　　D. 呈

三、简答题

1. 简述起诉状的基本格式。

2. 简述起诉状的写作要求。

四、病文分析与修改

仔细阅读下文，根据经济纠纷起诉状的格式，指出其缺项并用“××××”符号（或具体文字）补全。

民事起诉状

原告名称：北京××锅炉厂

所在地址：北京市××区甲 1 号（邮政编码：100088）

法定代表人：刘××　职务：厂长（电话：×××××××××）

企业性质：全民所有制

经营范围和方式：压力锅炉制造安装，批发兼零售

开户银行：中国工商银行北京分行海淀办事处大钟寺分理处账号××××××××××

被告名称：北京市××县××锅炉水电安装队

所在地址：北京市××县×××镇×××号（邮政编码：101116）

法定代表人：王××　职务：队长（电话：×××××××××）

诉讼请求：

（1）给付货款 81 015 元。

（2）支付违约金 17 073.62 元。

事实及理由：

××××年 6 月 26 日，我厂与被告北京市××县××锅炉水电安装队签订了一份锅炉购销合同。合同规定，被告向我厂订购 SZW240-7-95-70 型号锅炉一台及附属配件，价款总计 96 015 元，款到发货。同年 8 月 16 日，被告将所订锅炉主体及附属配件全部提走，但未付款。经催要，被告于同年 8 月 26 日将一张××县五中的 15 000 元转账支票交给我厂，尚欠 81 015 元，被告以锅炉是××县五中委托代购、××县五中尚未付款为由拒不偿还。被告作为购货方，在我方按时提供锅炉后应履行合同规定的付款义务，其拒绝付款的行为是违约行为。被告除应支付尚欠的货款 81 015 元外，还应向我厂支付逾期付款违约金 17 073.62 元。请人民法院依法做出判决。

证据和证据来源，证人姓名和住址：

（1）北京市××锅炉厂产品订货合同 1 份。

（2）××锅炉水电安装队还款计划 1 份。

（3）北京市××锅炉厂产品发货清单 2 份。

起诉人：北京市××锅炉厂（盖章）

××××年四月二十日

五、归纳诉讼文书的基本格式

根据本节所学过的写作知识并借鉴例文，判断起诉状是否具有如下的基本格式。

经济纠纷起诉状（基本格式）

原告人：姓名、性别、年龄、民族、籍贯、职业、工作单位、住址、电话号码

被告人：姓名、性别、年龄、民族、籍贯、职业、工作单位、住址、电话号码

案由：________________________________

诉讼请求：______________________________

____

____

诉讼事实和理由：______________________________

____

____

____

此致

__________人民法院

具状人：__________（签章）

______年______月______日

附：1. 本诉状副本

2. 物证

3. 书证

六、写作训练

根据下文内容，拟写一份起诉状，要求：① 格式正确，事项齐全；② 文字简练，表述准确；③ 未给明的事项可以合理虚拟或以×××代替。

2015年5月22日，原告郭×到北京市××区购买手机，在某移动电话地下超市入口处看到一张告示："郑重承诺：手机三包，七天包退，假一罚十。"于是郭×花费2 525元从在该处经营的兴隆商贸有限公司购买了一部摩托罗拉手机，随后送给朋友祝×，2015年5月26日，祝×发现该手机充电后电池竟然鼓起了一块。经摩托罗拉公司鉴定，该机并非摩托罗拉公司原装手机，电池系假冒产品。于是祝×带着鉴定结论找到兴隆公司，要求该公司十倍赔偿，但兴隆公司说"假一罚十"的告示是5月30日贴出的。在郭×5月22日购买手机时还没有此项活动，因此该告示的内容对郭×没有效力；此次产品现问题是他们公司工作人员的工作疏忽所致，从手机的外观看不出真假，只有到技术监督部门才能查出真假。手机是供货商提供的，他们公司并不是有意向郭×提供假货，没有欺诈行为。所以，兴隆公司不同意按"假一罚十"赔偿，只同意按双倍赔偿；双方协商不成，郭×决定向××区法院起诉，要求撤销与兴隆公司之间的手机买卖合同关系，兴隆公司返还购机款2 525元，并按其承诺向郭×赔偿手机价款的10倍（25 250元），诉讼费由兴隆公司负担。

原告：郭×，女，1984年出生，汉族，无业，现住北京市××区。

被告：兴隆商贸有限公司，法定代表人：总经理薛×。

附：有关法律条文

《中华人民共和国民法通则》第四条："民事活动应当遵循自愿、公平、等价有偿、诚实信用的原则。"

《中华人民共和国合同法》第五十四条："下列合同，当事人一方有权请求人民法院或者仲裁机构变更或者撤销：（一）因重大误解订立的；（二）在订立合同时显失公平的。

一方以欺诈、胁迫的手段或者乘人之危，使对方在违背真实意思的情况下订立的合同，受损害方有权请求人民法院或者仲裁机构变更或者撤销。当事人请求变更的，人民法院或者仲裁机构不得撤销。”

《中华人民共和国产品质量法》第五条：“禁止伪造或者冒用认证标志等质量标志；禁止伪造产品的产地，伪造或者冒用他人的厂名、厂址；禁止在生产、销售的产品中掺杂、掺假，以假充真、以次充好。”

《中华人民共和国产品质量法》第三十三条：“销售者应当建立并执行进货检查验收制度，验明产品合格证明和其他标识。”

第三节　答　辩　状

一、答辩状概述

答辩状是指在刑事、民事和行政诉讼活动中，被告或被上诉人针对原告、上诉人的诉状内容，做出的一种答复和辩解的书状。它是与起诉状或上诉状相对应的一种法律文书。

答辩状在两种情况下提出：一是原告向第一审人民法院起诉后，被告就诉状（起诉状）提出答辩状；二是案件经第一审人民法院审理终结后，一方当事人不服，提起上诉，被上诉人就上诉状提出答辩状。

答辩状是法律赋予处于被告地位的案件当事人的一种权利，其有处置答辩权的自由，可以答辩，也可以沉默。但由于答辩状具有不可忽视的意义——答辩状有利于保护被告(人)的正当合法权益；有利于人民法院在全面了解案情的基础上，判明是非，做出正确的判决，维护当事人的合法权益，因此，应该对答辩权给予足够重视，积极以答辩状的形式提出答辩。

（一）答辩状的特点

1．作者的特定性

答辩状必须由民事、行政案件的被告、上诉案件的被上诉人、刑事案件的被告人提出。

2．写作时间的规定性

依照我国《民事诉讼法》的规定，人民法院应当在立案之日起 5 日内将起诉状副本发送被告或被上诉人，被告或被上诉人在收到之日起 15 日内提出答辩状。提出答辩状是当事人的一项诉讼权利，不是诉讼义务；但被告人或被上诉人逾期不提出答辩状，不影响人民法院审理。

3．内容上的针对性

答辩状必须针对起诉状和上诉状的内容进行答辩。被告人或被上诉人，为了维护其合法权益，根据当事人诉讼权利平等的原则，通过制作、提交答辩状，对起诉状或上诉状所列的指控及事实和理由，进行针锋相对的答复、反驳和辩解，以使对方败诉。

（二）答辩状的分类

答辩状分为民事答辩状、刑事答辩状、行政答辩状三类。民事答辩状是民事被告、被上诉人针对原告或上诉人的起诉或上诉，阐述自己认定的事实和理由，予以答复和辩驳的一种书状。刑事答辩状是刑事自诉案件被告人针对自诉人控诉向法院以书面形式提交的辩解材料。行政答辩状是被告或被上诉人针对原告或上诉人在起诉状或上诉状中提出的起诉或上诉请求事项、事实和理由向人民法院做出的书面答复。

二、答辩状的基本格式

（一）标题

标题写明“刑事（或民事）答辩状”，“刑事（或民事）上诉答辩状”。前者为第一审案件答辩状，后者为上诉案件答辩状。

（二）答辩人的基本情况

当事人栏目，直接列写答辩人的基本情况。被告人是公民的，就列写答辩人姓名、性别、年龄、民族、籍贯、职业和住址。有代理人的，另起一行列写代理人，并标明是法定代理人、指定代理人，还是委托代理人，并写明其姓名、性别、年龄、民族、籍贯、职业和住址。如果是法定代理人，还要写明他与答辩人的关系。如委托律师代理，只写明其姓名和职务。被告人是企事业单位、机关、团体（法人）的，先列写答辩人及其单位全称和所在地，另起一行列写该单位的法定代表人及其姓名、职务，再另起一行，列写委托代理人及其姓名、职务。

（三）正文

1．答辩的理由

这是答辩状中最重要的部分，是关键性的内容。在理由中要明确地回答原告人、上诉人所提出的诉讼请求，要清晰地阐明自己对案件的主张和理由。

（1）承认诉讼请求，即被告人愿意接受原告人所提出的请求。如果被告人在答辩状中承认原告、上诉人的诉讼请求，而又为人民法院所接受，就可以作为证据，直接定案；如果被告人只是在诉讼外承认，这还不能作为直接定案的根据。只有被告人向人民法院声明，又为人民法院所确认，才能作为定案的根据。

（2）反驳诉讼请求，即被告人在答辩状中有权提出充分的理由和证据，反驳原告人的诉讼请求。这种反驳最重要的是从实体上反驳，即以法律规定为理由，反驳原告人关于实体权利的请求，可以用事实、证据（人证、事证、物证、书证等）理由，否定原告人实体上的诉讼权。也可以从程序上反驳，即以诉讼程序在立法上的规定为理由，反驳原告人的请求，证明其没有具备起诉所发生和进行的条件。

2．答辩请求

答辩请求是答辩人在阐明答辩理由的基础上针对原告的诉讼请求向人民法院提出应根据有关法律规定保护答辩人的合法权益的请求。

一审民事答辩状中的答辩请求主要有以下几项内容。

（1）要求人民法院驳回起诉，不予受理。

（2）要求人民法院否定原告请求事项的全部或一部分。

（3）提出新的主张和要求，如追加第三人。

（4）提出反诉请求。

如果民事答辩状中的请求事项为两项以上，在写请求事项时应逐项写明。对上诉状的答辩请求应为支持原判决或原裁定，反驳上诉人的要求。

3．证据

答辩中有关举证事项，应写明证据的名称、件数、来源或证据线索。有证人的，应写明证人的姓名、住址。

（四）尾部

尾部包括致送人民法院名称，答辩人签名、盖章，答辩时间。如果委托律师代书答辩状，应在最后写上代书律师所在的律师事务所名称。

（五）附项

在附项中，应注明有关的人证、物证、书证等。

三、答辩状的写作要求

（一）要尊重客观事实

各类诉讼案件的案情往往比较复杂，之所以诉诸法院，往往争议分歧也较大。因此，尊重纠纷的客观事实，如实地、全面地反映案情，是答辩人帮助法院分清是非曲直，依法断案的前提和基础。

（二）要有鲜明的针对性

被告或被上诉人在答辩状中，要特别注意对原告或上诉人在起诉状或上诉状中提出的诉讼请求、事实、理由及根据，明确写出自己承认哪些，否认哪些，否认的理由和根据是什么。对起诉状或上诉状中的无理之处进行反驳，并提出自己的理由、证据及具体要求。

（三）要紧扣争议的焦点来答辩

答辩状既然是针对起诉状或上诉状来回答的辩驳，应当根据双方当事人在纠纷中的争议焦点，以事实和证据为根据，以法律为准绳，来反驳原告或上诉人关于实体权利的请求，而不能回避焦点，纠缠枝节，或者面面俱到，赘述案情，不得要领。

（四）要很好地运用反驳的方法和立论的方法

运用反驳方法时，要尊重事实，抓住关键，尖锐犀利。其步骤是：提出法律根据，举出客观证据，列出事实凭据作为立论的论据。经分析论证，得出结论。

四、例文

例 8-2

民事答辩状

答辩人：××有限责任公司

法定代表人：××

住址：××××××××××

答辩人现针对××等人诉称内容答辩如下：

一、本案是多因一果发生的侵权纠纷，不是单纯的交通事故人身损害赔偿案件，应分清因果关系，按责赔偿。

本案中受害人死亡的原因并不是交通事故直接造成的，而是××的车辆违规运输危险品（气体打火机），发生碰撞后气体打火机发生燃烧，造成受害人被烧死的结果发生。对此

××省公安厅交通警察总队高速公路支队××大队卷宗档案及保险公司向××、××调查的材料充分证实受害人发生车祸后并未死亡，是因着火而抢救未果导致死亡。故本案是多因一果发生的侵权纠纷，是混合过错导致受害人死亡，故本案应分清因果关系，按责赔偿，原告请求全额赔偿无依据。

××的车辆违规运输危险品（气体打火机），严重违犯了《危险化学品安全管理条例》、《汽车危险货物运输规则》的规定，车辆不是运输危险品专用车辆，无危险品运输资质，并且未采取有效防护措施，对车辆发生碰撞后气体打火机发生燃烧产生的损害结果负有不可推卸的责任。碰撞行为只是诱因，只能按责适当承担。

二、肇事车辆并非答辩人所有的车辆，豫 P00000 号货车实际是××的车辆，申请人对豫 P00000 号货车并不享有运行支配权，××是责任承担人，因该次事故中××死亡，其继承人××、××应作为被告参加诉讼，为查明事实、便于判决，请人民法院追加被告。

三、原告要求的赔偿数额过高，计算标准无依据，如被抚养人生活费、精神抚慰金等费用明显不当，请法庭查明事实，依法确定。

此致民事答辩状

××市××区人民法院

答辩人：××××有限责任公司

××××年××月××日

【析评】

这是一份民事答辩状，状头写答辩人的情况，内容详细清楚；案由部分写答辩的原因，表述简洁、清晰，对申诉的三个理由逐一针锋相对地进行了反驳与分析，有理有据，合情合理；最后明确提出对本案的处理意见。

此份答辩状针对性强，格式正确，理据兼具，语言准确精练，具有较强的思辨力量，可资借鉴。

复习与训练

一、填空题

1. 答辩状具有__________、__________和__________三个特点。
2. 答辩状可分为__________、__________和__________三类。
3. 答辩状的正文包括__________、__________和__________三要素。

二、简答题

1. 答辩状的答辩意见一般包括哪些内容？
2. 答辩状的写作有哪些注意事项？

三、病文分析与修改

答辩状要适当交代清楚事实，抓住对方所陈述的错误事实或所引用法律上的错误，针锋相对地辩驳。下面是一则病文，试分析其存在的毛病并改正。

经济纠纷答辩状

答辩人：永耀灯饰有限公司，地址：某市人民路48号，邮政编码：××××××

法定代表人：李××，经理

委托代理人：张××，天平律师事务所律师

答辩人因华天灯饰制造厂（以下简称华天）诉新颖灯饰有限公司（以下简称新颖公司）还款一案，现提出答辩如下：

华天与新颖公司曾签订3万元灯饰的购销合同，由答辩人对有关的款项进行担保，答辩人也在合同上确认了这一点。但是，这种担保只是一般担保，而不是连带担保，按照我国《担保法》的规定，被告新颖公司是有还款能力的，不应由答辩人承担担保责任。而且原、被告曾就还款事项修改过合同内容，又没有通知答辩人，因此答辩人不应承担担保责任。请法院考虑上述原因，做出公正的判决。

此致

××区人民法院

答辩人：永耀灯饰有限公司

法定代表人：李××

××××年×月×日

四、写作训练

请根据以下起诉状制作一份答辩状。

起诉状

原告李某，女，××年×月×日出生，汉族，职工，住××市×××路×××号，电话：×××。被告陈某，男，××年×月×日出生，汉族，职工，住××市×××路×××号。电话：××××××××

诉讼请求：

1．请判令原、被告离婚。

2．婚生女儿由原告抚养，由被告支付抚养费。

3．共同财产依法分割，共同债务依法承担（具体见清单）。

事实与理由：

原、被告在1990年上半年经人介绍认识，1991年5月18日在某某镇人民政府办理结婚登记手续，1993年2月1日生一女，取名×××，现在×××小学读书。

婚后，原、被告感情尚好，共同生活一段时间后，被告脾气暴露无遗，每次酗酒后就动手殴打原告。在原告怀孕5个月时，原告去叫被告回家，被告不顾原告有孕在身，动手殴打原告，还用甘蔗刀吓原告。1998年9月2日，被告又因琐事殴打原告，致使原告头部、鼻部出血，左足多处软组织挫伤，全身乌青。2000年11月9日，被告又乘酒兴殴打原告，还用菜刀背敲打原告头部，至今原告头部常常疼痛。2000年11月19日，被告跑到原告上班处叫原告回家，遭原告拒绝，被告就把原告拉到本市人民路上殴打，致使原告多处皮下出血，软组织挫伤。

原告认为，被告的种种恶劣行径严重伤害了原告的感情，致使原本脆弱的夫妻感情完全破裂，没有和好的可能。今原告为解除痛苦，特根据《婚姻法》第三十二条的规定，向贵院起诉，请依法判决，不胜感激。

第四节 上诉状

一、上诉状概述

上诉状是在刑事、民事诉讼中诉讼当事人或其法定代理人不服第一审人民法院的判决或裁定，在法律规定的上诉期限内，要求向上一级人民法院撤销、变更原审判决、裁定或重新审理时所提出的书面请求。

上诉状是第二审法院受理案件并进行审理的依据。第二审法院可以通过上诉状了解上诉人不服第一审裁判的理由。因此，上诉状对于第二审法院全面了解案情、审理案件、保护当事人的合法权益、提高办案质量具有重要的作用。

（一）上诉状的特点

1．提起上诉的直接性

有权提出上诉状的必须是当事人或其诉讼权利承担人、法定代表人、特别授权委托代理人。

2．针对性

上诉状是针对法院第一审判决和裁定而写的，因此，要直接指出原判认定事实的错误、原判理由的不充足或适用法律的错误，并有针对性地写出不服一审判决意见、看法及自己的请求。

3．时限性

上诉有时间限制。上诉人必须在法院规定的有效时间内进行上诉，超过了规定时间则会被视作服从一审判决。

（二）上诉状的分类

根据案件性质，不同上诉状可分为民事上诉状、刑事上诉状和行政上诉状三类。

二、上诉状的基本格式

（一）标题

应写明案件性质和诉讼程序，如“民事上诉状”或“刑事上诉状”。

（二）当事人基本情况

民事诉讼的当事人包括原告和被告，先写原告，后写被告，分段依次写明姓名、性别、年龄、民族、籍贯、职业、工作单位和住址等项。当事人如系企事业单位、机关、团体，则在原、被告项内，第一项写明单位名称和所在地，第二项写明其法定代表人的姓名、职务。当事人有数人时，应依次写出，按享受权利和应尽义务的大小排列。享受权利大的原告和应尽义务大的被告分别先列写，然后按顺序列写。基本情况的写法相同。有诉讼代理人的，可在该当事人名下另起一段写明诉状代理人的姓名、单位和职务。

如果有第三人参加诉讼的，应在列写完当事人之后，写明第三人的姓名和基本情况，并且根据案情需要，证明第三人与原、被告的关系。

（三）正文

（1）请求事项，即案由。主要写明请求解决争议的权益和争议的事物，即请求人民法院依法解决原告一方要求的有关民事权益争议的具体事项。如请求人民法院解决损害赔偿、债务清偿、合同履行或要求与被告离婚、给付赡养费、继承遗产等事项。离婚案件应首先写明请求判决与被告离婚；其次要明确提出对子女的抚养及财产分割的意见和要求。

（2）事实部分。要围绕着诉讼目的，全面反映案件事实的客观真实情况。叙事要完整，要讲明民事案件案情事实的六个要素，即时间、地点、人物、事件、原因和结果，叙事要真实。叙述案情时，必须实事求是，与争议事实有直接关系的事实，要详细叙述明白；与案情事实关系不重要但必须交代清楚的，可以简要概括。

（3）理由部分。主要是列举证据，说明证据来源、证人姓名和住址；根据事实，对照法律有关条款做理由上的论证。

根据《民事诉讼法》第五十六条第一款规定："当事人对自己提出的主张，有责任提供证据。"说明当事人负有举证责任。诉状中所叙述的主要事实，都要列举相应的证据。

事实和理由既可以分别写，又可以合在一起写，摆事实，讲道理。根据事实和证据，按照法律有关规定，分析论证，分清是非曲直，明确权利义务关系，确认民事法律责任。

（4）请求目的。如果在"请求事项"中已写得很具体了，这里就可以简单写为"请依法判决，满足我的诉讼请求"；如果前面没有写具体，此处则要写得明确、具体、详尽。

（四）尾部

（1）致送法院名称。前面空两格写"此致"，另起一行顶格写"××人民法院"。

（2）署名及日期。右下方由上诉人署名，注明制作日期。

（五）附注

要写明上诉状的份数，证人的姓名、工作单位、职业、住址，物证和书证的件数。

三、上诉状的写作要求

（1）针对性要强，要有的放矢。

（2）语言要明晰、简洁，做到条理清楚，逻辑性强。

（3）在限期内将上诉状送交上级法院。经济纠纷判决的上诉期限为 15 天，逾期上诉无效。

四、例文

例 8-3

刑事上诉状

上诉人：李××，男，1980 年 10 月 25 日生

辩护人：何××，××××律师事务所律师，电话：××××××

上诉人因抢劫罪不服东莞市第三人民法院〔2010〕东三法刑初字第×××号判决，现提出上诉。

上诉请求：请求二审法院撤销原审法院判决，依法改判。

事实与理由：原审认定抢劫罪既遂事实不清，证据不足，量刑不当。

上诉人被拘留期即如实交代犯罪事实，对犯罪过程没有半点隐瞒，一审法院也已认定，但上诉人不知道其他同案人员（另案处理）是否抢到被害人的钱物，事后会合也未听他们说过抢到了被害人的钱物。庭审中，辩护人注意到公诉机关提供的证据只有人证，没有物证，且只有被害人刘×军自述被抢了钱包（内有现金和银行卡），辩护人专门向公诉机关核实证据是否有被害人刘×军提供的被抢的银行卡证据，比如，被害人向银行报失的书面证据（如回执或银行卡号复印件），公诉人当庭明确卷宗没有银行卡号的相关证据。

《刑事诉讼法》第四十六条规定：对一切案件的判处都要重证据，重调查，不轻信口供。只有被告人供述，没有其他证据的，不能认定被告人有罪和处以刑罚。

上诉人认为由于受害人的“奋起反抗”（见起诉意见书），其他同案犯也没抢到受害人财物。上诉人坚持一审辩护人的意见，即本案认定上诉人构成抢劫罪既遂的事实不清，证据不足。

此致

东莞市中级人民法院

附：本上诉状副本×份。

上诉人：李××

××××年××月××日

【析评】

该刑事上诉状认为一审判决量刑不当并进行反驳，论述上诉理由，基本符合刑事上诉状的写作要求。理由的阐述边叙边议，重点突出，比较得体。

复习与训练

一、填空题

1. 上诉状具有__________、__________和__________三个特点。
2. 经济纠纷上诉状是第__________审法院受理案件，并进行审理的依据。
3. 上诉状可分为__________、__________和__________三类。

二、简答题

1. 上诉状的正文通常包括哪些内容？
2. 上诉状的写作要求有哪些？

三、阅读分析

下面是一篇产生上诉的背景材料和上诉状，请仔细阅读，并分析上诉状的针对性如何，是否上诉有理，对方难以反驳。

1. 背景材料

某市铁山经贸公司委托非本公司人员江太平去黑龙江省采购木材。江受委托后，与黑龙江省某林场订立了一份木材购销合同，并于 2010 年 7 月将 50 多立方米板材发给铁山经贸公司，货款尚欠 10 万余元。2011 年 11 月，黑龙江省某林场以江太平为被告，向法院起诉，请求偿还木材款。法院受理后，在审理时，将江太平个人经营的登宝木器加工厂作为被告，并做出判决如下：① 由被告偿还原告板材欠款 10 万元；② 被告于 2011 年 12 月底前将欠款全部付清；③ 诉讼费由被告江太平承担。

江太平不服上述判决，提起上诉。

2. 上诉状

上诉状

上诉人（原审被告）：××区登宝木器加工厂

法定代表人：江太平，系该厂厂长

被上诉人（原审原告）：黑龙江省××林场

法定代表人：王××，黑龙江省××林场场长

上诉请求：上诉人因不服〔××××〕法经字第 36 号判决，请求依法改判。

事实和理由如下：

一、上诉人根本不欠被上诉人货款。原审在判决书中，将××区登宝木器加工厂列为被告，这是毫无道理的。被上诉人在原审中所追索的货款，是被上诉人在 2010 年 7 月间同铁山镇经贸公司之间发生的业务，而登宝木器加工厂当时还没有成立（2011 年 5 月才成立），从未与××林场发生业务。

二、江太平没有付款义务。因为江太平是受铁山镇经贸公司的委托作为代理人为其购买木材，货是直接发给铁山经贸公司，该经贸公司验收使用，理所当然要付货款。我国《民法通则》第六十三条第一款规定："代理人在代理权限内，以被代理人的名义实施民事法律行为，被代理人对代理人的代理行为，承担民事责任。"所以，以江太平为被告也是错误的。

根据以上两点，上诉人认为，本案被告应是铁山经贸公司，请人民法院秉公而断，以维护上诉人的利益不受侵犯。

此致

××地区中级人民法院

上诉人：××区登宝木器加工厂

二〇一一年十二月八日

附：上诉状一式两份

第五节　申诉状

一、申诉状概述

申诉状是指刑事案件中的当事人、被害人及其家属或其他公民和民事案件中的当事人或其法定代理人，对已经发生法律效力的判决、裁定认为有错误而不服，向人民法院或人民检察院（刑事案件）提出申诉，请求重新审查案件的诉状。

人民法院的判决和裁定发生法律效力之后，必须严格执行。如果发现生效的判决或裁定确有错误，那么，当事人或其法定代理人使用申诉状提出申诉，实事求是地要求纠正错误，也是必要的，也更有利于维护人民法院的判决、裁定的严肃性，更能提高人民法院判决和裁定在人民群众中的威信。申诉状是运用特殊程序保护申诉人合法权益的诉讼文书，是当事人和其他有关人员的诉讼权利的体现。

（一）申诉状的特点

（1）不受限制性。申诉状是当事人、被害人及其家属或其法定代理人，对已经发生法律效力的判决或裁定，认为有错误而做的书面申诉。不论这些判决、裁定是否经过上诉，也不论这些判决、裁定是否已经执行完毕，都可以不受时间限制，书写申诉状进行申诉。但提出申诉，并不能停止判决、裁定的执行。

（2）效应难测性。申诉状只能被视作决定是否引起重新审判程序的参考材料，不一定就能引发重判程序的发生。

（二）申诉状的分类

根据性质不同，申诉状可以分为民事申诉状、刑事申诉状和行政申诉状三类。

（三）申诉状与上诉状的区别

（1）申诉状的性质、作用、格式、内容及写法与上诉状基本相同，只是写作程序和要求不同。申诉状的提出要经过受理案件的司法机关审查，认为原裁判确有错误，申诉合理合法，即通过审判监督程序对案件进行再审。上诉状的提出不管是否合理，二审人民法院都要进行审理，依法做出裁定。

（2）申诉状的事实和证据必须绝对真实可靠。

二、申诉状的基本格式

（一）标题

在文书顶端居中写明“民事申诉状”、“刑事申诉状”或“行政申诉状”。

（二）申诉人个人基本情况

申诉人姓名、性别、年龄、民族、籍贯、职业、住址。如果刑事案件的申诉人是在押的，应写明现押处所。如果是被告的辩护人、亲属或其他公民申诉的，应写明申诉人姓名、职业、同被告的关系，并加写被告的基本情况。如果是民事案件的当事人申诉，还应将对方当事人的个人基本情况写明，包括姓名、性别、年龄、民族、籍贯、职业、住址。

（三）正文

（1）案由和不服原判决或裁定的情况。应当写清楚申诉人是何人，因何案不服何处人民法院的何字何号的判决或裁定。单位应写明名称、地址、法定代表人姓名、职务。

（2）请求事项。申诉人应简明概括地把请求人民法院所要解决的问题，明确提出要求撤销、变更原裁判或要求查处或再审，以纠正原裁判不当之处。

（3）申诉的事实与理由。这部分是申诉状的核心部分。申诉的事实应是全面的，主要事实的情节要完整，对原裁决有影响的次要事实也应列明，使受理的法院对案情的事实有全面的了解。如果原裁决不是依据全面事实裁判的，经过对照也可以有助于有权提起审判监督程序的机关提起审判监督程序。

为了说明申诉事实的真实性，申诉人应将与请求目的相符的人证，即证明人或证人的证言陈述出来，以使案情真相大白。同时应提供能说明申诉事实的物证或书证，以有利于正确地查明案件的真实情况和正确地认定案件性质。

如果原裁判适用的法律不当，对案件性质、罪名认定有错误，量刑畸轻畸重，应在申诉状中阐明适用的法律及其法律条、项。

（四）结尾

结尾包括致送机关名称，署名或盖章，并注明制作的日期。申诉状所递交的名称应写：“此致×××人民法院”。

（五）附项

附项包括案卷名称及份数、物证、书证的名称及数量，有证人的，要列出证人姓名、住址，申诉人如为在押犯，应写明现在的羁押处所。

三、申诉状的写作要求

（1）申诉理由应力求充分、具体，要有说服力，特别是对于新证据的提出，更加不容忽视。

（2）要实事求是。对原审裁定中对的、属实的处理，应承认其恰当而不应反驳，做到实事求是。

（3）尽量列示例证。应将与请求目的相符的人证、物证、书证等在申诉状里明确列示，并加以说明，以实证服人。如能提供有助说明申诉事实的新证据，将更具说服力。

四、例文

例 8-4

刑事申诉状

申诉人：刘××（受害人刘××之兄），男，××岁，××族，××区建设局第三施工队工人；住××区××胡同××号。

案由

我因“××伤害致死”一案，不服××市中级人民法院（××）中刑终字第××号刑事判决，现提出申诉。

我是受害人刘××的哥哥。我于××××年××月××日下午收到××市中级人民法院（××中刑终字第××号）判决书，我认为判决书对杀人犯彭××在定性和量刑上均失公正，叙述事实有出入，我们无法接受。

申诉理由

1. 判决书定彭××为伤害致死罪是不恰当的。我认为彭××应定故意杀人罪。因为刘××并未对彭××或其他人造成任何人身威胁，彭××没有必要用三棱刮刀来主持“正义”。他如果真是出于“正义”，不是出于故意杀人的动机和目的，在刘××赤手空拳的情况下，完全可以采取劝阻和以理服人的方法。为什么要选择最要害的部位——心脏上，并一刀刺死刘××呢?

2. 判决书叙述事实有出入。判决书说修建队书记要去医院看病，刘××进行拦截和挑衅，这与事实不符。事实是：我母亲多次去××镇修建队要求解决工作问题，均遭到修建队队长彭××毒打。为此，我母亲找到××区委和××法院，但都未做处理，叫我母亲找修建队书记。××月××日我母亲找到书记杨××后，又遭到书记的打骂，然后书记要坐卡车去医院，我母亲拦车不让上，因此他打了我母亲，问题还没有解决，可是他们强行把我母亲拉开，把车开走了。我和我母亲也走路去医院了。在这个过程中，我弟弟刘××根本不在场，怎么会"拦截"和"挑衅"呢？到了中午十二点，刘××找我母亲回家吃饭，彭××用从仓库拿出的三棱刮刀，一刀刺在刘××心脏，然后穿过马路逃跑了。我弟弟只身一人，而彭××他们人多势众，我弟弟没带凶器，彭××却带着凶器，我弟弟怎么会跟他们"挑衅"？彭××刺死我弟弟并逃跑，为什么判决书对此只字不提？

3. ××市高级人民法院终审判决书根据《刑法》第一百三十四条第三款之规定，判处彭××有期徒刑七年，实属定性不当。由于定性不当，所以适用法律错误，判刑太轻。本案被告人犯的是故意杀人罪，应按《刑法》第一百三十二条治罪。

为此，我们全家请求法院对此案重新复查审理，依法对杀人犯彭××从严惩处，替我弟弟刘××申冤，以维护国家法律的尊严，保障公民的人身安全。

此致

××省高级人民法院

申诉人：刘××

××××年××月××日

【析评】

这是一份对已产生法律效力的判决不服而要求重新审理的申诉状。状头写了申诉人一方的基本情况；案由用概括的语言写申诉人因何案件、对哪个法院的判决不服而提出申诉。本文格式规范，针对性强。

复习与训练

一、填空题

1. 申诉状包括____________、____________和____________三类。
2. 申诉状具有____________和____________两个特点。

二、判断题

1. 提出申诉状可以停止已生效的判决、裁定等的执行。(　　)
2. 申诉状是致原审人民法院的申诉书状。(　　)
3. 申诉状递交后即能引起案件的重新审理。(　　)
4. 申诉状状头可不写"被申诉人"。(　　)
5. 申诉状尾部送达法院写原审人民法院。(　　)

三、简答题

1. 申诉状的正文应包含哪些要素？
2. 申诉状的写作有何注意事项？

第六节　公　诉　词

一、公诉词概述

公诉词是国家公诉人在法庭审理刑事案件的过程中，当庭发表的揭露和指控被告人的演说词。

公诉词是在人民检察院对刑事案件被告人提出起诉书的基础上，全面地揭露被告人的犯罪行为，证实被告人的犯罪行为，分析犯罪行为的性质、后果和对社会的危害，阐明为什么追究被告人的刑事责任。对检察院提起的起诉进行补充和阐述，从而进一步在事实上、证据上、法律上揭露被告人的犯罪行为。

公诉词的重要性仅次于起诉书，它具有以下几个特点。

（1）总结性。公诉词最重要的功能是对案件做出总结。在公诉人举证的情况下，辩论阶段的公诉发言必须注意就举证情况做出综合性论证，以证据为基础概述案件的全貌。

（2）论证与解释性。论证与解释性即对事实证据做出论证，对定罪量刑的理由做出论证，从而达到说服法庭确认起诉指控的目的。论证的同时也是解释检察机关的起诉指控的根据和理由，说明起诉有理有据。

（3）补充诉求性。对量刑问题上的检察认定和诉讼要求，可以通过公诉词补充表达。如被告人认罪态度的好坏、犯罪结果的严重性、社会影响是否恶劣等，公诉词中均可做出分析。此外，还可以提出具体的量刑建议。

（4）宣传教育性。检察官发表的公诉词无论其是否包括专门的法制教育内容，均具有突出的宣传教育性。因为其中必然包含对法理的阐述，对犯罪及其危害性的指控和控诉，对维护法治秩序意义的强调，以及对无理辩解及狡说的驳斥等。从这个意义上，公诉词就是一篇优秀的法治讲演。因此，公诉词应当是充分说理的、逻辑清晰的、准确而有力的。

二、公诉词的基本格式

据最高人民检察院 44 号文件规定，公诉词应包括以下五项内容。

（1）对法庭调查的简要概括。

（2）进行证据分析，认定被告人的罪行。

（3）进行案情分析，概括案情的全貌，揭露被告人犯罪的社会危害性。

（4）分析被告人犯罪的思想根源和社会根源。

（5）进行法律上的论证，指明被告人触犯的刑法条款，阐明被告人应负的法律责任。

以上五项内容，并非每份公诉词都完全具备，应根据案件的特点及实际需要，决定哪几项内容可写，哪几项内容重点写。

公诉词无定式，内容分标题和正文。正文分引言、主体和结尾三部分。

（一）引言

引言部分主要写明对法庭调查情况的简要概况。开头先写称呼语，如一审公诉词是“审判长，人民陪审员”，二审公诉词的称呼语是“审判长，审判员”。

（二）主体

主体部分是公诉词写作的核心部分，即根据已经查明的被告人的犯罪事实，从法理上分析被告人的犯罪性质，从事理上分析被告人犯罪行为的严重危害性，从情理上分析被告人犯罪的思想根源和社会根源，进而阐明将被告人交付法庭审判的必要性、合法性和正确性。

（三）结尾

公诉词的结尾部分主要是对公诉意见总结，并就如何处罚被告向法庭提出意见和要求。根据审判程序的不同可相应采用如下两种行文方法：

一审案件的公诉词可写：以上几点意见请法庭结合全案情节，考虑被告人的认罪态度，依照我国刑法的有关规定，做出正确的判决。二审案件的公诉词可写：以上对被告人的一审判决是否正确，被告人上诉是否有理，阐明了我们的意见，供二审法庭合议中考虑。

最后注明公诉词制作的年、月、日。

三、公诉词的写作要求

（1）态度鲜明，观点明确，立论有据。这是对拟制公诉词最重要的要求，它直接关系着指控的分量，关系着出庭支持公诉的质量。

（2）紧抓案件特点，深入揭露犯罪。公诉词有重点地抓住情节最恶劣、手段最残忍、后果最严重的问题论述，能深刻地揭露犯罪，激起公愤，达到预期的效果。

（3）证据的分析要全面、客观。法理论证，可引用法律条文予以论证，也可从法律理论上予以论证。论辩要灵活，语言口语化，通俗易懂。

（4）结尾提出的对被告犯罪性质、罪责及从重、从轻、减轻的结论意见要合情、合理、合法。

四、例文

例 8-5

公诉词

审判长、人民陪审员：

根据法律规定，我以国家公诉人的身份对我院提起公诉的张××诈骗一案出席法庭，支持公诉。

张××的犯罪事实，在起诉书中已明确认定，并为今天的法庭调查所证实，事实清楚，证据确凿，被告人也供认不讳，不需再加论证。但是为了更加充分地揭露本案的犯罪性质及其对社会的危害性，提请法庭对被告给予严厉制裁，以保护公私财产，有必要对本案做进一步论述。诈骗案是以非法占有为目的，用虚构事实和隐瞒真相等欺诈方法，取得公私财物的行为。所谓虚构就是捏造不存在的某种事实骗取被骗人的信任。所谓隐瞒事实真相，就是对被骗人掩盖客观存在的某种事实，这种事实如果被骗人知道就不会把财物“自愿”交给被告。被告张××就是以代购和借贷之名，行诈骗之实，在仅 7 个月的时间内，就诈骗公私财物 123 万余元，数额巨大，罪行严重，其行为已构成诈骗罪，应受到法律制裁。

被告用诈骗之款，大肆挥霍，游山玩水，给社会造成了很大的危害。

被告张××年仅 23 岁，为什么会走上犯罪道路呢？其主要原因就是他没有一个正确的人生观和明确的奋斗目标，而是追求资产阶级生活方式，贪图享受，沉醉在花天酒地之中，以吃喝玩乐为幸福的全部内容。由于这种腐朽的幸福观在支配着他，因而便不择手段地诈骗钱财，以满足自己的奢望。在我们提审张××时，他交代中有这样一段话，就清楚地说明这个问题，他讲道："比如坐车口袋没钱就不行，还要抽高档烟，住高级宾馆等，没钱就编写所谓的理由，拿别人的钱。"他还讲："我见到别人都那样，我就很想那样，坐高级车，过腐化生活，叫别人羡慕，好像只有这些才能满足，但我没有考虑后果，没有想到这是犯罪。"多么腐化的生活观，多么可悲的人生观。难怪他一错再错，一步步滑向犯罪的深渊，在短短的几个月内，他竟然用于租车的费用就达到 8 000 余元，宾馆费用 5 000 余元，和司机二人吃饭每次至少 70 元。他自己交代一天就花近 2 000 元。这种挥金如土的腐化生活使他在犯罪道路上越走越远。然而，法律是无情的，今天被告张××被押上被告席，这就是必然结果，也是罪有应得的。但我们诚心地希望，被告一定要吸取这次教训，认罪服法，努力改造，重新做人。

张××诈骗案，难道给我们某些部门和个人不是也敲了警钟吗？张××多次诈骗成功，并不是他的手段如何高明，而是我们有些同志缺乏起码的警惕性，或者思想上存在着某种不正当的追求，或是规章制度上存在着漏洞。比如，本案几个受骗人和受骗单位就轻信被告花言巧语，而将现金或支票交给被告"走后门"而上当受骗。我们有些同志一定要克服麻痹思想，杜绝不正之风，提高警惕，不给坏人以可乘之机。

在审查此案中，被告对自己的犯罪事实尚能如实交代，有悔罪表现，请法庭根据被告的犯罪事实、性质、情节及考虑被告人的认罪态度等依法给予公正判决。

××××年××月××日

【析评】

这是一篇充满理性、蕴含法治、满怀深情的公诉词，公诉人在公诉词中不仅肩负教化社会、警醒世人的职业责任，同时还承担着宣传法治、阐释正义的责任。

复习与训练

一、填空题

1. 公诉词的特点包括________、________、________和________四个方面。

2. 公诉词是国家公诉人在法庭审理刑事案件的过程中，当庭发表的揭露和指控被告人的________。

二、简答题

1. 公诉词的主体包括哪些内容？
2. 公诉词的写作应注意哪些问题？

第9章　新闻文体

第一节　概　　述

一、新闻文体的性质和特点

（一）新闻文体的性质

新闻文体就是新闻的体裁、样式，是新闻事实在新闻报道中呈现出的信息内容、表达特色和结构方式的整体形态。新闻有广义和狭义之分。广义的新闻是指消息、通讯、评论等，狭义的新闻是指消息。在这里我们所介绍的是广义的新闻文体。

（二）新闻文体的特点

（1）公开性。新闻文体一般没有保密内容，具有公开报道、公开张贴、公开散发的特点。新闻写作的目的是告诉大众要了解的现实性信息，帮助群众正确判断形势，扩大知识，以提高自己社会行为的效益；是为了宣传、贯彻党的方针、政策，激励、鼓动群众努力完成某项工作。新闻文体越是公开传播，就越能发挥其社会作用。

（2）真实性。真实性是新闻文体的生命。新闻写作必须真实地叙述事实，做到客观、公正、全面。任何歪曲事实的做法，最终都会使作者和传播媒介声誉尽失，产生极为不良的负效应。

（3）时效性。新闻文体是有时间性的文字，时效性就是要求新闻文体应遵循“时间就是效益”的原则，迅速及时地写作发表，以便及时传递信息，取得最佳效果。

（4）针对性。新闻文体就总体而言是面向全体社会成员的，无所谓针对性。但是就某篇文章而言，却大多是针对不同社会阶层的。阅读对象有性别之异、年龄之差，又有文化层次高低的不同，所从事的职业也千差万别。一篇好的新闻应该有的放矢，根据特定对象的兴趣特点和生活需要，确定该说什么、怎么说和说多少。

二、新闻文体的分类

广义的新闻是指报纸刊载，电台、电视台播放的宣传报道文章，按不同的标准可分为不同类型。

（1）按不同的传播媒介划分，可分为报刊新闻、广播新闻、电视新闻和网络新闻。

（2）按新闻的内容划分，可分为社会新闻、体育新闻、文艺新闻、经济新闻和科技新闻等。

（3）按写作特点和目的划分，可分为消息、简讯、通讯、特写、专访、新闻综述和新闻评论等。

三、新闻文体的写作要求

（1）明确写作意图。进行新闻写作之前要明确向自己提出几个问题：一是为什么一定要写这篇文章？二是这个目的是否正确？三是是否合乎时宜？四是要达到的目的的现实可能性取决于什么？如果这些问题都能回答清楚，那就说明写作意图已经明确了。

（2）优先熟悉接受对象。新闻文体的写作效果主要不在于作者写了些什么、写了多少，而在于读者怎样理解、理解多少，即能在多大程度上接受文章的事实和作者的主旨。这就要求在动笔之前预先熟悉读者的情况——他们属于什么阶层，以及年龄、职业、文化程度等，只有这样才能达到最佳效果。

（3）注意了解各种新闻媒介的特点。新闻文体写作好之后必须通过新闻媒介传播出去。现在的新闻媒介多种多样，由于其特点不同，对文稿的要求也就不同。如广播通过声音传播，速度快、听众多；电视通过屏幕传播，有视觉直观性，生动形象；电子新闻通过网络传播，信息量大、覆盖面广；报纸杂志是传统的新闻媒介，以书面文字为主传播信息，便于长期保存，可信度高。总之，写新闻要多了解各种传播媒介的特点，扬长避短。

复习与训练

一、填空题

1. 新闻的特点有________、________、________和________。

2. 按不同的传播媒介划分，新闻可分为________、________、________和________。

二、简答题

1. 新闻的写作要求有哪些？

2. 如何理解新闻文体的时效性特点？

第二节　消　　息

一、消息概述

消息就是用最简要和迅速的手段报道最近发生事件的一种新闻宣传文体。消息是告诉人们发生了什么，报道最近发生的事实。它是新闻体裁的重要形式，是报纸和广播电视新闻的主角，其他新闻报道如通讯、广播稿、新闻评论等是它的发展和补充。

消息是一种以最简洁的文字和最快的速度报道新近发生的、有价值的和民众最关心的事实的文体，是一种世界上运用范围最广、读者最多的文体。由于它报道迅速、传播面广、篇幅短小，在新闻报道中被广泛使用，成为新闻报道中使用最多的一种文体。

消息一般有六个要素，即何时、何地、何人、何事、何因及如何发生，简称“六要素”，用英语表示就是 When、Where、Who、What、Why、How，简称“6W”。当然，并不是每则消息必须包括这六个要素，有时根据情况也可省去一两个。

（一）消息的特点

（1）真实准确。真实性是消息最基本的特征，真实是消息的生命，是力量的所在。消息必须完全真实地反映客观事实，用确凿的事实来教育影响读者，绝不允许虚构和添枝加叶。无论构成消息要素的时间、地点、人物、事件和结果，还是所引用的背景材料、数字，都要完全真实、准确可靠。

（2）内容新鲜，有价值。新闻贵在新，而且有启迪和指导意义。消息只有新，才能引起读者的注意，先睹为快。新，不仅要把新人物、新事件、新经验报道给读者，而且要选择有意义、有价值，给人以启迪，有指导性的事物进行报道。

（3）讲究时效。消息在反映现实的速度方面居于各种文体之首，时效性强是消息又一突出特点。消息的写作要求速度快、内容新。要敏锐地发现新人、新事、新情况、新问题，并迅速、及时地把最新的事实报告给读者，延误了的信息就失去了新闻价值。迅速是消息的价值，消息报道速度迟缓便会降低消息的价值，“新闻”就变成了“旧闻”。

（4）短小精悍。消息要用较小的篇幅，简练的文字来叙述事实、传达信息，要求内容集中，言简意丰。简短是消息区别于其他文体的主要标志。三言两语，记清事实，寥寥数笔，显出精神，概括而不流于抽象，简短而不陷于疏漏，用笔简洁利落，内容集中精练。

（5）“倒金字塔”结构。消息的写作是将最重要、最新鲜的事实写在新闻的最前面，因此，人们接触到一篇新闻稿时，只要看上一眼就能知道它主要讲的是什么。读报时主要是想了解当天或新近国内外发生了什么重要的、有意义的事情，牵涉什么人，结果又是怎样等。如果不把这些主要内容开门见山地写在新闻的开头，就不大容易促使读者读完这篇新闻。写消息往往是把事情的高潮或结果放在最前面，按事实重要性程度和读者关注的程度先主后次地安排，内容越是重要的，读者越是感兴趣的，越要往前安排，然后依次递减。这在新闻写作中称为“倒金字塔”结构。它是消息写作中最常见的结构形式。

（二）消息的种类

1. 根据报道事件的性质划分

（1）动态消息。动态消息也称动态新闻，是对客观事物新近变动的信息的报道，以即时事件和突发事件为主，是消息文体中最基本、最大量的报道形式。这种消息迅速、及时地报道国内国际的重大事件，报道新人新事、新气象、新成就、新经验。动态消息中有不少是简讯（短讯、简明新闻），内容更加单一，文字更加精简，常常一事一讯，几行文字。

（2）综合消息。综合消息也称综合新闻，指的是综合反映带有全局性情况、动向、成就和问题的消息报道。综合消息反映全局性的情况、成就、趋势、动向或问题，以大量的具体材料为基础，通过对材料的分析综合反映出具有共同性的主题思想。它具有报道面宽、逻辑性强、舆论性强的特点，是一种全面、立体的“组合式”报道。

（3）经验消息。经验消息也称典型新闻，是对具有普遍意义的典型经验或典型人物的报道。经验消息是对某个部门或某个单位在工作、学习、生产中得到的成功经验，以及某人在某项工作中取得新成果的典型做法，进行集中报道，用以带动全局。

（4）述评消息。述评消息也称新闻述评，除具有动态消息的一般特征外，还往往在叙述新闻事实的同时，由作者直接发出一些必要的议论，简明地表示作者的观点。述评消息有助于加深人们对重大问题的认识，是一种夹叙夹议、评述结合的报道。记者述评、时事述评就是其中的两种。

（5）深度报道。深度报道是揭示新闻事实内部联系的一种连续性报道形式。除报道新闻事实外，深度报道还揭示和说明新闻事实产生的原因及结果，透视新闻背后的新闻，向读者揭示事件产生的来龙去脉、事件的含义及社会影响，也包括对事件发展做出展望、预测。深度报道反映的题材重大，社会意义深远，多是连续报道、系列报道、组合报道等。

2．根据报道的内容划分

根据报道内容，消息可分为政治新闻、经济新闻、科技新闻、军事新闻、体育新闻、教育新闻、文艺新闻、社会新闻等。

3．根据传播媒介划分

根据传播的媒介，消息可分为报刊消息、广播消息、电视消息、网络消息等。

二、消息的基本格式

消息除一些标题新闻或一两句话的简明消息外，一般由标题、消息头、导语、主体、背景和结尾六部分组成。

（一）标题

标题是消息的眼睛，消息的标题必须简明、准确地概括消息内容，帮助读者理解报道的事实。一条醒目而引人入胜的标题可以准确而深刻地揭示主题。消息的标题分为两类。

（1）单行标题。这类标题常常是用一句话点明全篇的精髓，概括出最主要的内容，让读者一看标题就知道什么地方发生了什么事。例如，“13 名中国船员在湄公河遇害”；“媒体不应追求畸形的轰动效应”；“大别山师魂感动文学界”等。

（2）多行标题。这类标题信息量大，内容较为详尽，多用于报道重大事件和重要因素较多的消息。多行标题一般有三行，即中间一行是正题，是标题的核心，用来揭示主题或提示重要事实；正题上面一行是眉题，也称为引题，用来引出正题，说明事实，交代背景，烘托气氛，揭示含义；正题的下面一行是副标题，用来补充说明情况或说明正题或依据。例如：

教育部给打工子弟学生撑腰　（正题）

谁也不得收取借读费　（副题）

又如：

阿拉伯媒体披露“生鲜猛料”　（引题）

美英曾与卡扎菲密切合作　（正题）

再如：

胡锦涛在观看话剧《郭明义》并接见剧组主创人员时勉励文艺工作者　（引题）

牢记文艺神圣职责　创作更多优秀作品　（正题）

李长春参加接见并观看演出　（副题）

多行标题的制作要注意有虚实之分。实题是把消息中最主要的事实或基本内容浓缩成一句话，虚题是把消息所表达的主要意图扼要地表达出来。多行标题应该有实有虚，虚实结合，这样才好发挥作用。

（二）消息头

报纸上的消息，在标题之下、正文之前有“本报讯”或“×社×地×月×日电”的字样，这就是消息头。

消息头是消息的标志，主要有“讯”和“电”两大类。“讯”主要是通过邮寄或书面递交的形式向报社传递消息。报社通过自身的新闻渠道获得的本埠消息，一般都标明“本报讯”。若稿件是从外埠寄来的，应标明发布新闻的时间与地点，如“本报南京 8 月 17 日专讯”。“电”主要是指通过电报、电传或电话等形式向报社传递的消息，如“本报长沙 6 月 24 日专电”。带“电”字的消息头也称电头。

（三）导语

导语是指一篇消息的第一自然段或第一句话。它是用简明生动的文字，写出消息中最主要、最新鲜的事实，鲜明地提示消息的主题思想。

写作导语的要求主要有两点：一是要抓住事情的核心；二是要能吸引读者看下去。要做到第一条，必须具备训练有素的分析能力；要做到第二条，则要有写作技巧。导语常见的写法有以下四种。

（1）叙述式。叙述式导语是提纲挈领地叙述消息的主要内容和主题思想，即通过摘要或归纳概括的方法，简明扼要地反映新闻中最主要、最新鲜的事实，给人一个总的印象，以促其阅读全文。例如：“据泰国媒体 10 日报道，本月 5 日在湄公河上遭劫的两艘货船上的中国船员有 13 人遇害，尸体已找到。”

（2）描写式。描写式导语是对富有特色的事实或有意义的一个侧面，用简练的笔墨再现现场场景或气氛，给读者以鲜明的印象。例如：“巍峨雄壮的龙门山蜿蜒逶迤，湍急汹涌的岷江水奔腾不息——五月的川西北大地，草木葱茏，山清水秀。一个个新村镇、新学校、新医院、新社区、新工厂和一条条新道路，掩映在青山绿水间。在汶川特大地震三周年和灾后恢复重建取得决定性胜利之际，5 月 7 日至 9 日，中共中央政治局常委、国务院总理温家宝第十次来到四川灾区，沿着龙门山从北到南，先后到青川、北川、绵竹、什邡、彭州、都江堰、汶川、茂县等受灾极重的县市，亲切看望慰问各族干部群众，实地察看灾后恢复重建情况。”

（3）评论式。评论式导语是用夹叙夹议的方法对新闻做简要评论，然后再用具体事实来阐明。例如：“互联网技术的发展，已经对人类社会的生产、生活产生了深刻影响。互联网虚拟社会已成为与现实社会并存的空间领域。截至 2011 年 4 月底，中国网民总数已经达到了 4.7 亿人，这个数量，已经超过了许多国家的人口数量。维持这么大规模虚拟社会的有序运行，其治理的复杂性和艰巨性非同寻常。”

（4）提问式。提问式导语是采用设问的方式，先鲜明、尖锐地提出问题，然后再用事实作答。以引起读者的关注。例如：“如何做父母，又如何孝敬父母，这是一个古老而常新的命题。在当下这样张扬个性的时代，‘孝敬父母’这个中华民族的传统美德在不少人那里其实也遭遇了不少的困惑和迷茫。一个人应该以怎样的方式去孝敬父母，为人父母又应该如何对待子女？”

总之，写导语要注意简练，段落要短，要能点出文章的主题和思路；要讲求修辞。写好导语后要反复阅读，认真修改。

（四）主体

主体是消息的主要部分。它承接导语，对导语中简要表述的内容进一步用事实做具体的阐述、解释或回答，对导语中未提到的次要材料进行补充说明。消息的主体内容要足，信息量要大。要去头绪，减枝蔓，与主题无关的要舍弃，次要材料要简略。

消息的主体要结构严谨，层次分明。要恰当地划分段落，有条不紊地展开叙述。安排层次有以下几种顺序：一是时间顺序，按事情的发生、发展、结束的先后顺序安排层次；二是逻辑顺序，就是根据事物的内在联系来安排层次；三是时间顺序和逻辑顺序相结合，这样写严密而有条理，活泼而不紊乱。主体的写作，要注意以下三点。

（1）围绕主题、扣紧导语。新闻主体部分所涉及的内容比较多，不能一一罗列，但仍要紧紧围绕导语中确立的主题思想来挑选素材。虽然有些素材很感人、很动听，但若与主题无关，也要忍痛割爱。在新闻诸要素中，主体需要包括哪几个要素，回答哪几个问题，都必须紧扣导语的轨迹，不能脱节。

（2）段落分明、启承自然。从消息的段落大小和字数多少来看，新闻主体所占的篇幅较大，一般比导语和结尾要长。写作时，要把材料排个队，安排好次序，哪个在前，哪个在后，先说什么，后说什么；哪些材料构成一段，哪些材料构成另一段，都要泾渭分明，层次清楚。每段最好只说一层意思，不要你中有我，我中有你，处于胶着状态。提倡段落短一点，段落与段落之间的过渡，尽量能够找到有机的联系。

（3）手法灵活、叙述生动。消息写作固然以叙述为主，但不排斥其他写作手法。美国新闻学者麦尔文·曼切尔把“要表现，不要叙述”作为新闻消息写作的第一信条。他说：“平铺直叙会使读者和听众处于消极的地位，表现就会使之身临其境。”他说的表现，就是指生动形象的描述。在消息中加强形象描写，用生动的形象来说明抽象的事物，往往会收到好的效果。

（五）背景

背景就是对消息中有关新闻事实的历史、环境和原因等进行解释说明的材料，是为充实内容，烘托和突出主题服务的。背景既可在主体部分出现，也可在导语或结尾部分出现，位置不固定。背景材料一般有三类：一是对比材料，即对事物进行前后、正反的比较对照，以突出事件的重要性；二是说明性材料，即介绍政治背景、地理位置、历史演变、生产面貌、物质条件等；三是诠释性材料，即人物生平的说明、专业术语的介绍、历史典故的解释等，以帮助读者理解消息的内容。在运用新闻背景材料时要注意以下几点。

（1）交代背景应根据需要因稿而异。背景不是消息结构上的一个独立部分，也不是每篇消息都有的。有的新闻报道简单明了，就不必再交代背景材料；有的新闻事实较为复杂，就需要交代背景材料。

（2）交代背景要紧扣主题。新闻报道中的背景材料应该与新闻事实直接有联系，不能离开新闻事实。背景的叙述要为表达新闻事实服务，要突出新闻主题。如果起不到这个作用，那便是多余的了。

（3）交代背景不宜多。背景材料终究是新闻报道的从属部分，而不是主要内容。因此，新闻背景通常不宜写得太多，在分量上不宜超过新闻事实，以免主次颠倒，喧宾夺主，转移读者的兴趣和注意力。

（4）背景材料要写得生动活泼，吸引读者。背景材料要力求写得生动活泼，做到把背景交代与现场活动联系起来，增加新闻的生动性和可信度。

另外，背景材料可以写在导语中，可以写在正文中，也可以写在结尾部分。

（六）结尾

结尾是消息的最后一段或一句话，阐明消息所述事实的意义，使读者对消息的理解、感受加深，从中得到更多的启示。有的消息事实写完，文章就止住了，结尾就在事实之中。结尾的类型主要有：小结式，即对陈述的事实加以总结，突出主题，强化读者印象；交代式，即就报道的事实进行必要的交代，使读者对整个事件有更清楚的了解；评论式，即对报道的事实进行评论，起到画龙点睛的作用；号召式，即就报道的事实水到渠成地发出号召，表明意图。

三、消息的写作要求

（1）坚持用事实说话。真实是新闻的生命，尊重事实，用准确无误的事实说话，是新闻工作者所具备的最起码的职业道德。消息中的人物、事件、数字、引语等都必须完全真实，不能有任何夸大或缩小的成分，更不能凭空想象或歪曲，虚假的消息不但不能起到新闻应有的作用，而且会造成极坏的社会影响。

（2）善于用事实说话。消息不仅要坚持用事实说话，还要善于用事实说话，要在选择事实和表现事实上下功夫。要选用典型事实，并采用各种表现手法生动形象地再现事实，最好用客观笔法，不发议论或少发议论。

（3）合理安排结构。消息的结构安排以最大限度地突出中心和表现内容为原则，按实际需要来进行选择。

四、例文

例 9-1

中国航母平台第三次海试预计持续9天

本报讯（记者 郭媛丹）昨天下午，中国航母平台出海进行第三次海试。根据同期大连海事局的航行警告显示，此次海试预计持续 9 天。

大连海事局发布的航行警告显示，黄海北部 12 月 21 日 8 时至 12 月 29 日 10 时"OC30000-5#"船在某海域进行航海试验，各航船禁止驶入。

根据其公布的四点连线的范围，这一海域位于大连东南部的黄海海域。

在航母进行第一次、第二次出海海试的时候，国防部新闻事务局都发出官方消息，此次则没有消息发布。航母海试已经成为常态化，外界也对此可以保持理性看法。

按照国际惯例，航母海试工程是项庞大的工程，目前还属基础阶段。

此前专家曾表示，法国的戴高乐号航母的海试时间是 4 年，美国的航母一般的海试时间也要 1 到 2 年。在此基础上达到要求后交付军队进行训练。目前航母距离将来的实际使用还有相当长的时间。

- 航母出海历程：8 月 10 日凌晨，我国第一艘航母平台首航试验，8 月 14 日上午返航，共计 5 天时间。11 月 29 日上午，航母平台第二次出海试验，12 月 11 日返回，持续时间长达 13 天。

（资料来源：郭媛丹.中国航母平台第三次海试预计持续 9 天[EB/OL].2011-12-21.http://jx.people.com.cn/GB//n/2011/1222/c190280-16623867.html.）

【析评】

这则消息新闻性强，很好地表达了新闻内容。标题中的“第三次海试”是焦点，给读者留以悬念。采用叙述式导语，运用递进式结构，清楚地交代了新闻的时间地点，以及新闻的主题事件，用简洁、严谨的语言交代了新闻内容。

复习与训练

一、填空题

1. 消息按性质划分，可分为________、________、________、________、________等类型。

2. 一篇消息通常由________、________、________、________、________及________等部分组成。

3. 消息头的形式主要有________和________两大类。

4. 新闻导语按表现手法可分为________、________、________和________四大类型。

5. 新闻背景材料的类型包括________、________和________。

二、选择题

1. 狭义的新闻指的是（　　）。

A. 评论　　B. 消息　　C. 通讯　　D. 调查报告

2. 下面这则消息的导语属于（　　）导语。

在人民解放军伟大的胜利的攻势下，南阳守敌王凌云于四日下午弃城南逃，我军当即占领南阳。

A. 描写式　　B. 叙述式　　C. 评论式　　D. 提问式

3. 消息中引题的作用有（　　）。

A. 烘托气氛　　B. 交代背景　　C. 概括意义　　D. 补充正题

4. 被称为消息生命的特点是（　　）。

A. 新鲜性　　B. 真实性　　C. 快速性　　D. 简短性

三、阅读分析

消息的导语应是用最精彩的语言写出最重要、最新鲜、最吸引人的内容，使人一看就引起注意，发生兴趣，急于要看下去。比较下面同一则消息的两段导语，哪个更能吸引人？为什么？

石化总厂从重大事故中吸取教训

导语一：1 月 1 日凌晨一点五十分，上海石油化工总厂热电厂发生一起重大事故，造成严重经济损失。

导语二：一只老鼠钻进了石油化工总厂热电厂的高压线开关室，造成一万伏高压线路短路，以至部分停电停产。据统计，损失达十万多元。

四、写作训练

1. 为下面两则消息撰写标题。

标题：________________

记者从财政部获悉，为减轻高致病性禽流感疫情对家禽行业生产带来的不利影响，减轻疫情对家禽行业生产者造成的损失，根据国务院办公厅通知精神，财政部和国家税务总局日前联合制发了《关于家禽行业有关税收优惠政策的紧急通知》，家禽行业生产者将享受到五项税收优惠政策。

一是2004年2月1日至2004年7月31日，对属于增值税一般纳税人的家禽加工企业和冷藏冷冻企业加工销售禽肉产品实行增值税即征即退政策，并免征城市维护建设税和教育费附加。

二是对家禽养殖（包括种禽养殖）、加工和冷藏冷冻企业进行家禽养殖（包括种禽养殖）、加工和冷藏冷冻所取得的所得免征2004年度企业所得税。

三是对企业或个人由于禽类扑杀所取得的财政专项补助，免征企业所得税或个人所得税；对企业由于禽类扑杀所造成的净损失，允许其在所得税前全额列支。

四是经省、自治区、直辖市人民政府批准，可以在全省（自治区、直辖市）范围内或本省（自治区、直辖市）的部分地区对家禽养殖（包括种禽养殖）企业、家禽加工企业、冷藏冷冻企业及个人生产经营用的土地、房产和车船，适当减免2004年度城镇土地使用税、房产税和车船使用税。

五是对禽类加工产品出口应退税款实行及时足额退税，对已于2003年出口但未能在规定的出口备案截止日期（2004年1月15日）前向主管税务机关备案的部分，在企业抓紧备案的基础上给予退税。

财政部有关负责人说，家禽业是我国农业支柱产业之一，在国际上具有较强的竞争优势，是农民增收的重要途径。多年来，国家一直利用宏观财税政策积极促进家禽行业发展。通过对农业生产者销售的自产家禽等农产品免征增值税，对重点龙头企业从事养殖业取得的所得暂免征收企业所得税，对个人或个体户从事饲养业取得的所得暂不征收个人所得税等政策，促进了家禽养殖业的发展，为农民增收发挥了积极作用。

标题：________________

据新华网电：对于前往广东寻找工作机会的人来说，最想知道的就是今年哪些职业最吃香。据有关部门日前公布的信息，目前，广东需求缺口最大的职业有：机械、电子设备、装备装配工、化工等，这方面主要是熟练的工程技术人员。此外，营业人员、收银员、保险业务员、推销人员、展销人员、裁剪缝纫工、餐厅服务员、厨工、保育人员也很紧缺。

春节过后，由于我国经济形势良好，广东各地工厂开工量都很足，在东莞出现了劳动用工供不应求的状况，电子、玩具、制衣、计算机、制鞋等多个行业严重缺工，其中电子行业缺工6万人、玩具行业缺工3万人。

随着春节后招工高峰的出现，各种非法中介重新冒了出来，未求职就先收费等招工欺诈现象也屡禁不止，劳动保障部门提醒求职者要提高警惕，识破骗局。

2. 下面是一则消息，顺序已经被打乱，请按逻辑顺序重新加以排列。

百万用户+互联星空+生活联盟

本报讯：

（1）广东电信打造的“互联星空·宽带生活联盟”，作为一种新的商业模式，首次将宽带生活行业需求的价值链及产品供应链上的各个厂商结成联盟，成为连接企业与企业、企业与用户之间的桥梁和纽带。发挥各个联盟伙伴在用户、技术、内容、应用上的优势，为用户提供全新体验的宽带生活产品；聚合多方的力量来引导宽带生活市场，形成行业标准，实现强势品牌互动的共赢模式，提升联盟伙伴在各自领域中的竞争能力。

（2）互联星空是电信利用自己的用户、网络、应用支撑平台、营销网络、客户服务和宣传渠道等资源，营造互联网产业良性发展的生态环境，由广东电信始创后成为中国电信全国统一的应用业务品牌。于去年5月16日推出后，受到专家和媒体的高度评价，认为这一具有高度独创性和可操作性的业务支撑平台，解决了互联星空计划中关于“ISP、ICP、用户”之间形成有效价值链所必须解决的统一管理、统一收费等关键问题。合作方共赢的商业模式具备极大可行性，为一直以不计成本地提供免费服务来追求短期的用户膨胀和知名度的ICP运营商，寻找到自身发展的出路。

（3）据了解，互联星空的业务支撑平台是中国率先实现规模运营的业务平台，自试运行以来，已有逾百家ICP的合作伙伴，注册用户超过50万户。

（4）今天，在互联网宽带业务应用上默默耕耘了多年的广东电信，终于迎来它的第100万个用户，成为中国宽带用户量的第一大家。与此同时，广东电信推出的“互联星空”也有了更进一步的伸展：芯片厂商、终端厂商、操作系统提供商、平台厂商、内容提供商、服务提供商和应用提供商，今天下午与广东电信结成联盟，意欲共同打通宽带市场应用的价值链，扩大市场。

（5）由广东电信与英特尔（中国）、微软（中国）、IBM（中国）共同倡议成立的“互联星空·宽带生活联盟”，实际上是一个产业大联盟，它在业界第一次涵盖和联合了贯穿整个宽带生活行业需求价值链及产品供应链上的全部环节。今天下午，在对互联网“以应用促发展，以合作促提升”的共同经营理念下，来自国内外包括戴尔、华为、联想、诺基亚、TCL等在内的20家企业，共同签署加入了这一史无前例的产业大联盟。

重新排序：________________________________

3. 请给下面素材写一个当日新闻导语并制定一个新闻标题。

8月1日，受8号台风“桃芝”减弱后形成的低气压影响，青岛市普降特大暴雨，防汛形势严峻，青岛市党政军民纷纷投入与暴雨和狂风的战斗中。1日下午，狂风暴雨扑向岛城，市区10多条主要交通干道出现积水，100多棵大树被风刮倒在地，造成交通堵塞，近10条公交线路被迫停运。汛情就是战情，青岛市安全生产委员会办公室立即发出紧急通知，要求防汛减灾，安全生产。山东省委常委、青岛市委书记张惠来，山东省副省长、青岛市市长杜世成等市领导冒雨察看汛情，并与有关部门负责人到现场办公，指挥处理紧急情况。北海舰队、青岛警备区等驻青部队和武警青岛支队的广大官兵也奋力抢险。狂风暴雨中，当北海舰队接到防汛指挥部抢险救灾的求援电话后，舰队首长亲自坐镇指挥，官兵们拿着铁锹，冒着倾盆大雨迅速赶到崂山北宅和崂山水库，和群众肩并肩投入抢险救灾的战斗中。面对即墨、城阳、崂山、黄岛等受灾地区的求援，青岛警备区共出动500余名官兵，驾驶冲锋舟投入各受灾区域。在受灾较重的毕家村，市长杜世成和青岛警备区司令员姚春阳亲临现场，指挥村民和某海防团近200名官兵在水中抢险。在即墨市，警备区船运大队派出的冲锋舟迅速救出被困在水中的20名群众。各个市区的人民武装部也火速组织民兵、预备役人员分赴受灾点抢险。

4. 请提炼下面的材料，写一则消息。（要求双标题，并运用“倒金字塔”结构。）

以“益鑫泰服饰，中国人的面子”一句口号而享誉海内外的湖南益鑫泰麻业服装实业有限公司，自1996年以来，一直把产品品质视为名牌战略的核心，并且形成了企业“诚信为本，品质为先”的管理体系。同时，在行业标准上，益鑫泰通过了ISO 9000国际质量体系认证和欧美绿色环保标准，为产品实现内外销的格局奠定了坚实基础。此外，该公司“人本时效管理法”强调对生产流程的过程控制，确保了产品每个生产环节的质量。该公司科研投入达到销售收入的6%，每年开发上百个新产品。

2004年10月上旬，国家质检总局公布了该年度中国免检产品及其生产企业名单，此次评选重在考察企业的市场占有率、产品品质、生产规模及企业的诚信程度。据统计，全国489家企业的产品符合免于质量检查的条件，被授予免检资格，其中之一就是益鑫泰。

日前，湖南省质量技术监督局召开庆功大会，对本省荣获国家免检资格的7类14家企业进行表彰，并且颁发了免检荣誉牌和证书。刚刚被评为“中国名牌”的益鑫泰再次获得殊荣，这是湖南省2004年度唯一同时获得“中国名牌”和“国家免检”称号的产品。

第三节　通　讯

一、通讯概述

通讯是以叙述、描写为主要表达方式，将具有新闻价值的人物或事件及时、具体、生动地予以报道的新闻体裁。通讯是报刊、电台等媒体最主要的体裁之一。

通讯发挥着消息等其他新闻文体不能替代的特殊作用，它可以从更开阔的视角向读者展示更为丰富多彩的新闻细节，从文学性与感性上打动读者的心灵，进而发挥其教育人、鼓舞人的精神力量。同时，通讯题材的多向性、广泛性能够多方位地满足读者在知识情趣方面的需要。

（一）通讯的主要特点

1. 生动性

通讯尤其是人物通讯具有一定的文学色彩，可借用某些文学手法来刻画人物、渲染环境、描写细节、巧妙布局，增强形象性、逼真感和生动性，给人以立体感、现场感。

2. 完整性

通讯须相对完整、具体地报道人物或事物的过程，要求详尽、具体地报告事件的经过、演绎人物的命运，充分展开情节，甚至描写细节和场面。这些既是生动性的表现，同时也是内容完整性、具体化的要求。

3．评论性

通讯在运用夹叙夹议的方法对人或事做出直接的评论的同时，表露作者的感情与倾向。然而通讯的评论不同于议论性文体的论证，它须时时紧扣人物或事件，依靠事实做适时、恰到好处的评价点拨。因此这是一种通过描写、叙述、抒情等表达手段进行的议论，它的特点是以情感人，理在情中。

（二）通讯的种类

1．人物通讯

人物通讯以报道先进人物、新闻人物为主要内容，报道的目的是反映他们的先进事迹，展示人物的崇高品质，为社会树立榜样。

2．事件通讯

事件通讯主要报道有强烈新闻性的典型事件，较为详细完整地介绍事件的来龙去脉与发展过程、作用及影响，深刻地发掘事件中蕴涵的意义，揭示社会生活的本质，反映时代风貌。

3．工作通讯

工作通讯是我们在新闻报道中要经常面临的一种通讯形式，对提升工作水平、总结经验、指导工作、宣传政策很有帮助，能够较全面、较直观地反映本地方、本单位的工作。所以说，工作通讯是介绍经验类的通讯。

4．概貌通讯

概貌通讯主要是从整体上扼要地报道一方一地的社会面貌、今昔变化、自然风光、风俗习惯等为主的通讯体裁。这种通讯由于经常用于介绍游览名山大川、名胜古迹，因此经常被称为旅游通讯。

（三）通讯与消息的区别

（1）从内容上看，消息主要以报道事件为主，向人们报道新近发生的事，而通讯报道的主要是人，写人的思想及实践活动，即使事件通讯也要事中见人，因为事情是人做出来的，围绕着事件，刻画出与事件有关的人物的形象，通过写事来写人，表现人的思想、感情和精神世界。消息只简单地报道发生了什么事，不多写情节，也就是说没有铺开来写。通讯比较详细，具体报道前因后果，展示情节。就篇幅来说，消息较短，简洁明快；通讯较长，具体、细腻、形象。消息立足于让读者“早知道一点”；通讯立足于“多知道一点”。所以消息是要快；通讯是要详细。

（2）从结构来看，消息为了吸引读者，往往把最主要、最新鲜的东西放在前面，把最精彩的东西放在导语里，呈“倒金字塔”结构；通讯则不一样，可以按时间来写，也可以按因果关系来写，还可以纵横交错，围绕主题，把材料串起来，有故事情节，有细节材料，从头到尾都一样重要。

（3）从新闻时效来说，消息强调的是迅速，快；通讯则要求没有这么严格。信息量上消息单薄一点，通讯丰满一点；在深度上，消息简单一点，通讯深一点。

（4）从表达方式来说，消息多用叙述，在语言上多用词语的直接含义，显得简洁朴素、通俗易懂；而通讯在叙述的基础上，还要运用描写、议论、抒情手段，语言上常用新颖独特的创造性词语，增强作品的感染力和生动性。

二、通讯的结构与基本格式

（一）通讯的结构

通讯是一种结构灵活自由、可以使用各种表达方式的新闻文体，从这一点来说，无所谓格式体例，与消息大不相同。通讯的结构指的是它的组织方式和内部构造。如何安排好通讯的结构，不单纯是写作技巧问题，还是作者的思想认识在写作方法上的反映，是作者思路的集中体现。常见的结构形式主要有纵式结构、横式结构、纵横式结构、“蒙太奇”式结构、对比式结构等。

（1）纵式结构。这是以时间推移为顺序，或者按作者观察、认识事物的逻辑顺序来组织材料、安排层次的常用的一种结构方式。它一般用于叙述人物的经历和事物的发展进程，便于读者清晰地了解事件的全过程。

（2）横式结构。以空间的变换为标志来安排层次，或者以事物性质的不同侧面来安排段落。这种结构便于分不同空间位置、不同角度表现主题，适合同时表达几个人物、写几件事的通讯，一般概貌通讯和工作通讯常采用这种结构。

（3）纵横式结构。纵横结构即以时间为“经”，以空间为“纬”，采用纵横交叉的方式来安排层次。总体上，以时间为线索，而在同一时间内发生的事件往往按照“花开几朵，各表一枝”的方式去报道。

（4）“蒙太奇”式结构。“蒙太奇”是电影中各种镜头画面组接的方式，即把一个个镜头画面合乎逻辑地组合起来，使之产生连贯、对比、联想的效果，从而成为一部完整的影片。“蒙太奇”手法用于通讯结构，可省略一切过程中的叙述，只突出事物的主要特征，像戏剧式地一幕幕闪现，把生活场面、人生片断分成一个个画面，然后进行组合。

（5）对比式结构。这是一种双线并列的方式，明暗线结合，通过穿插描写，使事物矛盾对立的两个方面形成鲜明的对比，成为一个强烈反差。

（二）通讯的基本格式

1．标题

通讯多采用文章式标题或双行标题。通讯的双行标题，其正标题多用来揭示主题，应适当强化文采；副标题多用来对正标题限制或补充。有些长篇通讯在文中常插用若干小标题。

2．正文

开头，即通讯情节的开端，其写作要领是视角新颖、生动活泼，富有吸引力，以便引导下文。

主体旨在把主要情节逐层推向高潮或将事实的本质予以有主有次地展示出来。而四种不同类型的通讯主体的写法又有所不同。

（1）人物通讯。写人物通讯最重要的是写出人物的先进思想，即挖掘出人物思想中具有社会精神和时代意义的部分来。要写出人物的特点，要精选典型的情节和细节，但又不能合理想象，一定要实事求是地把先进人物放在生活中和群众中来写，而不要“神化”。要抓住人物的特点，用人物的行为表现人物。

（2）事件通讯。写事件通讯更要突出事件的新闻性和典型性，要揭示出社会生活的本质。事件通讯的叙事要有明确的目的性，它是为了说明一定的思想观点，而不是为叙事而叙事。事件通讯是报道真实的事件，在写作时一定要注意叙事要清晰，要突出重点，有详有略。写事件通讯，可以运用多种表现手法，使内容丰富多彩。在写作时要注意将事件的发展作为主线，用主线串联起与事件相关的人物，通过语言、动作和细节三方面刻画人物，烘托事件。

（3）工作通讯。工作通讯要反映工作中一些具有普遍意义的问题，从中总结出带有规律性的东西，通过典型、生动的事实来说话，文笔要生动活泼。

（4）概貌通讯。概貌通讯通过对名城异物、风土人情的概括描述，歌颂伟大的时代。因此，写作时既要放眼全局，又要写出写作对象的特点，要富有知识性和抒情性，即文字要生动活泼、明快流畅，富有感情和文采。

3. 结尾

结尾即通讯的尾声部分，旨在自然有力地收束全文。通讯的结尾要简洁凝重，合乎情理，并有助于深化主题。

三、通讯的写作要求

1. 在掌握素材上，要善于发现典型

通讯的素材掌握并不像消息那样只掌握事实和背景材料就可以了，而是要特别注意发现典型人物和典型事件，有时甚至要捕捉一些有价值的细枝末节。因为不这样，就写不出形象、生动、具体的通讯来，也就起不到通讯的教育作用。

2. 在提炼主题上，要善于选择角度

通讯的主题是作者在通讯中要表达的中心思想，通讯主题的提炼要求做到正确、鲜明、集中、深刻。要善于在事物的某点或某个片段上下功夫，挖掘出具有普遍意义的较为深刻的主题来。

3. 在布局谋篇上，要善于剪裁取舍

通讯在结构安排上要善于在大量的素材中选择最有意义的材料来写，这些最有意义的材料又要点面结合，详写典型事例，略写一般事例。

4. 在表达方式上，要善于多种手法并用

通讯要记叙、描写、议论、抒情多种手法并用，特别是一些篇幅短小的通讯，这些表现手法几乎没法分开，所以多呈现“夹叙夹议”的方式。

四、例文

例 9-2　人物通讯

传播党的温暖的天使

——记西藏那曲军分区门诊所护师彭燕

目前，在海拔 4 500 米以上的高寒地区坚守岗位的女军人有多少？知情人的回答是只有一位——她，就是西藏那曲军分区门诊所护师彭燕。

那曲军分区是全军海拔最高的军分区，地处素称“世界屋脊之脊”的藏北，海拔4 500多米，空气中含氧量不及内地的一半，脚下的大地为“永冻层”，但身高1.64米、体重仅41公斤的彭燕却在这个“生命禁区”坚守了12年。

放弃14次离开那曲的机会

瘦！令人难以置信的瘦！初见彭燕，不由地让人担心那曲的风会把她吹向空中，卷走。

彭燕的父亲是西藏林芝一家军队医院的药剂师。1999年，从成都军区军医学校毕业的彭燕，决心像父亲一样到西藏工作。那年，那曲发生特大雪灾，成群的牛羊被冻死，牧民眼中充满期盼……强烈的电视画面冲击着彭燕的心灵，她便主动要求去那里。

2000年5月，第一次探亲的彭燕一进家门，母亲就心疼得哭了：白白胖胖的独生女，在不到一年时间变得又黑又瘦。之后，母亲多次找部队领导要为女儿办调动，但都被彭燕拒绝了。

那时，在那曲军分区门诊所，与彭燕一起工作的还有两位女护士，一位叫段绍慧，另一位叫郑金玉，她们被誉为那曲军营的“三朵雪莲”。然而，2002年1月，在那曲工作了17个年头的段绍慧被肺癌夺去生命；时隔两年，郑金玉也因肝癌病故。也许是巧合，就在那两年，在那曲地方上班的两位军嫂也相继因高原疾病去世，她们离世时无一人超过37岁。此时，西藏军区领导也明确表态，只要彭燕愿意下山，随时可以办手续。

那段日子，彭燕犹豫过，她问自己：如果生病了该怎么办？是不是应该先离婚，才能不拖累丈夫？肚子里的孩子该不该生下来？孩子长大了没有母亲又该怎么办……然而，当她看到身边的战友几年、十几年甚至几十年无怨无悔地奉献，想到那么多身患高原疾病的战友需要救治，想到农牧区那么多藏族群众需要“门巴”（医生）的帮助，她毅然选择了坚守。

官兵们算了算，彭燕放弃了14次离开那曲的机会。

创造出15项高原护理技术

一天，彭燕去训练场巡诊，遇到一名战士腿部受伤流血。她熟练地清创、止血、包扎，可隔了一会儿，那位战士的伤口又殷红一片。这时，老护士段绍慧赶紧过来重新包扎。

“在高原处理伤口，因为凝血因子减少，必须先用厚纱布块压迫住伤口周围的毛细血管，再进行外部包扎……”段护士解释说。

从此，彭燕十分注重学习和掌握各种高原护理的特殊技能。为了提高护理水平，她自费到第三军医大学进修，经常去那曲地区人民医院“取经”。彭燕学会了调整高原用药剂量，学会了把输液管预热以对付高原温差产生的气泡，学会了在很难摸到血管的冬天采取逆向进针的方法输液……

12年来，彭燕创造出“寒冷条件下热敷输液部位减轻疼痛”等15项高原实用护理技术，总结出“高原皮试时间应延长5分钟”、“高原抗生素静滴每分钟滴数应控制在常规数量的80%以内”等17条特殊护理经验，还结合高原临床实践撰写发表《高原护理基本要领》等多篇文章。

今年元旦前夕，就读于成都民族中学的藏族小姑娘曲珍，给她的“妈妈”——彭燕寄来一封信：

“彭妈妈：在孤儿院时，其他小朋友都嫌我脏，叫我黑姑娘，不愿意跟我一起玩。是您，帮我梳洗打扮，为我清理身上的虱子，为我扎起第一条马尾辫；是您，让我有了自信，让我从丑小鸭变成了白天鹅。谢谢您，我亲爱的妈妈！”

曲珍是那曲地区儿童福利院的一名孤儿，从小就失去父母。是彭燕让她感受到母爱，并资助她考上内地中学藏族班。彭燕的“儿女”不止曲珍一个，福利院的 35 位孤儿都是她的“孩子”，他们都叫彭燕“妈妈”。

在翻雪山、涉冰河、过沼泽，顶风冒雪为藏族同胞送去健康的同时，彭燕还努力找寻帮助群众致富的方法。

彭燕的背包里有两件“宝贝”：摄像机和笔记本电脑。用这两件“宝贝”，她把西藏电视台藏语频道播放的关于国家政策、科技种养、致富信息等节目录制下来，在巡诊中播放给藏族同胞看。

风里来，雪里去。彭燕义务巡诊一路，把党的温暖传递一路，把致富信息和技术传送一路，通过“电脑讲座”的方式宣讲 217 场次，为部分群众送上致富的“金钥匙”：牧民们有了经济头脑，市场需要什么，他们就种养什么；一些农牧民贷款买来汽车跑上运输，把家乡的土特畜产品运到城里卖……

“辽阔的羌塘草原啊/在你不熟悉它的时候/它是如此那般的荒凉/当你熟悉了它的时候/它就变成了你可爱的家乡。”吟唱着这首传之久远的羌塘古歌，彭燕的心与那曲官兵的心、那曲群众的心紧紧地贴在一起。（本报记者　陈劲松）

（资料来源：陈劲松. 传播党的温暖的天使[N/OL]. 光明日报，2011-06-03. http://epaper.gmw.cn/gmrb/html/2011-06/03/nw.D110000gmrb_20110603_1-01.htm.）

【析评】

这是一则人物通讯。以彭燕的经历为“明线”，辅以其事迹所提炼出来的中心思想作为“暗线”，一明一暗相互交错，将彭燕为高寒地区群众送去温暖的事迹展现在人们眼前，记叙生动，描摹准确，有吸引力。在刻画人物方面，记者注意在典型环境和矛盾冲突中再现人物事迹。人物通讯中，人物内心世界的挖掘极其关键，记者在此方面挖掘得很到位，以典型人物的典型话语很好地阐释了人物的内心世界，使人物形象极为丰满。

例 9-3　事件通讯

寄往天堂的哀思

“爷爷，如今全家一切都好，孙媳妇怀上了龙宝宝，奶奶身体健康，请您放心，天堂会永远守护着您！”

“老伴，你已走了 853 天，天堂里冷吗？住的还习惯吗？儿子媳妇都很孝顺，你别对我放心不下。”

“妈妈，泪水抹不去我对您的思念，下辈子我还要做您的女儿！”

这些信来自重庆石桥铺殡仪馆祭扫逝去亲朋的民众，他们写下无尽的哀思，缅怀曾经的美好回忆，细数现在的点滴，展望未来的幸福生活，把信件“寄往”遥远的天堂。

清明节是缅怀先人的节日，在这一特别的日子里，逝去亲友生前的点点滴滴都在微微敲打着人们的心房。

1日，重庆艳阳高照。记者在重庆石桥铺殡仪馆看到，尽管还没到清明假期，但前来祭扫的民众已是络绎不绝。

走进存放骨灰的千秋堂，一张印满鲜花图样的纸板，一个装了透明玻璃的信箱，在纸板和信箱上都写着“天堂信箱”字样，格外醒目。信箱上还放着厚厚一摞信纸及若干支笔，只要愿意，谁都可以写下对逝去亲友的问候和思念，写好的信件可直接投入信箱，也可张贴在纸板上。

看到天堂信箱，白发苍苍的老奶奶聂文秀在孙子的搀扶下蹒跚地走了过来，拿起纸笔写起信来。“老伴，你还好吗？”她的双手已颤抖到有些不听使唤，笔尖颤颤地从纸上划过，字迹也跟着她的双手抖起来，一层雾霭蒙住了她的双眼。

“老伴，现在全家都很好，孙子大学毕业已经开始工作了，他和他爸他妈一样孝顺，知道我有风湿关节炎，拿到第一个月工资就给我买了一台治疗机。你走的那年，他还是个大二学生，那时候他老说等他毕业了，赚钱了，就带咱们坐一辈子都没坐过的飞机。现在，他出息了，你却走了，我们都很想你。”

写完信，聂奶奶深深叹了一口气，眼角渗出的浅浅泪痕她浑然不觉。她小心翼翼地把信纸折得整整齐齐，将它投进信箱里。

“他在天堂里守护着我们一大家人，我要让他知道我们都过得很好。”聂奶奶说。

信箱，连接着分散在五湖四海的亲友之间的心灵；“天堂信箱”，则抒发了人们对逝去亲友的浓浓思念。

石桥铺殡仪馆相关负责人告诉记者，通过“天堂信箱”收到的信件，将在清明节后被统一焚烧，“寄往”天堂。

（资料来源：鄢银婵. 寄往天堂的哀思[N/OL]. 中国新闻网，2012-04-01. http://www.chinanews.com/sh/2012/04-01/3791976.shtml.）

【析评】

这是一则事件通讯，它选取了一个重要历史事件的几个最富典型意义的横断面，以感人至深的细节呈现人们清明节期间借助“天堂邮箱”的方式祭扫逝去的亲朋，增强了整篇报道的可读性，这也是这则通讯获得感人魅力的重要因素。

复习与训练

一、填空题

1. 通讯的特点有__________、__________、__________。
2. 通讯按内容可分为__________、__________、__________、__________四类。
3. 通讯的主题是作者在通讯中要表达__________。
4. 通讯常见的结构有__________、__________、__________、__________。

二、指出下列文题中哪些是通讯的题目，哪些是消息的题目，并据此思考二者的区别

1. 辛勤的园丁
2. 河北省教委表彰一批工作成绩突出的教育工作者
3. 沈阳市破获盗窃黄金巨案

4. 黄金梦的破灭——八百两黄金盗窃犯伏法记
5. 抢“财神”——河南农村见闻
6. 向社会学习 为社会服务
7. 西北地区高等学校鼓励学生参加社会实践

三、简答题

1. 通讯有哪几种类型？
2. 通讯和消息的主要区别有哪些？
3. 通讯的四种结构是什么？

四、阅读分析

1. 阅读下面这两则新闻报道，然后回答下面的问题。

（1）从这两则报道看，消息与通讯的标题制作有何不同？

（2）从文1看，消息采用哪种结构形式？背景材料是什么？有什么作用？

（3）从文2看，通讯的表达手法有何特色？

（4）从两则报道看，消息与通讯写作有何不同？各自的报道优势是什么？

（文1——消息）

国际油价一举登上每桶71美元台阶

新华网纽约5月23日电 受美国飓风季节即将来临等因素影响，市场对石油供应的担忧加剧，国际原油期货价格23日明显上涨，一举登上每桶71美元台阶。

纽约商品交易所7月交货的轻质原油期货价格上涨1.80美元，收于每桶71.76美元；伦敦国际石油交易所7月交货的北海布伦特原油期货价格上涨1.65美元，收于每桶71.00美元。

另外，纽约商交所6月交货的取暖油期货价格当天上涨6.63美分，收于每加仑1.998 9美元；6月交货的汽油期货价格上涨5.06美分，收于每加仑2.108 0美元；6月交货的天然气期货价格下跌1.8美分，收于每1 000立方英尺（1立方米约合35立方英尺）6.258美元。

据报道，美国有关气象部门的负责人日前表示，今年美国飓风季节的天气虽不会像2005年那样恶劣，但相对活跃，预计今年美国将面临8到10场飓风。2005年，美国经历了较为严重的自然灾害，其中“卡特里娜”飓风给灾区经济带来了严重的损失。

此外，由于美国夏季汽油消费高峰即将来到，市场对美国汽油供应前景也日益关注。

（资料来源：http://finance.sina.com.cn/roll/20060524/1627708267.shtml.）

（文2——通讯）

空调涨价——“狼”来不来还要看“天”色

铜价疯涨，成本猛增，空调涨价势在必行。这句话被厂家接连喊了两个冷冬季之后，“狼”似乎真的就要来了：本周内，美的、格力、海尔等空调巨头宣布全面提价，涨幅从3%到15%不等。

对于生产厂家的涨价，流通商直言不讳：涨价难以持久。而持续的低温大风天气，似乎也不大支持涨价行为。空调旺季的来临，铜价上涨的题材，给了生产商造势的绝好借口。

但生产商的涨价美梦能否实现，恐怕还要看“老天”的脸色。

空调涨价不再“羞答答”

今年以来，铜价飞涨，已从年初的4.3万元/吨上涨到8万元/吨。据专家分析，平均每台空调机需用铜6千克至7千克，仅此一项每台空调的成本就上涨100元至200元。

这一残酷的市场现实，终于让生产厂家撕下了“温情脉脉的面纱”。面对涨价，他们不再“羞羞答答”。五一黄金周过后，一些空调巨头采取联合行动，集体喊“涨”，并将全线产品的调价通知单纷纷发给各大卖场，而这只是“照会”并非“协商”。

铜价上涨非自今日始，但生产商如此赤裸裸地高调喊“涨”，在近年来的空调界实属罕见。过去，制造商在各种场合反复宣称由于原材料价格上升、能效比标准出台等因素，空调价格必然上涨，但在惨烈的市场竞争面前谁也不敢公开提价，更多的是羞答答地以新品提价、新功能提价等方式“曲线救国”。

流通商不敢轻言“涨”

对于制造商的涨价行动，流通商的表现并不积极。苏宁电器华北地区管理总部执行总裁范志军直言不讳地认为，厂家的涨价行为很难持久。

范志军的论据有两点。一是空调企业的巨大库存压力。有关资料显示，我国去年共有800余万台空调库存。二是空调市场接近饱和。国务院发展研究中心市场研究所副主任陆刃波说，国内空调市场需求总量增长幅度连续三年呈下降趋势，预计明年空调需求量将首次出现负增长。

虽然有充分的不涨价理由，但流通商依然为制造商的涨价做了充分的准备。苏宁、国美、大中等家电卖场，纷纷采取措施“平抑”空调价格，以吸引更多消费者。

涨不涨价要看“天”行事

空调是个“看天吃饭”的行业。近几年来，在销售旺季来临之前，空调厂家吹起的一个又一个涨价“泡沫”，都被老天爷“温和”地戳破。

老天的事谁也说不准。今年的时令已经过了小满，南方一直阴雨绵绵，北方虽然晴朗，但大风不断、气温不高，或许今年又是一个“凉爽年”？假如，今年的天气依然不热，那么，那些拍着胸膛签订“涨价联盟”的空调企业，明年还会找出哪些理由制造涨价的噱头呢？

（资料来源：http://finance.sina.com.cn/roll/20060525/0754709454.shtml.）

2. 阅读下面一篇事件通讯，谈谈它的写作特色。

悲愤的葬礼

新华社记者 杨明

格里菲斯·乔伊纳的灵柩在哀乐声中被缓缓地放落，她那洁白的面容和灿烂的微笑将永世和墓穴的黑暗作伴。

这是一个奇特得令人无法置信的葬礼；这是一个将爱心献给逝者，在悲哀中夹杂着愤怒的葬礼。

创造了震惊寰宇的10秒49女子百米世界纪录的乔伊纳永别人世。她的猝死激发起新一轮的流言，其死因即便经过遗体解剖至今仍是一个谜，这更加重了世人对她服用兴奋剂的猜疑。

天幕低垂，松柏呜咽，送别乔伊纳的人们失声痛哭。

乔伊纳的亲属克西对七岁的小侄女玛丽高声喊道：“孩子，你的妈妈想让你知道，那些诋毁她的恶毒谣言再也无法伤害她了。玛丽，你再也不用为那些毒蛇般致人死命的谣言担心，你亲爱的妈妈再也听不到了。”“玛丽，看到了吧？上帝在保佑你妈妈，现在，上帝变成了她的教练。”克西声音哽咽，闻者无不动容。

在送葬的行列中，站着乔伊纳生前好友、美国奥运百米冠军德弗斯和男子 400 米跨栏世界纪录保持者凯文·杨；站着美国奥委会主席海德尔和国际奥委会副主席弗朗兹；站着不少美国奥运会选手和 1 500 名想最后瞻仰她遗容的各界群众。

然而，许多该来的人没有到场，起码人们没有看到老“飞人”刘易斯和当今“飞人”琼斯的身影。但是，覆盖在乔伊纳灵柩上的那面奥运五环旗，似乎在无声地向世界证明：格里菲斯·乔伊纳无愧于五环旗，她的名字将镌刻在奥运史册上。

乔伊纳的丈夫厄尔悲凄的哭喊道：“为什么你要离去，为什么呀？你把所有的爱都奉献给大家，却一句话也不说，委屈地走了。”

忽然，一个哀婉的童音唱起一首动人的歌曲。那是乔伊纳 7 岁的女儿玛丽。她噙着热泪唱起妈妈生前最爱听的歌《风儿何时再吹向我》。

在凄婉稚嫩的歌声中，乔伊纳的灵柩缓缓地、缓缓地沉入墓穴。

（资料来源：杨明. 悲愤的葬礼[N/OL]. 生活时报，1998-09-28. http://www.gmw.cn/01shsb/1998-09/28/GB/751%5eSH15-2111.HTM.）

五、写作训练

2003 年，我国派往联合国监核会的防化专家郁建兴在完成核查任务返回途中遭遇车祸，不幸牺牲。请根据这一事实草拟一则消息的标题和一个通讯的标题。

第四节 特 写

一、特写概述

特写是对被报道的新闻事件中富有特征的片断，予以集中突出、形象化的描绘，再现新闻事件的新闻文体。

新闻特写是区别于消息与通讯和一种新闻文体。它摄取新闻事实中最富有特征和表现力的片断，通过多种表现手法进行具有强烈视觉及情感效果的着力刻画，从而更集中、突出地表现新闻事实和主题。

（一）新闻特写的特点

1. 镜头感

新闻特写并不是面面俱到，而是集中某些局部做突出的、重点的描绘。新闻特写通过巧妙地“截取”新闻画面，并适当的“放大”现实生活中的一两个场面、一两个镜头，生动而集中地再现场景与人物，使其产生立体感，镜头感。

2．透视感

新闻特写不仅要用事实说话，而且要用活生生的形象说话。通过描绘，让读者将文字的内容转化为可视的画面，使人如临其境、如闻其声、如见其人，给人以立体感、透视感。特写比其他新闻文体更强调“以小见大”的传播效果。

3．现场感

与其他新闻文体相比，特写一定是来自现场的报道，作者一定要在现场采访，他必须是新闻事实或被采访人的现场目击者。现场感的另一个特点，表现在特写的写作要情景交融。

（二）新闻特写的种类

1．从特写所体现的新闻价值来划分

（1）新闻性特写。新闻性特写就是对新近发生的事实迅速而集中地进行报道的特写。由于这种特写写作迅速，所以用得较多一些。

（2）散文性特写。散文性特写就是对近期出现的新人新事集中地进行具体、形象描绘的特写，也有人称之为“记实性散文”。由于其文艺性较强，这种特写一般常登在报纸副刊上。

2．从题材角度划分

（1）事件特写。事件特写侧重于事件过程的描写，摄取与再现重大事件的关键性场面。

（2）场面特写。场面特写重在截取事件的一两个精彩片断或精选一两个场面进行浓墨重彩的描绘，通过再现场面的特色、规模、气氛等，完成对整个事件或社会风貌的把握。

（3）人物特写。人物特写是报道人物经历、性格特征的特写性文章。它以人物为特写对象，要求绘声绘色地再现人物的某种行为或行动，并透视其思想境界；或者是通过对人物活动的展示，揭示人物活动的社会环境，以此来解释人物行为的时代依据，折射出整个时代的特征。

二、特写的写法

特写这一体裁一般选择重大的或具有典型意义的题材，从一个小的细节来反映大的主题。下面将从新闻性特写和散文性特写两方面介绍特写的写法。

（一）新闻性特写

新闻性特写主要是因“事”而发，构成这种特写的线索就是“事”，只要能紧紧围绕这件“事”来写，并写得生动、具体、形象，使读者产生深刻的印象，并从中受到感染、启发或教育。侧重写人的要详写人在“事”中的条件变化、心理变化，突出其精神面貌；侧重写事的要详写事件的发展和细节，突出事件的意义；侧重写景的，要详写景物的变化过程，突出景物的形象或画面。

（二）散文性特写

散文性特写就是对近期出现的新人新事集中地进行具体、形象描绘的特写。写人的不仅要写人的主要事迹和成就，更要写出这人的某些特殊品质；写事的不仅要写事的主要过程，更要写出这过程中某些或某个具有深意的细节；写景物的不仅要写景物的概貌，更要写出某一点的特殊之处或具有寓意的地方。

三、特写的写作要求

（1）场景要典型。特写所写的事件都不是新闻事实的全过程，而是其中的一个“横断面”，因而这个“横断面”一定要典型——是能代表事件的全部意义、最值得写的某个细节或片段。

（2）描绘要真切。特写之所以具有感染力，当然首先确实是事实本身有着动人的因素，但如何把这动人的因素恰如其分地表现出来，也的确是值得注意的。

（3）刻画要细微。特写是把某些场面或片段“放大”给人看的，所以其场面和细节的刻画一定要细微，即调动各种表现手法，从各个方面来刻画形象。

四、例文

例 9-4　人物特写

战略科学家江上舟的赤子情怀

与江上舟一起工作过的人这样描述他：个子很高，国字脸，待人诚恳；讲话声音洪亮，咬字偶带福建口音；知识渊博，性格开朗，像个老小孩；对生活几乎没什么要求，对工作却一丝不苟……

更重要的是他的人品与作为。在生命的最后岁月里，江上舟与癌魔赛跑，为国家筛选出大飞机、集成电路制造、新能源汽车等重大战略专项而鞠躬尽瘁，为上海市发展半导体装备、太阳能、第三代移动通信等产业建言献策，奔走出力，促成了一个个战略型新兴产业布局“零”的突破。

论证大飞机项目：“当时的决策是对的”

原上海航空公司驻京总代表何志庆是 2001 年年底认识江上舟的，机缘来自大飞机项目。

二人约在北京昆仑饭店谈了两个多小时。时任上海市政府副秘书长的江上舟不仅谈了行业内的主流观点——很多人认为不能搞也搞不成；也谈了自己的观点——应该搞且可以搞，但需要科学论证。在电梯口分手时，江上舟突然转过身：“小何，明天我就要动手术了——肺癌，要切一下。大飞机的事，我一直很关心，手术台上不能接电话，但手机不会关，有事随时给我打电话。”江上舟对待病情这种轻描淡写的态度令何志庆内心受到极大震撼。

大飞机项目的论证资料很难找，江上舟建议借鉴国外陪审团制度：论证委员会由多方面人士组成，避免行业内自行论证；论证过程中，专家保持独立性，凭良心、人格对国家、民族有所交代；论证中所说的每句话都有录音和文字记录，并由本人签字确认存档。“这些方法在当时是超前的。中国商用飞机有限责任公司这两年走下来，证明当时的决策是对的，而这与江上舟提出的方法有关联。”何志庆评价道。

支持芯片产业：“作用无出其右”

上海半导体产业和芯片设备制造业的发展也浸透着江上舟的智慧、远见与努力。

中微半导体能够落户上海，就与他的推动分不开。“当时国内对此怀疑很多，他面临的阻力不仅在于'这样的项目要不要支持'，还在于这是留学生在海外注册的公司，作为一个'外企'，国内财政要不要支持？"中微半导体设备（上海）有限公司总经理曹炼生回忆道。

江上舟力排众议，坚持"中国的高端产业，需要国外的留学生把目前最前沿的技术带回来，不能简单地将它们视为一般外企"。

为此，尹志尧、吕彤欣等半导体企业负责人由衷地评价道："上海的芯片制造产业及其装备制造产业能有今天这番景象，得以在全国居领先地位甚至令国际同行刮目相看，上舟先生的作用无出其右。"

筛选重大专项："皆出于公心"

2003 年 8 月，国家中长期科学和技术发展规划纲要领导小组成立，大家推荐江上舟做重大专项组组长。"为什么要请他呢？他在地方主抓经济，对科技又高度关注，有战略思维能力，能跳出部门、行业的局限，在业内有权威、公信力和掌控能力。"科技部重大专项办公室主任许倞、科技部国家科技基础条件平台中心主任戴国强说。

江上舟工作热情极高。前期，重大专项组有三个项目需组织论证，包括大型飞机、探月工程和国际热核聚变。每次研讨和调研，他都亲临现场。在他与相关专家的努力推动下，大飞机专项被写入规划纲要，探月工程进一步明确了先期绕月的目标，我国成为了国际热核聚变的发起国之一……

在江上舟的领导下，重大专项组从技术、经济、产业发展、全球竞争力等各个方面综合考量，为中央的最终决策提供了很好的建议。各战略研究组最初提出的 58 项建议，最后被进一步压缩为包括转基因、传染病、新药研发等在内的 16 项，江上舟为此得罪了不少人，却皆出于公心。

2011 年 6 月 27 日，江上舟在上海瑞金医院不幸逝世，享年 64 岁。在生命的最后一刻，他仍念念不忘那些建议立项但尚未完成的重大项目，最让他感到遗憾的是，不能亲眼看见大飞机上天、无法完成"中国芯"工程。谈到近两年令他牵肠挂肚的事关上海太阳能光热产业发展的益科博项目，他对前去探望的同事说："你们要继续关心这个项目，有时间代我去海南看看，我是再也去不了啦！"话音未落，身边的人们已失声痛哭。（本报记者 张 蕾）

（资料来源：张蕾. 战略科学家江上舟的赤子情怀[N/OL]. 光明日报，2012-01-01. http://epaper.gmw.cn/gmrb/html/2012-01/01/nw.D110000gmrb_20120101_3-04.htm.）

【析评】

这是一则人物特写，作者围绕着"战略科学家江上舟的赤子情怀"展开内容，中心线索清晰，详略得当，以饱满的感情和深刻的理解，传达出丰富的信息。文章使用了多种表现手法，灵活自然、真实可信地写出一个鲜活的战略科学家的赤子情怀。

复习与训练

一、填空题

1. 特写的特点包括__________、__________、__________。
2. 从题材角度出发，特写可分为__________、__________、__________。

二、简答题

1. 什么是新闻特写?

2. 怎样写好散文式新闻特写?

三、阅读下面一则特写，并回答文后的问题

奥蒂又输了，这次依然输给了坏运气。

这位 37 岁的牙买加老将具备夺取世界百米冠军的实力已达 17 年之久，运气却从来没有降临到她的头上。当奥蒂闪着泪花走出第六届世界田径锦标赛赛场时，她追求了一生的梦想化做一场噩梦。

奥蒂已经赢得过 20 多枚世界大赛银牌和铜牌，参加过 5 届世界锦标赛，但还从来没有赢得过一次百米冠军。没有任何一个田径选手的付出比奥蒂更多，没有任何一个女子田径短跑选手能在 37 岁的“高龄”依然在世界赛场上奔跑，也没有任何一个世界名将遭遇到比奥蒂更多的莫明其妙的不幸。

这次大赛前，她以 10 秒 96 的成绩排名今年世界第三。奥运会冠军德弗斯和世界冠军托伦斯的缺席，给了奥蒂一次绝好，也是最后一次竞争世界短跑女皇的机会。经过三轮出色的表现，奥蒂最终站到决赛起跑线前，观众送给她的掌声和欢呼声超过了所有其他选手。她太珍惜这次机会了，这是她人生最关键的一次搏击，就像剑手要毕其全部功力于一击。奥蒂蹲下了，全场静默着。发令员举起手臂。反常的两声枪响预示着有人抢跑。所有人跑出后都停了下来，只有奥蒂没有听出是犯规的枪声。这对于比赛经验最丰富的奥蒂来说，似乎是不可思议。

起跑通常不好的奥蒂这次飞身领先，她像旋风般地掠过跑道，人们惊呆了。孤独的奥蒂一人奔跑在赛场上，转瞬之间，她已经跑过 80 米！在全场观众的惊呼声中奥蒂停了下来。她意识到发生了什么。此时，全场再次静默得反常。在这片静默中，面无表情的奥蒂转身在跑道上慢慢地一步、一步地走着……

人们想起在 1993 年的世界锦标赛百米决赛中，奥蒂和美国的德弗斯同时撞线，成绩虽然都是 10 秒 82，但金牌却被莫明其妙地判给了对方。站在银牌领奖台上的奥蒂的那双泪眼给世界留下了难忘的印象。在 1996 年年奥运会的百米决赛上，历史居然惊人地类似，奥蒂又是在同样的情况下输给了德弗斯。去年年底，疲惫的奥蒂终于决定退役，捧着 20 多枚在世界大赛上夺得的银牌和铜牌，心怀不甘的奥蒂宣布自己将转做时装设计师。当时，世界上所有的田径爱好者都将深深的敬意送给这位不是世界百米冠军的“女皇”。奥蒂沉重地走着，一步一个坎，一步一个艰辛。那条百米跑道浓缩了她 20 多年的运动生涯，全场观众以静默表示着他们深深的同情。

出乎所有人的意料，奥蒂没有发脾气，没有沮丧，她的脸上现出坚毅的表情。她再一次蹲下，再一次使出毕生力量去拼搏，但结局是大家可以预料的（仅获第七名）。奥蒂以永不服输的精神感动着观众。她的世界百米冠军梦虽然没有实现，但在世人心中，奥蒂何尝不英雄！

（资料来源：http:wenku.baidu.com/view/d738077da26925c52cc5bf8d.html.）

1. 请为这则新闻特写拟写一条正标题。

2. 文章用较长篇幅介绍了奥蒂参加比赛的背景材料，这样写有什么用?

第五节 新闻评论

一、新闻评论概述

新闻评论是新闻机构所发表的言论的总称。它是针对现实生活中的重要问题直接发表意见、阐述观点、表明态度的新闻文体。各类具有新闻价值的论说文，不拘长短，不论署名与否，均可称为新闻评论。

新闻评论作为新闻文体的一种，与其他新闻文体，如消息、通讯等又有所不同。首先，从写作过程看，消息、通讯主要以事实来说话，通过对客观事实的报道，体现作者的观点。新闻评论同样以客观事实为基础，但它只是以此让作者能直抒己见，议论说理，宣传党的政策，启发教育读者。其次，从表达方式看，消息、通讯以叙述为主，通过对事实的客观叙述，比较间接地表达作者的意见。而新闻评论则主要以议论说理为主，直接表达观点。最后，从评论和消息、通讯的关系来看，新闻评论是在消息和通讯基础上的概括和提高。消息和通讯通过事实的报道，向群众传播大量信息。有些重要信息不一定能立即引起重视，或者注意到了，却不能准确领会它的意义。在这种情况下，新闻评论对新闻事实的分析与议论就能达到事半功倍的效果。

（一）新闻评论的特点

（1）导向性。新闻评论可以针对某件新闻事实、某种思想倾向、某个社会问题发言，这些都应当是当前最值得评论的，最需要通过评论来发表意见的，也就是说，最具有评论价值的。

（2）时效性。好的新闻评论讲究及时、迅速，讲究时效，要及时体现党的要求和指示，及时反映群众的呼声。

（3）理论性。新闻评论不仅需要过硬的文字功夫，关键还要有思想性，运用理论的力量把问题讲透讲深，充分表明了理论的力量。

（4）艺术性。新闻评论的艺术性首先要在文字上下功夫，如果文章内容好，但文字死板、干巴、枯燥乏味，也会影响宣传效果。

（二）新闻评论的种类

新闻评论从不同角度，有多种不同的分类方法。按说理方式分，有立论和驳论两种；按媒介特点分，有报刊评论、电视评论、广播评论、网络评论；按评论内容分，有形势评论、工作评论、事件评论、思想评论等；按评论规格分，有社论或本台评论、评论员文章、短评、述评、编者按和编后语等。目前在我国新闻界采用的是规格分类法，不同规格的评论，有不同的地位和作用。

（1）社论和本台评论。社论和本台评论是报社、电台、电视台最高规格的评论。它是代表报社、编辑部就重大问题发表的权威的指导言论，主要针对新近发生的政治、经济或思想上的重大事件和问题进行评论，表明党和政府的立场与态度。

（2）评论员文章。评论员文章规格仅次于社论或本台评论，多论说地区性、部门性问题。对于一些重大国际性问题，有时发表评论员文章比发表社论更具策略性和灵活性，所以评论员文章往往成为国际性问题最高规格的评论。

（3）短评。短评是新闻评论中的轻武器，经常代表编辑部就某个具体事实阐明观点，发表议论。它篇幅短小，往往一事一议，有时署名，有时不署名。

（4）述评。述评的规格与短评一样，它是新闻报道与新闻评论的有机结合。经常就国内外某一重大事件、问题做评论，既有新闻事实的叙述，又有观点阐述。述评的特点是又述又评，夹叙夹议，以议为主。

（5）编者按和编后语。编者按和编后语是新闻评论最简短、最灵活的形式，属于配发式评论。安排在报道之前的叫"编者按"，安排在报道之后的叫"编后语"。它是对所报道的新闻事实的简要评价、解释，以帮助读者更充分地认识新闻的社会意义和社会价值。

二、新闻评论的基本格式

新闻评论通常由标题、导语、本论、结尾四部分组成。

（一）标题

新闻评论的标题一般比较直接，它不像消息和通讯的标题那么多样，往往旗帜鲜明地直接标出文章的主要思想，如《招聘人才莫攀高》、《医改：为何要改，为谁而改？》。无论何种形式的标题，都应该力求简洁明了，一语中的。

（二）导语

导语是新闻评论的开头。导语部分主要是引出所要评论的事或问题，让人明白因何事而评论。常见的新闻评论的导语有以下几种。

（1）开门见山，提出论题。就是在新闻评论的开头直截了当地把评论的话题方向和大致内容交给读者，使读者在阅读或观看时能够有一个明确的针对性和方向性。2011 年 9 月 5 日《光明日报》的评论《莫等闲，填平渤海湾？》，开头是："据媒体报道，在山东半岛乃至整个渤海、黄海沿岸，填海造地运动正在大规模展开。记者在山东龙口看到，满载填海石料的重型卡车来回往返，昼夜不息。令人忧心的是，这种'填海大跃进'的泛滥正在加速渤海湾的淤死。"开篇提出的论题是渤海、黄海的填海造田运动带给我们的忧虑，使读者带着问题有针对性地去关注问题的前因后果。

（2）开宗明义，表明观点。这种导语方式就是在新闻评论的开头首先把评论者的观点或结论告诉读者。这样，使读者顺着评论者的观点，演绎作品的思想内容，在观点明确的前提下寻求论据的翔实有力。2005 年 12 月 23 日《人民日报》发表的评论《多党合作与构建和谐社会》，开头就直接提出了中心论点："构建社会主义和谐社会是一项重大的战略任务。各民主党派作为参政党，应不断加深对构建社会主义和谐社会重大意义的认识，在推进和谐社会建设的实践中发挥积极作用。"

（3）新闻事件，引出论题。以新闻事件为由头，简要叙述该事件的经过或特点，引出下文。有时，事件在开头部分只是作为一个由头而已，由此引出论题；有时，事件本身也是整篇评论评议的主体。评论《制售假药：有罪！》，其导语就是以一个简要的新闻事件作为评论由头的："今年 5 月 1 日起开始实行的《刑法修正案（八）》，对生产、销售假药罪（以下简称假药罪）做了三处修改，特别是删掉了'足以严重危害人体健康'这一危险结果要件，意味着只要有制售假药的行为就构成犯罪。这个修改凸显出我国诚信法制的进步。"《刑法修正案（八）》对生产、销售假药罪做的三处修改，这个话题是吸引人的由头和论题的切入点，而在正文中此事延伸到诚信体制的完善，新闻性更强，故事性也较强，容易促发读者的兴奋点，以吸引读者对事件及相关话题的关注。

（4）交代背景，说明动因。在新闻评论的开头部分，先交代一下与评论话题相关的背景情况，能够从新闻事件的背后揭示出评论本身的现实意义。评论《网络文化：提速中国社会发展》，其开头是："近年来，中国互联网飞速发展。数据显示，截至今年 6 月底，我国网民总数已经达到 4.85 亿，互联网普及率达 36.2%，其中手机网民数达 3.18 亿，较 2010 年年底增加 1 495 万人。农村网民规模达 1.31 亿，占整体网民的 27%。回顾过去的 10 年，网站数量增长了 10 多倍，用户数量更是上升了 20 多倍。网络文化大发展改变着人们生活的方方面面。互联网文化不仅能给人们带来娱乐，凝聚人心，还能实实在在地增加人们的财富，增加社会的财富。"这一段作为导语，第一句就交代了中国互联网的飞速发展及给人民生活带来的改变，蕴含了评论内容的意义和价值。

（三）本论

本论是新闻评论的主体部分。本论的写作主要是根据导语的内容，展开事实依据，进行议论。在本论中要注意就新近发生的时事论理，不能脱离新闻事实，空发议论，要透过现象看本质，提出了自己的新观点。应该恰如其分，适可而止，不能随意发挥，也不能过分吹捧或过分丑化他人。主体写作要求做到既要结构严谨，又要曲折生动。

（1）结构严谨。结构严谨对于新闻评论来说，在论证的过程中应科学合理地组织好材料、安排好层次结构。常见的有以下三种结构方式：① 并列式，并列式就是先提出总论点，再从不同方面论证总论点的结构方式，这里的"不同方面"是由若干个分论点来体现的，不同分论点所统率的各个部分之间是平行并列的关系；② 递进式，这是一种由表及里、由浅入深的结构方式，它要求对论题逐层剖析、层层说理，层次之间环环相扣、逐步深化，使论述透彻而深刻；③ 对比式，对比式就是主体部分的事实材料及其所要表达的思想内容是相互对照的，通过对比的手法论述论题和观点，有力地证实某个论点的正确或谬误。

（2）曲折生动。所谓曲折生动，是指评论的主体安排应该呈现出正正反反、起起伏伏的结构，要有疑问、有辩论，有迂回、有悬念，使论证的过程能充分调动起受众的情感心理。

（四）结尾

新闻评论结尾的写法很多，有的是对全文进行总结，再次强调所论的观点，给人留下深刻印象；有的则就如何解决存在的问题提出建议，希望有关方面给予重视和采纳；有的就如何改进工作提出希望和要求等；也有的干脆没有结尾，直接结束。

三、新闻评论的写作要求

（一）要选好角度，有所侧重

不同的人，由于社会地位、人生经历等的不同，对同一件事情会着眼于不同的侧面。因此，作者在引述某则消息时，显然要有所侧重。另外，一则新闻往往可以从不同角度解读，在评论时要用独到的眼光，深入地思考，表达自己独到的见解。这就是说，取材要与作者说理的切入点密切相关。这就是作者应该选择的评论角度。

（二）虚实结合、以实论虚、以理服人

新闻评论一般采用夹叙夹议、以实论虚、虚实结合的写法。评论中穿插事例的目的是以事明理，是通过事例的分析、评说来表达一定的观点和主张。撰写新闻评论要正确处理好与读者的关系，要做到平等交流，以理服人。撰写评论者，一定要明白：评论不是命令，不具有强制性。只有尊重读者、平等交流、循循善诱、说清道理，读者才会乐于接受，才会达到良好的效果。

（三）短小精悍、通俗形象

新闻评论在选取论据时，就一定要注意典型性和代表性。因此，在语言的简洁、流畅和通俗形象上更需要不断地锤炼，要先说后评。只就一个角度发表一种言论，不去旁敲侧击，不必旁逸斜出。

四、例文

例 9-5

大众电影不大众

梁发芾

大众电影百花奖近日颁奖，不管是提名还是获奖的电影，许多人根本就没有看过，好像谁也不关心这个在业界有些影响的活动。人们说，电影已经越来越不大众，所以，人们的关注度也是越来越小了，谁得奖谁未得奖，也没有人议论了。

电影的题材、人物是越来越不大众。近年来中国的电影，多是大片的天下。所谓大片，就是大场面、大制作、大投入，当然，也可能是大题材，写的都是大人物。大人物，主要就是皇帝。《黄金甲》、《英雄》、《无极》、《夜宴》，都是大导演的大片，写的都是皇帝皇后，宫廷谋杀之类的事。皇帝在历史上是最大的人物，皇宫是历史上最大的家庭，现在拍电影，皇帝也是大人物。于是也就有大配套、大场面、大投入。虽然大人物的生活、情仇、阴谋等足以吸引眼球，但是，毕竟咱们中国的电影观众主要还是小人物，所以，小人物看大人物电影，主要也是好奇，共鸣是谈不上的，所以，虽然这类大人物电影看的人不少，票房收入不错，但是也很少有人说好，很少有人受到影响。看了也就看了，如此而已。

大片因为是大人物、大投入、大制作，票价也就配套地高了。现在一张电影票动辄几十元。看一场电影相当于花掉一袋子面粉，够一家三口一个月的口粮。虽然看电影是精神享受，人们不应该做这样庸俗的算计对比，可毕竟更多的电影观众是普通人，要吃饭穿衣，所以，面对高票价的时候，人们不得不想想：这样花掉一个月面粉钱，是不是值得。电影总是没有票房，总是卖不出票，总是没有多少上座率，总是得不到回报，票价太高恐怕也是一个原因。现在是市场经济，既然价格高，不划算，大众们也就没有必要一定要看什么电影。大众与电影拉开距离了。

电影现在好像不大在乎拍摄老百姓的真实生活之类。老百姓关心的小事，很少拍成电影。或许也有人努力在拍，比如贾樟柯，但是不知什么原因，贾樟柯的电影也是非常沉闷，简直是故意与大片的热闹对着干。虽然与老百姓距离近，可是由于太沉闷，也没有多少票房。这类电影投入少，也没有力量做广告推介，知道的人更少了，成为真正的小众电影。

贾樟柯在国际上得奖不少，可是有多少是人们在电影院里看过的？

电影不但成为小众，就是百花奖的提名，好像也没有什么大众性。这次提名的《集结号》和《云水谣》，几乎囊括了百花奖的所有单项奖提名，因此有人认为提名也不过是在体现导向的意义而已，提名是不是真的基于大众投票，人们也就只有自己问自己了，没有人会给一个解释。越是这样，当然越是没有人关心。

电影的本质就是大众，因为电影的投资很大，必须有大众消费才能收回成本。想当年，人们对于电影是何其热爱，电影没有赔本的。当然，那时候娱乐方式少，除了看电影也没有什么好看，不过，那时票价也低，人们看得起。那时电影热衷于并敢于拍摄社会中人们关心的问题，如《人到中年》、《人生》，都触及人们关心的热点。人们关心这样的电影，电影当然是大众电影。现在，娱乐方式多了，电影又自觉地与大众拉开距离，大众有什么理由去为这些古古怪怪的电影捧场？大众电影不大众，让他们自个儿玩，自个儿乐去吧。

（资料来源：梁发芾. 大众电影不大众[N/OL]. 甘肃日报，2008-09-19. http://comment.gansudaily.com.cn/system/2008/09/19/010841607.shtml.）

【析评】

本文针对大众电影百花奖的颁奖这一新闻事件进行了评论，批评了中国电影“越来越不大众”的现象，选题切中时弊，见解正确深刻：中国电影现在好像不大在乎拍摄老百姓的真实生活。文章呼唤中国的电影工作者拍摄社会中人们普遍关心的小人物的生活，这应该是能够对中国电影起到警醒与引导作用的理性启迪。

复习与训练

一、填空题

1. 新闻评论的特点有__________、__________、__________、__________。

2. 新闻评论可分为__________、__________、__________、__________、__________几类。

二、简答题

1. 什么是新闻评论？

2. 如何写好新闻评论？

三、写作训练

任选下列一份材料，写一篇评论文章。

1．2006年7月10日，媒体报道上海出现全国第一家全日制私塾——孟母堂，这种教育方式以读经为主，已有12个孩子参加。全国已有数家类似私塾，均因身份不合法行事低调，曝光后受到教育部门的质疑，也引起了社会的舆论。

2．针对今年北京高校六成以上的毕业生找不到城里的工作而闲置在家的现象，《中国青年报》2006年6月20日刊登了一篇评论员文章，题目是《城市依赖症正在培养“垮掉的一代”》。文章认为，越来越多的大学生贪恋城市生活的奢侈享乐，宁可挤在大城市求不到职，也不愿意离开城市到乡村小镇去谋生存。作者认为：为了生活放弃事业的人多了，多得成了现象，成了气候时，“垮掉的一代”也就形成了。对此，你何看？

第 10 章　科技文书

第一节　概　　述

一、科技文书的含义和作用

科技文书是科技活动中形成和使用的反映科学技术实践和经验的一类文书。是现代应用文的一个重要组成部分。科学技术的产生、储存、交流、传播、转化、应用和普及，都要用到各类科技文书。科技文书有广义和狭义两种含义。广义的科技文书不仅包括自然科学、工程技术等方面的文书，还包括社会科学、人文科学等方面的文书；狭义的科技文书主要指自然科学和工程技术方面的文书。

科技文书是总结、交流、传播、推广、运用科技成果的必要手段，是将科学技术转化为生产力的主要媒介，是沟通科技工作者与交流者之间的桥梁。它是广大科学研究工作者在日常科技事务和科研活动中交流科技信息、处理日常自务、解决具体问题时经常使用的一种文体。它作为最新科研成果的载体，在交流和传播科学文化知识、推动科学技术事业发展方面，有着不可替代的作用。

对于广大科研人员和专业技术人员来说，要在科学技术上有所发明创造、理论上有所建树，必须学会写好相应的科技文书，熟练掌握科技文书的写作知识和写作方法。对于大学生和研究生来说，科技文书的写作能力如何，直接关系到能否顺利毕业，取得毕业文凭和学位证书，甚至还会影响毕业后的工作方向。

二、科技文书的分类和特点

（一）科技文书的分类

根据科技文书的具体适用范围，可分为论文类、报告类、说明类三类文书。

1．论文类

论文类包括自然科学与应用技术、人文社会科学两方面的论文，是科技文书中最重要的一个类别。通常将表述学术观点的自然科学论文或人文社会科学论文称为学术论文，将表述应用技术的称为科技论文。大学生、研究生的学位论文、毕业论文，也属于这一类科技文书。

2．报告类

科学研究或产品开发过程中经常使用报告类文书，如科技调研报告、科技考察报告、科技实验报告、可行性研究报告、课题开题报告、产品设计报告、科技成果鉴定书等。

3．说明类

说明类科技文书主要包括工程设计说明书、产品设计说明书、机械设计说明书、程序设计说明书、毕业设计说明书、产品说明书和技术标准、产品标准说明等，以及科普文章。其中产品说明书是宣传和推广的重要方式。人们运用产品说明书，可以宣传产品的先进性、实用性和新颖性，可以指导人们正确使用新产品。科普文章是普及科学知识的重要工具，主要包括知识性科普作品、技术性科普作品、少儿科普作品、科学散文、故事、科学家传记、科教影视剧本等。

（二）科技文书的特点

1．科学性

科技文书揭示的是事物的本质，是对事物属性及其特征的客观反映，其内容必须准确反映人类对客观事物、自然规律的正确认识，要经得起时间和实践的考验。科技文书的科学性主要体现在两方面，即内容的科学性和表达的科学性。内容的科学性是指内容真实、理论成熟、技术过关、水平先进；表达的科学性是指立论正确、论据充实、论证严密，表述做到定性准确和定量准确。

2．创新性

创新是指人们在一定的社会条件下，根据特定目的和需要，运用已知信息和科学的思维推理，形成能推动人类社会文明和进步的、有价值的、与众不同的物质产品和精神产品。创新性有如下含义：一是在前人未曾涉及的领域填补空白；二是在前人研究的基础上进一步拓展。勇于开拓新领域、探索新课题、提出新见解是科技文书创新性的具体表现。

3．专业性

科技文书是对科学实践活动的反映，这一活动是围绕科技领域中的某一课题进行的，有很强的专业性。有些科技文书如果不以通俗易懂的科普文章加以反映，仅凭原本的科技文献，非专业读者是很难读懂的。

4．规范性

科技文书在长期的使用过程中形成了比较固定、惯用的格式，具有约定俗成的规范性。近年来，随着科学技术的飞速发展，科技文书的基本格式正在趋向于统一化、标准化。世界上科学技术发达的国家对科技文献的撰写和编辑制定了各种标准，国际标准化组织也制定了一系列科技文献、信息编撰的国际标准。我国在这方面的国家标准业已出台，国家标准局专门颁布了《科学技术报告、学位论文和学术论文的编写格式》、《文后参考文献著录规则》等。这些国际标准和国家标准对各种科技文书的书写格式、术语、缩写、符号、计量单位、表格、插图等的使用，都做了规范化、标准化的规定。科技文书的作者应该熟悉这些规定，并遵照规定来进行科技文书的写作，这样才能起到传播、交流科技信息的作用，并便于检索和翻译。

三、科技文书的写作要求

（一）坚持实事求是的科学态度

科技文书写作要反映其科学性的特点，首先体现在指导思想和方法具有科学性，其次体现在实事求是的工作态度上，要深入调查，从客观实际出发，做到材料真实、数据可靠确凿。当然对科学性不能误解为“没有任何错误”，因为科学问题，不允许有任何错误，不但是不可能的，也是违背认识规律的。如撰写科学论文，并不是说论文的每个观点都必须是正确的，因为科学理论的发展多是从假说开始的，有假说也就必然会出现与客观规律不尽一致的地方，出现认识方面的错误，这需要在实践中加以验证、修正。假说的验证有时要经过相当长的历史过程，其间允许对同一问题产生不同的看法，产生不同的学术流派。因此撰写论文，应本着谦虚谨慎、实事求是的态度，这也是论文科学性的体现之一。对于报告类和说明类科技文书来说，也不可能没有一点缺陷。有的产品设计就是在原有基础上改进的，使所设计的产品更符合消费者的实际需要。所以，写作科技文书一定要坚持实事求是的科学态度。

（二）要追求严谨的文风

科技文书的严谨性反映在表述上，就是用语准确，结构合理。对引用的各种专用名词、术语不可望文生义，要有正确、全面的理解，要严格界定概念的内涵，用划分的方式界定其外延。语言运用上忌用夸张之类的修辞手法、华丽的词汇和带主观感情色彩的词句。其结构具有逻辑性、系统性。科技文书的严谨性反映在方法上，就是观点用事实说话，论证讲究方法。科技文书所使用的材料，多是通过调研、统计、实验等方式获得的，具有一定程度上的再现性，即可以用同样方式使过程重复出现，其材料具有真实性的特点。论证讲究方法，即材料必须能够支持观点，特别要注意运用反例验证，防止“以偏赅全”。

（三）要有较强的思维能力和表达能力

科技文书的写作过程，就是对已知信息去伪存真、去粗取精、由此及彼、由表及里的认识过程。在这个过程中，思维起着重要作用。写作者要训练自己的思维能力，使之适应自己的研究。否则即使有新的发明和创造，如果思路不清，也很难把自己的研究成果展示出来。当然论文的写作还要求写作者有较强的语言表达能力。

复习与训练

一、填空题

1. 科技文书可以分为________、________和________三大类。
2. 实验报告属于________类科技文书。
3. 学位论文属于________类科技文书。
4. 工科的毕业设计说明属于________类科技文书。
5. 产品说明书属于________类科技文书。

二、简答题

1. 简述科技文书的含义和作用。
2. 科技文书有哪些特点？
3. 科技文书有哪些类别？
4. 写作科技文书有哪些要求？

第二节 学术论文

一、学术论文概述

（一）学术论文的含义和作用

学术论文是用来表述科学研究成果和阐述学术观点的论说性文章，是对自然科学、社会科学和工程技术领域中某个课题研究成果的书面反映和描述。具体地讲，学术论文包括以下几方面含义：第一，学术论文是在科学研究、科学实验和工程技术设计的基础上，对社会科学、自然科学领域里的课题进行科学的分析与论证、描述与概括、阐释与说明，运用概念、判断、推理、证明、诠释、公式、图示等手段，阐明各种问题的本质、特征、原理、定律的一种实用文体；第二，学术论文是对人类社会现象、自然现象和工程技术实践进行科学探求的书面成果，是由感性认识到理性认识的升华，是对客观规律的认识和把握，是对物质生产和精神生产实践经验的总结，是对事物、事理的本质及其内在联系即规律性的发掘；第三，科技论文要求探究社会科学、自然科学领域里的新课题，提供新的学术信息，而不是重复、模仿、抄袭前人的成果，要力争在所论述的问题中有所发现、有所创造、有所前进。

尽管科研成果的反映形式是多样的，但论文是记录研究成果、传播学术信息的最为简便实用的方式。没有论文的撰写和发表，科研成果无法为社会所知，科研的社会价值便无从实现。

撰写论文既是科研活动的结果，也是科研活动的一种有效手段，它本身就是科研工作的组成部分。尤其是文科论文的写作，从选题、构思到表达，论文写作的过程也就是科研的过程，脱离写作活动，课题的研究就难以展开。

学术论文的具体作用体现在四个方面：一是承载功能，承载科学研究成果；二是传递功能，传递科学信息；三是指导服务作用，指导社会生产实践，为经济建设服务；四是培养考察作用，学术论文是培养和考察研究人员、大学生和研究生的有效途径和很重要的标准。

（二）学术论文的分类

1．按写作目的划分

（1）交流性论文是指在学术刊物上发表，在学术会议上交流的一般性论文，其目的在于学术探讨，发表一家之言，这种论文选题比较自由，写法比较灵活。

（2）考核性论文也可以称为规范性论文，其目的在于检验学术水平，它是专业人员专业技术职务等级评定的依据，也是高校检验学生学习成绩、业务水平的依据。在高校，考核性论文分为学年论文、毕业论文和学位论文三种。

学年论文是大学本科学生和研究生在某个学年所写的学术论文。大学本科学生一般在三年级要写学年论文，是本科学生写作毕业论文前的准备和练笔。

毕业论文是大学本科学生和研究生在毕业前所写的学术论文。现在，一般大学专科和本科学生在毕业前都要写毕业论文。毕业论文要能反映运用大学所学知识分析解决学术问题的实际能力，要有一定的学术价值。不能获得学位（只能获得毕业证）的本科生和研究生也要求写毕业论文。既能获得学位证书又能获得毕业证书的本科生和研究生所写的毕业论文往往就是学位论文。

学位论文是高等院校毕业生用以申请授予相应学位而撰写的作为考核和评审的学术论文。学位论文分为学士论文、硕士论文、博士论文三个等级。

2．按研究领域和对象划分

（1）社会科学论文，习惯上被称为文科论文。与理工科论文相比，文科论文有着突出的社会性特点。它的研究范围十分宽广，研究对象涉及众多学科、领域；它的读者更为广泛，除社会科学工作者以外，有文化的社会成员都会接触文科论文。它对社会的作用也是多样的，直接或间接地影响国家的政治、经济生活和人们的价值观念。文科论文带有较强的主体意识倾向，具有较强的思想性，并常常表现出一定的阶级局限性和政治倾向性。根据研究角度、研究方式和论文写作方法上的差异，社会科学论文又可分为论证型论文、考证型论文、诠释型论文、调研型论文等多种类型。

（2）自然科学论文，也称理工科论文。如果说文科论文更突出社会性、思想性，理工科论文则更重科学性和实用性。根据研究方法的差异，自然科学论文可分为理论型论文、实验型论文、观测型论文等类型。

3．按学科性质划分

按学科性质划分，学术论文可以分为基础学科学术论文和技术应用学科学术论文两类。

（三）学术论文的特点

1．学术性

学术论文的"学术"具有特殊的含义，"学术"是指专深而有系统的学问。学术性是学术论文的根本特征，也是它与一般议论文的根本区别。学术论文是学术成果的载体，以学术问题为论题，把学术成果作为描述对象，以学术见解为内容核心，具有系统性。一般议论文有感而发，不求系统性或学术性；学术论文则是在进行了系统的学术研究的基础上写作的，着重探讨事物的内在联系和客观规律，反映作者对所研究课题了解、把握的程度，具有一定研究深度和学术价值。

2．理论性

所谓理论性，是指论文对观察、研究、实验所得到的结果，从理论高度进行分析，形成一定的科学见解，或者提出一些有科学价值的问题。学术论文是一种学术性的论理文章，侧重于理论论述，坚持摆事实、讲道理，致力于将感性认识上升到理性认识，找出规律性的东西，得出理性的结论。学术论文所具有的这种强烈的理论色彩，所达到的理论高度和深度，往往成为衡量其学术水平的重要标志之一。

3．独创性

文章写作都追求推陈出新，作为科研成果载体的学术论文写作更是如此。科学研究的意义就在于不断发现新现象、探索新问题、提出新见解、取得新进展，独创性是科学研究也是学术论文的生命。有创造性的论文表现为选择的课题新、提供的资料新、研究的方法新、阐发的见解新。新见解是独创性的核心，它或是发前人所未发，或是深化前人所已发。独创性意味着不能人云亦云，单纯重复前人的发现，但并非说不能吸取、继承前人的研究成果，实质上任何知识都有承继性。全新课题固然令人耳目一新，老课题出新意也是创见，即使观点已非独创，能运用新的材料或新的论证方法展开进一步的说明和阐述，也是独创性的体现。

二、学术论文的基本格式

根据《科学技术报告、学位论文和学术论文的编写格式》、《文后参考文献著录规则》、《中国学术期刊（光盘版）检索与评价数据规范》等有关国家标准，学术论文主要由三部分组成：一是前置部分，包括题名、作者署名、作者单位、摘要、关键词、中图分类号和文献标识码等；二是主体部分，包括引言、正文、结论、致谢、参考文献等；三是附录部分，是论文主体的补充项目，不是每篇必备，但其中可以包括详尽的补充信息、罕见的珍贵资料、某些重要的原始数据、数学推导、计算程序、图表等及因篇幅所限未能放入正文中的其他重要材料。学术论文最基本的内容有10项：题名、作者及其所在单位、摘要、关键词、引言、正文、结论、致谢、参考文献、附录。

（一）题名

题名又称标题，是对论文内容的高度概括，要求用准确、精练的文字反映论文最重要的学术信息，一般不超过20个字，必要时可采用副标题，以补充说明论文的特定内容。

（二）作者及其所在单位

本项内容主要指论文责任者，必须是全部或主要研究工作的直接参加者。有多个作者时按贡献大小排名，其要素包括真实姓名，工作单位，所在省、市（地区），邮政编码等。

（三）摘要

摘要又称提要，是论文基本内容的高度浓缩。其要素包括研究的目的、背景、方法和结论。篇幅一般为300字左右，外文摘要不超过250个实词。

（四）关键词

关键词又称主题词，是为了检索的需要而从文中选出用以表示主题内容的单词或术语。关键词应尽量用《汉语主题词表》和相关专业性主题词表中提供的规范词，一般为3～8个词。它不考虑语法上的结构，也不一定表达一个完整的意思，仅仅是将几个词语简单地排列在一起。

（五）引言

引言又称前言、序、绪论、导言，是论文的开端。主要介绍研究的目的、范围、相关领域中前人的工作和知识空白、理论基础、研究设想和方法、实验设计、预期结果和意义等。引言的写作应言简意赅，避免与摘要雷同。

（六）正文

正文又称本论，是论文的核心部分，也是集中体现作者的科研水平和创新能力的部分。在这部分里，作者要充分展开论题，对所研究的课题和获得的成果做详细表述，深刻地进行理论推导和理论分析，周密地进行逻辑论证，切实地阐明自己的思想、观点、主张和见解。

正文撰写时采用的结构方式有以下几种。

（1）并列式。将总论点分为若干分论点，分论点之间为并列关系，内容紧紧相连，分说不同的小问题。这种结构的优点是纲目清楚。其思路是：先概括整体，再逐一展开，最后分析归纳得出结论。

（2）递进式。将总论点分为若干分论点，分论点之间是层层深入、逐步上升的关系。这种结构的优点是符合认识事物的过程。其思路是：将总论点分解为起点和发展，后一个问题总是前一个问题的深化，层层推进，最后获得结论。

（3）过程式。将研究过程作为整体结构，其思路是：发现问题、研究、实验、分析和总结，最后得出结论。

（4）综合式。兼用上述方式，根据文章内容灵活运用。

（七）结论

结论又称结语、结束语，是对全文的总体概括，也是对引言中所提问题的回答。主要应阐明本课题的研究结果说明了什么问题、研究出了什么成果、解决了什么问题，或者本课题研究的不足之处及课题研究的展望等。结论不是正文各论点的简单重复，而是集中表述经分析、论证、提炼、归纳后的总观点和最终的结论。结论的写作要求精练、准确、完整。

（八）致谢

致谢又称谢辞，是作者对在课题研究和论文撰写过程中做出过贡献、给予过帮助的单位和个人表示感谢，以示尊重他人的劳动。这并非完全出于礼貌和客套，而是讲究科学道德的表现，也是从事科学研究的人在治学上必须具有的思想作风。致谢言辞应恳切、简洁。

（九）参考文献

科研成果绝大部分是在前人工作的基础上取得的，因此，撰写学术论文时，引用前人所积累的有关资料是必不可少的。参考文献是学术论文的重要组成部分，它反映了作者对课题的历史和现状的研究程度，也是尊重他人研究成果的体现。参考文献应按论文所引证和参考的文献资料的先后顺序，依次写明序号、作者（译者）、题名、期刊名、年份、期次及起讫页码等。若是专著，则应写明作者、书名、出版社名称、版别等。著录格式应按照《文后参考文献著录规则》执行。

（十）附录

科研中有些与正文关系密切而又相对独立的材料，写入正文往往影响行文的条理性、逻辑性或精练性，这类材料则可作为附录编于正文之后，也可以另编成册。附录是学术论文重要的补充项目，适用于大型研究课题和篇幅较长的论文，并非每篇论文必备。

此外，还有注释。注释是对正文中的某些问题的解释，原则上凡引文必须注明出处。加注的方法有四种：一是夹注，即段中注，注写在正文中，一律用括号标明，适宜全篇注释较少（只限三处）的文章；二是脚注，即页下注，多见于出版书刊，标注在该页的下端，便于阅读；三是章注，即注在一章之后，一般书刊、特长论文中使用；四是尾注，即所有注释都放在文章结尾或全书末尾。文内统一编码集中注释，这种注释比较规范。注释出处一般顺序是：著者名、书名或篇名、出版者、出版年、页码。

以上是学术论文完整、通用的规范格式，在实际写作中，作者可以根据内容的需要采用合适的结构形式，而不必拘泥于固定的结构。

三、学术论文的写作要求

（一）把握各部分的写作要点

学术论文表述的思路一般是提出问题、分析问题、解决问题。所以，有些内容尽管在提纲中涉及，但在具体写作时其展开的深度是不同的。引言部分写作的重点是提出问题，展开的广度与深度应让读者明白作者“为什么要提出这个问题”，提出这个问题的“必要性和重要性”。正文写作的重点应是“分析问题和如何解决问题”。凡是引言中已提出必须解决的问题，正文中都应得到解决，其展开的广度和深度应使读者明了“作者从不同的角度已经把问题的原因分析透彻且论据充分、确凿，论证过程严密、符合逻辑”，故“解决问题的方法符合科学理论”，由此，其得出的结论是可以信服的。结论部分不必展开，只需写出最终得出的结论。

（二）讲究摆事实、讲道理，以理服人

一篇学术论文的论点是否正确，学术水平是高是低，读者会根据文章的创新性、理论性、科学性及技术实践的结果做出评价。因此，在写作时不用文学手法和文学语言，尤其是不要用夸张的手法表达作者的思想观点。

（三）文稿的文字书写、行文款式要整齐、规范，使用标点符号正确

学术评论的文面要能体现写作成品的整体美。凡拟付印的稿件，要按国家标准局规定的修改符号去修改。

四、例文

例 10-1

风险导向审计中认定层面的重大错报风险评估研究

Research on Risks Assessment of Material Misstatement at the Assertion Level in the Application of Risk Oriented Auditing Pattern

郭巧玲

GUO Qiaoling

（财政部财政科学研究所 北京 100142）

[摘要] 2006 年颁布的中国审计准则借鉴了国际审计准则关于现代风险导向审计的最新发展，对认定层面的重大错报风险评估摒弃了原来的单独评估固有风险和控制风险的方法，但是目前部分会计师事务所未能彻底地执行准则中的这部分规定。产生这一问题的主要原因是理论基础有待发展，并且实践中存在一些困难。解决这个问题的建议包括：一方面在过渡时期允许采用原来的单独评估固有风险和控制风险的方法，另一方面由理论界和实务界共同积极探索风险综合评估方法。

[关键词] 风险导向审计 认定层面 重大错报风险 风险评估

[中图分类号] F239

[文献标识码] A

[文章编号] 1000－1549（2011）10－0093－04

风险导向审计是当今世界的主流审计方法，以注册会计师对重大错报风险的识别、评估和应对为审计工作的主线。注册会计师在运用风险导向审计方法时，重大错报风险评估结果与进一步审计程序的设计相衔接，其准确性直接决定了审计工作的质量和效果。重大错报风险的评估分为财务报表层次和认定层次。虽然财务报表层次和认定层次的重大错报风险分别代表所评估风险的整体和部分，但是两者在数量关系上并不存在简单的加和关系，对其的风险评估中也呈现不同的特点。财务报表层次的重大错报风险评估得出的是整体结果，通常与被审计单位的控制环境等有关，也与总体经济环境、行业环境等有关。而认定层次的重大错报风险是基于每个认定进行的风险评估，需要评估的重大错报风险种类和数量较多，并且注册会计师在进行认定层次风险评估时所面临的具体情况也因每个被审计单位所处行业及特定情况不同而千差万别。因此，认定层面的重大错报风险评估是一个值得研究的课题。

目前，中国研究风险导向审计的文献，主要集中在现代风险导向审计方法的先进性和财务报表层次的重大错报风险评估方面，对认定层面的重大错报风险评估的研究较少。

基于以上背景，笔者进行了国内外审计准则的比较，分析了中国认定层面重大错报风险评估的现状、问题及原因，重在完善认定层面重大错报风险评估的相关准则和方法，希望能够引起理论界和实务界对此课题的重视。

一、中国认定层面重大错报风险评估现状

2003 年，国际审计和鉴证准则委员会对原有的审计准则做出了一系列的重大修订，发布了三个新的审计准则：ISA315“了解被审计单位及其环境并评估重大错报风险”、ISA330“针对评估重大错报风险实施的程序”、ISA500“审计证据”（修订）”，并要求从 2004 年 12 月 15 日起实施。在新的审计准则引入了“重大错报风险”的概念，将审计风险模型由原来的“审计风险 = 固有风险 × 控制风险 × 检查风险”重构为“审计风险 = 重大错报风险 × 检查风险”，进一步明确了审计风险与财务报表层次及认定层次之间的联系。与原有的审计模式相比，新准则强调将对客户情况的了解作为整个审计工作的先导、前提和基础，通过深入剖析被审计单位及其经营环境（包括内部控制），来评估财务报表层次和认定层次的重大错报风险，并以此为导向，采取更具针对性的应对措施，从而将整体审计风险降至可接受的水平。这三个准则的发布和执行，标志着现代风险导向审计的作用和地位正式确立。中国审计准则 2006 年的重大修订吸取了国际审计准则发展的最新成果，其中，与风险导向审计方法相关的中国审计准则与国际审计准则，即审计风险准则的对照见下表。在风险导向审计的主要审计程序和方法方面，中国审计准则与国际审计准则基本趋同。

审计风险准则对照表

中国注册会计师执业准则	国际审计准则
CSA 第 1101 号——财务报表审计的目标和一般原则	ISA200——遵循国际审计准则的独立审计总体目标和行为规范
CSA 第 1211 号——了解被审计单位及其环境并评估重大错报风险	ISA315——了解被审计单位及其环境并评估重大错报风险

续表

中国注册会计师执业准则	国际审计准则
CSA 第 1231 号——针对评估的重大错报风险实施的程序	ISA330——针对评估的错报风险实施的程序
CSA 第 1301 号——审计证据	ISA500——审计证据

目前，中国国内研究现代风险导向审计的风险评估模型，都强调了对原有固有风险和控制风险单独评估方法的摒弃。陈毓圭（2004）认为，注册会计师在运用传统风险导向审计方法时，通常难以对固有风险做出准确评估，往往将固有风险简单地确定为高水平，从较低层面上评估风险，容易犯"只见树木，不见森林"的错误。同时注册会计师不把审计视角扩展到内部控制以外，很容易受到蒙蔽和欺骗，不能发现由于内部控制失效所导致的会计报表存在的重大错报和舞弊行为。谢荣、吴建友（2004）指出，首先，传统风险导向审计过于简化，采用自下而上的思路，存在缺陷。其次，传统审计风险模型是基于固有风险、控制风险和检查风险之间相互独立的假设。实际上固有风险和控制风险都受企业内外部环境的影响，而且两者之间还相互影响，并且随着企业与内外部环境联系紧密性的增强，这一假设的可靠性越来越受到质疑。

然而，国际审计准则规定认定层面风险评估既可以采用对重大错报风险的综合评估方法，也允许采用固有风险和控制风险的单独评估方法。ISA 200"遵循国际审计准则的独立审计总体目标和行为规范"指出："国际审计准则通常不单独提到固有风险和控制风险，而是支持对重大错报风险的综合评估。然而注册会计师可按照偏好的审计技术或方法、实践中的考虑对固有风险和控制风险进行单独或综合评估。这种重大错报风险的评估可以定量形式（如百分比）表示，也可非定量表示。"其中，"综合评估"重大错报风险是与"单独评估"固有风险和控制风险相对应的风险评估方法。综合评估方法也就是不单独评估固有风险和控制风险，将所有影响认定层面重大错报风险的因素综合考虑后进行风险评估；单独评估方法即通过分别评估固有风险和控制风险，使用这两种风险评估的结果来确定认定层面的重大错报风险。中国审计准则的制定借鉴了国际审计准则，但是在准则全文中没有提到固有风险和控制风险，隐含着不允许采用固有风险和控制风险单独评估方法的含义。在中国注册会计师协会编写的注册会计师统一考试辅导教材中，仅提到认定层面的重大错报风险可以进一步细分为固有风险和控制风险，但是全书中采用的都是认定层面重大错报风险的综合评估方法，而不认可单独评估方法。该教材的相关表述如下："由于固有风险和控制风险不可分割地交织在一起，有时无法单独进行评估，本教材中通常不再单独提到固有风险和控制风险，而只是将这两者合并称为'重大错报风险'。"

在实践当中，目前中国部分会计师事务所仍然采用传统的制度审计方法。在采用风险导向审计方法的会计师事务所中，部分会计师事务所依然采用固有风险和控制风险单独评估后，确定认定层面重大错报风险的方法。例如，某会计师事务所采用的单独评估固有风险和控制风险的方法具有一定的代表性。具体方法如下：在认定层面以单个审计目标来评价重大错报风险。将固有风险评估结果分为重大、中、低三档，控制风险的评估结果分为"控制有效"、"部分有效"、"无效"三种结果，最终来综合评估认定层面的重大错报风险。固有风险和控制风险分别确定后，最终对应的重大错报风险评估结果以下表为参照确定。

某会计师事务所认定层面重大错报风险对照表

固有风险 控制风险	控制有效	部分有效	无 效
低	重大错报风险——低	重大错报风险——低	重大错报风险——中
中	重大错报风险——低	重大错报风险——中	重大错报风险——高
重大	重大错报风险——中	重大错报风险——高	重大错报风险——高

二、中国认定层面重大错报风险评估中存在的问题及分析

目前，中国在认定层面的重大错报风险评估方面存在的主要问题是许多会计师事务所未能按现行中国审计准则的规定进行风险综合评估。

对于这一问题，可以从理论层面和实践层面来分析其产生的原因。

（一）理论基础有待发展（略）

（二）实践中存在一些困难（略）

三、推进中国认定层面重大风险评估的建议

考虑到中国的现实情况，应在过渡时期暂时允许使用原来的单独评估固有风险和控制风险的方法，同时理论界和实务界应共同积极探索风险综合评估方法，逐步有序推行综合评估方法。

（一）过渡时期的措施（略）

（二）积极探索综合评估认定层面重大错报风险的有效方法（略）

参考文献：

[1] 陈毓圭. 对风险导向审计方法的由来及其发展的认识[J]. 会计研究，2004（2）.

[2] 秦荣生. 对经营风险导向审计的反思[J]. 审计与经济研究，2006（3）.

[3] 王宏霞. 模糊综合评价在评估重大错报风险中的应用[J]. 审计月刊，2008（4）.

[4] 谢荣，吴建友. 现代风险导向审计论研究与实务发展[J]. 会计研究，2004（4）.

[5] IFAC. Handbook of International Auditing, Assurance, and Ethics Pronouncements（2010 Edition）.

（资料来源：郭巧玲. 风险导向审计中认定层面的重大错误风险评估研究[J]. 中央财经大学学报，2011（10）：93-96.）.

【析评】

这是一篇经济方面的学术论文，其选题具有针对性、现实性和实用性。针对2006年颁布的中国审计准则借鉴了国际审计准则关于现代风险导向审计的最新发展，对认定层面的重大错报风险评估摒弃了原来的单独评估固有风险和控制风险的方法，但是目前部分会计师事务所未能彻底地执行准则中的这部分规定的问题，分析了产生这一问题的主要原因，并为解决这个问题提出了建议。本文结构严密规范，概念清楚明确，语言简洁流畅，论述透彻。

复习与训练

一、填空题

1. 按写作目的划分，学术论文可以分为________和________两大类。

2. 按照研究领域和对象分类，学术论文可以分为________和________两大类。

3. 按学科性质划分，学术论文可以分为________和________两类。

4. 学术论文正文撰写时可以采用________、________、________和________四种结构方式。

二、判断题

1. 学术论文格式中包括10个项目，即题目、作者及所在单位、摘要、关键词、引言、正文、结论、致谢、参考文献、附录。（ ）

2. 学术论文的内容一定要有所创新。（ ）

3. 每篇学术论文都一定会得出一个圆满的结论。（ ）

三、简答题

1. 简述学术论文的含义和作用。

2. 学术论文有哪些特点？

3. 简要阐述学术论文的基本结构格式。

4. 写作学术论文有哪些要求？

四、阅读分析

阅读例10-1《风险导向审计中认定层面的重大错报风险评估研究》（请查找原文全文），完成下列各题。

1. 给本文拟写一份句子式的提纲。

2. 本文的引言部分是如何提出文章论题的？

3. 在本论和结论两部分，作者分别是按什么顺序组织材料的？

4. 试就本文写一篇不少于500字的评析。（提示：可从选题、材料结构等方面分析）

五、写作训练

根据自己所学专业或兴趣方向，确定一个研究课题，写一篇不少于3 000字的专业论文。

第三节 实验报告

一、实验报告概述

（一）实验报告的含义和作用

实验报告是人们在科学研究活动中，为了检验某种科学理论或假设，通过实验中的观察、分析、综合、判断，如实地把实验的全过程和实验结果用文字形式记录下来的书面材料。实验报告具有信息交流的作用和保留资料的作用。

科技实验报告是实验工作的如实描述和系统概括，是全部实验工作不可或缺的一个重要环节，同时也是探索自然奥秘、开展科学研究的重要手段。

（二）实验报告的分类

按性质，实验报告一般可分为定量实验报告、定性实验报告、结构分析实验报告、模拟实验报告、对照实验报告和析因实验报告等。

按功能，实验报告可分为检验型实验报告和创新型实验报告两种。前者多是理工科大学生在教师指导下撰写的实验报告，其目的是检查、训练学生的动手能力和表达能力。这种实验报告通常印制成表格，它多是重复前人已做过的实验，不必要有学术价值。后一种是科技工作者撰写的科研实验报告，是科技工作者向有关部门报告，或者向同行交流自己的创新实验成果的报告。这类实验报告实效性强、价值较大。

（三）实验报告的特点

1．实践性

实验报告是来自实践的报告。它是以实验过程、实验成果等为依据，是建立在科学实验的基础上的。如果没有科学实验，那么实验报告也就不能称其为报告了。实验报告的目的与任务就是使学生通过实验进一步掌握原理，并通过科学研究的基本训练，培养学生严谨的科学态度，提高动手能力，提高分析问题和解决问题的能力。

2．确证性

科技实验报告的内容必须有再现性和取得成果的确证性，其实验结果能被任何人所重复、验证，在相同条件下，在任何时间、地点重复这个实验都能观察到同样的现象，取得同样的结果。它所记录的实验结果，能经得住重复和验证。

3．纪实性

科技实验报告必须如实反映科学实践、实验的情况，实事求是地分析各种现象发生的原因。在实验记录中，看到什么，记录什么，不能弄虚作假，不允许为了印证一些实验现象而修改数据，甚至假造实验现象等。

二、实验报告的基本格式

科技实验报告通常包括标题、作者及其单位、摘要、关键词、引言、正文、参考文献等。

（一）标题

实验报告的标题即实验名称。每篇科技实验报告都有自己的名称。实验名称应该简洁、鲜明、准确，主要体现科技实验报告的基本内容。

（二）作者及其单位

作者指该实验的主要参与者，按其贡献大小先后排列，并在作者姓名的左边或底下标出作者的工作单位。作者及其单位也可置于正文之后。

（三）摘要

摘要是对全篇实验报告内容的浓缩，重点阐释实验结果中最优试样的质量和性能，实际就是实验结果和分析部分的概述。

（四）关键词

对实验目的、条件、方法和所产生的变化效应等方面进行提炼，多以名词或名词词组出现。

（五）引言

介绍实验背景和条件，也可说明实验结果的正负效应，以及为什么要撰写此实验报告等。

（六）正文

实验报告正文部分一般包括以下内容：实验目的、实验原理、实验设备或材料、实验步骤、数据记录、计算与做图、误差分析、实验结果、结论或讨论。

（七）参考文献

详细列明进行此次实验所参考的主要科技文献，既为本次实验提供理论根据，又为本次实验的成功而对前人的劳动表示尊重。

三、实验报告的写作要求

（一）要有严谨认真的科学态度

科学实验是一项十分严肃的实践活动，必须尊重客观，实事求是，一丝不苟。任何细微的遗漏或涂改都是不允许的，更不能虚构和捏造。

（二）用说明的表达方式介绍实验的全过程，同时兼用图表等非自然语言符号系统

实验报告重在说明实验的器材、装置、步骤、结果、结论等，不必展开细致的描写叙述。同时为了表达得简明清晰，兼用图表等非自然语言符号系统，以避免冗长，使读者获得更直观深刻的印象。

（三）遵循实验报告的特定格式，依据不同的内容，采用相应的说明顺序

实验报告既有特定写作格式，又有一定的说明顺序。例如，实验器材应按器材的性质分类说明；实验装置宜按空间顺序来写；实验步骤一般按时间顺序说明；实验结果与结论等一般按其内在的逻辑关系来说明。这样的说明顺序符合客观实际，也便于表达和领会。

（四）要采用专业术语

各门学科都有本学科特有的概念和专门术语，撰写实验报告应尽量采用符合科学规范的专业用语。

四、例文

例 10-2

螺旋流气提式内循环反应器处理污水的试验研究

杨 洁 陈 泰 孙志华

气提式内循环反应器具有基建费用低、运行管理成本低、容积负荷高等优点，有较强的工程推广性。以沉淀原理为基础的一体化气提式内循环反应器采用反应器与沉淀池合建形式，节省了工程基建和运行费用，但由于结构紧凑，使固体沉淀时间短，造成固液分离效果不佳，出水 SS 偏高的现象。笔者将三相分离器原理、离心原理和气提式内循环反应器技术优化集成，在气提式内循环反应器升流区顶部添加了螺旋式三相分离器，以加速固体的沉降速率，提高三相分离效果。利用正交实验设计试验过程，确定改进后的反应器的最佳运行参数，并考察曝气量、水力停留时间、泥龄等主要影响因素对 COD、NH_4^+-N、SS、TN、TP 去除效能的影响，试验表明改进后的螺旋流气提式内循环反应器对污染物质仍具有较高的去除能力，同时系统出水 SS 得到较好的降低。

1 材料与方法

1.1 试验装置

试验装置见图 1（略）。螺旋流气提式内循环反应器的有效容积为 60L，脱气区尺寸：Φ_1=50cm、H_1=31cm；反应区尺寸：Φ_2=30cm、H_2=84cm，其中升流区尺寸：Φ_3=12cm、H_3=62cm，顶为螺旋式三相分离器（见图 2，略）。中心筒顶部开孔为 Φ32mm×8 个，顶部设置 120° 的倒锥形，外围设置与水平−30° 的圆形挡板，三相分离器挡板与升流区中心筒外围设置弯形导流板 8 个以形成螺旋环流。底部 2.5cm 处设置 4cm×4cm 的方形曝气管，曝气孔为 Φ3.2mm×4 个，排泥管高度 2.5cm，进水管高度 10cm。

1.2 试验水质

试验原水取自新疆大学学生生活区 16 号公寓楼旁的汇水水管，汇水来源学校食堂、学生宿舍楼以及家属生活区等，其水质见表 1（略）。

1.3 试验方法

1.3.1 污泥驯化　采用驯化法培养污泥，污泥取自乌鲁木齐市虹桥污水处理厂 A 段沉淀池。污泥经沉淀后向反应器中投加 6L，采用 2.0m^3/h 的空气量进行闷曝 10d，填料挂膜后沉淀，载体上的生物膜呈浅黄色且透明，但厚度不均匀。加水至满采用 0.6m^3/h 的曝气量，继续闷曝 3d 后，测定对 COD 的去除率为 74.3%，认为污泥驯化基本完成。

1.3.2 正交实验　正交实验分 3 个水平进行试验，每个水平经历 3 个阶段，共 9 个阶段，每个阶段历时 14d，共 126d。试验过程中对水质指标每 2d 监测 1 次，SS 为每个正交实验阶段监测 2 次。试验中正交实验选定曝气量、水力停留时间和泥龄这 3 个主要影响因素设计试验过程，根据控制实验确定每个影响因素的正交实验的参数及其水平值（见表 2，略）。

1.4 分析项目及方法

采用国家标准方法对 COD、NH_4^+-N、SS、TN、TP 等指标进行检测。COD：重铬酸钾法；NH_4^+-N：纳氏试剂光度法；SS：重量法；TN：过硫酸钾消解法；TP：过硫酸钾消解-钼锑抗分光光度法。

2 结果与分析

2.1 反应器对 COD 的去除效能（略）

2.2 反应器对 NH_4^+-N 的去除效能（略）

2.3 反应器对 SS 的去除效果（略）

2.4 反应器的脱氮除磷性能（略）

2.5 最佳参数的确定（略）

3 结论（略）

参考文献（略）

（资料来源：杨洁，等. 螺旋流气提式内循环反应器处理污水的试验研究[J]. 安徽农学通报（下半月刊），2011（20）：88-91.）

【析评】

这是一篇典型的科技实验报告，步骤清晰，结构合理，读后让人一目了然。在语言表述上使用了科学规范的专业术语准确简明。

复习与训练

一、填空题

1. 科技实验报告按其性质可以分为________、________、________、________等几类（请写出四类）。

2. 科技实验报告按其功能可分为____________和____________两种。

二、判断题

1. 实验报告的表达方式是叙述和说明，且重在说明实验的器材、装置、步骤、结果及结论。（　　）

2. 任何实验的开展都要具备实验室、实验装置和实验对象三要素。（　　）

三、简答题

1. 简述实验报告的含义和作用。

2. 简述实验报告的特点。

3. 简要说明实验报告的基本格式。

4. 实验报告有哪些写作要求？

四、分析题

根据所掌握的有关实验报告的知识，评析例文《螺旋流气提式内循环反应器处理污水的试验研究》。

第四节　毕业设计说明书

一、毕业设计说明书概述

（一）毕业设计说明书的含义

毕业设计说明书指的是工程技术学科各专业大学生、研究生所写的用来阐释、论证工程技术设计过程、任务、要求及其成果的说明性文件。它是工科各专业大学生、研究生最后的一个综合性教学环节，是完成全部学业的必修科目之一，是在大学阶段全部学习成果的总结，要求学生全面综合运用所学本专业的基础理论和专业技术知识，运用计算、绘图、实验等基本技能，解决一般性的工程技术问题，以巩固、深化和熟练掌握所学到的专业理论、知识和技能。毕业设计说明书是毕业设计成果的书面反映，是学生在毕业前夕进行的带有总结性的独立作业。它作为学生的最后一个教学环节，相当于高等学校文、理科或一般性学科各专业的学位（毕业）论文。

（二）毕业设计说明书的特点

（1）毕业设计的目的在于培养和检验学生独立设计的能力，强调反映设计的全部过程和基本方法，所以对各主要部分的论证和计算，以及对方案的比较选择过程等，都应做必要的说明。

（2）毕业设计的选题既可以是真刀真枪式的，也可以是假设和虚拟的。

（3）毕业设计说明书均应包括技术专题、经济专题及前面的总说明，写作时可以从这三方面着手。

（4）文后要向指导老师致谢，并列出参考文献。封面要写上导师姓名和专业技术职务。

（三）毕业设计说明书的作用

（1）它是对工科学生所学理论、知识和技能的最后一次检验，也是一次专向性的考核。

（2）它是工科学生开展科学研究活动的重要组成部分，也是记录、总结、储存、交流和传播学术信息的有效媒介。

（3）它是综合检查教学效果、进一步提高教学质量的重要举措。

（4）它是开发智能、培养人才的有效途径，也是授予相应学位的重要依据。

二、毕业设计说明书的基本格式和写法

毕业设计说明书一般都由前置、主体、附录和结尾四大部分组成。

（一）前置

前置部分指位于文章主要内容之前的一些项目，包括封面和扉页、任务书、目录、摘要、总说等。前置部分又称前导部分。

1. 封面和扉页

封面装订在最前面。封面上应列出学校名称、论文或设计的题目，学生专业、班级、姓名，指导教师姓名，以及交稿的时间等。扉页是封面后的一页，有保护正文的作用。扉页上的内容基本上与封面相同，也可在封面后装一张空白页作为扉页。

2. 任务书

任务书位于扉页后，也有在封面后直接装任务书的。任务书除了题目外，还有毕业设计的要求与时间安排等。

3. 目录

目录也称目次，可以反映文稿的结构，便于读者迅速找到所需要的内容，是毕业设计说明书不可缺少的组成部分。

4. 摘要

摘要是对毕业设计说明书的内容不加注释和评论的简述，有时称为内容提要。摘要应具有独立性，即不阅读说明书的全文就能获得必要的信息。摘要中有数据、有结论，是一篇完整的短文。

5. 总说

这部分要对毕业设计的内容进行全面的说明，一般包括设计题目及任务的简要介绍；本设计的指导思想及特点；本设计方案的先进性及设计中采用的新技术、新工艺；本设计

在国家建设中的意义及实施后的经济效益等。

（二）主体

主体部分包括绪论、正文、结论、参考文献等，这是文章的主要内容。

1．绪论

绪论是对毕业设计内容所做的必要介绍，主要包括设计项目的目的和意义、设计项目的发展情况、设计原理及规模、设计条件的说明四方面的内容。这部分的写作要简洁、概括。

2．正文

正文是毕业设计说明书的核心组成部分，由技术和技术经济分析两部分组成。技术部分是毕业设计的中心环节，要完成设计方案的选择、设计计算、布局设计、主体设备的设计或专题论述等重要项目内容。它关系着毕业设计的成败，影响毕业成绩的优劣。而设计说明书的技术部分则要阐明上述内容，因此，这部分是毕业设计说明书最主要、最重要的内容。在撰写这部分内容时，要做到条理清楚、重点突出、简明扼要。毕业设计说明书的技术部分要突出重点：第一要突出理论分析，只有突出了这点才能反映学生掌握相应基础理论的情况；第二要突出自己的创见，对一些独特的见解，要详细表述，因为它可反映学生的创造能力；第三要突出主体设备的设计和专题论述，因为这是任务书中所要求的重点。

技术经济分析是借助一系列技术经济指标，通过对不同技术方案、技术措施的经济效果进行计算、分析、比较和评价，来评估设计项目的水平、预测项目产生的效益。技术经济指标和技术经济分析常以表格形式列出，再加以必要说明。

3．参考文献

参考文献限于作者直接取材或参考过的、最主要的、在正式出版物上发表的文献。

（三）附录

附录是附在文章主体部分后的有关资料，包括有代表性的计算实例、重要的公式推导、主要设备的技术性能、有关的学术信息、数据图表等。其作用是提供给同行以便进一步研究，一般读者并非必要。附录的资料同正文一样，要编排目次。

（四）结尾

结尾部分包括索引、后记、封三和封底等。有的文章把致谢和参考文献也放在这部分。

三、毕业设计说明书的写作要求

（一）选题要适当

毕业设计的题目是毕业设计成败的关键，也是能否写好毕业设计说明书的关键。毕业设计的题目一般都由指导教师预先给出，有时也采用命题与自选题相结合的方式，这时学生就面临着选题的问题。选题要从主客观条件出发，难度要适中，工作量要适度。

（二）重点要突出

毕业设计说明书一般都要参考和继承前人的成果，并在此基础上有所创新，有所改进。因此，对自己的独到之处、有特色的地方，应重点加以阐述。对设计任务书中指定的设计专题或主体设备，因为是规定的重点，也应详细说明。总之，要重点突出，详略得当。

（三）说明要准确

毕业设计说明书要用精练的文字，严格按照一定的顺序和条理，客观、准确地说明。做到客观实际，结论明确，纲目清楚，使人一目了然。

（四）图表要规范

毕业设计说明书中所列表格、所绘插图及所附工程图，都应符合规范，使用标准的符号、规格、型号。图表要按章节编号，并与文字说明相一致。

四、例文

例 10-3

仓库温度、湿度检测系统设计

北京工业大学精密仪器专业　李××

指导教师　魏××

［摘要］本文论述了仓库温度、湿度检测系统及其设计过程。它是应用温度传感器（MF53—1 型）、湿度传感器（MS01—A）响应仓库的温度、湿度信号的变化，由转换电子电路将温度、湿度等连续的非模拟信号转换为连续的电模拟信号，然后通过一片 ADC0809 模数转换芯片将该连续的电模拟信号转换为离散的电数字信号，再由 TP—801 Z80 单板计算机对该信号进行数据处理，并将温度、湿度通过单板计算机的 6 块 LED8 显示器显示出来，显示方式为实时显示。整个系统还配有双限超温、超湿报警装置，以适用于仓库特定的温度、湿度范围。本文还介绍了与系统硬件相匹配的上述诸功能的实现软件。

经计算，并由实际应用证明，该检测系统显示温度的误差为+3℃～-3℃，显示湿度的误差为+7%RH～-7%RH，二者都在设计要求的误差范围内，因此本系统的设计达到了设计标准。

本系统对于仓库实现多点温度、湿度测量及远距离温度、湿度测量有非常重要的意义。另外，本系统还具有操作方便、功能价格比好、体积小等独特优点。

［关键词］温温度传感器、模数转换、实时显示、相对湿度

一、仓库温度、湿度检测系统硬件工作原理

温度、湿度传感器响应仓库温度、湿度的微小变化，经由非电量电测转换电子线路，将外界非电信号的变化转换为模拟电压的变化，而后通过一片 ADC0809 模数转换芯片将输入的连续电压转换为离散的数字量，最后以中断服务方式将此离散的数字量读入 TP—801 Z80 单板计算机的 CPU 中，由 TP—801 Z80 单板计算机的 CPU 控制，经过软件滤波、数据处理，得到模拟现场的温度值和湿度值，并由显示程序将温、湿度值在 TP—801 Z80 单板计算机的 6 块 LED8 显示器上显示出来；同时由软件部分实现模入电压数字量分别和温度、湿度传感器（MF53—1 型. MSO1—A 型）所感应温度、湿度上下限时所引起的极限电压的数字量相比较，根据比较结果由温度、湿度超限报警电路实现相应的报警。这就是本系统的基本工作原理。且 ADC0809 模数转换芯片是 CMOS8 位 A/D 芯片，由于每个测点需要测量温度和湿度两个参数，所以本系统可同时对四个点的温度、湿度进行测量。（对更多点温度、湿度进行测量可采取更多位 CMOS 位 A / D 芯片；如 16 位，32 位）。仓库温

度、湿度检测系统硬件原理框图见图一（略）。

二、仓库温度、湿度检测系统程序设计

为了实现本系统设计所要求实现的各项功能，特编制了与上述硬件相匹配的实现功能软件。软件的设计采取模块化程序设计。仓库温度、湿度检测系统程序流程框图见图二（略）。

在数据处理与程序模块的设计中，为得到温度、湿度值与ADC0809模入电压的关系式以得到数据处理的具体算法，特设计了相关实验，实验数据见表一、表二（略）。并由最小二乘法程序拟合出电压—温度曲线和电压—湿度曲线，分别见图三、图四（略）。

三、仓库温度、湿度检测系统主要设计参数

温度传感器测量范围：−10℃～+50℃

湿度传感器测量范围：30%RH～90%RH

温度传感器测量精度：±3℃

湿度传感器测量精度：±7%RH

温度报警范围：＜20℃或＞25℃

湿度报警范围：＜40%RH或＞60%RH

四、仓库温度、湿度检测系统主要特点

1. 操作简单，使用灵活，工作稳定。
2. 功能价格比好，价格低。
3. 体积小。
4. 测量结构准确性好。
5. 可进行多点检测、远距离检测。
6. 测量结构实时显示，且超限报警。

五、参考文献（略）

（资料来源：欧阳周，陶琪. 现代实用科技写作[M]. 长沙：中南大学出版社，2004.）

【析评】

这篇毕业设计说明书论述了仓库温度、湿度检测系统及其设计过程。选题大小、难易适当，现实性、针对性强，且采用图文并茂的表达方式。图表规范，说明准确，重点突出，结构清晰。

复习与训练

一、填空题

1. 毕业设计说明书主要考查学生的________________能力。

2. 毕业设计说明书一般都由________、________、________和________四大部分组成。

二、选择题

1. 工科毕业设计说明书是大学生毕业前完成的（　　）。

A. 专业作业　　B. 总结性作业　　C. 综合性作业　　D. 一次作业

2. 工科毕业设计说明书考查学生（　　）的能力。

A. 运用原理（机械、电子、计算机等方面）

B. 查阅资料、工程手册、材料手册等方面

C. 绘制图纸　　D. 实验工作　　E. 分析模型数据

三、判断题

1. 毕业设计说明书主要考查学生是否具备工程设计的初步能力。(　　)

2. 毕业设计说明书是检验毕业生所学专业知识的运用能力的一份考卷。(　　)

3. 毕业设计说明书的写作是以议论为主要的表达方式。(　　)

四、简答题

1. 简述毕业设计说明书的含义和特点。

2. 毕业设计说明书有哪些作用？

3. 毕业设计说明书有哪些写作要求？

五、阅读分析

根据所掌握有关毕业设计说明书的知识，评析例10-3《仓库温度、湿度检测系统设计》。

第五节　科学小品文

一、科学小品文概述

（一）科学小品文的含义

科学小品文就是以小品的形式向公众介绍、宣传、讲解、说明科技知识、科技方法、科技成果和科技思想、观念的文艺性科普文章。它用小品文的笔调，即借助某些文学写作手法，将科学内容生动、形象地表达出来。经常运用列数字、下定义、打比方、举例子、作比较等说明方法。科学小品文一般短小精悍、通俗易懂、语言丰富多彩，形式生动活泼。读这类文章能活跃思维、丰富知识、开阔视野，很受广大读者的喜爱。

（二）科学小品文的分类

（1）根据科学小品文的介绍对象，可以把它划分为天文科学小品文、化学科学小品文、物理科学小品文等。

（2）根据科学小品文的表现形式和语体特征又可将其划分为故事式科学小品文、说明式科学小品文、随感式科学小品文。

故事式科学小品文：主要特点是运用故事、童话、寓言等形式和语体，生动有趣地说明客观事物和科学事理，传播和普及科学知识。这类科学小品文的主要读者是儿童和青少年，相对于其他科普小品文，它更具有文学性。

说明式科学小品文：这类科学小品文有些像一般的说明文。主要功能是用科学知识、科学原理、科学方法来说明对象，解释科学道理或科学现象，揭示科学规律。这类科学小品文的读者是一般大众，因此很注重深入浅出、化繁为简。除了采用说明语体外，常常兼用描写、比喻等多种文学写作手法，生动活泼，引人入胜。由于这类小品文富有修辞性，行文灵活，所以又不同于一般的科普说明文。

随感式科学小品文：主要特点是由某一科学事理引申开去，发表写作者对自然、社会、

人生的感想、看法。其内容可广泛涉及自然、社会、人生、政治、经济、科技、文化等各个领域，通常与当下文化背景联系紧密，具有很强的时代特征。这类文体的读者主要是具有一定文化修养的人士。因此，文本富有较强的文化色彩，常具有随笔、杂文的某些特征。

（三）科学小品文的特点

1．科学性

科学性是科学小品文的灵魂，因为科学是关于自然和社会、思维的知识体系，是实践经验的结晶，所以科学小品文的内容必须合乎科学，引用的资料必须可靠，数据必须准确。写科学小品文的目的就是向人们普及科学知识，如果介绍的知识不合乎科学，科学小品文就会失去了存在的价值。

2．思想性

科普是科学技术与社会生活之间的一座桥梁。它在向读者传授知识的同时，也使读者受到科学思想、科学精神、科学态度和科学作风的熏陶，宣传着科学的世界观和方法论，以提高人们的科学素质和思想素质。因此，作为科普作品中很重要的科学小品文，也要通过普及介绍科学知识，让人们深刻地理解科学的世界观的方法论，即唯物主义和辩证法。这就是科普作品思想性的体现。当然，科普创作的思想性，是内在的、从作品中自然表现出来的。

3．通俗性

通俗性就是要用明白晓畅的文字介绍科技知识，使之生动、易懂。科学小品文的创作过程，实际上也就是专门知识通俗化的过程。不通俗地把科学知识表达出来，读者理解不了，就起不到科普的作用，科普创作也就失去了意义。科学小品文不是为专业科研服务的，它以普及科学知识为己任，可以运用多种方法使内容通俗化。如用文艺形式创作，使之生动有趣，引人入胜；通俗化还需深入浅出，利于读者理解科技知识；更重要的是要根据不同读者，联系实际，切忌只在抽象的概念中兜圈子。

4．艺术性

艺术性是科学小品文区别于一般说明文的主要标志。艺术性是由通俗性派生的一个特点，科学小品文的通俗性常常要求运用艺术形式来普及科技知识，运用艺术手段来引人入胜。科学小品文要有文采，以吸引读者。创作过程中，不仅使用逻辑思维来达到以理服人的效果，同时还采用形象思维，使之以情动人。艺术形式是丰富多样的，科学小品文创作中如何运用各种艺术表现形式，还要视具体对象和内容而定。

二、科学小品文的基本结构

科学小品文一般由标题、引言、正文、结尾四部分构成。

（一）标题

科学小品文的标题一般要点明主要写作对象，即交代文本要说明的事理或事物。科学小品文的标题丰富多彩，不拘一格，往往富于修辞色彩。拟定标题的主要方法有直叙式，如“青少年吸烟危害大”；疑问式，如“小儿缺钙会影响智力吗？”；故事式；如“从《血疑》谈到白血病”；比喻式，如“植物的‘医生’啄木鸟”；此外还有寓意式、启迪式、成语式等多种命题方法。

（二）引言

引言即文章的开头部分。科学小品文引言的基本功能是引导、帮助读者进入阅读状态。引言通常只有一个语段，有时也可用若干语段，篇幅以不超过全文的 1/3 为宜。其写法大致可以分为开门见山式和曲径通幽式两类。其技巧有，以生动的故事开头；以发人深省的提问开头；开门见山，起首点题开头；描述性开头；议论性开头等。如："艾滋病究竟离我们有多远？……"就是以提问的方式开头；而茅以升《没有不能造的桥》中，就是开门见山点题的："路是人走出来的，有了路，就要桥。哪里有路，哪里也就可能有桥。人是需要桥的，同时人也能造桥。只要有能修的路、就没有不能造的桥……"再看秦牧《海滩拾贝》，一开篇就用描述性文字把我们带到了景色诱人的大海边："在艺术摄影中，常常看到这样的画面：无边无际的海滩上，一个人俯身在拾些什么；天上飘浮着云彩，远处激溅着浪花……"

（三）正文

科学小品文的正文承接引言而来，是对写作对象展开介绍说明。其主要功能是向读者介绍和说明与写作对象相关的科学知识、原理，达到帮助读者认知的目的，可以运用多种表达手段。

如比衬，有些事物和道理比较抽象、深奥，读者不易理解。作者这时就可以找出一些与表现对象相类或相对的、比较浅显、具体、为读者熟悉的比衬对象，将它与表现对象相比，讲清它们之间的关系。这样，所要表现的事物或道理就会得到通俗、明白的反映，读者也就容易理解多了，比如，这段文字"原子真是小极了，……五十万到一百万个原子，一个紧挨一个排起'长蛇队'来，也只有一根头发直径那么小的一点儿"就用了比衬手法把原子的"小"形象地表现出来了。

如比喻，比喻与比衬不同。比衬的两个对象在本质上有某种共同点，而比喻的两个事物在本质上完全不同，只有某一些相似之外，比喻是将这两种有相似之处的对象，通过打比方的方式，形象地显示真正要表现的事物或道理。但要注意，做比喻的事物要具体。通常是用具体形象的事物比喻一般的抽象道理，用熟知的事物比喻陌生的事物，用浅显的道理比喻高深的道理。如"就其轮廓看，细菌大约可分为六大类：一为像菊花似的'放射菌'；二是像游丝似的'真菌或霉菌'；三为断杆折枝似的'分枝杆菌'；四为小皮球似的"球菌'；五为小棒于似的'杆菌'；六为弯腰曲背的'弧菌'；那第六类，有的多弯了几弯，像小螺丝钉，就叫作'螺旋菌'。"就是把通常看不见的细菌的形状，比喻成人们所熟知的菊花、皮球、螺丝钉等。

如曲笔，为了更加有效地揭示事物的本来面目，作者往往通过采用一些表现手法，把学小品文写得波澜曲折、跌宕起伏。这就是曲笔。"假如我们把一只螃蟹从美国的东北部新英格兰的海滩带到世界的另一端，它还会知道新英格兰的海滩在什么时候涨潮。这是为什么？一只果蝇在黑暗地方待了一星期后，还能知道什么时候是白天，什么时候是黑夜。这又是为什么？蜜蜂是怎样知道时间的？把一只猴子带到宇宙空间，对它的日常生活有什么影响？是不是所有生物体内都有一只时钟？"作者一连用了几个设问句使得这篇科普文章一开头吸引了读者的注意力。

如白描，白描就是不尚修饰，用朴实平易的文字，把所要表现的客观事物的特征真实、准确地表现出来。简洁清楚，也不失为一种高妙的表达手段。

（四）结尾

科学小品文的结尾的主要功能是收束全文。结尾通常独立成段，有时也紧接正文，以一句话的形式出现。科学小品文的结尾也像文学创作一样要令人回味无穷，并与文章的开头相照应。其方式有总结性的结尾；启发性的含蓄结尾；鼓动型结尾、首尾照应型结尾等，无论哪种结尾方式，都要求文字简洁。如“由此推算地球上的人口极限是 80 亿，如超过 80 亿，吃饭就成了严重问题。所以，打开‘昆虫粮仓’就是自然而然的事情了”就是总结性结尾。有一篇题名为《健康长寿之路》的科普文在分析了造成衰老的原因、抗衰延寿的措施及其作用机制后，坚定地相信：“……善于把古人留下的宝贵经验结合近代生命科学进行研究，就一定能够找出一条抗老防衰的正确途径，使更多的人达到健康长寿……”这种有鼓动意味的结尾，能够感染读者的情绪，激发读者为科学献身。

三、科学小品文的写作要求

（一）写作目的要明确

科学小品的任务是准确地说明科学现象或科学道理。因而科学小品的写作必须建立在准确地把握事物的特点、本质及其联系的基础之上，才能使说明的内容具有科学性、客观性。离开科学小品写作目的虚构、想象和夸张是不允许的，失去了内容的科学性、客观性，也就失去了科学小品的价值。

（二）活用各种说明方法及艺术表达手段

用文艺性的笔调是为了使我们的说明显得生动，形象、有情趣，更能吸收读者。在符合说明文准确性要求的前提下，写作者可采用形象性的描述、谈话法、比喻法、拟人法、故事法等手段增强文章的形象感和趣味性。它是科学文艺的一种，文笔要轻松活泼，要善于运用比喻，使科学原理通俗易懂；使读者读了既懂得科学知识，又受到文学感染。

（三）体现科学性

引用的资料必须可靠，数据必须精确。而要做到科学性，要求作者具有深厚的生活功底，以及科学和文学修养。要注意联系现实，运用科学观点和方法，去研究、宣传、支持现代科学的最新成果，展示科学的新趋势，提高读者的知识水准。

四、例文

例 10-4

繁花似锦蜜蜂忙

东风吹开桃李，接着是梨花、荔枝花、橘子花……大田里成片金黄的菜花、绛红的紫云英……河边山谷，也不甘寂寞，尽是覆盆子花、金银花、野蔷薇花……真是目迷五色，香溢八方。

这时候可忙坏了蜜蜂。你看它才从这朵花心里出来，又立刻钻到另一朵花儿里去了。这小小的生物，忘我地劳动着，历来是人们讴歌的勤劳的象征。

蜜糖是芳香甜润的，然而却道道地地是辛勤劳动的结晶。别小看一公斤蜂蜜，如果由一只蜜蜂来采集，那就得飞行二十万公里：采访一千二百万朵花；即使整个蜂群来做这项工作，每只蜜蜂也得飞六七公里，采访二三百朵花。

蜜蜂，不仅以它鲜甜的花蜜供应人们；蜂乳则更以滋补闻名；蜂蜡是质地优良的工业原料；而蜜蜂尾针中的毒液也是极有效的药材。

人类什么时候开始养蜂，历史上无从考查，但是根据零星发现的材料来估计，不会迟于三千五百年前。这就是说，人类进入文明的初期，就已经知道了蜜蜂的价值。在我国，晋汉以前的人已经知道了应用蜂蜜和蜂蜡，看来养蜂的历史，也一定很悠久了。

如果以为蜜蜂对于人类的贡献仅仅止于蜂蜜、蜂乳、蜂蜡、蜂毒，那是不全面的。

当你吃着脆嫩的梨，鲜甜的枇杷，白玉一般晶莹、糖一般甜的荔枝，或者宝石一般的石榴的时候，你不应该忘掉这里有蜜蜂的一份辛劳。

科学家做过一系列有趣的实验：他们把一棵棵正盛开着的向日葵花盘分为两半，一半用玻璃纸护住，不让蜜蜂接触，另一半听任蜜蜂采访。到向日葵成熟的时候，他们发现，那经过蜜蜂采访的一半，葵花子颗粒饱满；而谢绝蜜蜂光临的那一半，葵花子颗粒萎瘪。他们又在荞麦地上做同样的试验，结果是经蜜蜂采访过的一块地上的荞麦收获量，要比同样面积不让蜜蜂采访的那块地上的荞麦收获量高三倍多。

我们的大田作物，也有过这样的经验：江苏兴化县种植油菜，在花期里给平均八至十四亩地，配置一个蜂群，结果全县油菜子大幅度增产。配置蜂群和不配置蜂群的地里，前者的油菜子产量要比后者高一倍。

甚至是自花授粉的作物，经过蜜蜂的采访，产量也会大增。

蜜蜂善于做窝，水平之高，是没有别的动物可以与之相比的。你看到过蜂房吗？那么薄薄的蜡壁，坚固而又光滑，更妙的是全部都成正六角形。从建筑学的角度来看，真是一个奇迹，因为这样的结构，可以用最少的材料，筑成最大容积的空间。无怪达尔文要赞叹“人们如果考察了能够如此美妙地适应它的目的的蜂窝的精巧构造，而不热烈地赞赏，他必定是一个愚钝的人”。蜜蜂的建筑技艺，也引起了数学家的巨大兴趣，并且使他们从中获得了启发。

要是有机会看到蜜蜂的自然分群，那么有一种景象使你不能不为之动容：当蜂后出群以后，跟它分出来的蜂群，始终寸步不离；当蜂后因为乏力而跌落到地上时，群蜂都飞集在它的周围，又是跟随，又是保护，没有一只蜜蜂离它而去。

蜜蜂的勤劳，不仅仅表现在采蜜、做窝、传播花粉等方面，也表现在卫生工作上。蜂房里面不能有一点脏东西，倘有，就非清除掉不可；蜡壁不能有一点儿破损，倘有，就立刻补好。你看，蜜蜂是一种多么可爱的小生物啊！

我国有悠久的养蜂史，民间有丰富的养蜂经验，在大力发展农、林、牧、副、渔，努力提高作物产量的工作中，应该重视和发展养蜂蝉事业。

（资料来源：冷兆和. 美丽的太阳城[M]. 福州：福建科学技术出版社，1982.）

【析评】

这是一篇科学小品文，运用了比喻、拟人等修辞手法，同时还运用了列数字、引用等说明方法，内容准确，语言生动。

复习与训练

一、填空题

1. 科学小品文属于______类科技文书。

2. 根据科学小品文的表现形式和语体特征可将其划分为__________、______________和____________三类。

二、简答题

1. 简述科学小品文的含义。

2. 简述科学小品文的特点。

3. 科学小品文有哪些写作要求？

三、分析题

根据所掌握的有关科学小品文的知识，评析例文《繁花似锦蜜蜂忙》。

附录A　党政机关公文处理工作条例

第一章　总　　则

第一条　为了适应中国共产党机关和国家行政机关（以下简称党政机关）工作需要，推进党政机关公文处理工作科学化、制度化、规范化，制定本条例。

第二条　本条例适用于各级党政机关公文处理工作。

第三条　党政机关公文是党政机关实施领导、履行职能、处理公务的具有特定效力和规范体式的文书，是传达贯彻党和国家的方针政策，公布法规和规章，指导、布置和商洽工作，请示和答复问题，报告、通报和交流情况等的重要工具。

第四条　公文处理工作是指公文拟制、办理、管理等一系列相互关联、衔接有序的工作。

第五条　公文处理工作应当坚持实事求是、准确规范、精简高效、安全保密的原则。

第六条　各级党政机关应当高度重视公文处理工作，加强组织领导，强化队伍建设，设立文秘部门或者由专人负责公文处理工作。

第七条　各级党政机关办公厅（室）主管本机关的公文处理工作，并对下级机关的公文处理工作进行业务指导和督促检查。

第二章　公文种类

第八条　公文种类主要有：

（一）决议。适用于会议讨论通过的重大决策事项。

（二）决定。适用于对重要事项作出决策和部署、奖惩有关单位和人员、变更或者撤销下级机关不适当的决定事项。

（三）命令（令）。适用于公布行政法规和规章、宣布施行重大强制性措施、批准授予和晋升衔级、嘉奖有关单位和人员。

（四）公报。适用于公布重要决定或者重大事项。

（五）公告。适用于向国内外宣布重要事项或者法定事项。

（六）通告。适用于在一定范围内公布应当遵守或者周知的事项。

（七）意见。适用于对重要问题提出见解和处理办法。

（八）通知。适用于发布、传达要求下级机关执行和有关单位周知或者执行的事项，批转、转发公文。

（九）通报。适用于表彰先进、批评错误、传达重要精神和告知重要情况。

（十）报告。适用于向上级机关汇报工作、反映情况，回复上级机关的询问。

（十一）请示。适用于向上级机关请求指示、批准。

（十二）批复。适用于答复下级机关请示事项。

（十三）议案。适用于各级人民政府按照法律程序向同级人民代表大会或者人民代表大会常务委员会提请审议事项。

（十四）函。适用于不相隶属机关之间商洽工作、询问和答复问题、请求批准和答复审批事项。

（十五）纪要。适用于记载会议主要情况和议定事项。

第三章　公文格式

第九条　公文一般由份号、密级和保密期限、紧急程度、发文机关标志、发文字号、签发人、标题、主送机关、正文、附件说明、发文机关署名、成文时间、印章、附注、附件、抄送机关、印发机关和印发日期、页码等组成。

（一）份号。公文印制份数的顺序号。涉密公文应当标注份号。

（二）密级和保密期限。公文的秘密等级和保密的期限。涉密公文应当根据涉密程度分别标注“绝密”“机密”“秘密”和保密期限。

（三）紧急程度。公文送达和办理的时限要求。根据紧急程度，紧急公文应当分别标注“特急”“加急”，电报应当分别标注“特提”“特急”“加急”“平急”。

（四）发文机关标志。由发文机关全称或者规范化简称加“文件”二字组成，也可以使用发文机关全称或者规范化简称。联合行文时，发文机关标志可以并用联合发文机关名称，也可以单独用主办机关名称。

（五）发文字号。由发文机关代字、年份、发文顺序号组成。联合行文时，使用主办机关的发文字号。

（六）签发人。上行文应当标注签发人姓名。

（七）标题。由发文机关名称、事由和文种组成。

（八）主送机关。公文的主要受理机关，应当使用机关全称、规范化简称或者同类型机关统称。

（九）正文。公文的主体，用来表述公文的内容。

（十）附件说明。公文附件的顺序号和名称。

（十一）发文机关署名。署发文机关全称或者规范化简称。

（十二）成文时间。署会议通过或者发文机关负责人签发的日期。联合行文时，署最后签发机关负责人签发的日期。

（十三）印章。公文中有发文机关署名的，应当加盖发文机关印章，并与署名机关相符。有特定发文机关标志的普发性公文和电报可以不加盖印章。

（十四）附注。公文印发传达范围等需要说明的事项。

（十五）附件。公文正文的说明、补充或者参考资料。

（十六）抄送机关。除主送机关外需要执行或者知晓公文内容的其他机关，应当使用机关全称、规范化简称或者同类型机关统称。

（十七）印发机关和印发日期。公文的送印机关和送印日期。

（十八）页码。公文页数顺序号。

第十条 公文的版式按照《党政机关公文格式》国家标准执行。

第十一条 公文使用的汉字、数字、外文字符、计量单位和标点符号等，按照有关国家标准和规定执行。民族自治地方的公文，可以并用汉字和当地通用的少数民族文字。

第十二条 公文用纸幅面采用国际标准 A4 型。特殊形式的公文用纸幅面，根据实际需要确定。

第四章 行文规则

第十三条 行文应当确有必要，讲求实效，注重针对性和可操作性。

第十四条 行文关系根据隶属关系和职权范围确定。一般不得越级行文，特殊情况需要越级行文的，应当同时抄送被越过的机关。

第十五条 向上级机关行文，应当遵循以下规则：

（一）原则上主送一个上级机关，根据需要同时抄送相关上级机关和同级机关，不抄送下级机关。

（二）党委、政府的部门向上级主管部门请示、报告重大事项，应当经本级党委、政府同意或者授权；属于部门职权范围内的事项应当直接报送上级主管部门。

（三）下级机关的请示事项，如需以本机关名义向上级机关请示，应当提出倾向性意见后上报，不得原文转报上级机关。

（四）请示应当一文一事。不得在报告等非请示性公文中夹带请示事项。

（五）除上级机关负责人直接交办事项外，不得以本机关名义向上级机关负责人报送公文，不得以本机关负责人名义向上级机关报送公文。

（六）受双重领导的机关向一个上级机关行文，必要时抄送另一个上级机关。

第十六条 向下级机关行文，应当遵循以下规则：

（一）主送受理机关，根据需要抄送相关机关。重要行文应当同时抄送发文机关的直接上级机关。

（二）党委、政府的办公厅（室）根据本级党委、政府授权，可以向下级党委、政府行文，其他部门和单位不得向下级党委、政府发布指令性公文或者在公文中向下级党委、政府提出指令性要求。需经政府审批的具体事项，经政府同意后可以由政府职能部门行文，文中须注明已经政府同意。

（三）党委、政府的部门在各自职权范围内可以向下级党委、政府的相关部门行文。

（四）涉及多个部门职权范围内的事务，部门之间未协商一致的，不得向下行文；擅自行文的，上级机关应当责令其纠正或者撤销。

（五）上级机关向受双重领导的下级机关行文，必要时抄送该下级机关的另一个上级机关。

第十七条 同级党政机关、党政机关与其他同级机关必要时可以联合行文。属于党委、政府各自职权范围内的工作，不得联合行文。

党委、政府的部门依据职权可以相互行文。

部门内设机构除办公厅（室）外不得对外正式行文。

第五章　公文拟制

第十八条　公文拟制包括公文的起草、审核、签发等程序。

第十九条　公文起草应当做到：

（一）符合党的理论路线方针政策和国家法律法规，完整准确体现发文机关意图，并同现行有关公文相衔接。

（二）一切从实际出发，分析问题实事求是，所提政策措施和办法切实可行。

（三）内容简洁，主题突出，观点鲜明，结构严谨，表述准确，文字精练。

（四）文种正确，格式规范。

（五）深入调查研究，充分进行论证，广泛听取意见。

（六）公文涉及其他地区或者部门职权范围内的事项，起草单位必须征求相关地区或者部门意见，力求达成一致。

（七）机关负责人应当主持、指导重要公文起草工作。

第二十条　公文文稿签发前，应当由发文机关办公厅（室）进行审核。审核的重点是：

（一）行文理由是否充分，行文依据是否准确。

（二）内容是否符合党的理论路线方针政策和国家法律法规；是否完整准确体现发文机关意图；是否同现行有关公文相衔接；所提政策措施和办法是否切实可行。

（三）涉及有关地区或者部门职权范围内的事项是否经过充分协商并达成一致意见。

（四）文种是否正确，格式是否规范；人名、地名、时间、数字、段落顺序、引文等是否准确；文字、数字、计量单位和标点符号等用法是否规范。

（五）其他内容是否符合公文起草的有关要求。

需要发文机关审议的重要公文文稿，审议前由发文机关办公厅（室）进行初核。

第二十一条　经审核不宜发文的公文文稿，应当退回起草单位并说明理由；符合发文条件但内容需作进一步研究和修改的，由起草单位修改后重新报送。

第二十二条　公文应当经本机关负责人审批签发。重要公文和上行文由机关主要负责人签发。党委、政府的办公厅（室）根据党委、政府授权制发的公文，由受权机关主要负责人签发或者按照有关规定签发。签发人签发公文，应当签署意见、姓名和完整日期；圈阅或者签名的，视为同意。联合发文由所有联署机关的负责人会签。

第六章　公文办理

第二十三条　公文办理包括收文办理、发文办理和整理归档。

第二十四条　收文办理主要程序是：

（一）签收。对收到的公文应当逐件清点，核对无误后签字或者盖章，并注明签收时间。

（二）登记。对公文的主要信息和办理情况应当详细记载。

（三）初审。对收到的公文应当进行初审。初审的重点是：是否应当由本机关办理，是否符合行文规则，文种、格式是否符合要求，涉及其他地区或者部门职权范围内的事项是否已经协商、会签，是否符合公文起草的其他要求。经初审不符合规定的公文，应当及时退回来文单位并说明理由。

（四）承办。阅知性公文应当根据公文内容、要求和工作需要确定范围后分送。批办性公文应当提出拟办意见报本机关负责人批示或者转有关部门办理；需要两个以上部门办理的，应当明确主办部门。紧急公文应当明确办理时限。承办部门对交办的公文应当及时办理，有明确办理时限要求的应当在规定时限内办理完毕。

（五）传阅。根据领导批示和工作需要将公文及时送传阅对象阅知或者批示。办理公文传阅应当随时掌握公文去向，不得漏传、误传、延误。

（六）催办。及时了解掌握公文的办理进展情况，督促承办部门按期办结。紧急公文或者重要公文应当由专人负责催办。

（七）答复。公文的办理结果应当及时答复来文单位，并根据需要告知相关单位。

第二十五条　发文办理主要程序是：

（一）复核。已经发文机关负责人签批的公文，印发前应当对公文的审批手续、内容、文种、格式等进行复核；需作实质性修改的，应当报原签批人复审。

（二）登记。对复核后的公文，应当确定发文字号、分送范围和印制份数并详细记载。

（三）印制。公文印制必须确保质量和时效。涉密公文应当在符合保密要求的场所印制。

（四）核发。公文印制完毕，应当对公文的文字、格式和印刷质量进行检查后分发。

第二十六条　涉密公文应当通过机要交通、邮政机要通信、城市机要文件交换站或者收发件机关机要收发人员进行传递，通过密码电报或者符合国家保密规定的计算机信息系统进行传输。

第二十七条　需要归档的公文及有关材料，应当根据有关档案法律法规以及机关档案管理规定，及时收集齐全、整理归档。两个以上机关联合办理的公文，原件由主办机关归档，相关机关保存复制件。机关负责人兼任其他机关职务的，在履行所兼职务过程中形成的公文，由其兼职机关归档。

第七章　公文管理

第二十八条　各级党政机关应当建立健全本机关公文管理制度，确保管理严格规范，充分发挥公文效用。

第二十九条　党政机关公文由文秘部门或者专人统一管理。设立党委（党组）的县级以上单位应当建立机要保密室和机要阅文室，并按照有关保密规定配备工作人员和必要的安全保密设施设备。

第三十条　公文确定密级前，应当按照拟定的密级先行采取保密措施。确定密级后，应当按照所定密级严格管理。绝密级公文应当由专人管理。

公文的密级需要变更或者解除的，由原确定密级的机关或者其上级机关决定。

第三十一条　公文的印发传达范围应当按照发文机关的要求执行；需要变更的，应当经发文机关批准。

涉密公文公开发布前应当履行解密程序。公开发布的时间、形式和渠道，由发文机关确定。

经批准公开发布的公文，同发文机关正式印发的公文具有同等效力。

第三十二条　复制、汇编机密级、秘密级公文，应当符合有关规定并经本机关负责人批准。绝密级公文一般不得复制、汇编，确有工作需要的，应当经发文机关或者其上级机关批准。复制、汇编的公文视同原件管理。

复制件应当加盖复制机关戳记。翻印件应当注明翻印的机关名称、日期。汇编本的密级按照编入公文的最高密级标注。

第三十三条 公文的撤销和废止，由发文机关、上级机关或者权力机关根据职权范围和有关法律法规决定。公文被撤销的，视为自始无效；公文被废止的，视为自废止之日起失效。

第三十四条 涉密公文应当按照发文机关的要求和有关规定进行清退或者销毁。

第三十五条 不具备归档和保存价值的公文，经批准后可以销毁。销毁涉密公文必须严格按照有关规定履行审批登记手续，确保不丢失、不漏销。个人不得私自销毁、留存涉密公文。

第三十六条 机关合并时，全部公文应当随之合并管理；机关撤销时，需要归档的公文经整理后按照有关规定移交档案管理部门。

工作人员离岗离职时，所在机关应当督促其将暂存、借用的公文按照有关规定移交、清退。

第三十七条 新设立的机关应当向本级党委、政府的办公厅（室）提出发文立户申请。经审查符合条件的，列为发文单位，机关合并或者撤销时，相应进行调整。

第八章 附 则

第三十八条 党政机关公文含电子公文。电子公文处理工作的具体办法另行制定。

第三十九条 法规、规章方面的公文，依照有关规定处理。外事方面的公文，依照外事主管部门的有关规定处理。

第四十条 其他机关和单位的公文处理工作，可以参照本条例执行。

第四十一条 本条例由中共中央办公厅、国务院办公厅负责解释。

第四十二条 本条例自 2012 年 7 月 1 日起施行。1996 年 5 月 3 日中共中央办公厅发布的《中国共产党机关公文处理条例》和 2000 年 8 月 24 日国务院发布的《国家行政机关公文处理办法》停止执行。

参考文献

[1] 许庆. 财经应用文写作[M]. 上海：上海财经大学出版社，2015.
[2] 徐思生. 财经应用文写作教程[M]. 济南：山东人民出版社，2011.
[3] 张文英. 新编应用文写作教程[M]. 天津：南开大学出版社，2013.
[4] 李海燕. 新编财经应用写作[M]. 大连：大连理工大学出版社，2010.
[5] 辛华，纪德臻. 党政机关公文写作[M]. 北京：经济科学出版社，2010.
[6] 张宝忠. 中国党政公文写作要领与范例[M]. 北京：经济科学出版社，2013.
[7] 倪卫平. 经济应用文写作[M]. 上海：上海浦江教育出版社，2013.
[8] 邹家梅. 新编应用写作[M]. 广州：暨南大学出版社，2010.
[9] 傅德恺. 写作基础教程[M]. 重庆：重庆大学出版社，2009.
[10] 尹相如. 写作教程[M]. 北京：高等教育出版社，2009.

标准书号	书　名	定价（元）	作（译）者
高等院校人力资源管理系列规划教材			
978-7-121-23435-4	工作分析与岗位评价（第 2 版）	38	杨明海
978-7-121-23277-0	人员招聘与甄选（第 2 版）	38	赵永乐
978-7-121-23144-5	人力资源规划（第 2 版）	39	赵永乐等
978-7-121-12196-8	绩效管理实务	32	杨新荣
978-7-121-09801-7	员工培训管理	32	陈丽芬
高等院校电子商务系列规划教材			
978-7-121-23849-9	电子商务系统分析与设计	39	踪程
978-7-121-17185-7	电子商务网站设计与开发	39	踪程
978-7-121-17072-0	电子商务英语（第 3 版）	33	王冰
978-7-121-12383-2	电子商务概论	35	杨风召
978-7-121-11233-1	电子商务安全与网上支付	35	刘英卓
978-7-121-07858-3	电子商务（第 2 版）	35	宋远方
978-7-121-13357-2	网络广告学（第 3 版）	32	杨坚争
21 世纪本科应用型经管规划教材·经济管理专业基础课系列			
978-7-121-22168-2	营销策划（第 3 版）	35	张昊民
978-7-121-22005-0	广告学概论(第 3 版）	38	印富贵
978-7-121-17124-6	国际金融（第 3 版）	35	陈建忠
978-7-121-17652-4	新编进出口贸易实务（第 3 版）	33	韩常青
978-7-121-12618-5	管理学——理论与实践	36	王冰
978-7-121-10174-8	经济法概论（第 3 版）	29	钱晓英
978-7-121-10037-6	生产与运作管理（第 2 版）	33	任建标
978-7-121-09419-4	新编劳动定额定员学（第 2 版）	27	周占文
面向 21 世纪本科应用型经管规划教材·经济管理专业基础课系列			
978-7-121-26086-5	商法	46	杜忠连
978-7-121-23903-8	经济法（第 2 版）	38	郭海霞
978-7-121-24229-8	社会保障学	36	王彩霞
978-7-121-24255-7	财政学	35	邱晖
978-7-121-23278-7	市场营销学（第 2 版）	38	徐亿军
978-7-121-22047-0	货币银行学	32	房红
978-7-121-20875-1	西方经济学	38	王奇
978-7-121-20953-6	商务谈判	32	赵莉
978-7-121-20661-0	税法	39	潘国宏
978-7-121-20029-8	电子商务概论	29	巩军全

以上图书各大新华书店均有售，或按如下地址咨询：

北京世纪波文化发展有限公司（北京市万寿路南口金家村 288 号华信大厦）

邮编：100036　　电话：010-88254199　　E-mail: sjb@phei.com.cn

反侵权盗版声明